경영학적 사고의 원리

- 창업경영 중심으로 -

남상완 저

pnc
publishing and culture
피엔씨미디어

머리말

21세기적 변화의 사고로 벤처기업의 육성과 소상공인의 창업이 제언되고 있다. 그래서 21세기의 주역을 꿈꾸는 젊은이들에게 취업의 부담을 최소화시킬 수 있는 방법으로 미래의 설계를 위해 창업에 필요한 기본적인 지식과 정보를 제공하는데 목적을 두고 본서를 쓴다. 창업에 필요한 실제적인 경영지식을 제공하여 미래를 준비하는 자세를 갖게 하기 위해 원리와 실무적인 자료를 중심으로 그 내용을 정리하였다. 기업가가 된다는 것은 경영에 관한 지식 및 자신의 가치관과 업무를 최선으로 수행할 수 있는 방법을 알아내야만 한다.

경제학에서 말하는 기회비용에 대해 생각해 보자. 한 경제학 교수가 이렇게 질문을 한다. 세계적 거부인 마이크로소프트의 빌 게이츠가 길을 가고 있는데 10만원이 떨어져 있다고 하자. 이때 돈을 줍는 것이 현명한가? 아니면 그냥 지나치는 것이 현명한가? 그의 재산이 약 950억 달러로 가정하고, 창업한지 대략 25년이 되었다고 하자. 이자수익을 무시한다면 매 초당 140달러 즉, 1초에 19만원 가량 버는 셈이 된다. 기회비용을 이해하고 있는 경제학자는 그냥 지나가라고 권한다. 그가 허리를 굽혀 돈을 줍는 시간의 기회비용이 줍는 돈보다 많기 때문이다. 그러나 경영학자는 그가 허리를 굽혀 돈을 주우면서 자기의 갈 길을 가라고 권한다. 인간은 동시성 추구가 가능한 다기능적 존재로 인식하고 있기 때문이다.

기업을 선박이라고 하면 경영활동을 조타의 기능이라 할 수 있다. 경영에 있어 경제지표 등 분편적 이론들은 목표설정을 위한 참고자료이지 경영활동의 지표가 되어서는 아니 될 것이다. 경영학은 경영에 관한 인식론이다. 경영지식이 주는 유용성의 폭에 대한 인지가 어려운 영역이 존재하며 어느 한 대학교에서 대학의 여러 기능들을 둘러 본 후 대학교는 어디에 있느냐고 묻는 범주오류를 범할 영역이 존재하는 학문이기도 하다. 그래서 경영의사결정은 행동시스템에 기반한 학제적 접근을 해야 할 것이다. 감성적이 아닌 이성적 접근을 통한 경영관리를 추구해야 하지만 감성훈련도 충분히 되어 있어야 한다.

밤하늘의 별을 관찰하면서 걷다가 우물에 빠진 후 발 밑을 걱정 하라는 하녀로부터 핀잔을 들은 철학자로 유명한 탈레스가 '만물의 근원은 물'이라고 주장한 일은 지극히 사소해 보인다. 하지만 탈레스의 '물'은 헤라클레이토스의 '불', 아낙시메네스의 '공기', 엠페도클레스의 '지수화풍地水火風(물질은 흙, 물, 불, 공기의 4원소로 구성)', 그리고 데모크리토스의 '원자'로 깊어지면서 마침내 형이상학적 도화선이 된 다음에 아톰의 시대를 지나 이제는 비트의 시대로 가고 있다. 정보는 곧 권력에서 핵심이 된다. 아톰은 과거의 것이고 비트는 미래의 것이다. 이제까지는 주로 아톰 즉, 원자의 세계가 우리를 지배해 왔다. 우리는 중력의 무게를 느끼며 물리학적 역학세계를 거니는 것으로 만족했어야 했다. 그러나 '비트'의 세계가 출현하면서 우리의 일상과 세계를 변하게 했다. '비트'는 색깔도 무게도 없다. 그러나 그것은 빛의 속도로 여행하며, 정보의 DNA를 구성하는 최소단위가 된다. 아톰의 원리가 실제로 만지고 경험하는 '아날로그'의 세계를 창출했다면 비트의 원리는 실제 이상의 일상적인 지각의 한계를 넘어서는 방식으로 지극히 사실적이고 즉물적으로 묘사된 현실 즉, '하이퍼리얼hyperreal한 것으로 다가오는 디지털 세계를 창조한다. 비트로 이루어진 컴퓨터와 아톰으로 이루어진 인간의 만남은 결코 좌절과 비인간화로 얼룩진 비극의 서막은 아닐 것이다.

2백년 전 산업혁명이 영국에서 시작되었을 때, 사람들은 상품에 가치와 같은 것이 있을 수 없다고 말했다. 당시 실재로 존속하고 있는 유일하고 절대적인 가치는 자연자원, 토지, 그리고 건물이라고 생각했다. 이러한 것들은 장기적으로 존재하고 못쓰게 되는 제품에 참된 가치가 있다는 것을 생각지도 못했던 것이다. 그렇지만 머지않아 시간적 차이를 극복하고서 새로운 상황에 적합한 사고방식이 나타났다. 즉, 산업사회에 적합한 경제적 이론이 발전하고, 사회주의와 자본주의라는 두 개의 상반된 이론이 경합을 벌이게 되었다.

그러나 오늘의 지식정보사회에서 현재 사람들은 다시 다음과 같은 의문을 품고 있다. 언젠가는 사라져버리는 컴퓨터 스크린상의 순간적인 데이터에 불과한 정보에 도대체 어떻게 어떤 가치를 부여할 것인가를 고뇌하게 되었다. 지금은 정보에 가치가 있다는 견해가 널리 받아들여지게 되었지만 지식, 정보, 그리고 창조성과 같은 무형의 재산을 정확히 계량화 할 수 있는 경제모델economic model은 아직 없을 뿐 아니라 과거를 바탕으로 미래를 예측하는데 주안점을 둔 경제모델로는 정보의 가치를 표준화시킬 수 없을 것이다.

글로벌한 경제가 보여주고 있는 수백만 개의 변수를 생각해 보자. 수백 개의 변수를 사용하여 컴퓨터 모형을 만드는 등 현재까지의 자료를 바탕으로 미래의 경제예측을 정확하게 하려는 시도는 어떤 방법이나 모형을 도입하여 사용하든지 우스꽝스러운 시도다. 그래서 과학과 상황적합적 의사결정의 영역 즉, 기예의 영역을 포괄하고 있는 경영학적 접근방식인 가치경영의 연구가 필요하게 된다. 이러한 가치경영은 가치를 기업경영의 궁극적인 목표로 설정하고 기업의 모든 경영활동과 의사결정과정이 가치와 연계될 수 있도록 하는 것이다.

한 가지 예를 생각해 보자. 두 개의 수소(H2)가 가진 정보와 한 개의 산소(O)가 가진 정보가 결합해서 새롭게 창출해낸 통합된 정보가 바로 물 분자(H2O)라는 정보다. 그런데 이 통합된 물 분자의 정보는 결합되기 이전의 산소(O)나 수소(H)보다 훨씬 복잡하고 조직화된 정보를 가지고 있다. 자연스런 관계성 속에서 아름다운 결실이 창조된다. 관계는 만남이다. 만남의 속성이 그 내용을 규정하며 의미를 부여한다. 남과 여의 바른 만남은 사랑을 만들어 내고, 인간과 신의 인격적 만남은 인류를 죽음과 고통과 죄악에서 건져 내는 구원救援과 번뇌의 얽매임에서 풀리고 미혹의 괴로움에서 벗어나는 해탈解脫을 낳으며, 기업이 고객을 만나면 거래관계를 낳아 서로에게 이익을 준다. 작은 씨앗이 좋은 토양과 만나면 엄청난 새 생명의 창조력creative power을 발휘한다. 이것이 경영시스템 이론의 요체이다.

정녕 미래는 경영학적 사고management thought가 필요 되는 시대다. 물리학이나 경제학 같은 기초 학문과는 달리 경영학에는 통일된 이론이 존재하지 않는다. 경영학은 그 시대 기업들이 당면한 문제를 해결하기 위해 노력하면서 발전해온 응용학문이다. 기업 활동에 몸담고 있는 사람이라면 전공에 상관없이 기업 활동을 이해하고 참여할 수 있어야 한다. 부서별로 세분화된 업무를 진행하지만 실제 의사결정 시에는 여러 부서를 아우르는 통합된 경영지식과 경영학적 사고가 필요하다. 4차 산업혁명 도래와 함께 현대 기업에 처한 환경은 끊임없이 변하고 있다. 이런 시기에는 기업과 조직 구성원들의 시장에 대한 유기적인 대응이 절실하다. 서울대 김병도 교수는 “당면한 상황에서 문제의 핵심을 꿰뚫고 해법을 찾아가는 '경영학적 사고'야말로 지금 우리가 가져야 할 능력”이라고 강조한다.

2022년 10월 7일 온천동에서
저자 남 상원

차 례

4 창업기업의 설립절차

5 환경변화와 창업아이템 결정

6 사업타당성 분석과 이해

7 창업자금 조달과 계획

8 창업기업의 운영관리

9 마케팅관리와 시장예측

10 창업기업과 인적자원관리

11 창업기업의 회계처리

12 창업정신과 사회적 책임

13 미래의 산업과 지식재산

CHAPTER 1 기업경영환경의 이해

CHAPTER 1

기업경영환경의 이해

고기떼들이 한 성문 아래 연못에서 유유자적悠悠自適하며 노닐고 있었다. 한창 신이 나서 놀고 있는데 고기 한 마리가 기겁을 하며 소리쳤다. '야단났소gracious me! 큰 화禍를 입기 전에 어서 이곳을 피합시다!' 그러나 다른 고기들은 '성문에 불이 났지만 연못에서 멀리 떨어져 있는데 뭐가 걱정이야? 너 참 겁쟁이구나!'라고 하면서 대수롭지 않게 여겼다. 이윽고 사람들은 물 담을 그릇들을 들고 연못가에 우르르 몰려왔다. 그들은 못으로부터 성문에 이르기까지 몇 줄로 길게 늘어섰다. 이어 수많은 사람들이 못의 물을 퍼서 앞으로 전해 주며 성문의 불을 끄는 것이었다. 불이 다 꺼졌을 때에는 못 속의 물도 모두 말라 고기들은 흙탕 속에서 헐떡거리고 있었다. 사람들은 불을 다 끈 다음 흙탕 속의 고기들을 주워 가지고 집으로 돌아갔다. 물과 함께 물통 안에 들어갔던 고기들은 이동 중에 땅에 떨어져 죽고, 사람들의 발에 밟혀 죽거나 불 속에 뿌려져 산채로 타죽고 말았다. 이 우화에서 '물水-불火-고기魚'는 서로 아무런 관련이 없는 것 같지만 연관되어 있음을 알 수 있다. 이것을 못 지池, 고기 어魚, 갈 지之, 재앙 앙殃의 지어지앙池魚之殃이라 한다. 화가 엉뚱한 곳에 미친다는 것이다. 여씨춘추呂氏春秋 필기必己편에 전한다.

1. 창업기업 환경의 인식

1) 기업과 환경과의 관계

현대과학에서는 상호관계의 범위가 여러 분야에 걸쳐 폭넓게 적용됨을 말하고 있다. 아마존 강의 열대 우림에서 불타고 있던 나무가 어떤 이유에선지 프랑스 수도 파리의 시민들이 숨쉬는 공기로 바뀌고, 멕시코 유카탄 반도를 날아다니는 나비의 날개 짓이 스코트랜드의 헤브리디스 열도에 있는 양치류의 삶에 영향을 미친다는 사실을 생태학자들은 알고 있다. 생물학자들은 개체와 그 정체성을 창조하는 유전자의 환상적이면서도 복잡한 춤(연속적인 동작의 인과성) 즉, 먼 과거로부터 비롯하며 이른바 개개의 정체성이 다양한 영향력들의 연속으로 구성되어 있음을 보여주는 그러한 춤을 밝혀내기 시작했다.

어떤 것이든 제대로 본다면, 어느 것도 그 자체로 고유한 존재란 없음을 알 수 있다. 어떻게 독립된 특성의 부재를 [공空]이라고 일컫는다. 자연환경 속에 있는 수많은 개체 중 하나인 소나무에 대해서 생각해본다. 나무는 분명하게 자연환경 속에 규정되어 있는 무엇이라고 생각하는 경향이 있다. 그러나 어떤 차원에서 가까이 보면 나무는 좀 더 깊이 생각할 경우, 나무가 우주로까지 뻗어나가는 지극히 미묘한 관계의 그물 속으로 용해되는 것을 알아차리게 된다. 솔잎에 떨어지는 빗방울, 나무를 흔드는 바람, 양분을 공급해 주고 나무를 지탱해 주는 토양, 봄 · 여름 · 가을 · 겨울의 사계절과 그 계절의 날씨, 그리고 달빛과 별빛 등 이 모든 것이 나무와 관계를 이룬다. 생각하면 할수록 우주의 모든 것이 나무가 현재의 모습을 이루도록 돕는다는 사실을 발견하게 된다. 예컨대 나무는 어느 한순간도 다른 어떤 것으로부터 분리된 적이 없으며, 매 순간마다 그것의 품성은 미묘하게 변하고 있다. 바로 이것의 일체는 공空하다는 말의 참뜻으로, 홀로 독립해 있는 존재는 없다는 것이다. 공과 만물의 상즉상입성相卽相入姓을 알아야 한다는 것이다. 즉, 존재하는 그 어떤 것도 다른 모든 것과 마찬가지로 그 밖의 어디에서 발생하고 있는 어떤 것의 인과적 관계에 날려 있나는 것이다.

기업도 하나의 생물처럼 물질이 유기적으로 구성되어 생활 기능을 가지게 된 조직체 즉, 유기체로서 존속되며 성장하려면 외부환경에 적응해 나가지 않으면 아니 된다. 환경의 자극에 반응 내지 반작용함으로써 균형과 평형상태를 유지하며 생명력을 존속시켜 가야 한다.

우리는 순기능의 의무를 지닌 자연 속의 한 부분이며, 전체 속의 한 부분이다. 그리고 우리는 자연이라는 세상의 한 부분이 된다. 세상이란 구체적으로 어떤 개인이나 단체가 마음대로 활동할 수 있는 시간적 · 공간적인 현실이다. 그래서 우리는 관계 속에서 갈등하고 사랑하며 서로 얽혀서 살아간다. 이것이 우리의 실존이다. 순기능적 역할 eufunctional roles(=right functional roles)을 저버릴 때 자연'let it be'을 파괴한다는 것을 의미하며, 그로 인해 언젠가는 제거 또는 도태된다. 들짐승들은 자신의 둥지를 결코 더럽히는 법이 없다. 오늘의 기술문명은 자연이 낳은 이자利子만으로는 모자라서 자연이 축적해 놓은 자본까지 갉아먹고 있기 때문에 환경문제를 우리는 인식하게 된다.

2) 전체 배경의 인식과 벤치마킹

벤치마킹benchmarking의 정의는 경쟁시장에서 우수기업을 대상으로 경쟁력 분석 및 계량적 비교를 통하여 자기위치 파악 및 실시효율의 획기적 개선을 이룩하는 것이다. [그림1-1]는 경영실시 효율분석도 및 제조능력 분석도를 나타내고 있다.

[그림 1-1] 효율분석도 및 제조능력 분석도

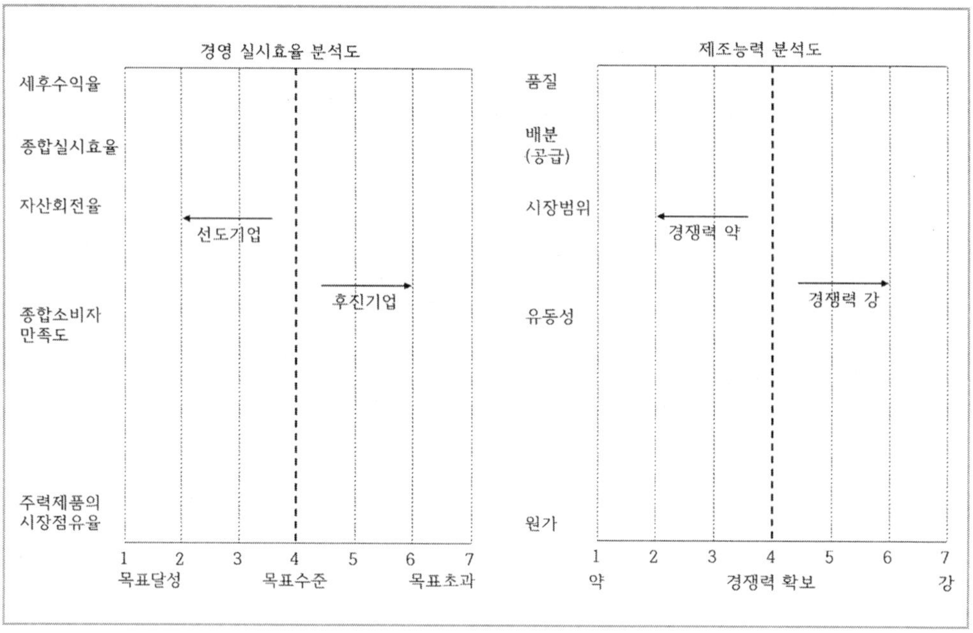

벤치마킹은 개인, 기업, 그리고 정부기관 등 다양한 경제주체가 자신의 성과를 제고하기 위해 참고할 만한 가치가 있는 선진 우수기업의 경영기법이나 성공사례를 정하고, 자사의 역사적 자료hard data를 지속적으로 계량화하여 정량적quantitative(실증적 실시효율 평가) · 정성적qualitative(경쟁력 및 실행력의 비교우위 평가)으로 그와의 비교 분석을 통해 필요한 전략과 교훈을 찾아보려는 행위를 말한다. 그러나 본래의 것과 똑같이 제작하는 복제copy나 다른 것을 본뜨거나 본받아서 만드는 모방imitation과는 다른 개념이다.

경영실시효율 분석도, 제조능력 분석도, 그리고 제조전략 분석도의 작성을 통하여 기업 경쟁력 평가를 위한 실행방안을 예시할 수 있다. 어느 날 갑자기 하늘에서 떨어지는 창의創意는 없다. 과거라는 역사의 토양 속에서 자라난 발전과 진보 또는 변형 내지 모방적 방법일 따름이다. 이것이 신과 인간의 능력을 구분 짓는 영역의 한계다. 벤치마킹 과정에서 추구되는 목적은 환경인식을 통한 자기발견이며 자기인식이지 모방을 통한 동질성 달성을 의미하는 것이 아니다. 군자君子, 혼연화기渾然和氣요 화이부동和而不同이다. 주위와의 원만한 관계성은 유지하나 동질성을 추구하지 않는 사람이 뛰어난 사람이라는 의미다.

앞에 짧게 언급된 창의 개념에서 창의력과 창의성에 대해 좀 더 살펴보고자 한다. 먼저 사전적 의미로 창의력創意力은 새로운 것을 생각해 내는 '능력'으로 정의되는 반면에, 창의성創意性은 새로운 것을 생각해 내는 '특성'으로 정의하고 있다. 창의력은 주어진 문제 상황에 대해 다양하면서도 새롭고 시의적절하며 경제적으로 가치가 있는 것을 창출하는 능력으로 설명할 수 있으며, 새로운 것을 생각해 내는 특성인 창의성과는 구분이 된다. 다시 말하면, 창의력은 새로운 것을 창출해 내려는 의지력, 실행력, 그러한 것을 만들어 내는 힘이라고 할 수 있는 반면, 창의성은 성향, 성격이라고 할 수 있다. 좋은 생각과 참신한 아이디어가 많이 있다고 해도 지속적으로 꾸준하게 실현하지 않으면 안 되는 것이 창의력이다.

3) 한경인식의 기저

인간은 영적인 존재이기 때문에 다른 사람에게 사회적 거리감social distance과 적대감hostility을 보내면 이것이 곧 반향이 된다. 뉴턴이 밝혀 낸 세 가지 운동법칙은 현실 속에서 에너지의 균형점을 다스리고 있다. 운동 제3법칙third law of motion인 작용과 반작용의 법칙law of action and reaction 즉, 작용과 반작용은 서로 반대 방향으로 작용하지만 그 크기는 같다는 원리로써 구체적인 사물과 현상의 영역 안에서 인연의 법칙law of causality을 반영하며 에너지의 균형을 다스리고 있는 것이다. 이렇게 해서 다른 사람에게 의도적으로 증오를 보낸 사람은 다른 사람들로부터 오는 증오를 고스란히 체험하게 된다는 논리와 같다. 이는 인간의 속성이 사회적 관계성 속에서 정립되기 때문이다.

가끔은 나의 정체성에 대한 물음이 있어야 한다. 즉, 나는 어디서 와서 어디로 가는 누구인가? 에 대해 때때로 물어 봐야 한다는 것이다. 나의 정체성은 나를 알고 나를 사랑하는 사람들이 정의 내리는 나인바 나이기 때문이다. 즉, 관계성 속에서 내려진 정의이다, 그래서 보다나은 나의 모습을 사랑하는 사람들에게 보이기 위해 노력하게 되며 발전하게 된다. 자리이타自利利他라고 한다. 자리自利란 자기를 위해 자신의 수행을 주로 하는 것이라면. 이타利他란 다른 이의 이익을 위해 행동하는 것을 말한다. 즉, 타他를 사랑하는 것이 곧 자기를 사랑한 것이 된다. 이것이 고객지향적customer-oriented 경영의 원리이기도 하다.

기업도 인간과 마찬가지로 자기만을 사랑하는 기업이 아니라 자기를 사랑하는 것들(이해관계자 집단 등)을 사랑할 줄 아는 기업이 되어야 한다. 이윤 극대화를 통한 우수한 기업을 만들기 위해 모든 수단과 방법을 도모하는, 자기만을 사랑할 줄 아는 기업이 아니라 유지 존속 성장을 위한 최소한의 영양확보 즉, 이윤추구를 통하여 기업의 사회성을 확보할 때 보다 긴 생명력을 갖게 될 것이기 때문이다. 자기발전self-development을 통한 사회발전, 사회발전social development을 통한 국가발전, 국가발전national development을 통한 자기발전의 기회추구가 합하여 선을 이루는 기업의 자기사랑이라 할 것이다.

일반적으로 기업들은 너무 많은 성과와 성공을 거두게 될 때의 잠재적 위험에 대하여 잘 생각하지 않는다. 경쟁기업을 절망적 상태로 몰아넣게 되면 심각한 혼란을 초래할 위험성을 지닌다. 예를 들면, 소프트 콘텍트 렌즈를 생산하는 보쉬와 롬Bousch & Lomb사는 스스로 심각한 문제를 만들어왔다. 1970년대 후반에 이 기업들은 가격을 낮추고 경험곡선experience curve(경험곡선 효과 → 경험 축적을 통해 생산방식의 최적화 및 최소생산비용의 달성)에 의존한 행동의 결과 다른 경쟁기업에 대단한 공격적 행동을 취하게 되었다. 이로 인해 보쉬와 롬사의 시장점유율market share(부분/전체)이 급속도로 팽창하게 되었다. 그 결과 경쟁력을 잃어버린 상대 기업들은 하나씩 다른 기업에 인수되었다. 그들을 인수한 기업들은 J&J사, 레브론Revlon사 등 보쉬와 롬사 보다 훨씬 큰 기업들이었다. 이로 인하여 훨씬 심각한 경쟁상황에 직면하게 된 것이다. 경험곡선은 경영전반에 있어서의 경험이 누적됨에 따라 비용이 감소하는 현상인데 란체스터 법칙Lanchester's laws과 같은 것이다. 즉, 병력의 수나 무기의 성능 면에서 차이가 있는 두 적대적인 상대방이 전투를 벌인다면, 원래 전투력 차이의 제곱만큼 그 전투력 격차가 더 커지게 된다는 것이 란체스터의 법칙이다.

영국의 항공공학 엔지니어인 란체스터F. W. Lanchester(1868~1946)는 1, 2차 세계대전의 공중전 결과를 분석하면서, 확률적 무기가 사용되는 전투에서는 전투 당사자의 원래 전투력 차이가 결국 전투의 승패는 물론이고 그 전투력 격차를 더욱 크게 만든다는 사실을 발견하게 되었다. 무기의 성능이 같은 아군 전투기 5대와 적군 전투기 3대가 공중전을 벌인다면 최종적으로 살아남는 아군 전투기는 2대가 아니라 그 차이의 제곱(22)인 4대가 된다는 것이다. 결국 전투력 차이의 제곱만큼 그 격차가 더 벌어지게 된다는 것이다. 이러한 확률 전투에서의 힘의 논리power logic, 힘의 격차power gap 관계를 란

체스터 법칙이라고 한다. 약자는 항상 지고 강자는 항상 승리한다는 법칙이다. 그러나 란체스터 법칙은 약자도 강자가 될 수 있다는 논리에도 적용할 수 있다. 란체스터의 법칙은 2차 세계대전 당시 연합군의 전략 수립에 커다란 영향을 미친 것으로 알려져 있고, 오퍼레이션즈 리서치Operations Research(OR) 또는 경영과학management science을 발전시키는 계기가 되었다.

2. 기업환경과 시스템 지배

1) 환경시스템과 리더

이 책은 10분 이내에 완독完讀할 수 있으며, 전세계에 걸쳐 4000만 권 이상 팔린 허바드A. Hervard의 「가르시아 장군에게 보내는 메시지」라는 작은 책, 1898년 스페인과 미국이 전쟁을 하게 되었을 때 쿠바의 반군 지도자 가르시아 장군의 도움을 필요로 했다. 미국의 매킨리W. McKinley 대통령이 앤드루 로완 중위를 불러 가르시아 장군에게 메시지의 전달을 지시했다. 이때 로완 중위는 어떠한 이유와 반문도 없이 가르시아 장군의 위치를 묻지도 않고 적의 포위망을 뚫고 스스로 사력을 다해 임무 수행을 완수해냈다.

지금의 기업들도 이러한 동역자를 갈구하고 있다. 오늘 믿고 맡길만한 인재를 발굴하기 위해 고용과 해고의 어려운 투쟁을 수행하고 있는 것이다. 회사가 나를 위해 무엇을 얼마나 하고 있는가를 생각하기에 앞서 회사가 전폭적으로 신임할 수 있는 구성원인가를 돌아볼 필요가 있는 사례이다. 온전한 사람들의 협력이 있는 곳을 경영학에서는 시스템이라 부른다.

만물작언이불사萬物作焉而不辭 생이불유生而不有라는 고사성어가 있다. 작作은 만든다는 뜻이며, 언焉은 어찌 언焉인데 문미에 쓰일 때 강조하는 의미를 갖는다. 불사不辭는 '말하지 않는다'라는 뜻이다. 번역하면 아무리 거창하고 대단한 일을 해낸다 해도 자랑하지 않고 실전으로 행하며 함께 있으면서도 말로 떠들거나 다투는 법이 없이 항상 조용하게 자기 일만 성실히 하는 사람이다. 노자가 희구希求(바라고 구하다)했던 동역자의 상이며, 로완 중위의 자세이기도 한다. 리더는 이러한 자세를 가지고 있는 인재를 볼 줄 아는 혜안을 가져야하며, 동역자의 조력을 이끌어 낼 수 있는 조직력을 갖춘 사람을 말한다.

생각의 포인트

관계경영의 의미

관계경영relationship management
도불원인道不遠人 → 득현즉창得賢則昌 → 병개가묘並皆佳妙 → 약팽소선若烹小鮮 → 생생지기生生之氣

- 도불원인道不遠人 : 좋은 인재를 가까이 해야 한다.
- 득현즉창得賢則昌 : 인재를 얻어야 성공한다.
- 병개가묘並皆佳妙 : 만남으로 기묘한 조화를 이루어낸다.
- 약팽소선若烹小鮮 : 인재를 통해 성공적으로 경영하는 비결은 일을 맡기데 그 과정에 끼어들지 않는 인내가 필요하다.
- 그리고 생생지기生生之氣 : 열정이 필요하다.

모세가 이스라엘 백성을 이끌고 이집트를 출발하여 이스라엘로 향하는 도중에 백성들 사이에 많은 다툼이 일어났다. 현명한 모세였지만 혼자서 재판하느라고 이스라엘을 향해 앞으로 나아가지 못하고 있었다. 모세의 장인 이드로는 모세가 백성을 다스리느라고 애쓰는 모습을 보고 다음과 같이 말하였다. "백성을 이렇게 다스리다니, 이게 무슨 일인가?" 모세의 장인이 충고하였다. "이렇게 해서야 되겠는가? 자네뿐 아니라 자네가 거느리고 있는 그 백성들도 아주 지쳐 버리고 말겠네. 이렇게 힘겨운 일을 어떻게 혼자서 해내겠는가? 자네는 백성의 대변인이 되어 그들이 제시하는 소송들을 하느님 앞에 내어놓게, 그리고 그들이 지켜야 할 규칙rule을 알려주어 어떻게 살아야 하며 무엇을 할지를 가르쳐 주게.

모세는 장인의 말을 듣고 그대로 하였다. 이스라엘 백성 가운데서 유능한 사람들을 골라내어 백성의 지도자로 삼았다. 천 명을 거느린 사람, 백 명을 거느린 사람, 오십 명을 거느린 사람, 그리고 십 명을 거느릴 사람을 세워 늘 백성을 다스리게 하였다. 그들은 어려운 일은 모세에게 가져왔지만 사소한 일들은 모두 자기네가 처리하였다. 그래서 마침내 복지의 땅 가나안에 도착하게 되었다. 이것이 바로 시스템이고 리더십leadership이다.

최상의 경영자는 자기가 성취하기를 바라는 일을 처리해 줄 인재를 발굴할 줄 아는 안목을 가지고 일을 맡긴 후 그 과정에 끼어들지 않는 사람이다.

2) 환경 지배를 위한 내강

경쟁력 확보를 위해서는 자기기업과 경쟁기업을 알아야 한다. 뿐만 아니라 그 업종 이면에 잠재해 있는 위험 요소와 자연환경의 조건까지를 고려할 줄 알 때 삼위일체三位一體 즉, 세 가지의 것(성부, 성자, 성령)이 하나의 목적(하나님)을 위하여 통합되는 그러한 성공요인을 확보했다고 할 수 있다. 손자孫武는 전쟁에 있어서 결정적 실패요인 중의 하나를 문화적·사회적 배경의 간과라고 했다. 적의 숫자나 규모 병참의 과소 등 보이는 요소도 중요하지만 보이지 않는 요소의 중요성을 역설하고 있다. 환경과의 조화는 반엔트로피negative entropy의 증가와 관련이 있다. 엔트로피는 열역학에서 사용되는 개념으로 재생불능 또는 회수불능 에너지의 증대를 뜻하며, 시스템 이론system theory에서는 이러한 에너지의 소모에 따른 쇠퇴 또는 무질서를 의미한다. 그러므로 엔트로피의 증대는 질서의 파괴destruction of order 또는 기능의 상실loss of function을 의미하기도 한다. 시스템이 계속 존속·성장하기 위해서는 소모된 에너지 이상을 외부로부터 받아 들여야만 하는데 이를 반엔트로피라 한다. 그래서 기업 시스템은 폐쇄 시스템이 아니라 개방 시스템이 되어 외부정보를 자양분으로 흡수해야 한다. 그래서 벤치마킹benchmarking(복제나 모방이 아닌 혁신기법)이 필요하게 된다.

3) 환경지배를 위한 중용中庸의 도

고전 라틴어로는 '중용中庸'을 니힐 니미스nihil nimis라고 하는데 '지나침이 없다'라는 뜻이다. 위엄이 있으나 사납지 않고 중심을 잡아가는 것이며 '미발未發(일이 아직 일어나지 않음)의 중中'이며 포테시알리티potentiality '잠재력'이다. 빛을 고르게 하여 화和한다는 것으로 유리처럼 반짝거리는 빛보다는 옥玉과 같은 정감이 있는 빛이 좋다는 말이다. 지나치거나 모자람이 없이 도리에 맞는 것이 '중中'이며, 평상적이고 불변적인 것이 '용庸'이라는 뜻을 가진 중용中庸은 타협의 비굴함이 아니며 이쪽도 저쪽도 아닌 기회주의자의 위치를 가리키는 것도 아니다. 진리의 길을 찾아가는 외줄 타기며 긴장이다.

성선설과 성악설 그 어느 쪽도 절대 진리가 아니라는 것이다. 욕심을 나쁘다고 정의내릴 수 있겠는가? 욕심은 삶의 원동력이기도 하다. 그래서 흑백의 논리black and white thinking는 바뀌어야 한다는 것이다. 흑과 백의 조화로 한 폭의 아름다운 세상이라는 그림을 그릴 수 있다는 것이다. 그 어느 한쪽으로 기울지 아니하며 성격변화의 폭이 적은 사람을 일반적으로 우리는 사귀기 쉽고 원만한 성격의 소유자를 군자君子라 부른다. 군자는 치우치지 않고 보편적이며, 소인小人은 보편적이지 않고 치우친다는 것이다.

생산에 있어서도 마찬가지다. 가능한 공정별 소요시간의 변화의 폭이 적어야 한다. 장기적 전략요소(생산능력, 설비배치, 입지결정)와 단기적 전술적 요소(조업수준, 고용수준, 재고수준)를 고려하여 단순 또는 복합전술을 구사하여 안정적 생산 공급을 추구하는 생산평활production smoothing이 바로 중용이다.

부단한 변화를 추구하는 것이 경영의 속성이 있다. 그러나 기본에 충실한 경영이 요구 될 때가 있다. 따라서 경영을 과학이라 부른 이유가 여기에 있다. 경영에 관한 과학은 그 성격상 격변하는 산업사회 환경의 적응을 위한 이론과 기법을 상황에 따라 달리 하고 있는 유동적인 학문이기도 하다. 시간이 지나면서 트렌드에 따라 고객의 욕구는 수시로 변하며, 경쟁자들은 변화하는 고객의 욕구 충족을 위해 새로운 기술을 활용하여 끊임없이 신제품을 개발하고 서비스를 개선시키고 있다. 뿐만 아니라 관계기업인 공급기업의 영향력도 경제적 상황과 기술적 상황에 따라 수시로 변화해 지속적으로 영향을 준다. 그래서 경영학을 실천과학practical science인 동시에 경험과학empirical science이라고 부른다. 그러나 학문하는 사람들은 기술주의technism(기술에 가치의 중심을 두는 사고방식)와 인간주의humanism(인간의 존엄성을 최고의 가치로 하는 사상) 가운데 어느 한쪽으로도 치우치지 않고 균형감각을 유지하려는 부단한 노력을 경주해야할 것이다.

인간은 선택과 창조의 자유를 부여받고 태어났기 때문에 중도에서 벗어나 제멋대로 기울어지는 경향이 있어서 오늘날 인류사회는 온갖 갈등과 투쟁과 파괴가 그칠 날이 없다. 이것은 개인의 입장을 버리고 객관적 입장에서 사물을 볼 줄 알아야 하는데 자신의 문제가 되면 어느새 자기보호의 마음이 작용하여 사욕에 사로잡혀 정각의 길을 포기하기 때문이다. 우리는 보통 남의 문제에 대해서는 비교적 정확한 판단을 내린다. 그러나 자신의 문제, 더욱이 이해관계가 얽힌 문제가 되면 시비의 판단이 흐려져 이따금 후회스러운 결과를 빚는다.

노자는 인간이 결혼을 하여 자식을 가지는 한 이러한 마음에서 해탈解脫하는 것 즉, 세속적인 속박으로부터 벗어나 자유로운 상태가 되는 것이 불가능하다고 했다. 동물은 새끼가 자라 분가하면 철저하게 남이 된다. 그러나 인간은 그렇지 못하다. 생지축지生之畜之가 안되기 때문이다. 자연은 선천적으로 태어나서 후천적으로 길러지고, 인간은 설계와 공정으로 제품을 만들어 간다. 소나무가 소나무로 태어나는 것은 소나무의 선천성 때문이고, 소나무의 모양이 제각기 다른 것은 소나무의 후천성 때문이다. 제품은 설계가 선천적인 것에 해당되고 생산 공정은 후천적인 것에 해당한다. 설계가 아무리 좋아도 공정이 시원치 않으면 훌륭한 제품이 나올 수 없고, 그리고 반대로 설계가 시원치 않으면 공정을 아무리 잘해도 개선되지 않는다. 그래서 정각의 도를 추구하며 줄여 가는 노력밖에 해결의 길이 없다고 했다. 이는 갈등의 존재의 인정이며 삶의 정확한 정의definition이다. 중도의 발견을 위한 부단 없는 내적 갈등을 갖는, '고뇌하는 인간'이 창조적 인간이 될 수 있다는 것이다.

제조기업 경영에 있어서 균형을 잡고 중도中道를 발견하는 것을 우리는 라인밸런싱line balancing이라 부른다. 라인밸런싱은 노동 및 설비의 효율은 극대화하고 유휴시간을 최소화하기 위하여 연속된 작업 활동을 각 작업장으로 할당하는 것이다. 작업 활동들은 각 작업자에게 거의 균일한 소요시간을 갖도록 집단화하거나 하위단위로 나누어져야 한다. 이것이 애로공정bottle neck의 배제 즉, 병목현상의 배제다.

3. 경쟁환경과 부분최적화

1) 경쟁자에 대한 배려

경쟁자를 전쟁의 적으로 생각하는 것보다는 경기의 적수로, 경쟁의 파트너로 생각하는 것이 발전에 도움이 된다. 최근 러시아와 우크라이나에서 보듯이 전쟁이란 비참하고 슬픈 것이다. 그 슬픔을 아는 자가 정의를 안다. 그리고 정의를 아는 자가 전쟁에서 이긴다는 논리다. 경쟁에서 패배한 자의 슬픔을 이해할 줄 알고 동시에 자기가 패했을 때 당할 슬픔을 아는 자가 승리에 가까이 갈 수 있다는 의미의 애자승의哀子勝矣다. 그래서 기업 경쟁은 '방어'전략이어야지 '공격'전략이 아니라는 사고에서 출발해야 한다. 그래야 불필요한 대결을 피하게 되면 전략적 취약점을 드러내지 않는 유연성flexibility을 확보할 수 있게 된다. 완벽에 가까운 강함이란 강함 그자체가 뒤집어 보면 약점이 될 수 있다.

아킬레스는 호메로스의 대서사시인 「일리아드」에 나오는 그리스의 맹장으로서 불사신의 몸을 가지고 있었다. 아킬레스의 어머니인 테티스는 그가 태어나자마자 그를 저승의 강 스틱스에서 목욕을 시킨다. 스틱스 강물로 목욕을 하면 강한 몸이 된다는 믿음이 있었고, 아킬레스는 실제 불사의 몸을 만들 수 있었는데 꼼꼼하지 못했던 아버지 미르미돈의 왕 펠레우사가 목욕을 시킬 때 그의 발뒤꿈치를 잡은 탓에 아킬레스의 발꿈치는 강물의 영험한 기운을 받지 못하게 된다. 그래서 바로 발뒤꿈치가 아킬레스의 치명적 약점이 된 것이다. 장군으로 성장한 아킬레스는 트로이 전쟁에 출정하여 트로이 군의 영웅인 헥토르를 비참하게 쓰러뜨리며 그리스 군을 승리로 이끈다. 하지만 아킬레스는 트로이전쟁을 일으킨 파리스가 쏜 화살에 발뒤꿈치를 맞고 전사하고 만다. 그래서 우리 신체의 튼튼한 힘줄은 몸에서 유일하게 상처를 입을 수 있는 곳 즉, 치명적인 약점이라 할 수 있다. 따라서 여러 사람이 함께 도와주거나 서로서로 도와주는 이러한 공조cooperation가 필요하다. 1인자의 자만을 공격할 수 있는 2인자의 위치에 있을 때가 더 행복하다는 것을 인지할 줄 알아야 한다. [그림1-2]은 시장경쟁의 상존요체常存要諦를 나타내고 있는 포터M. Porter의 전략 모형이다.

[그림 1-2] 마이클 포터의 5가지 시장경쟁의 상존요체

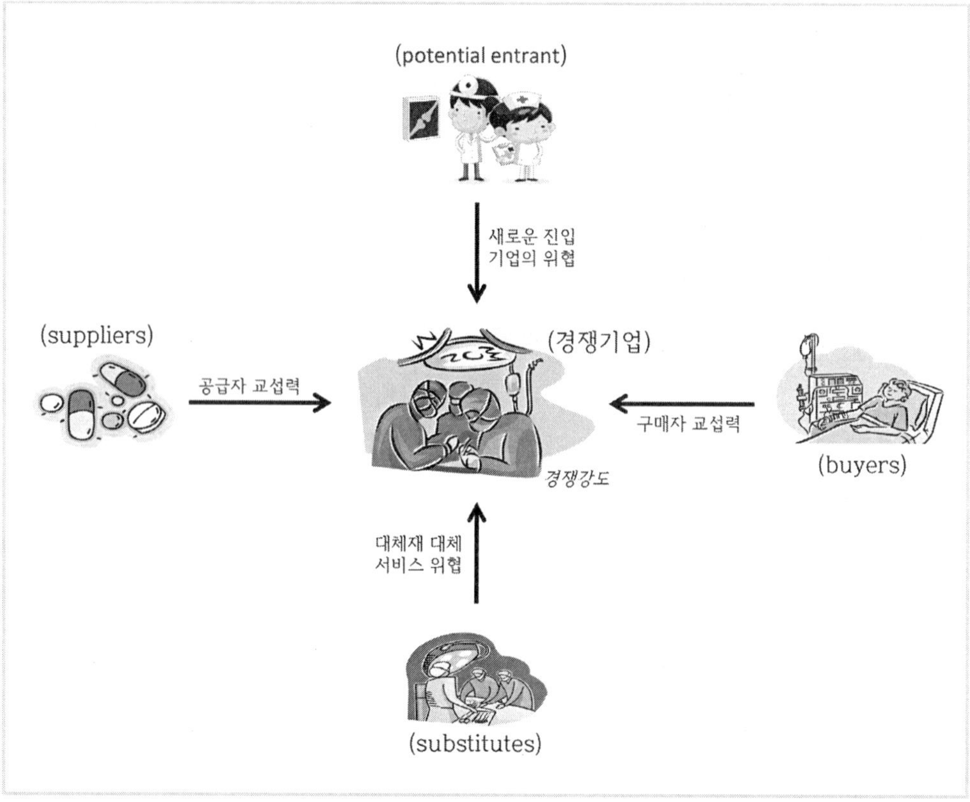

생각의 포인트

창조적 파괴

세상의 모든 만물은 변하지 않는 것이 없고, 이 모든 것은 변하는 과정에 있다. 세상에서 유일하게 확실한 것은 '변화'라는 것이다. 세월의 본질이 바로 변화이기 때문이다. 변화는 누구도 피할 수 없기 때문에 각 상황은 정반대의 상황에 영향을 받는다. 이를테면 정靜은 동動과 짝을 맺고, 합合은 이離와 짝을 맺으며 간다. 12세기 유대 철학자 마이모니데스 Moses Maimonides는 「방황하는 자를 위한 지침」이라는 책에서 창조는 파괴를 통해서만 이루어진다. 개체의 파괴 없이 종족보존은 있을 수 없다고 했다.

미국의 생물학자 리 반 발렌Leigh Van Valen은 루이스 캐럴의 '겨울 나라의 엘리스'에 등장하는 붉은 여왕으로부터 영감을 받게 된다. 붉은 여왕Red Queen이 사는 곳에서는 제자리에 멈춰있으면 자신도 모르게 뒤쪽으로 밀려 버리고 그 자리에 멈춰있기 위해서는 끊임없이 달려야 하는 기묘한 법칙이 존재한다. 이는 주변의 물체가 움직이면 주변의 세계도 같이 연동하여 움직이기 때문이며, 앞으로 나아가기 위해서는 죽어라 달릴 수밖에 없는 겨울 나라를 상징하는 역설이다. 발렌의 진화에 대한 개념을 정립하자면, 생명체는 그 스스로가 주변 환경과 경쟁자들 사이에서 끊임없이 진화해 적응하여야만 자신의 존재를 유지할 수 있으며, 주변에 맞춰서 진화하는 생명체가 그 제약constraint을 초월하여 일방적으로 승리할 수 없다는 것을 붉은 여왕의 은유로 사용했다.

붉은 여왕 가설Red Queen's Hypothesis은 '여기서는 같은 곳에 있으려면 쉬지 않고 힘껏 달려야 해. 어딘가 다른 데로 가고 싶으면 적어도 그보다 두 배는 빨리 달려야 한다. 즉, 아무 것도 하지 않으면 당연히 도태되고, 피나는 노력을 해도 현 상태를 유지하는 정도에 불과한 치열한 경쟁 상태의 환경을 가리킨다. 이러한 창조적 파괴는 선택이 중요하다. B(birth)와 D(death)사이의 숫자가 C(choice)다.

인생여정에서 어느 하나의 길을 선택하면 다른 길을 가보지 못하는 운명의 여정旅程으로 남는다. 선택한 길을 가면서 다른 길의 모습은 그리워하지 않길 바란다. 그래서 선택은 다른 것을 버리는 것이다. 여행은 어디에 도착하는 것이 아니다. 그것은 기차 안이고, 거리에서 만난 사람들이며, 골목 안의 주점이고, 그리고 산이며 바다다. 선택한 여정을 따라 보고 느끼며 그때 그 장소에서의 숨결이 되어 가는 것이다. 모든 사람을 다 사랑할 수는 없지만 몇 사람이라도 사랑하며 사는 것이다. 인생을 살면서 누군가가 당신이 함께 있어서 좋았다고 말해 준다면, 당신은 훌륭한 사람이다. 대자연 속에서 인생은 너무 짧다. 서로를 사랑하자. 오늘의 적이 내일의 친구가 될 수 있다. 반대자까지 사랑하도록 노력하자. 그리고 서로서로 돕자. 경영은 사람과의 관계론human relations theory(approach)이다. 그래서 아름다운 관계는 행복과 동시에 성공을 낳는다. 즉, 윈-윈 win-win전략이다.

2) 갈등의 극복과 조화 conflict vs coordination

나는 당신의 느릿한 행동에 대해 사람이 왜 그렇게 둔한지 모른다고 비난한다. 그러나 나의 느림에 대해 당신은 신중하다고 말한다. 당신이 일을 서두를 때 나는 당신이 조급하여 일을 그르친다고 질책한다. 그러면서 나는 매우 신속하다고 말한다. 당신이 실패했을 때 나는 당신을 본래부터 어리석고 모자라는 사람이라고 비난한다. 그러나 나에게는 어쩌다가 저질러진 실수일 뿐이다. 당신이 힘들어 할 때 나는 당신이 연약하고 무능해서라고 꾸짖는다. 그러나 나의 힘듦은 환경 탓일 뿐이다. 당신이 의견을 주장할 때 나는 당신을 고집쟁이라고 몰아 부친다. 그러나 나에게는 그 고집이 소신과 신념이 되어 버린다.

나와 당신의 차이는 바로 이것이다. 당신은 나의 그런 모습에서 어떤 동료애도 애정도 느끼지 못한 채 비참함만 더해지는 눈물을 삼켰을 것이다. 이제 당신과 나의 차이, 거기에 하나를 향한 몸부림이 필요하다는 것을 인식한다. 당신의 미세한 사랑의 음성을 듣기를 원한다. 내가 당신으로 여겨지고 당신이 내가 될 때 우리는 서로의 차이를 없앨 수 있을 것이다.

생산에서의 조화harmony와 모듈러 설계modular design를 예를 들 수 있다. 모듈러 설계는 제품이 다양하면서도 생산원가를 낮추기 위해 제품을 이루는 구성 요소를 표준화시키는 방법으로 제조공정을 통제하는 제품설계 방법이다. 여기에서 모듈module이란 표준화된 기존 구성품으로 정의할 수 있으며, 적은 종류의 모듈을 조합하여 많은 종류의 최종제품을 생산할 수 있도록 한다. 그러므로 모듈러 설계에 있어서는 구성 모듈의 설계가 제품 설계에 매우 중요하다. 제품생산에 있어 구성품의 수를 줄이기 위해 경영합리화 3S(전문화specialization, 표준화standardization, 단순화simplification)를 추구하나, 소비자가 느끼는 제품의 수, 가법(3+3)이 아니라 승법(3×3)을 느끼도록 다양하게 하는 것이다.

3) 부분최적의 배제 eradication of sub-optimization

살고 있는 아파트에서 좀 더 넓은 공간감각을 느끼기 위해 내부구조를 변경하는 사례를 종종 볼 수 있다. 벽을 헐고 거실을 넓게 보이게 하기 위한 과정에서 망치와 드릴로 충격을 준다. 아파트 한 동 전체가 충격을 입는다. 그러나 그 충격의 결과가 즉각적으로 나타나지 않기 때문에 우리는 죄악시to see or consider something as a sin하지 않고 지내는 이기체근를 보인다. 작은 지진에서도 붕괴의 위험이 내재되는 원인을 제공해 놓고서는 문제가 발생하면 시공업자에게 그 책임을 전적으로 떠넘기는 우리 자신을 본다. 부분최적화는 소아적 목적달성을 위해 조직 전체가 추구하는 목적의 좌절을 가져오는 것이다.

과일 나무가 과수원에서 과일을 생기게 하는 현상은 자연의 범주에 속한다. 자연의 일부로써 열매를 맺게 하여 다시 자연에 나누어 주게 된다. 그러나 소유의 집착이 강하여 지면 분재의 상태가 된다. 분재는 더 이상 나눔의 열매를 생기게 할 수 없는 상태를 갖는다. 언젠가 그 상태로 죽음을 맞는다. 우리는 이 우주의 선물, 신이 주신 선물을 잠시 맡아서 관리하는 것일 뿐이다. 그 기간이 끝나거나 관리를 잘못하면 곧바로 회수 당한다. 이것이 우주의 리듬이다. 리듬의 흐름을 읽었다는 것은 성공에 가까이 이르렀다는 의미이기도 하다.

흔히 생산부서와 마케팅부서의 관계에서 부분최적이 발생하기도 한다. 전통적으로 마케팅기능과 생산기능 사이의 관계는 서로 융합할 수 없는 상충적인 것으로 인식되어 왔다. 영업부서에서는 다품종 소량생산체제하에서 방대한 유통망을 통하여 저가격으로 납기를 빠르게 하도록 노력하는 반면에, 생산부서에서는 소품종 대량생산을 통하여 1회 생산량의 규모를 크게 함으로써 효율적인 생산체계를 구축하고자 노력한다는 것이다.

이와 같이 생산과 마케팅을 각각의 단일기능 부서로 방치한다면 서로 상반된 이해관계를 표출하기 때문에 기업 전체로 볼 때 전사적 시스템 접근법total system approach이 깨어지고, 이로 인해 생산 활동이 경쟁무기로 전략화 될 수 없게 된다. 생산전략은 경쟁우위를 높일 수 있도록 생산 활동과 타부서의 기능을 조종하는 역할을 해야 한다.

치열한 경쟁 환경 속에서도 일부 우수기업들은 그들의 경쟁자보다 우수한 품질과 우수한 신뢰성을 갖고 있으며, 다양한 시장요구에 신속하게 대응할 뿐만 아니라 낮은 가격을 유지하고 있다. 이것은 하나의 경쟁력을 얻기 위해 다른 경쟁능력competitive capability을 희생시켜야 한다는 전통적인 생산관리의 논리를 부정하는 것과 조직행위를 단편적인 기능문제로 인식하지 않는 사고의 전환에서 가능해진다.

4. 사회적 환경과 기업의 본질

1) 환경조화와 기업의 본질

인적자원의 구성을 드러내 보여주는 것이 조직이다. 그러나 조직은 구성원의 각종 상호관계나 과정 및 구조 등을 이해시키고 설명하는 다이어그램이 아니다. 진정한 조직은 눈에 보이는 것이 아니며 구성원이 활동하는 물리적 · 심리적 힘 즉, 에너지energy이다. 스스로 업무를 완수해낼 수 없는 물질적 자원과 함께 일하는 구성원들의 인간적 상호관계 속에서 일어나는 참여와 헌신적 정열의 에너지가 합쳐져 고객을 위한 제품과 서비스라는 결과를 창출해 내는 것이다. [표1-1]은 환경의 조화를 위한 과학과 기예를 비교하고 있다.

[표 1-1] 환경조화를 위한 과학과 기예

기예art - 빔無		과학science - 유有	
무無	역할役割	실재實在	용用
수레바퀴 가운데의 빈 공간	수레바퀴의 기능	수레바퀴, 타이어	타거나 실음
그릇이나 접시의 움푹 파인 공간	그릇으로써의 기능	그릇, 접시	음식 담기
집의 방, 거실, 주방의 사각 공간	거주하는 기능	방, 거실, 주방	자거나 쉼터

수십 개의 수레바퀴 살이 모두 하나의 중심 틀에 의지한다. 중심 틀은 속이 비어 있어 그 빈 공간에 축이 끼워지기 때문에 마차가 마차로 쓰이는 이유가 된다. 그 속이 비어있으니 그 무無의 공간이 방으로 쓰인다. 찻잔은 그 속이 비어 있는 만큼 포용한다. 그래서 기업의 경영은 과학science과 기예art 즉, 기술과 예술의 조화라 할 수 있다.

불확실한 인생 노정에서 의사결정의 방향타가 심心이다. 이理와 정情이 합하여 심心이 된다. 심心이 기氣와 만나 외부로 도출된 것을 성격性格이라 말한다.

기氣는 에너지 또는 영靈이라 하여 무無의 영역에 속하는 것인데 기氣는 훈련을 통해 강건해 질 수 있다. 그래서 훈련을 통한 강건한 기氣는 심心에 영향을 끼쳐 적극적인 성격의 소유자를 만드는 작용도 한다. 체体는 유有 즉, 물질의 영역으로 몸体을 말한다. 심과 기와 체가 동시에 건강할 때 진정 건강한 사람이라 부른다.

사람들에 의해 구성된 것이 조직이다. 조직은 물의 흐름과 같은 끝없는 흐름이다. 축구경기 중에 있는 공의 흐름과 같은 것이다. 그래서 조직이 추구하는 업무 중에서 제일 주요한 업무가 바로 조화다. 축구공의 패스와 같은 것이다. 직접 할 수 없다면 누군가 해줄 수 있는 사람을 찾아내주는 것도 조화다. 조화를 구성하는 작은 것 하나가 중요하다. 하나의 사소한 것에서 전체 회사의 이미지가 결정 될 수 있다. 회사에 대한 인상을 결정할 자료가 빈약한 가운데 사소한 잘못의 충격이 전부가 되어 고객은 부정적인 인상의 지배를 받는다.

2) 환경적합과 리스크 배제의 마인드

지난 1세기 동안 관리의 방안이 강화되고 연구되어 지면서 조직이 갖는 3가지 자체의 속성인 목적추구성purpose-seeking, 팽창성expandability, 그리고 경직성rigidity에 의해 기업을 딱딱하고 정형화된 기본 틀 속에 가두어 버렸다. 그래서 영국의 경영학자 파킨슨C. N. Parkinson은 "일은 그 자체를 위해 사용될 수 있는 범위 내에서 확대되는 경향이 있다"라고 말했다. 관리방안의 강화로 대부분의 기업에서 직접경비는 감소시켰지만, 간접경비를 늘리는 결과를 가져왔다. 오늘날 분편화된 조직은 애덤 스미스가 예견했던 것과는 정반대로 놀랄만한 비경제성을 보여 주고 있다. 비경제성는 직접경비가 아니라 간접경비에서 나타난다.

그래서 성공경영을 위해서는 버리는 방법how to throw away을 발견하여야 한다. 과부족이 없는 고객과의 만남을 위해서는 불필요한 것을 버리는 것이다. 성공경영을 위한 최상의 변화는 버리는 것이다. 버리고 버려 초심자의 마음으로 돌아가 그리고 또 버릴 것이 무엇인가를 결정하면 되는 것이다. 비용최소화와 수요와 공급균형의 동시추구성이다.

좀처럼 빠져나오기 힘든 구렁인 심연深淵에서 심연 사이를 왔다가 가는 인생을 마친 후 망각의 강 레테를 필히 넘어야 하듯이 제조 기업에서 활용되는 모형에서 필히 추구되는 3가지 균형 축은 수요와 공급의 균형, 비용최소화, 그리고 작업안정이라고 할 수 있다.

우리는 삶이라는 여행 속에서 아스팔트로 이어진 대로를 걷기도 하며 때로는 산과 강물을 만나기도 하고, 위험을 만나기도 한다는 것이다. 상황 상황마다 어떻게 합리적으로 대처해나갈 것인가를 고뇌하게 된다. 즉, 삶 자체가 의사결정의 과정이며 위험배제를 위한 관리의 과정이기도 한다. [표1-2]는 비즈니스 리스크 모델을 부분별로 구별하고 나타내고 있다.

[표 1-2] 비즈니스 리스크 모델

<table>
<tr><td colspan="3">외부 경영 환경 리스크</td></tr>
<tr><td>업무 리스트</td><td>권한 리스크
IT 리스크
성실성 리스크</td><td>재무 리스크</td></tr>
<tr><td colspan="3">의사결정 리스크</td></tr>
</table>

사람이 만든 기업 그래서 사람을 닮아 있는 기업도 마찬가지다. 그러므로 기업경영을 고잉 컨썬going concern 개념인 관리과정이라고도 하며 또한 의사결정과정이라고도 부른다. 의사결정과정에서 순간순간 다양한 위험적인 요소에 직면하게 된다. 상황마다 다른 위험의 속성을 파악하고 대처 안을 마련하는 것이 상황적합이론인 경영학이다. 부연하면, 재무제표는 일정한 가정하에서 작성되며, 계속기업going concern의 가정은 그러한 기본가정 중 하나이다. 기업 본래의 목적을 달성하기 위해 계속적인 재투자 과정 속에서 구매 · 생산 · 영업 등 기본활동을 수행해 나가는 기업을 말한다. 즉, 기업실체는 그 경영활동을 청산하거나 중대하게 축소시킬 의도가 없을 뿐 아니라 청산이 요구되는 상황도 없다고 가정된다.

3) 관계와 조합의 신비

양자역학을 기초로 하여 전개된 물리학 이론인 양자론quantum theory, 이 이론에서 밝혀낸 물질세계의 실상은 이 세계는 반드시 타他(너인 타他)가 있어야 아我(나인 아我)가 존재할 수 있다는 상대성에 바탕을 둔 세계라는 것이다. 미립자의 세계를 살펴볼 때도 확인할 수 있는 사실은 모든 정보는 상대가 있어야만 확인이 가능하다는 점이다. 다른 어떤 입자도 없이 홀로 있는 입자는 자기정보를 확인할 수 없으므로 정체성을 상실하고 곧바로 비존재의 상태로 떨어지고 만다. 물질은 정보와 에너지로 구성된 것임을 알 수 있는 부분이며 무형의 것에 의해 이루어진 허상의 세계라고도 부를 수 있는 것이 바로 이 세상이다.

존재의 실상은 물질이다. 물질을 구성하고 있는 정보와 힘은 우리 눈에 보이지 않는 허상으로 존재하기 때문에 때로는 우리가 있는 것이 없는 것과 같다. 즉, 색즉시공色卽是空'matter is void'이라 할 수 있다. 모든 물질의 기본입자가 가지고 있는 정보는 상대와 결합하는 순간, 입자라는 유형의 물질적 결합만을 이루는 것이 아니라 그것들이 가지고 있는 정보가 모아져서 하나의 통합된 정보를 창출해낸다는 사실이다. 두 개의 수소(H2)가 가진 정보와 한 개의 산소(O)가 가진 정보가 결합해서 새롭게 창출해낸 통합된 정보가 바로 물 분자(H2O)라는 정보다. 그런데 이 통합된 물 분자의 정보는 결합되기 이전의 산소(O)나 수소(H)보다 훨씬 복잡하고 조직화된 정보organized information를 가지고 있다.

자연스런 관계성 속에서 아름다운 결실이 창조된다. 관계는 만남이다. 만남의 속성이 그 내용을 규정하며 의미를 부여한다. 남과 여의 바른 만남은 사랑을 창출하며, 인간과 신의 인격적 만남은 인류를 죽음과 고통과 죄악에서 건져 내는 구원救援과 번뇌의 얽매임에서 풀리고 미혹의 괴로움에서 벗어나는 해탈解脫을 낳으며, 기업이 고객을 만나면 거래관계를 낳아 서로에게 이익을 준다. 작은 씨앗이 좋은 토양과 만나면 엄청난 새 생명의 창조력creative power을 발휘한다. 이것이 경영시스템 이론의 요체이다.

5. 창업환경과 기업혁신

1) 기업혁신 프로세스

시작의 끝에서 또 다른 시작이 있는데 우리는 이것을 활성에너지activation energy라고 부르며 유기적 조직체가 살아 있다고도 부른다. 활성에너지란 화학반응이 일어나기 위해 필요한 최소한의 에너지로써 한 에너지 상태에서 다른 에너지 상태로 넘어가기 위한 언덕이라고 할 수 있는 에너지다. 이러한 에너지가 심리적 시간(주관적으로 체험하고 파악하는 시간)과 만날 때 거기에 갈등이 존재한다. 바라던 어떤 것이 달성되면 그와 동시에 다른 어떤 것이 되기를 원하기 때문이다. 우리는 이것이 더 나은 것을 추구하는 욕구들의 상충성 즉, '있는 그대로'와 '되어져야 할 것' 사이의 모순인 갈등이라고 말할 수 있다. 여기서의 시간이라는 것은 지식이기 때문이다. 지식의 속성이 시작의 끝에서 새로운 시작을 추구하며 비어 있음을 인지하면 움직이기 시작한다. 시간은 늘 종착점을 출발점으로 되돌려 놓은 속성이 있다.

살아 있다는 것은 스스로 변화한다는 것이다. 죽은 것은 스스로를 변화시키지 못한다. 단지 상황이 그것을 바뀌게 할 뿐이다. 이것은 변화가 아니다. 그저 썩어 가는 것이다. 삶은 피와 피 사이에서 존재한다. 바로 탄생과 죽음 사이에 존재하는 것이다. 살면서 새로운 삶을 살고 싶어 하는 사람이 있다면 정신적으로 우리는 죽어야 한다. 물리적 죽음이 오기 전에 우리는 정신적으로 인간의 속세적인 모든 속박으로부터 벗어나 자유롭게 되는 상태인 해탈(마음속의 모든 것을 내려놓은 상태)을 필요로 한다. 죽지 않고는 살 수 없다는 것이 혁명의 요체이다. 사고의 축을 바꾼다는 것을 성서에서는 '거듭난다(원죄로 인해 죽었던 영이 예수를 믿음으로 해서 영적으로 다시 새사람이 되다)'라는 단어로 표현하고 있다.

생각의 포인트 파괴와 단절

변화를 만들어가 가는 가장 강력하고 극단적인 방법은 이전의 관습이나 제도, 방식 따위를 단번에 깨뜨리고 질적으로 새로운 것을 급격하게 세우는 혁명revolution이다. 혁명을 규정하는 정의들 중에서 어떤 한 시대 사람들의 견해나 사고를 근본적으로 규정하고 있는 테두리로서의 인식 체계 즉, 패러다임paradigm의 변화가 있다.

패러다임이 바뀌기 위한 전제 조건은 정상적으로 보이는 일상적인 것들에 대한 '파괴demolition'와 '단절break'을 가정하는 것이다. 혁명 속에는 항상 과거를 단절시키는 과정에서 발생하는 피의 냄새smell of blood가 나는 이유는 여기에 있다. 핏속에는 언제나 죽음의 냄새가 난다. 그러나 피는 또한 새로운 탄생을 상징하기도 한다. 우리는 피를 흘리며 죽기도 하지만 어린 아이는 어머니의 핏속에서 탄생한다.

배추벌레는 열심히 먹고 살이 오르면 어느 날 고치(벌레가 실을 내어 지은 집)가 된다. 고치는 배추벌레의 죽음이다. 또 어느 날 고치는 한 마리의 아름다운 나비로 변한다. 나비는 고치의 부활이다. 하나의 생명이 물리적으로 죽기 전에 그것은 눈부신 변신을 해내고 만다. 배추벌레는 자기 안에 힘을 가지고 있다. 고치가 되어야 할 시점에서 망설이지 않는다. 내일로 미루는 법이 없다. 미루는 것은 바로 죽음을 의미하기 때문이다. 자신의 입에서 실을 뽑아 스스로를 묶는다. 자유를 묶고, 싱싱하고 맛있는 배추 잎의 추억을 고통스럽지만 잊어버린다. 그리고 스스로 나비가 되어 하늘을 나는 꿈을 꾸며 좁은 공간 안에서 옷을 벗어버린다. 자연은 신의 산 교육장이다(Nature is God's living training ground).

[표 1-3] 창업후의 창업-기업혁신

새로운 기술의 개발 등 기업혁신 프로세스 : GPDOS G(gate) : 교차기능적 팀 구성 P(prioritize) : 제품 및 생산단위원가의 비교, 위험분석 D(design) : 개선 아이디어수집 및 평가 O(optimize) : 최적화 설계 S(settle) : 전술적 대응 방안 수립 - 3P 마련 * 3P : 성과performance, 인지도presence, 개성화personality

2) 제품의 생명주기

제품수명주기product life cycles는 제품이 신제품으로 개발되어 시판되고, 매출액이 증가하면서 성장상품이 되었다가 마침내는 사양품목이 되면서 소멸되기까지의 과정을 나타낸다. 이것은 도입기introduction stage, 성장기growth stage, 성숙기maturity stage, 포화기saturation stage, 그리고 쇠퇴기decline stage를 갖는다. 그래서 기술의 동태성을 먼저 이해하고 기술혁신의 방향과 속도를 예측하여야 한다. 여기서 포화기는 수요가 공급을 수용할 수 없을 만큼 포화된 상태를 말한다.

<u>제품이 신분상징물status symbol로서의 기능 상실기</u>

시계 : 17세기 도입, 대중화되기까지 약 300년
자동차 : T형 포드자동차 이후 약 100년
가전제품 : 약 반세기(약 50년)
가스라이터 : 약 10년
전자계산기 : 4-5년
개인용 컴퓨터(pc)의 소프트웨어 : 0.5년

그리스 로마 신화에 나오는 시간의 신 크로노스는 한 손에는 모래시계sandglass, 다른 한 손에는 낫sickle을 들고 다니면서 시간은 이 세상에 태어난 모든 것을 소멸시킨다는 메시지를 전하고 다닌다. 제우스의 아버지인 크로노스는 아내가 낳는 자식을 낳는 족족 삼키는 버릇이 있었다. 그래서 크로노스의 아내는 고민 끝에 대지의 여신 가이아에게 부탁하여 제우스를 피신시킨다. 청년이 되어 자기의 내력을 알게 된 제우스는 정체를 숨기고 크로노스의 시중꾼으로 들어가 크로노스에게 신찬(신이 먹는 음식)과 신주(신에게 올리는 술)를 드릴 때마다 은밀히 토제吐劑(먹은 것을 토하게 하는 약제)를 넣어 삼킨 것을 토하게 했다. 그래서 일찍이 삼킨 다섯 명의 형과 누나들은 토하게 하여 구해낸다.

세상으로 다시 토해 나온 이들은 아직 어린아이 상태 그대로였다. 태어나기는 먼저였지만 제우스보다 어린 상태였던 것이다. 제우스는 이로써 나중에 태어났지만 가장 먼저 자란 맏이가 되었다. 크로노스가 5남매를 토해낸 사건은 신들의 시대에 일어나는 세대교체의 신호탄이었다. 성서에도 이런 말이 있다. 나중 된 것이 먼저 될 수 있었다는 말씀이다. 이것을 청출어람青出於藍이라 한다. 쪽(쌍떡잎식물로 한해살이풀)에서 나온 물감이 쪽보다도 더 푸르다(청취지어람 이청어람青取之於藍 而青於藍)는 것이다. 즉, 스승에게 배운 제자의 학식이나 역량이 스승을 능가한다는 것으로 제품에 있어서도 마찬가지리라.

3) 자본주의 이후의 사회

피터 드러크P. F. Drucker교수는 그의 저서 「자본주의 이후의 사회post-capitalist society」에서 사회변화의 근본을 지식이라고 지적하고 미래사회를 지식조직사회인 탈자본주의사회로 정의하고 있다. 이에 지식적용의 과정을 3단계로 구분하고 있는데, 첫 번째 단계는 지식이 작업도구, 제조공정, 그리고 제품에 적용되어 '산업혁명industrial revolution'을 일으켰고, 두 번째 단계는 지식이 작업에 적용되어 '생산성 혁명productivity revolution'을 일으켰으며, 그리고 세 번째 단계는 4차 산업혁명으로써 빅데이터, 인공지능, 그리고 사물인터넷 등에 의해 지식이 지식에 적용되어 새로운 기술 혁명이 이루어지면서 경영자 개개인의 지휘, 감독, 관리의 역할이 줄어드는 '경영혁명management revolution'을 가능하게 된다. 그래서 자본주의 아래서 생산의 기본요소인 자본과 노동이 퇴색하고 지식이 최고의 생산요소factors of production로 등장했다고 주장하고 있다.

여기서 빅데이터big data는 일정한 형식을 갖추고 있는 정형적 데이터, 반정형적 데이터, 그리고 일정한 형식이나 틀을 갖추지 아니한 비정형적 데이터 세트의 집적물集積物로부터 경제적 가치economic value가 있는 데이터를 추출 및 분석할 수 있는 기술을 말한다. 인공지능artificial intelligence은 인간의 지능이 가지는 학습, 추리, 적응, 논증 등의 기능을 갖춘 컴퓨터 시스템이다. 그리고 사물인터넷Internet of Things, IoT은 인터넷을 기반으로 컴퓨터뿐만 아니라 텔레비전, 냉장고, 세탁기, 에어컨, 보일러, 가전기기,

그리고 사무기기 등등 모든 사물을 연결하여 정보를 상호 소통하는 지능형 기술 및 서비스를 말한다.

경영혁명에서 '경영'은 기업만을 대상으로 한 용어가 아니라 하나의 과업task(꼭 해야 하는 임무)에 관심을 집중하는 특수목적의 기관 전부를 포괄하고 있다. 모든 조직을 똑같은 대상으로 하는 일반적인 기능이라고 인식하고 조직이 지식인들의 전문화된 지식을 실천할 수 있도록 해주는 도구가 되며 경영자들은 지식을 통하여 조직목표를 달성하는 수단으로 간주하였다. 탈자본주의사회 즉, 지식사회knowledge-based society에서는 지식이 개인 속에 존재하며 개인으로서의 사람이 중심이 되며 지식은 언제나 사람 속에 구현되어 있고, 사람이 갖고 다니며, 사람에 의해 창조되고 증대되거나 개선되어 진다는 것이다.

우리는 새로운 사회를 '탈산업사회deindustrial society' 혹은 '산업후기사회post-industrial society'라고도 부르며, 또한 '정보사회information society'라고 부르기도 한다. '정보사회'는 통신기술과 컴퓨터가 주축이 되며, 통신망을 사회하부구조social infrastructure로 하여 정보가 사회를 지탱하고 이끌어 가는 기본요소가 되며 물건을 생산하는 것이 중요한 것이 아니라 새로운 정보인 지식을 생산하는 것이 중요한 일이 된다.

따라서 유통구조에 있어서는 정보가 물건으로 중시되고 물건 아닌 것이 물건으로 판매되며 근대사회에서 강조되어온 '규모의 경제economy of scale(생산량의 증대에 따른 평균 비용이 줄어드는 현상)'라는 사고방식으로는 이해할 수 없는 조직규모의 소규모화 성향과 개인을 한 체제의 부속품으로 위치시키는 사고방식에서 탈피해 복합적 관계의 시스템 속에서 자율성을 보장하도록 하여 환경변화의 적응력을 갖게 한다는 것이다. 거대조직은 환경변화에 적응 못하고 사라져버린 공룡과 같은 운명을 갖게 될 것이다. 이런 뜻에서 인적자원관리 방안의 변화가 과거의 산업혁명보다 훨씬 큰 의미를 지닌 인적자원관리의 혁명기를 맞게 될 것이다. 여기서 미래사회의 특색을 다음과 같이 구분 정리할 수 있다.

4) 기업환경의 변화의 이해

정보사회의 심화로 정보통신기술의 급격한 발달을 불러와 산업구조가 하이테크high-tech 및 서비스 주도형 산업으로 전환되는 과정에서 기업의 신진대사가 급격히 진행되어 다사다난多事多難의 시대적 경향을 두더러 지게 나타내는 구조적 개편과정에 있다. 이와 같이 지금 우리는 한 세대에 한 번 있을 법한 변화를 겪고 있으며, 이런 불확실성의 시대에 성공하려면 기업의 '신진대사' 능력을 높여 운영을 혁신해야 한다. 산딥 샤르마Sandeep Sharma 워크데이 아시아 사장(2021년)은 기업의 신진대사 능력을 높이기 위해 7가지 과제를 제시했다. ① 상시 재조정continuous recalibration, ② 실시간 실행run in the now, ③ 완전한 가시성으로 불확실성 경감mitigate uncertainty with the full picture, ④ 단기간 비즈니스 프로세스 재구성rewire processes in days, ⑤ 새로운 미래 구상shape a new future, ⑥ 인적 자원의 성과 향상elevate human performance, 그리고 ⑦ 측정 가능한 현실적인 효과 달성measure real-world impact을 통해 조직의 긴장감을 키워야 한다.

이처럼 오늘날의 조직은 변화의 속도와 이러한 변화에 보조를 맞추려는 조직의 능력 차이 즉, 가속 격차acceleration gap를 좁혀야 한다는 압력을 받고 있다. 이러한 경향을 두더러 지게 나타내고 있는 구조적 개편과정에 직면해 있다.

1993년 미국의 월스트리트 저널에 의하면 향후 10년 내 미국의 사기업에 종사하는 9천만 근로자중 24%에 해당하는 2천 4백만 명이 경영혁신기법인 리엔지니어링re-engineering에 의해 일어나는 새로운 기술의 적용으로 직업을 잃게 될 것'으로 예고하였다. 그런데 2022년을 살아가고 있는 오늘날 실제 이러한 현상이 기업현장 곳곳에서 현실이 되었다.

그 변화의 특색들을 정리하여 보면 단순한 육체노동physical labour은 로봇이나 사물컴퓨터로 대체되어 기업의 하부조직은 점차 줄어들며 프로젝트팀(TFT)과 같은 활동이 증가하고 중간관리자 중심의 조직기능이 강화되고 기업 내부 조직구조가 삼각구조에서 다이아몬드형으로 변혁을 초래한다. 이 과정에서 지식과 정보가 산업사회에서의 자본과 노동의 역할을 대신하게 될 것이기 때문에 사회적 인간social man을 파악함에 있어 종래 인간의 기초를 노동에서 구했으나 지금은 의사소통 즉, 정보처리의 능력에서 찾아야 할 것이다.

국제 무역장벽의 제거 및 정보기술의 발달로 시장경쟁의 규모가 세계화되어 유통구조의 변화를 가져와 일반상품에 있어서는 세계적 유통구조를 확보할 수 있는 세계적 초일류 기업과 새로운 기술특성을 가진 무수히 많은 기업들로 사회조직의 양극분해가 일어나며 아울러 유통구조가 극도로 단축되어 사회구조가 급변해 가면서 부의 양극화 현상이 심화되고 중산층의 몰락을 가져오며 부의 계층화가 뚜렷해 질 것이다. 그래서 감성에 치우친 재벌기업의 해체주장은 재고될 필요가 있다. 한국에서 만들어지는 연필

한 자루를 보라. 지우개의 공급자, 나무의 공급자, 연필심의 공급자, 금속 공급자, 그리고 생산자와 최종 제품의 소비자를...

이론적 지식의 경험주의에 대한 우위 즉, 직감intuition과 경험experience에 의한 의사결정시대에서 이론적 지식과 과학적 지식에 의한 예측과 계획의 시대로 옮겨진다. 산업사회를 주도해온 보편사상universal philosophy이 민주주의라고 한다면, 정보사회의 보편사상은 개인의 능력이 중시되는 자유경쟁주의meritocracy라 명할 수 있다. 정보의 공유가 신속 정확하게 이루어지는 과정에서 부의 축적과정이 투명화되면 그 폭은 급속도로 줄어들게 되어 경제인들의 심성心性을 각박하게 만드는 상황이 도래한다.

이러한 상황에 대처하여 각박한 환경이 고착화되기 전에 경쟁력을 확보하며 위기를 기회로 만들기 위해서는 국제화에 대한 열린 마음으로 문화와 언어를 국제표준에 맞추어야 한다. 정보화 마인드로 시간과 공간의 영향이 극소화됨을 인지해야 한다. 크고 많은 것만이 최선이 아니라는 사고의 축을 재구축해야 된다.

정보통신 산업후기사회 하에서는 전통적 사고의 답습으로는 미래의 경쟁력을 낙관할 수 없다. 변화와 적응시간의 초단기화와 적시성 및 새로운 기술로 특색 있게 설계된 제품이 새로운 관리기법에 의해 저렴하게 생산되어 신속하게 공급되어질 것이 요구된다.

이는 정보화로 신속하게 전이되는 오늘과 같은 패러다임 하에서 기업 생존의 힘을 기를 수 있는 길은 환경을 잘 이해하고, 잘 설계된 조직으로 하여금 능률적으로 그리고 유효하게 경영을 실행하게 하는 것이라 할 수 있다.

5) 미래사회의 일반적 특징

지식과 정보가 산업사회에서의 자본과 노동의 역할을 대신한다. 새로운 의미의 육체에 밀착된 기술이 필요하게 되어 생산은 인간 대 기계의 관계에서 인간 대 인간의 관계로 변화하게 된다. 미래의 기술은 중세장인의 기술, 손재주와는 달리 인격적 인간내면의 기술, 그리고 인간의 감수성과 상상력이 포함된 기술로서 인간내부 이외에 자리잡을 영역이 없게 되는 새로운 의미의 중세장인시대의 도래가 되어 인간의 유용성이 재평가 될 것이다.

이제까지 기업의 발전은 작업자의 전문기술professional skill에 의한 능률향상에 밑바탕을 두어 왔다. 사실 기업은 잘 훈련된 전문가와 기능인들로 구성된다. 지금까지 각 부서는 각자의 일만 만족하게 처리하면 그것으로 족했다. 즉, 영업사원은 물건을 파는

데 완벽하고, 재무담당자는 기업의 이익이나 부채비율을 잘 계산하면 그만이었다. 전문가expert를 필요로 하기 이전에는 사실 장인craftsman이 대장일도 하고 여러 가지 잡다한 일을 처음부터 끝까지 처리해 왔다. 산업혁명 이후 규모의 경제나 분업화가 등장함으로써 장인들의 장점인 예술미는 역사의 뒤안길로 사라져 버렸다. 그러나 분업에 기초한 전문가들만으로는 효과적인 부서간의 대화나 동료 간의 협력을 도출해낼 수 없다.

현재 우리는 탈공업화와 지식경영의 사회에 살고 있다. 이러한 시대에서 기업이 격렬한 경쟁에서 살아남고 지속적으로 성장하려면 기업의 조직구성원 모두가 생각하고 실천하는 새로운 형태의 조직으로 바뀌어야 한다. 과거의 기업조직은 계층적인hierarchy 조직유형을 바탕으로 하고 있기 때문에 각 부문 또는 부서라는 장벽으로 격리되어 있음을 의미한다.

지식경영의 사회에서 조직은 수평적 조직horizontal organization(누가 먼저 새롭고 창의적인 아이디어를 낼 수 있느냐에 따라 직무가 주어지는 조직)으로 운영된다. 이는 정보처리기술의 활용이 불가피해진다. 이 조직은 빠르게 변화하는 소비자의 욕구에 바로 대응할 수 있는 유연하고 순발력(react quickly to rapidly changing situations) 있는 조직이 된다. 기업내부의 사람들뿐만 아니라 상품유통에 참여하는 외부 협력업체들, 나아가서 시장을 구성하는 고객까지도 서로 밀접한 의사소통이 가능한 통합조직이 된다.

6) 조직변화의 특색

메가챌린지 시대는 소규모화의 아름다움이 강조되는 사회가 될 것이다. 전통적 산업사회 조직구조인 삼각형구조에서 생산 공정이 컴퓨터화 내지 자동화되므로 일선 작업자들은 점차 감소하여 무인화 되고 기계관리, 메인터넌스maintenance(건물, 장비, 각종 시설 등을 정기적으로 점검하고 보수하는 시스템), 그리고 체크시스템check system(신뢰성을 향상시키기 위한 시스템) 등 새로운 유형의 기술이 필요하게 되어 중견 전문직의 증대를 가져오게 되고 조직유형도 다이아몬드 유형으로 바뀌어 갈 것이다. 따라서 자동화에 수반하여 작업의 내용이 단순화되는 부분이 증가하게 되기 때문에 미숙련 작업자가 수행 가능한 작업이 증가하는 반면 수요의 다변화로 인한 작업의 빈번한 변환에 적응 할 수 있는 다기능 숙련 작업자가 필요하게 됨으로 노동의 양극화 현상polarization이 두드러지게 될 것이다.

기술혁신의 특색을 슘페터J. A. Schumpeter는 21세기를 향한 신기술 내지 신상품의 기술혁신 분야로써 '신소재advanced materials', '마이크로일렉트로닉스microelectronics(ME)', 그리고 '바이오테크놀로지biotechnology'로 분류하였다. 상품의 특성이 경소단박經小短薄(고효율 소형화 제품)화되고 있으며 생산의 실체를 이루는 공장이 컴퓨터 제어시스템의 도움으로 기업의 기계화·무인화를 촉진시켜 노동력을 줄이는 생력화省力化laborsaving 즉, ME화를 추구하게 될 것으로 예견하고 그 추구하는 목적지는 컴퓨터통합생산시스템computer integrated manufacturing(CIM)이며, 달성하고자 하는 내용은 유연생산시스템flexible manufacturing system (FMS)이라 하였다. ME기술의 진보는 고성능화, 저가격화가 동시에 진행되고 가속화되어 응용분야가 폭발적으로 넓어지고 있다. 그것은 인간에게 편리를 주는 것은 물론이고 기계의 유형을 완전히 바꾸게 됨으로써 기업조직 내부구조에도 영향을 미쳐 하부조직은 점차 줄어들며 프로젝트팀과 같은 특수목적의 팀 활동이 증가되어 중간관리자 중심부분의 조직기능이 강화된다. 또한 산업구조에도 변혁을 가져오고 인간의 역할에 큰 변혁을 초래하기 때문에 이를 또 하나의 산업혁명 또는 ME혁명이라고 표현하고 있다.

ME시대는 과거의 산업사회시대와는 반대로 진행될 수도 있다. 제품의 대량화에서 소량화로, 규격화에서 다양화 또는 나품종으로, 집권화에서 분권화로, 컨베이어시스템에서 완충장치로, 그리고 종신고용에서 일용 및 시간제고용으로 바뀔 수도 있다. ME혁명은 지금까지 밟아 온 산업사회와는 방향과 원리, 내용에서 판이하게 다르다. 구 산업시대의 원리를 답습해서는 실패할 것이다. 이제부터 적응해 나가야 할 새로운 고도정보사회는 산업사회와는 원리가 다른 반산업사회인 것이다. 제2차 산업혁명에 뒤진 나라들이 후진국이 되었듯이 제3차 ME혁명에 뒤진 나라는 또 후진국을 면할 수 없을 것이다. 지금의 컴퓨터, 전자상거래, 인터넷과는 별로 관계가 없는 신종산업emerging industry이 향후 20년간 수없이 나타날 것이다. 신종산업은 누가 주도해야 하는가? 지금과 같은 주주 우선주의의 경영방식은 바람직하지 않다. 정보혁명information revolution은 지식혁명knowledge revolution이기 때문에 지식전문가가 주도해야 한다. 드러커는 영국이 산업혁명 이후에 장인master craftsman을 신사gentleman로 격상시키지 않았기 때문에 독일이나 미국보다 기술개발이 늦어졌다고 주장하였다.

아래의 영문에서 이야기하고 있는 정보화의 내용을 보면 정보혁명은 거창하고 우리의 일상과 멀리 떨어져 있는 것이 아니다. 정보시장이 예술에 제공할 한 가지 새로운 역동성은 시각적·청각적 몰입, 촉각적 상호작용, 온도변화, 그리고 냄새변화를 통해 여러 가지 감각과 근육을 활용하는 것이다. 이런 시스템이 발전하면, 예술가들은 서로 다른 다양한 감각을 조합해 새로운 소설도 쓰고 매혹적인 명령도 내릴 수 있게 해준다.

정보는 곧 권력의 핵심이다. 아톰atom(물질의 기본 단위)은 과거의 것이고 비트bit(정보량의 기본 단위)는 미래의 것이다. 이제까지는 아톰 즉, 원자의 세계가 우리를 지배해 왔다. 우리는 중력의 무게를 느끼며 물리학적 역학세계를 거니는 것으로 만족했다. 그러나 '비트'의 세계가 출현하면서 우리의 일상과 세계를 변하게 했다. '비트'는 색깔도 무게도 없다. 그러나 빛의 속도speed of light로 여행한다. 그리고 정보는 DNA를 구성하는 최소단위다. 아톰의 원리가 실제로 만지고 경험하는 '아날로그'의 세계를 창출했다면 비트의 원리는 실제 이상의 일상적인 지각의 한계를 넘어서는 방식으로 지극히 사실적이고 즉물적ostensive(추상적인 사고가 아니라 실제의 사물에 비추어 생각하고 행동하는)으로 묘사된 현실 즉, '하이퍼리얼hyperreal'한 것으로 다가오는 디지털 세계를 창조한다. 비트로 이루어진 컴퓨터의 세계와 아톰으로 이루어진 인간의 만남은 결코 좌절과 비인간화dehumanization로 얼룩진 비극의 서막은 아닐 것이다. 우리가 살아갈 1000년은 '에코-커뮤니케이션 환경'의 시대가 될 것이다.

밤하늘의 별을 관찰하면서 걷다가 우물에 빠진 후 발 밑을 걱정 하라는 하녀로부터 핀잔을 들은 철학자로 유명한 탈레스Thales(그리스 최초의 철학자)가 '만물의 근원은 물water'이라고 주장한 일은 지극히 사소해 보인다. 하지만 탈레스의 '물'은 헤라클레이토스의 '불fire' 아낙시메네스의 '공기air' 엠페도클레스의 '지수화풍地水火風(물질은 흙, 물, 불, 공기의 4원소로 구성)', 그리고 테모크리토스의 '원자atom'로 깊어지면서 마침내 형이상학적metaphysical 도화선이 된 후 아톰의 시대를 지나 이제는 비트의 시대era of bits로 가고 있다. 시작은 미약했으나 끝은 이토록 창대함에 경이로움을 느낀다.

그러나 원자에서 비트로의 발전과정만을 생각하면 비트의 진가는 원자의 이동을 보다 자유롭게 하는데서 발휘된다는 사실을 못 보게 될 수도 있다. 지식경제의 흐름은 단지 원자에서 비트로의 변화만 눈여겨봐서는 보이지 않는다. 원자에서 비트로, 다시 비트에서 원자로 회귀하는 과정을 총체적으로 볼 수 있는 식견(학식과 견문)이나 사려가 필요하다. 정보기술의 가장 강력한 기능 중의 하나는 함께 일하는 사람들을 직접 연결해서 함께 얼굴을 맞대고 토론할 시간과 장소를 약속할 수 있도록 하는 것인 것 같다.

21세기의 초를 경제활동에 참여하는 모두가 느끼게 되는 혼돈混沌chaos의 시대 즉, 메가챌린지mega-challenges의 시대라 부르며 자세히 들여다보면 거기에도 분명 현대사회에서 지속적으로 일어나고 있는 거대한 조류 또는 추세인 메가트랜드mega-trend가 존재함을 인지할 수 있다고 했다. 메가챌린지mega-challenges의 시대라 부르는 것은 ① 기술의 융합融合convergence, ② 유사한 기업들의 조합을 통한 경쟁력 확보, ③ 통신의 네트워크화, 그리고 ④ 개인용 통신컴퓨터의 대중화에 의한 불확실성의 의미가 강조되기 때문이다. 이러한 4 가지 현상은 다음 4 가지의 일정한 추세를 나타내고 있는데 ① 투명성transparent, ② 기회와 발전이 공존하여 새로운 기업이 생성한 토양을 확보할 수 있는 역설적paradox(=위험과 기회) 현상, ③ 이러한 역설적 현상에 적응하기 위해 자율을 통해 자기관계적self-referential으로 스스로를 유지해 가는 자기조직화self-organization, 그리고 ④ 경제가 국가의 개념과 분리인식 되는 이원주의dualism의 대두를 메가트렌드 mega-trend라 부른다.

자기조직화의 원어는 auto-poiesis(자가생산)로써 동물적 감각에 의한 생명활동의 의미를 갖는다. 시스템이 문턱에너지threshold energy(입자가 에너지 장벽을 넘는 데 필요한 최소한의 운동 에너지)를 넘어 '초임계super critical' 상태가 되면 자동 촉매 즉, 환경인식을 하게 되어 자기강화에 의한 생명탄생을 한다. 이때의 시스템은 복잡적응계complexity adaptive system가 된다. 복잡적응계에서의 네트워크는 독립적(선형성)이지 않고 상호작용(비선형적)의 중합체(분자가 중합하여 생기는 화합물) 작용을 일으킨다. 즉, 서양식 요소환원주의, 분석주의의 한계 인식과 동양식 전체론으로 회귀다. 이때의 조직 구성의 요점은 조화로운 협동관계의 구축에 있으며 '전체는 부분의 총합보다 크다'는 개념이 만들어 진다. 여기서 복잡계complexity는 복잡한complicated 것과는 구별되는 개념이다. 겉으로는 복잡해 보이지만 그 안에는 일정한 질서와 패턴이 숨어 있다. 이는 개미들의 활동이나 국제 교역처럼 개별 구성 요소에서는 볼 수 없는 성격이 전체적 조망에서 파악됨을 의미한다.

조직이 창조적 모델이 되기 위해서는 행동원칙 즉, 도덕성으로서의 이념이 방향타가 된다. 심리학의 세계에서 불이행 계층default hierarchy이라고 불려지고 있는 것과 같은 원리로 성립된다. 요컨대 조직을 생명체로 본다면 생명의 본질은 이념과 가치관에 있다는 것이다. 이러한 이념과 가치관에 의해 창발emergent(하나님의 손에 의하지 않는 생명의 발생과 창조적 자기진화) 즉, 이노베이션이 가능해 진다는 것이며 조직을 생명론적으로 볼 때 참다운 창조모델에 도달한다는 것이다. 이것이 기업문화론의 중요한 의미이기도 하다.

문화론의 구성 DNA는 인간에서부터 출발한다. 그래서 기업을 인간의 관계성으로부터 출발되는 창발로 본다. 창발에는 생식이나 탄생이라는 개념의 유추로 이해되는 생명의 불어넣음과 같은 생산이 건강한 암묵지들이 형식지의 탄생에 정수essence가 된다. 이때의 조직은 DNA의 합이 생명체의 속성을 만들어 가는 것과 같이 상호교차론적 intersecting(overlapping), 또는 환경적합이론contingency theory으로 보는 시각이다.

그래서 산업생산성은 설비의 수준과 임금에 의한 인센티브 시책에서 보다 조직운영의 방법에 의해 달라진다는데 관심을 둔다. 예를 들면 생산성은 '신뢰'와 '빈틈없는 배려' 그리고 '친밀함' 등에 의해서도 좌우될 수도 있다는 것이다.

새 천년 성공의 요체는 유동성의 개념을 포괄하는 기동성mobility이다. 즉, 속도에 있다. 자본 유동성의 영역에서도 마찬가지다. 과거 2천년 동안 세계사에 가장 큰 영향을 끼친 민족은 로마민족과 몽골민족이라고 할 수 있다. 로마 민족은 동양문명과 서양문명을 연결시켰다. 이 두 민족 모두 말horse을 최대로 활용한 민족이었다. 2천년 전 로마는 말을 이용한 교통 · 통신을 원활히 하기 위한 도로건설을 통하여 세계를 지배했다.

8백 년 전 몽골의 기마 민족 징기스칸의 군대는 중원을 제패하고 중앙아시아를 거쳐 러시아와 동유럽까지 물밀 듯이 점령한 후 세계를 정복했다. 정복의 최대 무기가 말이었다. 고대사회에 있어서도 오늘날과 같은 스피드의 자극stimulation of speed은 여전한 것이었다. 중국말로 '빨리오다'라는 말은 '마상래馬上來'라고 한다. 그 후 배의 속도를 지배한 국가와 비행기로 세계를 선도한 국가가 나타났다.

미래는 인터넷을 통한 기동성의 전쟁이 전개될 것이다. 인터넷상에서 요구하는 정보가 5초안에 떠오르지 않으면 네티즌들은 더 이상 기다리지 않고 다른 곳으로 떠나가버릴 것이다. 인터넷 국내 쇼핑몰에서 미국의 플로리다 쇼핑몰로 이동하는데 1초밖에 걸리지 않는다. 인터넷 세상에는 국경이 없으며 거리개념도 없다. 단지 속도의 개념concept of speed만 존재한다. 고대사회의 말의 개념을 대체하고 있다.

일년치 전 세계 생산량의 몇 배에 해당하는 금융거래 자금이 하루 만에 움직이는 상황이 도래했다. 실로 빛과 같은 속도로 이윤사냥을 위해 세계를 누비고 있다.

변화의 흐름을 볼 줄 알아야 생존한다. 현대인들의 삶의 많은 부분이 너무 빠르고 힘들며 냉정하게 생각한다는 것을 알아야 '도피하여 쉬기에 좋은 안식처'를 제공할 비즈니스의 아이디어를 창출해 낼 수 있게 된다.

고객이 정말로 원하는 것을 알고 진정 그들이 누구인가를 알고 싶다면 그들이 인터넷을 사용하는 동안 그 어깨를 들여다보라. 그들은 검색하는 정보를 얻기 위해 화살표를 차분히 내리는 사람은 없다. 스크롤 하지 않는다. 그저 상자 안에 금방 나타나는 것만을 읽고 사이트를 옮겨간다. 그래서 고객과 대화는 단 한 번에 해야 한다. 극찬과 때우기 등의 수식어는 건너뛰고 그냥 고객에게 말해야 한다. 고객의 요구에 답하기 위해서 빨라질 줄 알아야 한다. 진실만을 간단히 이야기해야 한다.

손자병법의 병지정주속兵之精主速, 승인지불급乘人之不及, 유불려지도由不慮之道, 공기소불계야攻其所不戒也다. 군사작전은 신속함이 가장 중요한 것이며, 적의 준비가 미치지 못한 곳을 취하고, 생각하지도 못한 길을 이용하여 적의 경계가 없는 곳을 공격한다는 것이다. 오늘날의 타임베이스 경쟁전략이다. 타임베이스 경쟁전략time-based competition은 원가에 품질을 더하여 신속한 시간 대응력을 경쟁력 요소로 추가하는 것이다. 시간 대응력은 신속한 공급이라는 창矛과 회전율 증대라는 방패盾를 확보하는 것과 같은 것이다.

달릴 주走, 할 위爲, 위 상上, 꾀 계計의 뜻을 가진 주위상계走爲上計라는 고사성어가 있다. 36계략 중에 부족하면 도망치는 것이 최상의 계략best trick이라는 뜻인데 이때의 주走자는 도망할 주자의 의미를 갖기도 하나 달릴 주자의 의미도 갖는다. 열심히 움직이는 사고思考의 유연성을 생각해볼 필요성이 있는 말이다.

6. 경영정보시스템 도입의 이유

사이먼H. Simon의 「관리행동론」이라는 책에서 언급하고 있는 합리성rationality의 한계에 대해 살펴보고 관리에서 합리성이 왜 중요한지에 대해 간단히 짚어본다. 의사결정과정 측면에서 조직을 이해하고 또 관리해야 한다는 것이 그의 생각이다. ‘조직’은 의사결정과정을 포함한 인간 집단들 간의 의사소통과 관계의 패턴으로 본다면, ‘선택’은 곧 결정으로서 합리적이고 객관적 조건에서 몇 가지의 대안들 중 하나를 정하는 것이다. 조직의 목표라는 한계선 내에서 조직 내 개인들 각각의 결정은 궁극적으로 조직의 의사결정으로 병합된다는 것이다. 조직은 환경과의 거듭되는 상호작용과정 속에서 적응하며 생존해 간다. 이를 위해서는 개인과 조직의 결정이 합리적이어야 하고, 전자가 후자에 부합해야 한다는 것이다.

한편, 사이먼이 말하는 합리성과 그것을 어떻게 달성할 수 있을지에 관한 관리이론의 필요성이 대두가 된다. 그렇다면 합리성이란 무엇이고 어떤 한계가 있으며, 그 함의는 무엇일까? 합리성은 각각의 대안들이 채택됨으로써 초래할 정확한 결과에 대해 완전하고 도달하기 어려운 지식을 갖는 것으로 정의할 수 있다. 이러한 객관적 합리성은 개인과 조직이 반드시 도달할 수 있고 그래야만 하는 이상점ideal point이지만, 조직을 의사결정과정에서 이해하는 사이먼에게는 합리성이 실제의 여러 제약으로 인해 접근이 지향되는 수준으로 완화된다. 인간은 주의집중cathexis, 지식, 진위, 그리고 선악을 식별하여 바르게 판단하는 능력 등의 한계로 인해 복잡한 상황을 '느슨하게 서로 연계된 것loosely interconnected' 정도로 단순화하여 파악하는데, 대안 탐색과 의사결정은 만족할만한 수준에서 이루어진다.

이처럼 인간의 제한된 합리성bounded rationality 속에서 최적의 해를 도출시키기 위해 조직 전체적 안목에서 활동계획을 수립하기 위한 방안으로 사용자-기계시스템user-machine system을 도입하는 것이다. 사용자-기계시스템이란 어떤 업무는 인간에 의해 가장 잘 수행될 수 있고 어떤 업무는 기계가 수행할 때 더 효과적이라는 것이다.

완벽한 시스템mature system이란 세상 어디에도 존재하지 않는 허상virtual image에 지나지 않는다. 중요한 것은 제도와 체제 속에 숨어 이를 움직이는 인간의 정신이다. 어떤 시스템이든 정신이 죽으면 껍데기만 남게 된다. 그리고 그 시스템은 장점으로 기대된 역할을 수행하지 못하고, 단점만 확대되어 무력한 시스템으로 남게 된다.

좋은 시스템이라는 것은 생산적인 혁신을 도모하는 조직이다. 조직 구성원들이 강박관념 없이, 단순히 입에 풀칠을 하기 위해 억지로 일한다는 생각으로 강제 노동하듯 수모와 설움을 당하지 않으면서 일 할 수 있는 기업이다. 자신의 일과 매일의 삶을 사랑하는 사람들로 가득 찬 기업체 보다 무엇이 더 생산적일 수 있다는 말인가.

7. 창업기업과 지식경영

플라톤 이래로 지식은 자신을 성찰하고 도덕적으로 혹은 정신적으로 성장하게 하는 기능을 가진 것으로 이해되어 왔다. 그것은 무엇을 할 수 있는지에 대한 개념인 실용적 능력(지능)practical intelligence이 아닌 know-what 즉, 무엇을 하는지 아는 것, 목적의식의 개념이었다. 지금까지 우리는 그것을 know-what의 개념으로만 인식해 왔던 것이다. 그래서 알려진 사실의 전달에 치중한 한국의 교육에 문제가 있다는 것이다.

그러나 know-what 외에도 중요한 지식의 요소가 많다는 것을 알아야 한다. 그 중의 하나가 바로 know-why 즉, 왜 해야 하는지 아는 것, 개념설계이다. 이것은 자연현상에 대한 과학적 지식이라는 특징을 가지고 있다. 왜 그렇게 될 수밖에 없는지에 대한 이유를 규명하는 것이 지식 활동의 주요 목적이다. 또 하나는 know-how 즉, 어떻게 하는지 아는 것이다. 어떻게 그것을 혹은 그 일을 하는지 그 방법을 알고 있다는 의미이다. 바로 기술적 능력technical ability을 의미한다. 다른 영역은 know-who 즉, 우리가 필요로 하는 것을 누가 알고 있는지 아는 것이다. 이것은 주로 무엇을 알고 있고, 할 수 있는 사람들과 네트워크를 형성하고 있다는 것을 의미한다. 그리고 또 다른 영역은 know-where 즉, 우리가 찾고자하는 정보가 어디에 있는지 아는 것으로서, 지식이 원천이 어디 있는지 알고 있음을 말한다. 우리가 보통 지식이라 할 때, 이러한 모든 영역에서의 앎과 숙련을 의미하는 것이다.

지식경영에 대한 정의는 다양하다. IBM의 최고지식경영자로 있는 로렌스 프루삭은 조직구성원이 가지는 내재적 지식intrinsic knowledge을 인식하고 이를 다른 구성원들이 활용할 수 있도록 자산화assetization(무언가를 유형 또는 무형자산으로 변환하는 과정)하는 것이라고 하였다. 이는 그의 사고 속에 인간과 개인이 지식경영의 요체로 자리 잡고 있기 때문이다. 한편, 피터 드러크는 일하는 방법을 바꾸고, 기존의 틀을 깨뜨리는 혁신을 통해 확보되는 것이 새로운 지식이라 하고 이것을 체계적으로 관리하는 것을 지식경영이라고 하였다.

지식사회가 단순히 전문 기술력을 가진 사람들이 부를 분배해 가는 살벌한 사회의 수준을 극복하려면, 바로 어렸을 때부터 자신의 가치를 발견하고 그 속에서 삶의 아름다움과 창조의 즐거움을 터득한 젊은이들로 가득 찬 사회일 때 비로소 가능하다. 학교에서는 너무 많은 과목을 깊게 가르친다. 어디다 쓰려고 그러는가? 이제 그것을 그만 물어야 할 때다. 비연속적 혁신discontinuous innovation(새로운 경쟁 법칙이나 사회 표준과 기준을 제시하면서 이루어지는 혁신)과 융합적 혁신convergence innovation(창의력과 같은 고등사고 능력과 함께 지식을 전이시키고 융합할 수 있는 능력 등으로 이루어지는 혁신)이 빛의 속도speed of light만큼이나 빨리 지나가는 시대다. 세계와 인간에 대한 이해가 풍부하고 창의적이며 유연한 인간이 필요한 시대다. 그래서 확실성을 어떻게 하느냐 하는 것보다 불확실성을 어떻게 다루어 나갈 것인가를 가르쳐야 할 때다. 대학의 프리미엄은 이제 전문성의 프리미엄이 가지는 가치를 따라갈 수 없게 될 것이다. 외환위기의 시기가 온 결정적 이유 중의 하나가 이미 와 있는 지식사회의 새로운 원칙에 적절하게 준비해오지 못한 결과가 아닌가 한다.

지식경영 시대의 창조적 인간의 특징을 정리해본다. 주위의 몰이해non-understanding, 위험성에 대해 자신을 기꺼이 내던질 수 있는 의지, 강력한 확신감과 자기 주장성assertiveness, 자신에 대한 긍정적이고 덜 비평적인 면, 열중하며 쉴 줄 모르는 부지런함, 그리고 사회문화적 외적 압력에 대한 자유로움을 가진 사람이리라.

CHAPTER 2 창업과 경영학적 사고

CHAPTER 2 창업과 경영학적 사고

당서唐書는 중국 당唐의 건국(618)부터 멸망(907)까지 약 290년 동안의 당나라 역사를 기록하고 있는 200여 편의 역사책이다. 그 중 정관정요貞觀政要편에 '창업이 수성난創業易 守成難'이라는 고사성어가 나온다. 원 뜻은 어떤 일을 일으키기創業는 쉬우易나 이것을 성공적으로 지켜가기守成는 어렵다難는 뜻이다. 전통적 산업사회traditional industrial society에서는 아침에 일어나 출근하면 하루의 정형적인 일과(예측 가능)가 우리를 기다리고 있었다. 그러나 오늘날 지식경영시대knowledge management era에서는 정형적인 업무는 코드화와 표준화 과정을 거쳐 컴퓨터 속으로 흡수되어 버리고, 반-비구조적인semi-unstructured 일들(예측 불가능)이 매일매일 나미비아 사막의 모래만큼 쌓여가고 있다. 이러한 반-비구조적인 일들을 효율적 efficient(주어진 일을 제대로 하는 것)이고 효과적effective(제대로 된 일을 하는 것)으로 처리해주기를 원하는 조직들이 우리를 기다리고 있다. 세계인들이 일상생활 속에서 쏟다내는 지식과 정보들이 인터넷을 통해 세계 곳곳으로 흘러들고, 그 속도만큼이나 빠르게 변화하는 고객의 욕구를 신속하고 정확하게 파악하고 그들이 감동하는 제품과 서비스를 끊임없이 제공해야 한다.

전승이 수성난戰勝易 守成難이라는 말도 있다. 전쟁에서 이기기는 쉬우나 그 승리를 지속하기는 어렵다는 뜻이다. 이룬 것을 지켜가기가 어려운 것처럼 창업 후의 연속적 창업으로 표현할 수도 있는 새로운 도전과 창조적 파괴creative destruction의 길을 끝없이 추적해 가야하는 영원한 도망자의 삶과도 같은 인고의 시간time of hardship을 가야하는 것이 오늘 우리가 처한 창업의 길이고 경영의 과정이라 하겠다.

1. 창조적 파괴와 갈등극복의 경영

그리스의 서사시인 호머가 쓴 고전 '오디세이'에는 오디세우스가 트로이 전쟁이 끝난 뒤 고향인 이티카로 돌아가기까지의 과정을 그린다. 최고의 리더leader로써 내린 잘못된 의사결정 후의 고뇌(개인적 갈등), 부하들 간의 갈등(조직간 갈등)을 겪은 후 다수의 동료를 살리기 위해 여섯 명의 부하를 괴물 스킬라에게 내어주는 내키지 않는 최후의 결정을 내린다. 그 후 기어이 좁은 해협을 통과하고 트로이 전쟁터에서 십 년이나 걸려 그는 마침내 사랑하는 아내 페넬로페와 아들 텔레마쿠스가 있는 집으로 돌아 왔다(Management By Objective : MBO). 이 대서사시大敍事詩를 경영학적 관점에서 본다면 삶의 과정에 바탕을 둔 한편의 갈등이론 conflict theory 즉, 투쟁의 역사인 관리의 과정이라 부를 수 있지 않을까 한다.

비즈니스에 '생물학적 유추biological analogy'가 적용될 수 있을까? 신고전학파의 저명한 경제학자 마셜A. Marshall은 조직의 성장과 소멸을 삼림자원의 생활단계에 연관시켜 제품의 '라이프 사이클life cycle'의 개념을 도입하였다. 모든 유기체에 수명이라는 것이 있듯이 기업에도 수명이 있다. 그는 이것을 생물학적 은유biological metaphor로써 설명한다. 기업가들은 신생기업start-up company 하나를 탄생시킨 후 그 기업에 영양분을 공급하고 정성으로 키워 중년 기업으로 성장시킨다. 그러나 그 때쯤이면 세월도 흘러 그 기업가들은 기력이 쇠약하거나 늙어 죽는다. 대를 이을 기업가가 첫 신생기업을 일군 기업가만큼 현명하다는 보장도 없다. 그 중년 기업은 황혼기를 맞는다. 이제 새로운 신생기업들이 다른 재능 있는 기업가들에 의해 속출續出한다. 이것이 창조적 파괴의 생명현상vital phenomenon이다.

현대 체계이론의 아버지 보울딩K. Boulding은 "개인, 가정, 기업, 국가, 그리고 문명은 동일하고 엄격한 규칙을 따르며 모든 유기체의 역사는 사멸을 향해 가는 인류의 흥망을 보는 것과 같다."고 말했다. 살아있는 유기체와 같이 기업은 살아남기 위해 반드시 변화하는 환경에 적응해야 한다. 자연에서와 마찬가지로 경제체계에서도 그것은 사실로 확인된다.

적응의 크고 작음은 문제가 되지 않으며 환경에 대한 아주 사소한 적응도 생존과 사멸의 갈림길이 된다. 이것이 임심리박臨深履薄이다. 깊은 곳에 임하듯 하며 얇은 데를 밟듯이 모든 일에 주의하여야 한다는 것이다. 기업 경영은 오디세이의 장정과 같기 때문이다. 해조수핍解組誰逼라고도 한다. 조직사회를 영원히 떠나지 않는 한 핍박 persecution은 늘 존재한다. 즉, 창조적 파괴과정에서 끝없는 갈등이 존재하기 때문에 인생노정人生路程을 우리는 고해'the bitter human world'라 부르기도 한다. 그러나 신神은 신을 닮아 있는 우리를 사랑하기 때문에 우리가 감내할 만한 고통만을 우리에게 준다. 그래서 우리는 삶의 의미를 투쟁의 연속선상에서 발견하며 때때로 자긍스러워 하기도 하면서 살아간다.

2. 창업의 구성요소

1) 창업이란?

창업創業의 사전적 의미는 '나라나 왕조 등을 세우는 행위 또는 사업을 처음으로 시작하는 것을 말한다.'라고 되어 있다. 이러한 창업의 사전적 의미에서 볼 수 있듯이 자신만의 왕조를 세울 수 있을 것이라고 믿거나 또 언제나 창업을 하면 누구나 자신의 마천루skyscraper를 건설할 수 있을 것이라고 믿게 한다. 그러나 창업의 한자적 의미를 좀 더 살펴보자. 마천루에 대한 환상은 냉정한 현실 앞에 엄격해 질 수 밖에 없다. 우선 '창업'에서 창創은 비롯할 창創 즉, '비롯하다', '시작하다'의 의미를 지니고 있는 반면에 '다치다', '혼이 나다', '슬퍼하다', '몹시 놀라거나 심한 괴로움을 겪어 진저리가 나다'라는 뜻도 동시에 가지고 있다. 그리고 업業은 업 업業자로 '일', '학업', '기업', '종사하다', '계승하다' 등의 뜻을 가지고 있지만 '위태롭다', '불안하다'라는 의미도 포함하고 있다는 것을 알아야 한다.

독자들이 보기에는 어떤가? 창업을 하는 창업자가 사업에 실패를 겪게 된다면 창創의 또 다른 의미가 절실하게 다가오지 않겠는가? 시작하는 시점에서 업業의 또 다른 의미와 같이 언제나 창업자 본인과 지켜보는 주변인들이 창업 후에 모든 행동과 모든 결정들이 항상 불안하고 위태롭게 생각되지 않겠는가? 창업을 하고자 하는 모든 예비 창업자나 또는 이미 창업을 한 모든 초기 창업자 분들은 창업의 의미를 새기고 또 새기시길 바란다.

미시적 의미의 창업創業이란 제품 또는 서비스를 생산하거나 판매하는 사업을 시작하기 위해서 이제까지 존재하지 않는 새로운 기업조직business concerns을 설립하는 행위를 말한다. 즉, 새로운 제품이나 서비스 및 지식을 생산하거나 판매할 목적으로 건물과 각종 설비 등을 갖추고, 필요한 인원을 채용하여 배치하는 것으로 설명하기도 한다. 우리가 보통 흔하게 사용하는 창업이라는 용어는 바로 이와 같은 좁은 의미의 개념인 것이다.

그러나 거시적 의미(광의적 개념)로 창업을 정의할 때는 새로운 기업조직을 설립하는 것은 물론 기존의 기업이 이제까지와는 전혀 다른 새로운 종류의 제품을 생산하거나 판매하는 일을 시작하는 것까지를 포함한다. 보다 폭넓은 시각으로 보면 매일 매일의 비정형적 일상 업무에 정보와 지식을 보태어 가는 것도 창업이라 할 수 있을 것이다.

(1) 창업의 의미

창업이란 일반적으로 '영리를 목적으로 개인이나 법인회사를 새로 만드는 일' 또는 '창업자가 차별화된 사업 아이디어를 가지고 다양한 인적 및 물적 자원을 결합하여 사업 활동을 시작하는 일'이라고 정의할 수 있다. 이런 내용을 고려하면, 창업자의 기술 및 경험, 전문성을 바탕으로 이루어지는 창업을 의미하며, 주로 제조업과 서비스업에 해당하는 7년 이내의 기업을 가리킨다. 유사한 의미로는 '벤처기업' '스타트업start-up' 등이 있다.

창업의 형태에 따라 기술창업, 벤처창업, 그리고 일반창업으로 구분한다. 기술창업은 혁신기술 또는 새로운 아이디어를 가지고 새로운 시장을 개척하여 제품이나 용역을 생산·판매하는 형태의 창업을 의미한다. 벤처창업은 고위험high risk - 고수익high return에 충실하며 반드시 기술창업을 전제로 하지 않으나, 우리나라에서는 「벤처기업육성에 관한 특별조치법」에 정의 되고 있다. 그리고 일반창업은 기술창업이나 벤처창업에 속하지 않는 형태로서 도소매업과 일반서비스업, 생계형 소상공인 창업 등이 여기에 해당된다.

따라서 창업의 목표와 창업에 필요한 요소를 명시하여 창업을 정의하면 '창업이란 창업자가 이익을 얻기 위하여 투입 자본을 이용하여 사업 아이디어에서 설정한 재화와 서비스를 생산하는 조직 또는 시스템을 설립하는 행위'라고 할 수 있다.

유한한 수명을 갖는 일종의 유기체로 기업을 인식할 때, 창업 행위는 새로운 생명체의 탄생을 위한 파종seeding 작업과도 유사하다. 어느 정도는 창업에 쏟은 정성과 노력에 비례하여 튼튼한 묘목과 풍성한 결실을 기대할 수 있다. 이러한 차이는 바로 기업이 인간의 오묘한 경영의지와 능력에 의해 전적으로 영향을 받기 때문이다. 특히, 창업활동은 기업의 여타 활동들과 다른 다음과 같은 특성을 갖고 있다.

첫째, 창업결정은 전형적인 불확실성uncertainty 하에서의 의사결정이라는 특성을 갖는다는 것이다. 창업은 이제까지 전혀 경험하지 못한 미지의 사업unknown business을 시작하는 것이기 때문에 그 결과에 대한 예측이 어렵고 불확실할 수밖에 없다. 이러한 불확실한 상황에서는 의사결정자(창업자)가 어떤 기준을 정하여 의사결정을 할 수 밖에 없다. 그 기준은 의사결정자의 주관이나 가치관values에 따라 좌우된다. 여기서 가치관이라는 것은 옳은 것, 바람직한 것, 해야 할 것, 또는 하지 말아야 할 것 등에 관한 일반적인 생각이 된다.

둘째, 창업은 많은 자원의 투입을 전제로 하고 있다는 것이다. 즉, 창업은 다수의 인적 자원과 자금, 시설, 토지, 사업지식, 그리고 건물 등 다양한 종류의 자본 투입을 필요로 한다. 이러한 투입에 대한 보상은 장기간에 걸쳐 서서히 이루어지며, 그 보상의 크기 또한 불확실하기 때문에 창업에는 큰 위험이 수반된다. 그래서 창업 작업은 가능한 치밀하게 계획되어야 하며, 여러 가지 예측방법과 철저하게 미래의 수익 가치를 현재가치present-value와 비교하기 위한 재무적 분석financial analysis에 바탕을 두고 추진되어야 한다. 재무적 분석은 개별사업의 입장에서 실제로 투입된 비용과 편익benefit(산출물의 경제적 가치)을 추정하고 이에 따른 재무적 수익률financial rate of return(순수익/총비용)을 계산함으로써 그 타당성 여부를 결정하는 분석 방법이 된다. 이러한 개별사업의 입장이 아닌 공공사업에 투입비용과 편익을 사회적 입장에서 측정하고 이에 따라 경제적 수익률economic rate of return을 계산해서 그 타당성을 평가하는 경제성 분석economic analysis과는 대비되는 개념이다.

셋째, 창업은 본질적 특성이 창조적(새로운 것)이며 모험적인(위험+도전) 성격을 요구하고 있다. 이는 원래 창업이 갖고 있는 불확실성과 위험 때문이기도 하지만 사업가적 자질을 갖고 있는 야심가野心家, 자기사업을 통해 자아실현을 추구하려는 일반인, 그리고 성장과 성과개선을 추구하는 기업들의 변신수단으로 추진된다는 특징을 갖고 있다.

(2) 창업의 3가지 요소

건물을 신축하려면 설계도면이 있어야 하고 건물이 들어설 토지와 건물 형태에 따라 다양한 건축자재들이 있어야 하며, 설계도면에 따라 땅을 파고 자재를 연결하여 결합할 인력과 기술이 있어야 한다. 또한 이 모든 것을 구입하고 운영할 자금이 있어야 한다. 비록 훌륭하게 설계를 했다 할지라도 불량 자재를 사용한다면 튼튼한 건물을 지을 수도 기대할 수도 없으며, 제아무리 설계와 자재가 훌륭한 것일지라도 공사를 담당하고 지휘하는 주체인 시공자의 시공능력이 부족하다면 튼튼하고 쓸모 있는 건물을 기대할 수 없게 된다.

결론적으로 우수하고 쓸모 있는 건물은 어느 특정 투입요소만의 우수성에 의해 창작되는 것이 아니라, 우수한 투입요소 각각의 합리적인 결합에 의해서 가능하게 되는 것이다. 이것이 바로 경영시스템 이론management system theory의 목적이기도 하다.

훌륭한 건축물의 창작과 마찬가지로 훌륭한 기업의 탄생은 우수한 투입요소들의 합리적인 결합에 의해서 가능하게 된다, 만일 창업에 투입되는 요소의 양이 부족하거나 질이 떨어진다면, 건실한 기업으로 성장하기가 어렵게 될 것이다. 그래서 창업을 하는 데는 많은 우수한 인적자원, 물적 자원, 그리고 기술적 자원의 투입이 필요하게 된다. 이를 다양한 투입요소 중 가장 대표적인 것으로 다음의 3가지 요소를 들 수 있다.

1 인간적 요소(창업자와 동력자)

창업을 하는데 필요한 기본적 투입요소 중 가장 핵심적인 것은 인적 요소로써의 동역자同役者co-worker(동일한 목적을 가지고 함께 일하는 자)들이다. 인간적 요소는 장업의 주체인 창업자를 위시하여, 생산운영, 마케팅, 인사조직, 재무, 회계, 그리고 경영정보 등 기업조직의 각 기능을 담당할 인적 자원human resources을 지칭한다.

사업의 유년기에는 창업자가 사업자와 관리자 및 기술자 역할까지 3대 기능을 도맡아 할 수 있다. 사업자는 자신이 하고 싶은 분야를 개척하고, 관리자는 사업을 벌일 토대를 만들고, 그리고 기술자는 실질적인 일을 해야 한다. 우리들 각자가 가장 자신 있어 하는 일을 하며 내면의 사람이 각각의 일에서 보람을 찾고 또한 그렇게 됨으로써 최고의 생산성을 지니게 된다면 얼마나 좋겠는가? 그러나 한 사람이 이런 조화로움의 능력을 지닌 사람은 별로 없다. 사업이 장년기에 접어들면 분담경영을 이룩해 가지 않으면 사업은 혼란에 빠져든다.

예를 들면, 실용주의자pragmatist는 전략가가 아니며, 전략가strategist는 실용주의자가 아니다. 그 둘이 만나면 한 사람이 두 가지를 한꺼번에 하는 경우보다 훨씬 강력해진다. 그래서 조직효율을 높이기 위해서 동역자와 만남의 중요성이 강조되는 것이다. 동역자co-worker는 어떤 사람인가? 동역자는 동업자business partners와는 다르다. 많은 사람들은 여러 가지 이유로 사업을 할 때 동업을 한다. 어떤 사업에 돈을 같이 투자하고 함께 노력해서 이익이 생기면 투자한 돈에 비례하거나 노력에 비례해서 나누어 갖는 것이다. 이와 같이 동업자는 자기 이익추구라는 각자의 목적이 있다. 그러나 동역자는 이런 동업자와는 다른 성격이다. 동역자는 한 사람이 모든 것을 투자하여 일을 시작했을 때 거기에 와서 같은 목적으로 함께 일하는 사람이다. 주도권을 가진 이가 있고, 주도권을 가진 이에게 와서 협력하여 주도권을 가진 이가 가진 목적을 성취해가고, 거기에서 생긴 이익에 참여하는 사람을 동역자라고 한다.

2 자본적 요소

창업에 있어서 인적 요소 및 제품 요소와 마찬가지로 중요한 비중을 갖는 것이 물적 요소로서의 자본이다. 물적 자원이란 제품 요소인 사업 아이디어를 구체적으로 상품화commercialization하는데 필요한 자본을 말한다. 창업시 소비자의 기호나 필요한 공간을 찾아 제아무리 훌륭한 제품을 개념으로 정립하였다 하더라도 이를 상품으로 만들 수 있는 적절한 자원이 뒷받침되지 않는다면 성공적인 제품으로 태어날 수 없다.

제품의 개념이 어떠한 기술이나 원료 및 물건으로 또 팔 만한 상품으로 만들어 지는 그러한 제품화가 되기 위해서는 적합한 기술과 더불어 물적 요소들이 투입되어야 한다. 생산에 필요한 자재나 부품, 기계 및 생산설비, 그리고 공장 등은 결국 자본의 투자에 의해 취득가능하기 때문이다. 그리고 인적 요소의 양과 질도 결국은 자본의 투자에 의해서만 취득가능하다.

창업요소의 가장 핵심적인 요소는 인적인 요소를 대표하는 '창업자', 제품요소를 대표하는 '창업 아이디어', 그리고 물적 요소를 대표하는 '창업자본'이라는 것을 알 수 있다.

21세기적 자본으로 사회적 자본social capital, 도덕적 자본moral capital, 그리고 정신적 자본mental capital으로 구분할 수 있다. 먼저, 사회적 자본은 사람들 사이의 상호협력을 가능하게 하는 구성원들 간의 공유된 사회적 제도, 도덕규범, 네트워크, 그리고 사회적 신뢰 등 일체의 사회적 자산을 포괄하는 자본을 말한다. 이 중에서 사회적 신뢰가 사회적 자본의 핵심이 된다. 둘째, 도덕적 자본은 처해진 사회적 맥락에서 한 개인이 소유하고 실행하는 적절한 미덕과 윤리적 품질을 뜻한다. 다시 말하면, 한 사람의 인물이 얼마나 떳떳하게 사회에서 용인되는 올바른 삶을 살고 있는가를 가늠하는 잣대가 되는 자본인 것이다. 우리는 일반적으로 이 자본을 '청렴integrity' 또는 '정직honesty'으로 이해할 수 있다. 셋째, 정신적 자본은 학문과 예술, 윤리와 도덕, 교육과 지식, 그리고 올바른 가치관 등을 모아 우리는 정신적 자본이라 부르며 여기에는 경영자 정신employer mentality자본과 종업원 정신employee mentality자본, 그리고 기업정신enterprise mentality 자본으로 나누어 생각할 수 있다.

3 기술적 요소

창업의 기본요소 중 인간적 요소처럼 중요한 것으로 기술적 요소가 있다. 즉, 창업 아이디어의 구체적 실행하는 의미인 제품 또는 용역을 말한다. 창업을 통해 무엇을 할 것인가에 대한 사업내용의 구체성이 기술적인 요소이다. 이는 기업의 존재이유와 목적으로 대변하게 된다. 창업 아이디어가 어떻게 탐색되고 선택되든 창업 아이디어 즉, 기술요인이 갖추어야 할 요건은 충분한 시장수요를 가져야 한다는 것이다. 시장수요는 재화와 서비스의 효용가치utility-value가 제품의 가격보다 크다고 인식될 때 자연적으로 생겨난다. 즉, 제품을 구입할 때 소비자들이 부담하는 화폐가치value of money보다 더 큰 효용가치를 제공하는 서비스와 제품이라는 사실이 알려진다면 그러한 제품에 대한 시장수요는 있게 마련이다.

기술적 요소는 결국 창업자나 창업에 참여하는 사람들의 아이디어에 의해 결정된다는 점에서 인간적 요소에 의해 전적으로 좌우된다는 사실을 알 수 있다. 재화와 서비스는 창업자의 상상력과 창조성, 그리고 창업에 동참하는 참여자들의 기발한 아이디어와 분석된 정보로 뒷받침되는 조언 등 인적 요인에 의해 결정된다. 다른 한편으로 기술적 요소는 자본적 요소에 의해서도 영향을 받게 된다. 왜냐하면 제아무리 훌륭한 아이디어를 가지고 있다 할지라도 이를 생산할 수 없는 기계나 자본 등 물적 자원이 뒷받침되지 않으면 이를 상품화할 수 없게 된다. 유기적인 관계성 속에서 시장기능성을 갖게 된다. 이것이 경영시스템 이론에서의 사업지기事業之基다. 즉, 사업에서 기본이 건강해야 성공한다는 의미인 기본요소인 것이다.

2) 창업의 범위

창업은 사업의 기초를 세우는 것으로 기업가의 능력을 갖춘 개인이나 단체가 사업의 아이디어를 가지고 사업목표를 세우고, 적절한 시기에 자본 · 인원 · 설비 · 원자재 등 경영자원을 확보하여 재화나 용역을 소비자에게 제공하는 기업을 새로 설립하는 것을 말한다.

우리나라 중소기업창업 지원법에 의한 창업이라 함은 새로이 중소기업small and medium-sized businesses을 설립하는 것으로서 중소기업기본법 제2조 및 같은 법 시행령 제3조 규정에 해당하는 것을 말한다. 따라서 중소기업 기준은 영리기업 또는 비영리 사회적 기업을 대상으로 적용하며, 규모기준scale criteria(외형적 판단)과 독립성 기준independence criteria(계열관계에 따른 판단)을 모두 충족해야 중소기업에 해당한다. 업종별 규모기준([표2-1])은 주된 업종의 3년 평균매출액 기준을 충족해야 한다. 그러나 독립성 기준(계열관계에 따른 판단기준)은 다음 3가지 중 어느 하나에도 해당하지 않아야 한다.

① 공시대상기업집단에 속하는 회사,

② 자산총액 5,000억원 이상인 법인(외국법인 포함, 비영리법인 등 제외)이 주식 등의 30% 이상을 직접적 또는 간접적으로 소유하면서 최다출자자인 기업,

그리고 ③ 관계기업에 속하는 기업의 경우에는 출자 비율에 해당하는 평균매출액 등을 합산하여 업종별 규모기준을 미충족하는 기업이다.

[표 2-1] 규모기준 중소기업의 범위

<table>
<tr><th colspan="2" rowspan="2">해당 기업의 주된 업종</th><th colspan="2">3년 평균매출액</th></tr>
<tr><th>중소기업</th><th>소기업</th></tr>
<tr><td rowspan="6">제조업
(6개업종)</td><td>의복, 의복액세서리 및 모피제품 제조업</td><td rowspan="6">1,500억원 이하</td><td>120억원 이하</td></tr>
<tr><td>가죽, 가방 및 신발 제조업</td><td>80억원 이하</td></tr>
<tr><td>펄프, 종이 및 종이제품 제조업</td><td rowspan="4">120억원 이하</td></tr>
<tr><td>1차 금속 제조업</td></tr>
<tr><td>전기 장비 제조업</td></tr>
<tr><td>가구 제조업</td></tr>
<tr><td colspan="2">농업, 임업 및 어업</td><td rowspan="18">1,000억원 이하</td><td rowspan="2">80억원 이하</td></tr>
<tr><td colspan="2">광업</td></tr>
<tr><td rowspan="12">제조업
(12개업종)</td><td>식료품 제조업</td><td>120억원 이하</td></tr>
<tr><td>담배 제조업</td><td rowspan="3">80억원 이하</td></tr>
<tr><td>섬유제품 제조업(의복 제조업 제외)</td></tr>
<tr><td>목재 및 나무제품 제조업(가구 제조업 제외)</td></tr>
<tr><td>코크스, 연탄 및 석유정제품 제조업</td><td rowspan="2">120억원 이하</td></tr>
<tr><td>화학물질 및 화학제품 제조업
(의약품 제조업 제외)</td></tr>
<tr><td>고무제품 및 플라스틱제품 제조업</td><td>80억원 이하</td></tr>
<tr><td>금속가공제품 제조업(기계 및 가구 제조업 제외)</td><td rowspan="4">120억원 이하</td></tr>
<tr><td>전자부품, 컴퓨터, 영상, 음향 및 통신장비 제조업</td></tr>
<tr><td>그 밖의 기계 및 장비 제조업</td></tr>
<tr><td>자동차 및 트레일러 제조업</td></tr>
<tr><td>그 밖의 운송장비 제조업</td><td>80억원 이하</td></tr>
<tr><td colspan="2">전기, 가스, 증기 및 수도사업</td><td rowspan="2">120억원 이하</td></tr>
<tr><td colspan="2">수도업</td></tr>
<tr><td colspan="2">건설업</td><td>80억원 이하</td></tr>
<tr><td colspan="2">도매 및 소매업</td><td>50억원 이하</td></tr>
<tr><td>제조업</td><td>음료 제조업</td><td>800억원 이하</td><td>120억원 이하</td></tr>
</table>

(6개업종)	인쇄 및 기록매체 복제업		80억원 이하
	의료용 물질 및 의약품 제조업		120억원 이하
	비금속 광물제품 제조업		
	의료, 정밀, 광학기기 및 시계 제조업		80억원 이하
	그 밖의 제품 제조업		
수도, 하수 및 폐기물 처리, 원료재생업(수도업 제외)			30억원 이하
운수 및 창고업			80억원 이하
정보통신업			50억원 이하
산업용 기계 및 장비수리업		600억원 이하	10억원 이하
전문, 과학 및 기술 서비스업			30억원 이하
사업시설관리 및 사업지원 및 임대 서비스업(임대업 제외)			30억원 이하
보건업 및 사회복지 서비스업			10억원 이하
예술, 스포츠 및 여가 관련 서비스업			30억원 이하
수리 및 기타 서비스업			10억원 이하
숙박 및 음식점업		400억원 이하	10억원 이하
금융 및 보험업			80억원 이하
부동산업			30억원 이하
임대업			30억원 이하
교육 서비스업			10억원 이하

※ 비고 : 아래의 경우에는 예외적으로 별도의 기준에 따름

자동차용 신품 의자 제조업	평균매출액 등 1,500억원 이하	평균매출액 등 120억원 이하
철도 차량 부품 및 관련 장치물 제조업 중 철도용 의자 제조업		
항공기용 부품제조업 중 항공기용 의자 제조업		

(1) 창업의 범위에 해당되는 경우

① 'A'법인의 대표이사가 'A'기업을 계속 영위하면서 새로운 법인을 설립하였을 경우(대표자의 동일성은 불문)이다.

② 권리 · 의무의 포괄적 승계를 하지 않고 경락절차procedure for successful bid에 따라 유입물건을 매입하여 사업을 개시하는 경우이다. 여기서 '경락'이라는 말은 매각에 의하여 그 목적물인 동산 또는 부동산의 소유권을 취득하는 일을 말한다.

③ 'A'법인이 사업을 계속하면서 'B'법인을 설립한 경우로서, 'B'법인이 'A'법인의 일부 유휴설비遊休設備를 매입하여 사업을 개시하는 경우이다. '유휴설비'란 가동할 수

있는 기계 · 설비 등을 가동하지 않는 상태에 놓여 있는 것을 말한다.

(2) 창업의 범위에 해당되지 않는 경우

[1] 형태변경

개인사업자인 중소기업자가 법인法人으로 전환하거나 법인의 조직변경 등 기업유형을 변경하여 변경전의 사업과 동종의 사업을 계속하는 경우로 실질적 중소기업의 창설효과(0+2=2, 2+1=3)가 없는 경우에는 창업의 범위에서 제외된다. 예를 들면, 개인사업자가 법인으로 전환 또는 합명회사(인적 회사, 무한책임 사원, 실질적 조합 성격), 합자회사(인적 회사에 속함, 경영 무한책임 사원, 자본 유한책임 사원), 유한회사(인적 회사와 물적 회사 중간, 합명회사 비공재적 · 폐쇄적, 주식회사 관련 규정 준용), 그리고 주식회사(물적 회사, 자본금 중심의 법인, 주주 무한책임) 등 상호간 법인 형태를 변경하여 동종의 사업을 계속하는 경우이다. 다만, 조직 변경 전 · 후의 업종이 다른 경우에는 창업으로 인정된다. 즉, 변경전의 사업을 폐지하고 변경후의 새로운 사업을 하는 경우를 말한다.

[2] 포괄승계

포괄승계succession by a universal title라 함은 타인으로부터 사업을 승계하여 승계전의 사업과 동종의 사업을 계속하는 경우를 말한다. 다만, 사업 승계인 경우에도 다른 종류의 사업을 영위하는 경우에는 창업에 해당한다.

[3] 폐업 후 동종사업 유지

폐업 후 사업을 개시하여 폐업전의 사업과 동종 사업을 계속하는 경우로써, '폐업 후의 동종사업 계속'이라 함은 기존의 사업을 폐업한 후 사업을 개시하여 폐업 전의 사업과 동종의 사업을 계속하는 경우 이를 창업으로 보지 아니한다.

따라서 창업의 범위에 해당하는 경우와 해당하지 않는 경우에 대해 좀 더 구체화하면 창업과 조직변경, 형태변경, 위장변경, 업종변경, 사업승계, 사업이전, 사업 확장, 그리고 업종추가로 분류할 수 있다. 이를 요약한 것이 [표2-2]와 같다.

[표 2-2] 규모기준 중소기업의 범위

주체	사업장소		사례	창업여부
A개인이	갑의 장소에서	갑의 장소에서의 기존사업을 폐업하고	B법인을 설립하여 동종업종 제품을 생산하는 경우	조직변경
			B법인을 설립하여 이종업종 제품을 생산하는 경우	창업
		갑의 장소에서의 기존사업을 폐업하지 않고	B법인을 설립하여 동종업종 제품을 생산하는 경우	형태변경
			B 법인을 설립하여 이종업종 제품을 생산하는 경우	창업
A법인이	갑의 장소에서	갑의 장소에서의 기존사업을 폐업하고	B법인을 설립하여 동종업종 제품을 생산하는 경우	위장변경
			B법인을 설립하여 이종업종 제품을 생산	창업
		갑의 장소에서 기존사업을 폐업하지 않고	B법인을 설립하여 동종업종 제품을 생산	형태변경
			B법인을 설립하여 이종업종 제품을 생산하는 경우	창업
A개인이	을의 장소에서	갑의 장소에서의 기존사업을 폐업하고	B법인을 설립하여 동종업종 제품을 생산하는 경우	업종변경
			B법인을 설립하여 이종업종 제품을 생산	창업
		갑의 장소에서의 기존사업을 폐업하지 않고	B법인을 설립하여 동종업종 제품을 생산하는 경우	창업
			B법인을 설립하여 이종업종 제품을 생산	창업
A법인이	을의 장소에서	갑의 장소에서의 기존사업을 폐업하고	B법인을 설립하여 동종업종 제품을 생산	사업승계
			B법인을 설립하여 이종업종 제품을 생산하는 경우	창업
		갑의 장소에서의 기존사업을 폐업하지 않고	B법인을 설립하여 동종업종 제품을 생산	창업
			B법인을 설립하여 이종업종 제품을 생산하는 경우	창업
A가(개인)	을의 장소에서	갑의 장소에서의 기존사업을 폐업하고	다시 A명의로 동종업종 제품을 생산하는 경우	사업이전
			다시 A명의로 이종업종 제품을 생산하는 경우	창업
		갑의 장소에서의 기존사업을 폐업하지 않고	다시 A명의로 동종업종 제품을 생산하는 경우	사업확장
			다시 A명의로 이종업종 제품을 생산하는 경우	업종추가

3. 사업영역 선정과 고려사항

자신만의 강점으로 창업해야 성공할 확률이 높다. 스스로가 쉽게 적응할 수 있는 업종의 선택과 준비가 중요하다. 예를 들면, 사무직 사원이 퇴직을 앞두고 미리 특정 기술과 관련된 자격증certification이나 면허증license을 획득해두는 것은 매우 바람직하다.

나아가 인간관계human relations나 자금조달능력funding ability을 확충해 놓는 것도 미래사업의 성공을 위해서 매우 가치 있는 투자이다. 발전은 꿈꾸는 자의 몫이며 성공은 준비된 자의 것이다. 가장 높이 나는 새가 산 너머 나있는 오솔길을 더 잘 볼 수 있다. 그리고 넓이 뛰기에서는 시선을 멀리 둘수록 넓은 거리를 뛸 수 있다.

1) 사업영역의 선정

사업 분야의 선정은 사업의 성패를 결정짓는 매우 중요한 사항이므로 충분히 검토한 다음 적기에 결정할 필요가 있다. [표2-3]는 창업의 적정한 시기를 나타내고 있다.

창업자가 업종선택을 할 때 다음 항목들을 고려하여 자신이 생각한 업종에 해당되는 것을 찾아보는 것이 좋다.

① 적성에 맞는 업종인가?

② 경험과 지식의 강점을 살릴 수 있는 업종인가?

③ 가족친지의 후원과 조력을 받을 수 있는가?

④ 수익의 지속성이 예상되는가?

⑤ 고도의 기술이나 전문적인 지식을 필요로 하는 업종인가?
만일 그렇다면 기술 확보의 방안이 있는가?

⑥ 무경험자가 개업하기에 위험한 업종이 아닌가?

⑦ 면허 · 허가 · 등록 · 신고 등을 필요로 하는 업종은 아닌가? 법적 규제는 없는가?
만일 그렇다면 조건을 충족할 수 있는가?

이러한 기준들 중에서 중요한 몇 가지를 정리하면 다음과 같다.

- 창업의 필연성 확인과 창업가적 자질여부의 판단
- 자신의 경험 및 강점 자격요건 활용여부의 확인
- 자신의 인생목표, 경영철학 및 취향과 대조
- 창업자의 자금조달 능력의 고려

[표 2-3] 창업 시기 결정

김신영(2008)은 「차라리 인생을 창업하라」에서 나이를 먹을수록 부가가치value-added 가 높은 아이템을 중심으로 창업을 해야 한다고 지적하면서 나이에 따른 적정 창업방법을 다음과 같이 설명하고 있다.

30대 이립而立 : 모든 분야에서 기초를 세우는 나이, 창업에 있어서도 마찬가지
40대 불혹不惑 : 사물의 이치를 터득하고 세상일에 흔들리지 않을 나이, 자신이 선택해야 할 창업의 방향을 정확히 깨닫고 실천해 가야 할 나이
50대 지천명知天命 : 하늘의 명을 아는 나이, 자신의 창업 업종을 천직으로 알고 직업을 통해 세상에 봉사해 가야 할 나이
60대 이순耳順 : 인생에 경륜이 쌓이고 사려와 판단이 성숙하여 모든 것이 원만한 나이, 인생에서 어느 정도의 위치에 올라서있고 세상의 흐름도 읽을 수 있는 나이

한편, 공자는 일생을 회고하며 자신의 학문 수양의 발전 과정에 대해 〈논어 위정편〉에서 다음과 같이 말했다고 기록되어 있다.

오십유오이지우학吾十有五而志于學(지학志學) : 나는 열다섯에 배움에 뜻을 두었고,
삼십이입三十而立(이립而立) : 서른이 되어서 자립했으며,
사십이불혹四十而不惑(불혹不惑) : 마흔이 되어서는 흔들리지 않았고,
오십이지천명五十而知天命(지천명地天命) : 쉰이 되어서는 천명을 알았으며,
육십이이순六十而耳順(이순耳順) : 예순이 되어서는 귀가 순해졌고,
그리고 칠십이종심소욕七十而從心所欲, 불유구不踰矩(종심從心) : 일흔이 되어서는 마음이 가는 대로 따라도 법도를 넘지 않았다고 했다.

따라서 연령에 맞는 사업성공 유형의 선택을 아래와 같이 정리한다.

- 21세에서 ~ 30세까지
  모험창업冒險創業 : 자신의 전공이나 직업과 관계없이 모험적으로 선택하는 창업
- 31세에서 ~ 35세까지
  선택창업選擇創業 : 자신의 적성과 업무의 상관관계를 어느 정도 고려하여 선택하는 창업
- 36세에서 ~ 40세까지
  기반창업基盤創業 : 사회생활이나 일정한 분야에서 자기가 닦아 놓은 토대를 최대한 활용하여 창업
- 41세에서 ~ 50세까지
  전문창업專門創業 : 학력을 가리지 않고 창업하려는 사람의 전문 분야를 최대한 살려서 하는 창업
- 그리고 50세 이상의
  안전창업安全創業 : 창업을 준비하는 사람 스스로 경쟁력을 갖추고 자신이 그 분야의 전문가가 되어 하는 창업

직업이라는 것은 소명의식vocation을 갖고 온몸과 마음으로 갈망하고 정서를 자극하며, 영혼을 채워주는 것으로 인식해야 한다. 그래서 창업에 성공하기 위해서는 자신의 전망에서 비롯된 열정이 담겨있을 때 성공확률probability of success이 높아진다. 건강한 욕망에서 출발한 열정은 모든 성취의 시작이다.

2) 사업 분야별 고려사항

(1) 제조업 선정시 고려사항

제조업은 도·소매업에 비해서 풍부한 경험과 기술을 필요로 하는 분야이다. 따라서 제조업을 경영하고자 하는 예비 창업자는 최소한 제조업체에 직접 근무한 경험이 있거나 간접적으로 깊은 관계와 지식이 있는 경우에 선택하는 것이 유리하다. 사업 성공률을 높이기 위해서는 제조업체에 근무하는 동안 경영정보(MIS), 전략, 생산운영, 마케팅, 인사조직, 재무금융, 그리고 회계의 7대 분야에서 직접 근무한 경험을 쌓아서 창업한다면 그만큼 성공 가능성은 높다고 볼 수 있을 것이다.

(2) 도·소매업 선정시 고려사항

도·소매업은 흔히 제조업이나 서비스업에 비해 비전문가가 도전하기 쉬운 만큼 실패확률probability of failure이 높은 분야로 알려져 있다. 도·소매업은 대개 중간 내지 최종소비자와 직접 만나는 분야이므로 차별화를 통한 경쟁력 확보를 위해서는 고도의 친밀성과 시장 감각이 필요한 분야이기도 하다. 도·소매에서 주로 다루는 소비재는 취급하는 품목에 따라 제품에 대하여 완전한 지식이 있으므로 최소한의 노력으로 적합한 제품을 구매하려는 행동의 특성을 보이는 '편의품convenience goods', 제품을 구매하기 전에 가격·품질·형태·욕구 등에 대한 적합성을 충분히 비교하여 선별적으로 구매하는 '선매품shopping goods', 그리고 상표나 제품의 특징이 뚜렷하여 구매자가 상표 또는 점포의 신용과 명성에 따라 구매하는 '전문품specialty goods'으로 구분된다.

여기서 편의품은 손님이 근처 가게에서 사는 식료품이나 일용 잡화 등이고, 선매품은 손님이 여러 가지 가게에서 상품을 둘러본 후에 사는 가구나 의료품 등이며, 전문품은 취미에 따라 기호도가 높은 고급의류나 귀금속 등이다.

(3) 서비스업 선정시 고려사항

서비스업은 창업자의 능력founder's ability 그 자체가 사업의 핵심요소가 되는 경우가 대부분이다. 따라서 제조업과는 또 다른 적성과 능력을 필요로 한다. 서비스업을 영위하기 위해서는 창업자 자신이 모든 업무수행에 필요한 자격요건이나 능력을 갖출 필요는 없지만 최소한 사업 분야의 전체 흐름에 대한 이해는 할 수 있는 수준 이상이어야 할 것이다. 서비스업의 비정형적, 비반복성, 그리고 비표준화의 특성상 창업자 자신이 업무에 징통하여 전체 흐름을 주도하면서 새로운 아이디어와 방향 제시로 사업을 이끌어 가야만 성공가능성이 높일 수 있으며 대리인 비용agency cost을 줄일 수 있기 때문이다.

생각의 포인트

대리인 비용agency cost

R. 스트라우스R. Strauss의 오페라 '장미의 기사'에 등장하는 오크스 남작은 옥타비안을 자신의 사랑을 담은 은장미꽃을 보내는 기사로 선택한다. 옥타비안이 여자로 분장한 사실을 모르고 '장미의 기사'로 선발한 오크스는 엄청난 대가를 치르게 된다.

옥타비안은 오크스의 사랑의 사자로서 부호의 딸 소피에게 은장미꽃이 담겨진 오크스의 청혼을 전달한다. 그러나 어찌 운명이 그렇게 될 수 있겠는가! 꽃을 전달받은 순간부터 두 사람은 깊은 사랑의 묘약miracle drug에 취하게 된다. 소피가 오크스 남작의 심부름꾼인 옥타비안을 사랑하게 된 것이다. 그리고 옥타비안과 소피는 결혼하게 된다.

오페라는 대리인인 '장미의 기사'가 오히려 장미를 보낸 주인 오크스의 사랑을 빼앗은 희화caricature로 끝난다. 오크스는 '장미의 기사'를 잘못 선택한 결정 때문에 은장미꽃은 물론 사랑마저도 잃게 된 것이다. 이와 같이 주인과 대리인 관계에서 발생하는 비용을 우리는 대리인 비용agency cost이라고 한다.

대리인 비용은 주식회사 제도가 발전하여 기업의 소유와 경영이 분리되기 시작하면서 생겨난 개념이다. 기업의 소유주인 주주들은 경영인에게 회사를 맡기면서 '당신 회사인 것처럼 열심히 일해 달라'고 당부한다. 이때 주주는 의뢰인 또는 위임자가 되고 경영인은 대리인agency이 된다. 그런데 주주의 기대처럼 경영자가 회사 이익을 극대화하는 데 최선을 다할까. 혹시 의뢰인의 이익보다 대리인 자신의 이익을 더 추구하지 않을까. 이런 의문 때문에 양자 사이에는 긴장관계, 나아가 갈등이 생긴다. 이것을 해소하는 데 드는 비용도 대리인 비용이 된다. 대리인 비용으로는 감시비용이 대표적이다.

(4) 프렌차이즈업 선정시 고려사항

도 · 소매 서비스업의 경우 최근 프랜차이즈화된 체인점에 가입하는 창업자도 많이 늘어나고 있다. 프랜차이즈라는 것은 경영의 노하우를 제공하는 본사와 그 대가로 돈을 지불하는 가맹점으로 조직된다. 그 기본적인 형태는 다음과 같이 정리된다.

본사는 창업에 즈음하여 입지나 점포, 설비, 제조판매의 기술과 메뉴, 그리고 광고 선전 등의 노하우를 제공하거나 실제로 지휘하고, 이후에도 제품이나 재료의 제공, 제품 개발 등을 행하며, 영업 관리와 운영에 책임을 진다. 그리고 가맹점은 이에 대해 가맹료franchise fee와 로열티royalty(특허권, 실용신안권, 상표권 등의 사용료)를 지불하는 것을 말한다,

마이클 E. 거버는 「E 신화」라는 책에서 새로 창업을 하는 소자본 사업의 50%가 창업 1년만에 실패하는 반면, 사업 구축 프랜차이즈의 경우 95%가 살아남는다고 했다. 새로 시작한 사업의 80%가 창업 5년 내에 실패하지만 사업 구축 프랜차이즈는 75%가 살아남는다.

이는 가맹자들이 본사가 경영하는 시스템을 운영하는 법을 배움으로써 자신의 사업을 훌륭하게 수행할 수 있는 열쇠를 건네받게 되기 때문이다. 가맹자는 시스템을 사용할 수 있는 권리를 인정받고 시스템 운영하는 법을 배운 후 바로 사업을 시작하면 되는 것이다. 그 나머지는 프랜차이즈 브랜드(사업자체)가 알아서 다 한다.

본사 즉, 가맹주가 그 사업에서 일어날 수 있는 모든 문제들을 해결하고 제대로 된 사업을 만들었다면 가맹자들이 할 일은 그저 그 사업을 움직이는 시스템을 관리하는 방법을 배우는 것뿐이다. 이것이 바로 프랜차이즈 모델이다. 그래서 문제해결의 열쇠를 전수 받는다는 의미의 턴키 운영trun-key operation이라고도 부른다.

프랜차이즈화된 체인점의 경우, 기본적인 것에 관해서는 본사가 관리해주므로 창업시의 시간과 노고가 적게 들고 창업 후에도 안정된 수입을 얻기 쉬운 장점이 있다. 반면에 본사의 지도성이 강한 것으로부터 오는 단점도 적지 않다. 단점 해소를 위한 점검 사항을 다음과 같이 정리 할 수 있다.

- 경험 인테리어 품질 노하우 등 본부의 경쟁력 체크
- 대표의 해당분야 경력 및 도덕성 점검
- 기존의 가맹점에게 여론 수렴
- 성공사례 유무 점검
- 자본금의 영세성 점검

(5) 사업 분야 선정시 기타 고려사항

업종선택에 있어 주의해야 할 기타사항을 정리하면 다음과 같다.

첫째, 인기상품hot item이라고 해서 쉽게 덤벼들었다가는 실패하기 쉽다. 인기 있고 번창하고 있는 업종에는 강력한 경쟁상대가 있기 마련이다. 토끼가 사는 비옥한 푸른 초장plant height에는 사자도 산다.

둘째, 광고 홍보물에서 자주 볼 수 있는 과대광고에 현혹되지 말아야 한다.

셋째, 너무 새로운 업종이나 채 검증되지 않는 업종은 가급적 피하는 것이 좋다. 창업자는 흔히 남이 전혀 생각하지 못한 아이템이나 업종에 집착하는 경향이 있다. 시대를 너무 앞서가도 실패한다. 성공하는 기업이란 그 시대를 살아가고 있는 보편타당한 universally valid 고객층의 지지도에 의해 이루어진 기업을 말한다.

넷째, 남의 성공아이디어를 참조하되 그대로 따라 해서는 성공하기 힘들다. 화이부동和而不同이다. 시대를 따라가되 동질성을 추구하여 그 속에 묻히라는 것이 아니라는 것이다. 창업에 성공한 이들은 나름의 비결이 있다. 푸른 호수 위에 유유자적悠悠自適하고 있는 백조의 두발은 쉴 사이 없는 자맥질 즉, to repeatedly float and submerge in the water by moving one's arms and legs에서 이루어낸 품위이다.

다섯째, 상호보완 관계를 형성하여 고객이 한 곳에서 거의 대부분을 해결할 수 있도록 몰려 있는 '보완업종'을 찾아 시스템의 효율을 도모하라는 것이다.

철새들도 먼 대륙을 횡단할 때에는 상승기류를 타고 날아간다고 한다. 날개는 가장 편하게 접어두고 선두가 일으키는 기류air current를 타고 날아가다가 선두가 지치면 교대하면서 그 먼 거리를 에너지 소모를 최소화 하면서 날아간다. V자 행렬을 만들어 서로에게 상승기류ascending air current를 만들어주니 혼자 나는 것보다 무려 71%를 더 멀리 날아간다고 한다. 이것이 상부상조相扶相助 정신이며 우리 기업의 외적인 요인을 개선함으로써 발생하는 이익 외부경제external economies of scale의 활용이기도 하다.

생각의 포인트

보완업종과의 시스템 효율추진

옛날 어느 마을에 아침마다 '두부 사려'하고 큰 소리로 외치는 것을 멋쩍어하는 소심한 두부장수가 있었다. 큰 소리로 외치지 않으니 장사가 잘될 리가 없었다. 그러던 어느 날 묘안을 하나 찾아낸다. 된장찌개에는 반드시 두부가 들어간다는 사실에 착안하여 목소리 큰 된장장수 뒤를 졸졸 쫓아다니기로 한 것이다. 그래서 앞에서 '된장 사려'하고 큰 소리로 외치면 그 뒤를 따르면서 모기 소리로 '두부도'라고 덩달아 외쳤던(?) 것이다.

된장장수 덕분에 힘들이지 않고 성공했다는 두부장수의 이야기이다. 아마도 몇 달 뒤에는 서로 역할을 바꾸어하게 되었을지도 모른다. 분명한 것은 두 사람 모두 혼자 다닐 때보다 매상이 늘었다는 것이다. 이것이 시너지 효과synergy effect다.

이처럼 시너지 효과는 두 개 이상의 요소들이 서로 상호작용을 통하여 발생한 효과를 의미하는 것으로 각 요소들의 합하여진 효과가 개별 요소들의 합보다 더 큰 효과를 발생시키는 것이다. 그리스어인 'syn-ergo(함께 일하다)'에서 유래된 단어인 시너지synergy는 여러 요소들이 서로 적응하면서 통합되어 가는 과정을 뜻한다. 이러한 시너지 효과는 기업 경영에 있어서 매우 중요한 요소다. 왜냐하면 기업은 생산성 향상(산출/투입=수익)을 최우선 가치로 두고 있기 때문이다. 그래서 기업과 학계에서는 여전히 시너지 효과에 대한 연구가 활발하게 이뤄지고 있다. 지속적으로 조직구조를 개편하고 인력을 보충하는 것은 기본이며, 최근에는 IT기업을 중심으로 근무환경의 혁신을 통해 시너지 효과를 창출하고자 노력하고 있다. 한편, 링겔만 효과Ringelmann effect라는 것이 있다. 어느 집단에 속한 개인의 수가 증가할수록 성과에 대한 1인당 공헌도contributiveness per capita가 감소하는 현상으로 이는 시너지 효과의 반대 개념이라 할 수 있다.

(6) 사업 분야 및 사업아이템 선정 순서

업종 및 사업 아이템의 선정 순서는 일반적으로 다음과 같은 순서로 선택된다.

① 창업 희망 업종에 대한 정보수집

② 유경험자 또는 종사자의 조언

③ 후보 사업아이템에 대한 정밀수집의 구체화

④ 후보 사업아이템에 대한 정밀분석 및 검토

⑤ 사업타당성 분석

⑥ 최적업종 및 사업아이템 선정

⑦ 사업계획서 작성

창업업종 내지 사업아이템 선정은 창업과정 중에서 가장 어렵고 많은 시간이 요구되는 것이다. 이는 성공가능성의 정확한 추정이 어렵기 때문일 것이다. 그래서 성공확률을 높이기 위해서는 전문가의 창업컨설팅을 받아 보는 것도 한 방법이다.

4. 창업경영과 치가동기

기업의 존재의의는 기업의 총수입(매출액)에서 일체의 생산비, 곧 지대, 임금, 재료비, 그리고 이자 등을 공제한 잉여소득surplus income 즉, 이윤이라는 치가동기値加動機 value adding motive에서 찾아야할 것이다. 이때의 이윤은 새로운 가치창조를 위한 통합계의 동인으로써의 원가다. 그래서 기업은 이윤 창출을 위한 관리를 하게 된다.

통합계의 긍정적 동인으로 보는 효율적 관리란 테일러의 과학적 관리법에서 소품종 대량생산시스템인 포드시스템으로, 다시 다품종 소량생산시스템인 JIT시스템으로, 이어서 정보시스템을 기반으로 한 대량고객화시스템mass customizing(저비용, 다양화, 고객화)으로의 변화 동인이 저가격, 고임금, 저노무비, 다방향 가치증진의 달성으로 생활과 생활수단, 생활 조건을 보다나은 방향으로 이끌어 가는데 있다. 근로자 측으로는 노동력 착취가 아니며 소비자 측으로는 제공되는 품질 이상의 가격을 받아내는 것이 아니다. 이것이 기업운영의 기본인 상도다. 상도business ethics란 상업 활동에서 지켜야 할 도의에 수반되는 경영의 한 요소인 것이다. 실천경영이라는 측면에서 삶의 질을 높여가는 연료로써 기업 유지 존속 성장의 연료로써 기업이윤 확보의 인식이 정립되어 있어야 한다. 경업락군敬业乐群이며 치가상도値加商道다. 일의 성취를 통해 기쁨을 누리고 아울러 관계되는 여러 무리를 즐겁게 하고 가치를 더해 가는 것이 영리를 목적으로 하는 기업조직의 존재이유가 되어야 한다는 것이다.

5. 경영의 기본원리

1) 기업이란?

기업은 경영학의 실질적인 연구대상이고 국민경제를 구성하는 기본적 단위이며 생산수단의 소유와 노동의 분리를 기초로 하고 영리목적을 추구하는 생산경영조직체를 의미한다. 그 속성의 첫째가 성과를 목표로 하며, 둘째로 전체 시스템total system속에 존재하는 하위 시스템subsystem으로 기업자체에 대한 목적(이익, 성장, 존속)과 종업원에 대한 목적(욕구충족과 만족) 및 기업환경에 대한 목적(사회적 책임)을 가지며, 그리고 셋째로 폐쇄 시스템closed system이 아니라 개방 시스템open system의 속성을 갖는다.

2) 경영이란?

경영이란 조직을 형성하고 운영하는 의사결정과정decision making process이라 할 수 있다. 또한 조직을 효율적으로 운영하기 위한 어떤 일의 원인이나 결과는 생각하지 않고 오직 과정만을 가지고 논의하는 과정론過程論이라고도 하며, 과학과 기예의 영역을 포괄하는 상황적합이론contingency theory 즉, 리더십 과정에 작용하는 상황적 요소에 따라 그 성과가 다르게 나타난다는 피들러F.E. Fiedler의 이론이라고도 부른다.

그 운영과정에서 단계별 활동이 강조되면 관리의 과정론이라 부르고, 의사결정의 주체인 사람이 강조되면 의사결정론decision making theory이라 부른다. 또한 주어진 환경속에서 최적의 안을 도출하는 과정에서 환경environment이 강조되면 환경적합론environment fit theory 또는 상황적합론이라고도 할 수 있다는 것이다.

3) 경영학이란?

경영학business management은 기업을 연구 대상으로 하는 사회과학으로 과학science과 기예art의 양면성을 지니며, 이론theory과 실천적 응용application of practice을 포괄하는 의사결정론으로 볼 수 있다. 기업경영 변화의 체계적 정리를 우리는 경영의 과학성science이라 하고, 상황적합적 의사결정 영역의 중요성을 예술art의 영역이라 부르며, 경영은 과학과 기예를 포괄한다는 측면에서 실천학문practical learning이라 부른다.

조선 후기의 문인 이덕무는 이목구심서耳目口心書(수필집)에서 '삶의 근본 이치는 옛날이나 지금이나 다를 수 없다. 그러나 그것을 담는 그릇은 시대마다 같지가 않다'라는 의미의 글을 남겼다. 여기서 우리에게 경영의 과학성'science'과 상황적합적 의사결정 영역인 '예술art'의 중요성을 다시 한번 생각나게 한다.

4) 경영학적 사고의 기본개념

경영학적 사고management thought의 기본개념은 첫째, 인간 행동의 일반적 법칙을 체계적으로 연구하는 학문인 행동과학behavioral science의 속성상 경영에 있어서 최적의 단일 안은 존재하지 않는다는 것이며 둘째, 경영의 연구대상인 기업의 내부를 조직(생산, 재무, 인사, 마케팅, 그리고 경영정보 부문 등)이라 하고, 외부를 환경(경쟁자, 수요자, 공급자,

기술적 환경, 경제적 상황, 국제적 사건, 그리고 각종 기업 규제법 등)이라 하여, 이들 간의 부단한 관계성이 존재한다는 조직적 사고와 경제적 급부를 생산하는 생산경제와, 가치계산적 사고에 입각한 생산성을 추구한다는 과학적 사고scientific thinking를 바탕으로 한다.

경제학이나 회계학과 같은 기초 학문과는 달리 경영학에는 통일된 이론이 존재하지 않는다. 경영학은 그 시대 기업이 당면한 복잡한 경영 문제를 해결하기 위해 노력하면서 발전해온 응용학문이기 때문이다. 코로나 19 팬데믹과 함께 저성장, 4차 산업혁명 등 현대 기업에 처한 환경은 끊임없이 변하고 있다. 이러한 변화과정은 결국 기업의 혁신과정과 맥을 같이 한다. 그 과정은 사회적 변화를 반영하고 있다. 이런 시기에는 기업과 조직 구성원들의 시장에 대한 유기적인 대응이 절실하다. 비즈니스 활동에 몸담고 있는 사람이라면 전공에 상관없이 기업 활동을 이해하고 참여할 수 있어야 한다. 부서별로 분화된 업무를 진행하지만 실제 의사결정 시에는 여러 부서를 아우르는 통합된 경영 지식과 경영학적 사고가 필요하다.

「경영학 두뇌」의 저자 서울대 김병도 교수는 '경영정보, 전략, 생산, 마케팅, 인사조직, 재무금융, 그리고 회계'의 7가지 전공 분야를 담고 있는 경영학원론이야말로 통합된 경영 지식과 경영학적 사고를 기르기 위한 필수 과목이라고 말한다. 당면한 경제 상황에서 문제의 핵심을 꿰뚫고 해법을 찾아가는 '경영학적 사고', 지금 우리가 가져야 할 능력이다.

5) 경영의 기본논리

① 효율성 추구logic of efficiency : 최적해optimal solution 즉, 선형 계획법에서 제약조건을 충족시킬 수 있는 해 가운데 목적 함숫값을 최대화 또는 최소화로 만드는 값을 도출하는 의사결정 룰decision rule의 개발을 추구

② 경제성 추구logic of cost : 최소의 희생(투입물)으로 최대의 성과(산출물)를 추구

③ 행동성 추구logic of sentiment : 인간의 사회 계급적인 요구와 이해관계를 반영하고 있는 '사회적 사상社會的思想'에 관한 행동과학성 추구

④ 윤리성 추구logic of ethics : 내외적 책임조직으로서의 인식 추구 즉, 기업의 유지존속을 위한 위험 최소화를 추구하는 경영인의 논리인식과 이해 관계자집단 속에 존재하는 구성원으로서의 책무감당이다.

사회과학에서 최적의 단일의 안이 긴 시간 속에서는 분명 존재하지 않는다. 진리도 시간의 연장선상에서는 변화한다. 그래서 태산 같은 자긍심自矜心에 바탕을 둔 자기 확신self-conviction과 들풀같이 변환하는 환경에 순응하는 유연성flexibility의 마인드를 동시적으로 갖도록 노력해야 한다.

6) 의사결정이란?

의사결정이란 일정한 목표를 달성하기 위하여 둘 이상의 대체수단 중에서 실행 가능한 하나를 선택하는 인간의 합리적인 행동 즉, 일반적으로 최소의 비용으로 최대의 이득을 얻도록 사고하는 행동을 의미하는 것이다. 이와 같이 의사결정은 다양한 요소로 구성되나 질적으로는 사실전제事實前提와 가치전제價値前提라는 두 가지 전제에 의하고 있다. 그래서 사회과학에서는 '엄격한 의미에서 최적의 단일의 해는 존재하지 않는다.'라고 할 수 있다.

사실전제factual premises란 관찰이 가능한 실제에 대한 전제로서 환경이나 그것이 작용하는 상태에 대한 사실적 판단에 따른 제시를 의미한다. 그 제시가 진실인지의 여부는 경험적으로 또는 과학적으로 검증할 수 있다. 예를 들면, '내일은 비가 내릴 것이다'라는 정보는 내일이 되면 명확하게 진실인지 아닌지를 결정할 수 있다. 그러나 의사결정은 사실적 전제에 의해서만 도출되는 것이 아니라 '바람직함'을 제시하는 가치전제에서도 도출된다.

가치전제value premises란 진실인가 아닌가를 절대적으로 판단할 수 없는 결정전제決定前提로서 사실전제와는 구별된다. 가치전제는 무엇이 옳고 무엇이 그른지의 여부는 경험적으로 또는 과학적으로 검증할 수는 없지만, 조직적 의사결정은 '가치전제'를 무시할 수 없다. 사이먼은 관리결정의 중요한 가치전제로서 조직의 목적, 능률의 기준, 공정의 기준, 그리고 개인적 가치를 들고 있는데, 기업의 사회적 책임Corporate Social Responsibility(CSR)은 경영자의 의사결정에 대한 중요한 가치전제가 되고 있다.

그런데 이와 같은 성격을 가진 가치전제는 목표를 형성하기 위한 기본적인 요소가 되고 있다는데 문제가 있다. 그래서 편견과 오류error and bias가 존재하며 기각된 대안 즉, 가보지 않는 의사결정의 대안과 그 기대치를 비교할 수 없게 되므로 의사결정자의 판단이 절대적으로 중요시된다. 그래서 행동과학behavioral science인 경영학은 쉬운 학문이 아니며, 기업을 경영하는 것 또한 쉬운 분야가 아니라는 것을 알 수 있다.

따라서 행동과학은 인간행동의 일반적 법칙을 체계적으로 구명究明하여 그 법칙성을 정립함으로써 사회의 계획적인 제어control나 관리management를 위한 기술을 개발하고자 하는 과학적 동향의 총칭이라 할 수 있다. '행동과학'이라는 용어는 1940년대 말에 심리학자 밀러J.G. Miller를 중심으로 한 시카고대학의 연구팀이 처음으로 사용하였다. 이후 1950년대에 포드재단으로부터 연구비를 지원받은 미국의 한 과학그룹이 행동과학계획behavioral science program에 따라 연구를 추진한 데서 일반화되었다.

6. 창업가의 생존부동식

1) 경영, 관리, 조직의 상호관련은?

조직은 유효한 기구의 구체화materialization이고, 관리는 유효한 집행의 구체화이며, 경영은 유효한 지휘의 구체화라 할 수 있다. 경영은 조직을 결정하고, 관리는 조직을 사용한다. 경영은 목표를 결정하며, 관리는 목표를 향하여 노력한다. 그리고 조직은 경영이 결정한 목적을 달성하는 경우에 있어서 관리의 기구mechanism가 된다.

자연도태는 날마다 시간마다 세상에 있는 가장 사소한 변이라도 계속되고 있으며 나쁜 것은 버리고 우수한 것은 보존하고 축적하며, 아무도 모르게 기회가 주어지면 언제나 어디서나 각 유기체들의 개량은 계속된다. 인간에게는 질서와 체계를 유지하려는 본능적이고 선천적인 평형equilibrium에 대한 욕구가 있다. 이러한 평형의 욕구에 대한 반응으로 개인의 삶에서의 경험을 구조화시켜 조직화하려는 경향이 있는데 이를 우리는 정보를 통합하고 조직화하는 인지적 개념으로 '스키마schema'라 부른다. 스키마는 우리가 세계를 이해하고 반응하여 기능하기 위해서는 사용하는 지식, 절차, 그리고 관계 등을 뜻한다.

스키마를 형성하고 평형을 이루기 위한 기제機制(어떤 일이 이뤄지는 원리)로서, 동화와 수용이라는 두 개념을 제시할 수 있다. 동화assimilation란 새로운 정보 혹은 새로운 경험을 접할 때, 그러한 정보와 경험을 이미 자신에게 구성되어 있는 스키마에 적용시키려 하는 경향성을 뜻하며, 수용accommodation이란 새로운 정보 혹은 새로운 경험을 인식하기 위해 기존의 스키마를 수정하는 것을 의미한다. 이러한 순환과정을 경영학적 용어로 PDS(계획plan, 실행do, 평가see) 또는 PDCA(계획plan. 실행do, 점검check, 조치action)라고 하며 관리과정management cycle이라 부른다.

2) 관리과정과 경영기능

관리과정을 설명할 때 일반적으로 쿤드H. Koonz와 오도넬C. O'Donnel의 정의를 인용한다. 그들은 관리과정을 '계획planning, 조직organizing, 지휘directing, 그리고 통제controlling의 순환과정'으로 정의하고 있다. 한편, 조지R. T. George와 알렌L. A. Allen은 쿤즈와 오도넬의 정의에 다음과 같은 내용을 추가해서 '관리과정은 계획, 조직, 동기부여motivating, 조정coordinating, 그리고 통제의 순환과정'으로 설명하고 있다.

(1) 계획planning

계획은 기업의 목표를 제시하고 그것을 달성하는 방법을 수립하는 것을 말한다.

(2) 조직organizing

조직은 조직구조를 설계하고 각 부서별로 자원을 적절히 배분하여 과업을 수행할 태세를 갖추는 것을 말한다.

(3) 지휘directing

지휘는 기업의 목표를 달성하기 위해 동기부여나 리더십을 통하여 조직원들이 열심히 과업을 수행하도록 이끌어 나가는 것을 말한다.

(4) 통제controlling

종업원들이 기업의 목표를 위해 얼마만큼 달성하였는가를 비교평가하고 수정조치를 취하는 것을 말한다.

[그림 2-1] 관리과정 Management Cycle

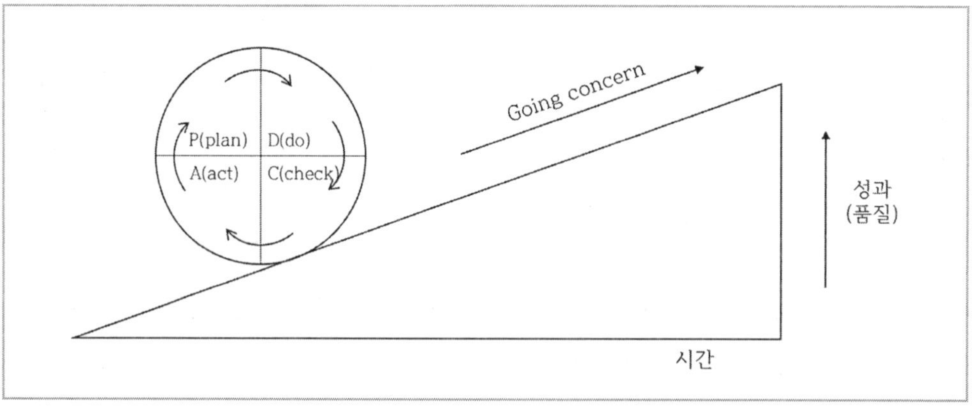

3) 창업과 기업생존의 조건

기업경영에 대한 리더십의 최대 암적인 요소는 만족에 대한 안주settle for라 할 수 있다. 그래서 기업들은 바람직한 것의 최대화(수익의 개념 : ‘<’ 우부등호의 제약조건 속에서의 최적점optimum point 발견)와 바람직하지 못한 것의 최소화(비용의 개념 : ‘>’ 좌부등호의 제약조건들 속에서의 최적점 발견)를 끝없이 추구하면서 최적의 단일안equilibrium을 도출하기 위해 노력한다. 그러나 가까스로 도출된 최적의 단일안은 순간적으로 변환하는 환경의 속성에 의해 깨어져버린다. 그래서 또 다른 환경의 적응을 위해 새로운 경영방안을 마련하며 창조적 방향으로 생존going concern을 추구한다.

기업생존은

가격(Price: P) > 원가(Cost: C).... 생산자 만족 ①

가치(Value: V) > 가격(Price: P).... 소비자 만족 ②

①과 ②를 동시에 만족시키는 생존부등식生存不等式survival equation,

V > P > C.... ③을 만족시키는 한 영생eternal life한다.

생산자와 소비자의 만남이 있다는 것은 생산자가 제시한 가격을 소비자가 만족하는데 기초적인 의미가 있으며 경쟁력의 출발선이 된다. 대개 본질적 구성요소들의 합에 의해서 결정되어 진다고 인식되고 있으나 특정시점에 있어서 비계량화 요인 비교경쟁력의 지표인 소비자 인지가치consumer's perceived value에 의해서 결정된다는 것이다. 왜냐하면 동일한 재화와 용역의 혼재 속에서 개개의 소비자가 인지한 가치기준으로 구매가 이루어지기 때문에 소비자가 인지하고 있는 가치에 기초한 가격으로 공급할 때 시장경쟁력을 갖는다는 것이다.

가격은 가치의 반영으로서 소비자가 기꺼이 지불하기를 원하는 수준의 상태를 의미하며, 이 때 원가cost는 소비자가 지불하기를 원하는 대가의 양과 관계되는 것이 아니라 기본적으로 그 기업의 효율과 효과의 지표가 된다. 이때 기업은 다양한 고객 서비스를 특정 상황에 알맞게 제공하며 수요에 부응할 수 있는 대안을 마련하기 위해 계량화된 자료를 갖게 되기를 원한다. 그래서 소비자 인지가치가 벤치마킹을 통한 경쟁력의 수준과 지렛대 관계를 갖는다. 이는 공급되는 가치에 대하여 소비자가 지불하기를 원하는 구매상한선을 예민하게 파악하여야 하기 때문이며, 지금 고객은 수동적 소비고객에서 능동적 참여고객으로 전환되고 있기 때문이다.

이때 원가는 기업 내부적 경쟁요인이지 소비자 확보에 필요한 필요 불가결한 경쟁요인은 아니라는 것이다. 투입은 동일해도 소비자 인지가치는 다르게 나타날 수 있으며 나아가 투입이 증가해도 소비자 인지가치는 떨어질 수 있다. 지난 1세기 동안 관리방안의 강화로 동일 제품군의 원가는 원재료 시장 및 기초기술 공유로 가격차별화 요인이 되지 않아 기업 의사결정 영역 중 통제 불가능한 요인으로 분류되며 새로운 기술의 배합으로 생산되는 제품은 이미 다른 차원의 제품으로 재정의redefinition되기 때문이다. 혁신의 폭이 커져 요소투입이 적을 때 그 절감된 원가의 일부를 가격인하를 통해 소비자에게 환원하는 기업이 좋은goodwill 기업으로 인식된다. 그러나 인지가치 확장에 정正의 영향을 미치나 직접영향 요인이 되지 않는다. 그래서 고객에게 감동을 줄 특장점이 필요하며 인지가치확장 전략이 요구된다.

4) 생존을 위한 핵심역량 확보

석씨수연釋氏隨緣, 오유소위吾儒素位, 그리고 성서유언聖書有言이라는 고사성어가 있다. 불가에서 말하는 '수연隨緣'이란 세상만사 인연에 의한 것으로 자신의 처신을 인연에 따라서 하는 것이 좋다고 말하며, 유교에서는 '소위素位'라 하여 자기의 위치를 지켜 타를 넘보지 말아야 한다고 말한다. 그리고 기독성서에서의 '유언有言(태초에 말씀이 계셨느니라)'이란 성서 즉, 말씀을 따르면 영생의 구원을 얻는다고 한다. 수연, 소위, 그리고 유언이 주는 의미가 험한 세상 바다를 건너는데 필요한 부낭surfing board과 같은 의미의 종교적 특징을 나타내고 있다. 그렇다면 험한 경쟁의 세상을 넘어 가야 할 인간을 닮아 있는 기업의 부낭 즉, 기업의 특장점으로 무엇을 가져야할지 심각하게 생각해볼 필요가 있지 않을까.

영국의 롤스로이스 자동차는 화려함과 고품위 자동차로 우위에 있으나 가격 경쟁력은 상대적으로 낮은 위치에 있다. 일본의 도요타 자동차는 대고객 의존성으로 자동차 산업에서 경쟁우위를 누리며, 페라리Ferrari는 보다 높은 성능으로 경쟁하고 있다.

우리나라 이삿짐 운송 산업에서 포장이삿짐센터는 서비스로 경쟁하며, 기존의 이삿짐 운송업계는 상대적으로 낮은 가격으로 경쟁하고 있다. 즉, 차별화 전략이다.

당신 마음의 명함 뒷면에 당신만이 제공할 수 있는 가치와 전문 분야가 없다는 것은 당신은 아직 전문가expert가 아니라는 뜻이다. 아직은 정보가 유력한 자원이 되고 정보의 가공과 처리에 의한 가치의 생산을 중심으로 사회나 경제가 운영되고 발전되어

가는 지식사회intellectual society를 맞이할 아무런 준비도 되어 있지 않다는 것을 의미한다. 미래 사회의 부를 나누어 가질 가장 강력한 생산 요소를 가지고 있지 않다는 말이다. 그러므로 당신은 지금 위험한 곳에 서있다. 바로 생존의 문제를 앞에 두고 있는 것이다.

5) 경영자의 역할

경영자의 역할은 다음과 같은 대인적 역할interpersonal role, 정보적 역할information role, 그리고 의사결정적 역할decisional role 등 세 가지 범주로 분류할 수 있다. ① 대인적 역할에는 대표자figurehead, 지도자leader, 연결자liaison로서의 역할이 있고, ② 정보적 역할은 감시자monitor, 정보제공자disseminator, 대변인spokesperson의 역할이 있으며, 그리고 ③ 의사결정자적 역할에는 창업자entrepreneur, 사건해결자disturbance handler, 자원분배자resource allocator, 협상자negotiator로서의 역할이 있다.

그런데 우리가 이와 같은 경영자의 역할을 이해하는데 있어 몇 가지 염두에 두어야 할 점이 있다. 첫째로 모든 경영자의 직무는 이상 열 가지 역할의 조합 중 어떤 하나로 결정이 되며, 둘째로 이들 역할은 상호 밀접하게 서로 연관되어 있어서 경우에 따라서는 한 사람이 두 가지 이상의 역할을 동시에 수행할 수도 있으며, 셋째로 각 역할의 상대적 중요도는 경영계층management hierarchy 및 경영자 개인의 특성에 따라 다르다는 것이다. 따라서 조직은 서로 다르고 상이한 상황에 직면하기 때문에 상황에 따라 다른 접근법과 기법이 필요하다. 모든 상황에서 효과적이고 효율적인 그리고 보편적으로 적용 가능한 경영원리는 존재하지 않는다. 조직의 규모, 환경의 불확실성, 그리고 개인적 차이 등에 따라 경영자의 역할은 달라지고 이에 상황적합적 접근법contingency approach이 필요하다는 것이다.

옛날에 아주 못생긴 국왕이 있었다. 한쪽 눈은 전혀 보이지 않는데다가 한쪽 다리가 절름발이여서 보기에 흉측했고, 성격 또한 무거불측無據不測(성질이 아주 사나움)하였다. 하루는 국왕이 전국의 화가들을 모아 놓고 자기의 모습을 그리라고 엄명하였다. 잘 그리면 상을 주고 잘못 그리면 엄벌을 내리겠다고 덧붙였다. 거룩한 국왕의 모습을 제대로 그려 내지 않으면 안 된다고 생각한 한 화가는 국왕의 초상을 호걸의 풍모에 기품이 있고 남성다우며 풍채가 좋은 사나이처럼 그려 바쳤다. 그런데 뜻밖에도 국왕은 그 그림을 보고는 몹시 화를 내며 호령했다. '거짓을 꾸며 아첨하는 사람은 음흉한 야심을 품고 있다는 증거이니 즉시 끌어다가 처단해라!' 이 광경을 보고 눈치가 빠른 한 화가는 국왕의 실제 그 모습대로 그림을 그려 바쳤다. 그런데 국왕은 그 그림을 보자마자 또 불같이 화를 내며 엄명했다. '국왕을 추악화한 사람은 역적과 다를 바 없으니 즉시 끌어내어 처단해라!' 이때 한 화가가 나서서 자기가 그린 그림을 국왕에게 바쳤다. 국왕은 그 그림을 보더니 만면smiling all over에 화색을 띠며 손뼉을 치면서 칭찬하더니 상금으로 돈 천 냥을 주라고 명령했다.

이 화가는 국왕이 사냥하는 장면을 그렸다. 국왕의 한쪽 다리는 땅에 서있고 저름발이 다른 한쪽 다리는 나뭇등걸에 놓여 있었으며 한쪽 눈은 감겨져 있고 다른 한쪽 눈은 총을 조준하고 있었다. 그야말로 기백이 있고 멋진 모습이었다. 같은 국왕을 그리면서 어찌하여 어떤 화가는 처형당하고 어떤 화가는 상을 타게 되었는가? 첫 화가는 아첨을 하기 위해 사실을 왜곡하여 그렸기 때문에 마땅한 벌을 받았고, 두 번째 화가는 직접적이고 실제적인 모습만 고려하여 그림을 그려 일종의 예술art이라는 것을 몰랐고 '국왕을 추악화'한 죄로 생명을 잃었다. 그러나 세 번째 화가는 구체적인 사물을 현실적으로 분석하고 상황적합적 태도를 취했기 때문에 국왕의 본래의 면모를 그대로 반영했을 뿐만 아니라 예술 작품이라는 점을 고려하여 아름다움을 첨가하고 창조적인 구상을 거쳐 사냥하는 장면을 그림으로써 국왕의 신체적인 결함을 교묘하게 처리했던 것이다. 이것이 상황적합적 고객만족 경영자의 역할이다.

6) 다국적 기업이란?

다국적 기업multinational enterprise이란 다수 국에 걸쳐 영업 내지 제조거점인 해외자회사profit center를 가지고 국가적 · 정치적 제약을 받지 않고 세계적인 범위와 규모에서 세계를 하나의 시장으로 보고 경영활동을 하는 글로칼리제이션glocalization(= globalization + localization)을 추구하는 기업을 말한다.

몸과 마음이 동시에 건강해야 건전한 인간이라고 하듯이 가장 지역적 경쟁력에 바탕을 둔 세계화를 추진하는 조직을 '옴살'스러운 조직holistic organization이라 부르며 이런 조직을 가진 기업을 글로칼 기업glocal enterprise이라 부른다.

원래 '지성+감성'의 교감을 홀리스틱holistic 즉, '전체를 포괄하는 것'이라고 하는데 머리가 아닌 온몸으로 하는 대화, 사고와 감성에 동시적으로 영향을 주는 비즈니스로, 상처를 주고 뺏고 뺏기는 경쟁으로부터 공존coexistence을 찾는 동반의 내부조직에서 출발하여 세계화를 추진하는 의미를 가지고 있다. 기업의 국제화internationalization는 물리적 시설의 세계적 분산에서 규정짓기보다는 '경영의 개념'에서 규정되어야 한다고 본다. 경영이 국제화된다는 것은 다음과 같은 경영특성을 포함하여야 한다.

첫째, 모든 경영자들이 '국제적으로 통용되는 게임의 규칙rule of game을 이해하고 경쟁하는 능력'을 갖고 있는지의 여부에 달려있다. 즉, 'global mentality'다.

둘째, 기업규모에는 관계없이 세계시장에서 일어나는 생산, 자원조달, 판매, 금융을 총괄적으로 파악하고 그 구조와 흐름 속에서 참여하여 기업을 경영하는 능력을 갖추었는가 하는데서 판단되어야 한다. 기술변화의 추이technology road map를 직시하고 있어야만 미래 환경 변화에 대처할 수 있는 유연성flexibility을 확보하고 있는 상태라 할 수 있으며 세계적 경쟁감각sense of rivalry을 가지고 있는 기업이라고 할 수 있다.

CHAPTER 3 기업유형의 결정과 경쟁력

CHAPTER 3

기업유형의 결정과 경쟁력

A.D.502-549년 사이에 중국 양梁나라 무제武帝가 학식이 높은 주흥사를 시기하고 질투하였으며 그들 죽이기 위한 계략으로 하루의 말미를 주면서 한편의 시詩를 짓도록 한다. 사자일구四字一句, 소위 사언고시四言古詩로서 도합 250구句요, 125대구對句의 글로 한 글자 이외에 999자는 중복이 없으며 우주의 형상에서부터 삶의 모든 내용을 포함해야 한다는 조건을 붙여서 만들어 오라고 명했다. 여기에 쓰인 한자漢子가 모두 일천자一天字 이므로 오늘날 천자문이라 칭하게 된 것인데, 기氣를 전부 소진하여 쓴 후 천자문을 바칠 때 그는 백발로 변했다는 전설에 의해 백두문白頭文이라고도 부른다.

천자문에서 단 한자一字의 유일한 중복이 있는데 이것이 아우를 병竝자다. 만나 아우르다의 의미인 병竝자는 두 사람이 나란히 서있는 모습의 설 립立자 두개(立+立)로 쓰여 진 병竝자와 두 사람이 창이달린 방패(방패 간干)를 들고 있는 병竝자로도 쓰인다. 아름다운 만남의 모습인 병竝과 적대적 만남의 모습인 병竝을 은유하고 있는 것은 아닐까한다.

작은 씨앗이 좋은 토양과 만나면 엄청난 새 생명의 창조력을 발휘한다. 남과 여의 바른 만남은 사랑을 창출하며, 인간과 신의 인격적 만남은 구원과 해탈을 낳는다. 그리고 기업과 고객의 만남은 거래관계를 낳아 서로에게 이익을 준다. 기업의 영생비법은 이러한 만남의 지속성durability에 있다. 우리는 어떤 형태의 기업을 만나야 할까?

1. 기업의 유형 결정 준거

1) 기업유형의 결정

기업환경의 변화가 인터넷을 통해 흐르는 지식과 정보의 교류 속도만큼이나 빠르게 진행되고 있다. 국내 경쟁관계에 있던 기업도 이제는 개방화·세계화·디지털화 속에서 모두 세계적 경쟁대상이 되었다. 시장개방에 따라 세계 모든 나라의 상품이 국내에서 아무런 제한 없이 판매될 날도 멀지 않았다. '국산품 애용Let's use domestic goods'만을 고집하던 그런 시대는 지났다. 국가 번영을 생각하기 전에 개인의 심리에 따라 싸고 품질이 좋으면 외국 상품foreign goods도 생각 없이 사는 것이 요즈음 소비자의 경향이다.

이런 상황에서 기업유형의 결정은 큰 의미를 가진다. 거의 모든 기업의 경영책임을 사장 한 사람이 감당하면서 영업, 자금조달, 종업원 관리, 운영관리 등 기업 전반에 걸쳐 경영을 하여야 하는 개인기업 유형의 창업을 할 것이냐. 아니면 조직을 갖추어서 회사업무의 대부분을 능력 있는 종업원에게 분담시키고 전체를 통괄generalization할 수 있는 법인형태로 창업을 할 것이냐의 결정은 창업 기업의 기초 확립에도 매우 중요하다. 이러한 시대적 상황을 감안하여 비교적 많은 종업원을 필요로 하는 법인기업incorporated enterprise 유형보다 마음이 맞는 몇 사람만을 확보하여 사업을 할 의도로 조그마한 개인기업private enterprise을 선택할 수도 있을 것이다. 물론 반드시 규모가 크고 종업원이 많으면 법인 유형으로 설립하고, 규모가 작으면 개인기업 유형으로 출발해야 한다는 의미는 아니다.

실질적으로 우리나라에서는 중소기업은 물론 대기업조차도 법률상으로는 주식회사이면서 운영은 가족회사와 마찬가지의 형태로 경영되고 있는 경우가 허다하다. 따라서 창업자는 여러 가지 기업환경과 경영능력, 그리고 개인기업과 법인기업의 장·단점을 비교 평가하여 자기 설정에 맞는 기업유형을 선택할 필요가 있는 것이다.

2) 기업유형의 결정 준거

창업자는 그의 특수한 사정이나 선호하는 경향과 성격에 따라 두 형태 중 한 가지 유형으로 회사를 설립할 수 있다. 창업자의 입장에서 어느 쪽이 절세 효과tax shield effect가 더 큰지를 비교 평가함으로서 개인기업과 법인기업의 선택 기준으로 삼는 것이 타당할 것이다. 기업이 내는 세금은 기업의 이익을 기본으로 하여 세법상의 과세 소득을 계산하는 일인 세무조정 후 과세표준이 되는 이익에 따라서 달라지기 때문이다.

과세표준이 약 4천만 원일 경우에는 개인기법이든 법인기업이든 크게 상관없으나, 소득 규모가 그 이상(4천만 원)을 초과할 경우에는 개인기업보다 법인형태인 주식회사가 더 절세 효과가 크다는 것을 알 수 있다. 따라서 창업자는 자기가 경영하려고 하는 사업의 소득규모가 어느 정도 될지, 얼마 후에 누적 결손cumulative deficit을 보전하고 이익 실현이 가능할 지를 판단하여 기업형태의 결정기준으로 삼아야 할 것이며, 회사 설립 시부터 이런 점을 종합적으로 검토하여 기업유형을 결정하는 것이 현명할 것이다.

개인기업은 기업 운영에 필요한 투입자본 전액을 개인 또는 그 가족이 출자하고, 이때 생기는 이윤이나 손실은 출자자인 동시에 경영책임자이기도 한 개인이 받아들이고 부담하게 되는 기업형태이고, 반면 법인기업은 자연인natural individual(법이 권리의 주체가 될 수 있는 자격을 인정하는 사람)이 아니면서 법에 의하여 권리 능력이 부여되어 법률적인 권리와 의무의 주체로 인정을 받은 기업형태를 말한다. 그리고 개인기업을 설립하여 운영하는 개인사업자는 상법상 별도의 절차가 필요하지 않아 그 설립 절차가 간편하고 휴업과 폐업이 비교적 간단하며 부가가치세와 소득세의 납세의무자가 되는 사업자를 말한다. 반면 법인사업자는 법인 설립등기를 함으로써 법인격(권리와 의무의 주체가 될 수 있는 능력)을 취득한 법인뿐만 아니라 국세기본법의 규정에 따라 법인으로 보는 법인격 없는 단체 등도 포함이 되며 부가가치세와 법인세 등 납세의무자가 되는 사업자를 말한다.

생각의 포인트 빵은 돈으로 살 수 있는 것이다.

> 제자가 스승에게 물었다.
> "부처와 성현들의 가르침을 능가하는 게 있을까요?"
> 스승이 대답했다.
> "참깨 빵이니라.

2. 개인기업과 법인기업의 특징

기업의 법률적 형태에 있어서 중요한 것은 개인기업과 법인기업의 형태이다. 앞에서 살펴 본 것처럼 개인기업individual enterprise이란 사업자체가 개인에게 귀속되는 형태의 기업으로 경영의 모든 책임을 등록된 대표자가 지게 된다. 이와 반대로, 법인기업 incorporated enterprise은 사업에 대한 독립적인 경제주체에 권리능력(법인격)을 부여한 형태의 기업으로 사업과 관련한 모든 책임은 법인이 지게 된다. 따라서 법인기업이 대표이사 1인이 100% 지분을 소유하여 실질내용이 개인기업과 동일하다고 하더라도 법인의 재산과 대표이사의 재산은 엄격히 구분이 된다. 완전한 법인격을 가지고 스스로의 권리와 의무의 주체가 되며 기업의 소유자로부터 분리되어 영속성을 가질 수 있는 것이다.

1) 개인기업과 법인기업의 비교

우리나라의 일반적인 회사 형태는 주식회사이다. 그러나 회사의 개념에는 들어가지 않으나 개인사업자 형태의 개인기업이 많이 존재한다. 따라서 개인기업과 법인기업의 대다수인 주식회사의 장단점을 비교하여 사업계획 검토 단계에서 기업의 유형을 결정하는 것이 좋다.

일반적으로 불특정 다수의 개인을 주 고객으로 하고 현금거래의 비중이 큰 자영업 sclf-employment 즉, 소매, 요식업, 숙박업, 그리고 소규모 개인서비스업 등은 개인기업의 형태가 적합하며, 사업의 규모가 커질 수 있는 사업은 법인기업의 형태가 유리하다.

[표 3-1] 개인기업과 법인기업의 장·단점

구분	개인기업	법인기업
장점	설립등기가 필요 없고 사업자등록만으로 사업개시가 가능하므로 기업설립 용이하다. 기업 이윤 전부를 기업주가 독점할 수 있다. 창업비용이 비교적 적게 소요되어 소자본을 가진 창업자도 창업 가능하다. 일정규모 이상으로는 성장하지 않는 소규모의 사업에 적합하다. 기업 활동에 있어 자유롭고, 신속한 계획 수립, 계획 변경이 용이하다. 개인기업은 인적조직체로서 제조방법, 자금운용상의 비밀유지가 가능하다.	대표자는 회사운영에 대해 일정한 책임을 지며, 주주는 주금납입을 한도로 채무자에 대해 유한책임을 진다. 사업양도시에는 주식을 양도하면 되므로 절차가 간단하고, 주식양도에 대하여 양도소득세(20%~25%)가 부과된다. 일정규모 이상으로 성장 가능한 유망사업의 경우에 적합하다. 주식회사는 신주 발행 및 회사채 발행 등을 통한 다수인으로부터 자본조달이 용이하다. 대외 공신력과 신용도가 높기 때문에 영업수행과 관공서, 금융기관 등과의 거래에 있어서도 유리하다.
단점	대표자는 채무자에 대해 무한 책임을 진다. 대표자가 바뀌는 경우에는 폐업을 하고, 신규로 사업자 등록을 해야 하므로 기업의 계속성이 단절된다. 사업 양도시에는 양도된 영업권 또는 부동산에 대해 높은 수준의 종합소득세 또는 양도소득세가 부과된다. 기업의 이윤이 커지면 6%~42%의 소득세율이 적용되므로 세 부담이 급격히 증가한다.	설립절차가 복잡하고 최소한 2백만원 이상의 설립비용이 발생한다. 대표자가 기업자금을 개인용도로 사용하면 회사는 대표자로부터 이자를 받아야 하는 등 세제상의 불이익이 있다. 세무상 복식부기의무자로서 반드시 회계장부를 기장하고 재무제표를 작성해야 한다.

- 자료 : 김철교, 벤처창업과 경영, 2018, 삼영사

2) 세제상의 특징 비교

개인기업은 소득세법의 적용을 받으므로 과세기관은 매년 1월 1일부터 12월 31일까지이며, 과세소득은 총수입에서 소득을 얻기 위하여 들이는 필요경비necessary expenses를 공제한 금액이 되며, 대차대조표balance sheet 공고의무가 없다. 대차대조표는 기업이 결산 때에 재정 상태를 한눈에 볼 수 있게 도식화한 표를 말하며, 기업의 자산을 부채와 자본으로 비교할 수 있도록 양쪽으로 나뉘어 있다.

[표 3-2] 개인기업과 법인기업의 세제상의 특징

내용	개인기업	법인기업
과세근거법	소득세법	법인세법
과세기간	매년 1월1일부터 12월 31일까지	정관에 정하는 회계기간
과세소득	총수입금액 - 필요경비	익금의 총액 - 손금의 총액
과세범위	분리과세	분리과세가 인정되지 않음
이중과세 여부	하나의 원천소득에 대해 이중과세가 되지 않음	법인에게 법인세 과세 후, 주주의 배당에 대해 소득세 과세
세율구조	세율 : [개인과표/세율/누진공제] 5억 초과/42%/3540만원, 3억 초과~5억 이하/40%/2540만원, 1.5억 초과~3억 이하/38%/1940만원, 1200만원~4600만원/15%/108만원, 0~1200만원 이하/10%/0원 누진세율 : 6%~42%(7단계)의 소득세가 부과된다. 주민세 : 소득세의 10%	세율 : [법인과표/세율/누진공제] 3천억 초과/25%/94억 2천만원, 200억~3천억 이하/22%/4억 2천만원, 2억 초과~200억 이하/20%/2천만원, 0~2억 이하/10%/0원 누진세율 : 10%~25%의 누진세율(4단계)의 소득세가 부과된다. 주민세 : 법인세의 10%
납세지	개인기업의 주소지	법인등기부등본상의 본점/주사무소
가장의 의무	수입금액에 따라 일기장의무자, 간이장부의무자, 복식부기의무자로 구분	수입금액에 관계없이 복식부기의무자
외부감사제도	적용되지 않음	자산총액이 일정규모 이상인 경우, 공인회계의 감사를 받음
대차대조표 공고	대차대조표공고 의무가 없음	법인세 신고기간 내에 일간신문에 공고의무가 있음

법인法人은 법인세법의 적용을 받고, 그 과세기간은 정관과 규칙에서 정하는 회계기간에 따라 달라지며 과세소득은 이익금 총액에서 손금총액을 공제한 금액이다. 대차대조

표의 공고의무가 있으나, 세금부담은 여러 가지 상황에 따라 차이가 있을 수 있다. 세율 측면에 있어서는 개인기업(6%~42%로 누진)보다 법인기업(10%~25%)이 유리하다. 여러 세무사Certified Tax Accountant(CTA)의 의견을 종합하면, 세부담 측면에서 기업을 설립한 후 과세표준이 4천만 원 이상이 예상되면 법인기업으로 하는 것이 유리하다고 한다.

익금과 손금에 대해 간략하게 살펴보고 가자. 익금profit은 자본 또는 출자의 납입 및 법인세법에서 규정하는 것은 제외하고, 해당 법인의 순자산net asset을 증가시키는 거래로 인하여 발생하는 이익 또는 수입의 금액으로 한다. 그리고 손금exclusion은 자본 또는 출자의 환급, 잉여금의 처분 및 법인세법에서 규정하는 것은 제외하고, 해당 법인의 순자산을 감소시키는 거래로 인하여 발생하는 손실 또는 비용의 금액으로 한다.

생각의 포인트

선택과 집중

흔히 성공의 비결은 선택과 집중이라고 생각한다. 선택choice도 좋아야 하고 집중focus도 좋아야 한다. 논리적 필연logical necessity으로 어느 순간 하나를 선택하는 행위는 나머지 다른 것을 모두 버린다는 뜻이다. 이것저것 미련이 많이 남더라도 결국은 다 버리고 하나만 선택해야 한다. 그러니 선택은 곧 버림의 아픔을 견디어 내는 것이다. 온전히 버리는 고통이 없이는 진정한 선택도 없다.

농사가 힘들어 뱃사람이 된 사람이 바다 일 힘들다고 한여름 농사일의 고통을 잊어버리고 풍요로운 가을 들판만 생각하면 죽도 밥도 안 되는 법이다. 귀가 얇아 전망 있고 좋다는 소리만 들으며 끼어들어 찔끔대는 사람은 백발백중 실패한다.

집중은 이미 버린 것에 미련을 두지 않고 선택한 것에만 매달리는 것이다. 선택에는 스스로 택한 것에 대한 책임responsibility이 뒤따르며 책임을 다하기 위해서는 엄청난 집중이 필요하다. 시간이 갈수록 책임의 중압감은 커지고 버린 것에 대한 미련도 새로워진다. 인간의 삶이란 매순간 선택과 책임으로 이어지는 매듭과도 같은 것이다. 쉬운 길을 택하면 편하지만 결실이 시원찮고, 힘든 길로 들어서면 결실에 대한 보장도 없으면서 유난히 고통스럽기 마련이다. 무슨 분야든 거기서 더 세분화된 곳으로 파고들어 평생 한우물만 판다는 각오로 뛰어들어야 겨우 성공이 보일 것이다.

문명이 발전할수록 세밀한 분야로 파고들어야 성공한다. 역사적으로 보면 그것이 바로 분업화다. 백 년 전만 해도 시골 농사꾼은 제 먹을 것을 전부다 직접 생산하였다. 하지만 지금은 선택한 작물 한두 가지만 재배하여 시장에 내다 팔아도 여러 가지를 구매해 잘 먹고 잘 산다. 역사가 발전함에 따라 직업도 점점 세분화segmentation되고 시장도 점점 세분화되니 선택해야 하는 대상도 점점 더 세분화 되고 있다.

3. 개인기업의 설립 방법

개인기업은 특정 개인의 이름으로 단독 출자하여 설립한 기업이므로 소유와 경영이 동일하게 된다. 그래서 기업경영을 통해 창출된 이윤도 독점하게 되고 경영과 관련된 의사결정도 개인의 판단에 따라 자유롭게 할 수 있다. 따라서 기업의 중요한 경영비밀을 유지할 수 있고 법적인 제재sanction가 상대적으로 제한적이어서 행동이 자유롭다는 장점이 있다. 고임금 시대의 도래, 노동조합의 활성화, 주5일 근무제에 의한 여가인식의 변화, 그리고 인력관리의 유연성 확보의 필요성 등으로 인하여 개인기업의 설립이 선호되고 있는 추세이다.

1) 개인기업의 특징

개인기업은 한 개인의 자본만으로 운영되므로 기업의 규모가 작아 대외 신용도가 낮고 독단적 경영으로 경영위기에 대처하기 힘들다. 특히 장부기장에 대한 법적 제재가 약하다는 점을 악용하여 장부를 체계적으로 정리하지 않는 경향이 있다. 그리고 합리적 경영이 어려우며, 이익금을 자유롭게 쓸 수 있으므로 주머니돈인지 회사돈인지 구분하기 힘든 때가 많아 기업의 실체를 파악하기 어렵다는 단점이 있다.

특히 개인기업인 경우에는 기업에 문제가 생길 경우 기업주 혼자서 무한책임unlimited liability을 져야 하며 기업주의 유고 시 대안이 없으므로 기업주의 신상에 변화가 있을 경우 곧바로 기업에 영향을 받게 되는 단점도 있다.

2) 개인기업의 등록절차

개인기업의 경우에는 설립절차가 매우 간단하다. 해당 관할 세무서에 사업자등록 신청서와 그것에 첨부할 간단한 서류만 준비하여 제출하면 일반적으로 일주일 이내에 사업자등록증을 받을 수 있다. 또한 관계기관의 인·허가가 필요한 사업일 경우에는 먼저 해당 관청에 인·허가 승인을 신청하여야 한다. 승인을 받은 후 사업개시일로부터 20일 이내에 사업장 소재지 관할세무서에 사업자등록을 신청하여 사업자등록증을 교부받음으로써 설립된다. [그림3-1]은 개인기업의 설립에 관한 절차를 나타낸 그림이다.

[그림 3-1] 개인기업의 등록절차

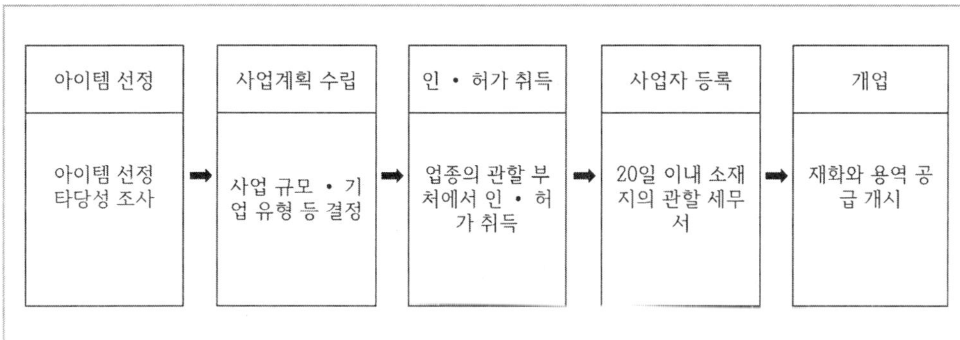

법령에 의하여 인·허가, 등록 및 신고를 득해야 사업을 개시할 수 있는 업종은 미리 당해 업종을 주관하는 주무관청 또는 지방자치단체에서 인·허가를 취득하여야 한다. 이는 개별법에 의한 인·허가 업종에 한한다.

신규로 사업을 개시하는 자는 사업장마다 사업개시일로부터 20일 이내에 사업장소재지 관할 세무서 민원봉사실에 신고하여 사업자등록을 하여야 한다. 또 신규로 사업을 개시하고자 하는 자는 사업개시일 전이라도 등록이 가능하며, 사업인·허가 전에 등록하는 경우에는 사업인·허가증사본 대신 사업허가신청서 사본이나 사업계획서를 제출하면 된다.

사업자등록이 끝나면 법적으로 사업을 시작할 수 있는 절차가 완료되나 기타 행정절차를 요하는 경우에는 신고를 해야 한다. 근로자명부와 임금 대장의 작성, 취업규칙작성신고, 국민연금·의료보험·산업재해보험 및 고용보험신고 등의 신고절차를 하여야 한다.

[표 3-3] 개인기업 설립 구비서류

① 사업자등록 신청시 구비서류 사업자등록신청서 1부 사업장 임대차계약서 1부(원본에 소정의 수입인지 첨부) 사업인·허가증 사본(법령에 의한 인허가 업종에 한함) 1부 주민등록증 또는 주민등록등본 사업 허가 전에 등록하고자 하는 경우에는 사업허가신청서 사본이나 사업계획서 2인 이상이 공동으로 사업을 하는 경우 공동사업 사실을 증명할 수 있는 서류
② 사업자등록증 교부 신청일로부터 7일 이내에 사업자등록번호가 기재된 사업자등록증을 교부 받는다.

4. 법인기업의 설립 방법

법인기업은 특정 다수의 출자자가 참여하는 기업유형이므로 대형자본을 동원할 수 있고 대부분의 경우 모든 참여자는 유한책임limited liability만 진다. 또 자본과 경영이 분리될 수 있어 기업운영에 대한 논리적인 연관에 의하여 하나의 체계로 이루어 놓은 것처럼 합리적 경영rational management이 가능하며 대외 신용도credit rating by foreign가 높아 신용거래나 외부자금의 차입이 개인기업보다 유리하다.

1) 법인기업의 특징

법인기업은 법적으로 복식장부기장 의무를 강제하고 있는 각종 제재制裁가 많아 경영의 투명성이 요구되므로 기업의 실체를 파악하기가 용이하며, 위험을 사전에 감지할 수 있고 그에 따른 대책을 사전에 강구할 수도 있다. 더욱이 개인과 조직책임이 명확히 구분되어 책임한계가 분명해지고 사장의 유고 시에도 즉각 대처할 수 있는 장점이 있다.

하지만 '만인의 책임은 누구의 책임도 아니다everyone's responsibility is nobody's responsibility.'라는 말이 있듯이 책임의 한계가 모호하여 공유재산의 비극현상tragedy of the commons이 나타날 수도 있다. 또한 기업의 비밀유지가 어려우며 법적 및 사회적 제약요소가 많아 임기응변적 경영이 불가능하다는 단점이 있다. 특히 세무, 회계문제와 관련하여 투명성이 확보되어 개인 기업처럼 경영의 유연성이 제한될 수 있다는 단점이 있다. 이러한 법인에는 주식회사, 유한회사, 합명회사, 그리고 합자회사 등 4가지 유형이 있다.

생각의 포인트 종업원이 직업관 변화

경영자의 의지와 조직의 필요에 의해서 회사 형태는 달라질 수 있는 것이다. 기업 형태에 관한 법률상의 규정은 기업의 자본모집과 기술·경영능력의 보완, 그리고 거래의 활성화에 도움이 되는 체계를 만드는데 목적이 있기 때문에 창업에 있어서는 하나의 형식요건이 되는 것이다. 기업 형태는 창업에 있어 매우 중요한 의사결정이다.
최근 기업환경, 특히 창업환경은 옛날과 무척 다르다. 특히, 주5일 근무제five-day week의 도입 등으로 종업원의 직업관work values이 점차 변화되어 가고 있다. 관리자의 지시만 있으면 밤낮 없이 열심히 일하던 종업원의 근무태도에도 많은 변화가 일어났으며, 보다 좋은 환경, 보다 좋은 복지후생제도, 그리고 여가시간이 많이 주어지는 그런 직장을 선호하는 경향으로 점차 바뀌어 가고 있다.

(1) 주식회사

주식회사company limited by shares는 자기가 출자한 주식의 금액을 한도로 회사에 대하여 출자의무를 질 뿐 회사 채권자에 대하여는 전혀 책임을 지지 않는 주주 또는 간접유한책임사원 즉, 주주로만 구성되는 회사를 말한다. 주식회사는 자본, 주식, 그리고 주주의 유한 책임 등 세 가지의 특징을 가지고 있는 회사이다. 주식회사는 기업형태 중 가장 대표적인 형태인데, 그 특질은 주주의 유한책임제도, 자본의 증권제도, 그리고 회사운영의 중역제도로 요약된다. 주식회사는 자본을 주식시장을 통하여 쉽게 조달할 수 있는 장점이 있다.

(2) 유한회사, 합명회사, 합자회사

유한회사limited liability company는 사원이 회사에 대하여 출자한 금액을 한도로 책임을 지는 회사로, 회사채권자에 대하여 아무런 책임도 지지 않는 사원으로 구성되는 회사를 말한다. 이는 상법에 규정된 회사의 하나로, 주식회사·합명회사·합자회사와 함께 물적 회사物的會社(자본과 같은 물적 조건에 의하여 결합된 회사)와 인적 회사人的會社(사원과 같은 인적 조건에 따라 이루어지는 회사)의 특징적 요소를 가미한 중간형태의 회사이다. 사원 전원의 책임은 간접적이며 유한인 점, 분화된 기관을 가지는 점 등 많은 점에서 주식회사와 유사하나, 정관으로 지분의 양도를 제한할 수 있다는 점에서 차이가 있다.

합명회사partnership company는 2인 이상의 무한책임사원만으로 구성되는 회사이다. 이 형태는 사원의 개성이 중시되는 기업형태이므로 현실적으로 구성원수가 그렇게 많은 경우는 별로 없다. 합명회사는 사원 모두가 무한책임을 져야 하므로 소유와 경영이 분리될 수 없으며 법적으로도 사원은 회사의 업무집행권과 회사대표권을 동시에 가진다. 또 이 법인형태는 인적요소를 중시하는 무한책임사원들이기 때문에 회사의 채무에 대하여 무한책임을 져야 한다.

그리고 합자회사limited partnership company도 인적요소가 강한 법인형태로서 2인 이상의 구성원으로 설립되며 합명회사와 모든 면이 비슷하다. 다만 유한책임사원과 무한책임사원이라는 두 부류의 사원으로 구성되는 점이 합명회사와는 다르다. 무한책임사원은 업무집행권과 회사대표권을 동시에 가지며, 유한책임사원은 업무 감시권만 있을 뿐이다. 따라서 사실상 무한책임사원이 경영과 관련된 일체의 권한을 행사한다고 볼 수 있다.

(3) 벤처기업

공장도 없고 종업원도 얼마 안 되는 소기업들이 첨단의 신기술과 아이디어를 개발하여 사업에 도전하는 창조적인 중소기업으로 연구개발형 기업, 기술집약형 기업, 위험기업risky company, 또는 모험기업venture business 등으로 부르기도 한다. 벤처기업협회(www.venture.or.kr)는 벤처기업을 '개인 또는 소수의 창업자가 위험성은 크지만'high risk' 성공할 경우 높은 기대수익이 예상되는'high return' 신기술과 아이디어를 독자적인 기반 위에서 사업화하려는 신생중소기업'으로 정의하고 있다. 다시 말해서 벤처기업이란 소자본으로 고도의 전문적 지식과 새로운 기술, 독특한 아이디어를 바탕으로 창조적이고 모험적 경영을 전개하는 중소기업을 말한다. 주요 특성을 요약하면 첫째, 소수의 기술 창업자가 기술혁신적 아이디어를 상업화하기 위해 설립한 신생기업이다. 둘째, 높은 위험부담이 있으나 성공할 경우 높은 기대이익이 예상된다. 셋째, 모험적 사업에 도전하는 왕성한 기업가 정신을 가진 창업가에 의해 주도된다. 원칙적으로 독립된 사업체나 기업을 뜻하지만 최근 관심과 중요성이 높아짐에 따라 많은 대기업이 참여하고 다양한 종류의 자본투자가 이루어져 합작벤처joint venture · 내부벤처internal venture 등 여러 형태의 벤처기업이 등장하고 있다.

살펴본 바와 같이 개인기업과 법인기업은 각각 서로 다른 장단점을 지니고 있으므로 무조건 어느 한쪽이 좋다고 말할 수 없다. 그러므로 자신이 계획하고 있는 창업규모나 사업내용을 잘 생각해 보고 보다 타당하다고 판단되는 유형을 선택해야 할 것이다.

생각의 포인트 **공유재산의 비극현상**

하딘G. Hardin이 제시한 공유재산의 비극현상tragedy of the commons이 가장 심각하게 나타났던 역사는 바로 사회주의의 실험이었다. 공동으로 생산하고 필요나 능력에 따라 분배한다는 이상은 누구에게도 공유재산의 창출에 주력할 인센티브를 주지 못했다. 북한에서는 개인이 가꾸는 '텃밭'의 생산성이 가장 높았고, 집단농장은 실패를 거듭했다.

바람직한 기업desirable company – 독특한 유전자코드DNA code를 가지고 있으면서 안정적 수익을 내면서 건강하게 성장하는 조직을 만들어 가는 것이다.

벤처기업 – 핵심기술의 독특한 유전자코드DNA code를 가지고 있으면서 고도의 성장을 추구하기 위해 모험, 도전, 열정, 그리고 에너지를 가지고 시장침투만을 위한 자금사용과 비즈니스 계획을 세워 가는 조직을 만들어 가는 것이다.

2) 법인기업의 설립절차

법인기업의 경우는 설립절차가 매우 복잡하고 까다롭다. 그래서 법무사certified judicial scriveners 같은 전문가에게 법인등록 서류를 대행시키는 것이 일반적이다. 그러나 아무리 등록서류를 대행시킨다 해도 반드시 창업자가 알고 있어야 하고 직접 해야 할 일이 몇 가지 있다. 현실적으로 등록되고 있는 법인형태의 기업 대부분은 주식회사 형태다.

법무사가 하는 일은 타인의 위임을 통해 법원이나 검찰청에 제출할 서류의 작성이나, 등기 · 공탁사건 신청의 대리, 경매 · 공매사건, 매수 · 입찰신청의 대리, 그리고 개인파산 · 회생사건 신청의 대리 등 '법무사법'상에서 명시하고 있는 업무들을 수행한다.

(1) 설립개요

법인형태 중 가장 대표적인 형태가 주식회사이다. 주식회사를 설립하는 데는 회사설립에 있어서 발행주식의 전부를 발기인이 인수하여 회사를 설립하는 방법인 ‘발기설립’이 있으며, 다른 하나는 발기인이 발행하는 주식총수의 일부를 인수하고, 나머지 주식에 관히여는 주주를 일반인으로부터 모집하여 설립하는 방법인 ‘모집설립’ 등 2가지 방법이 있다.

발기설립은 법원이 선임한 검사인이 법인설립 사항을 조사하고 법원에 그 결과를 보고하여 법원이 필요한 조치를 취할 수 있도록 상법에 규정하고 있으므로 설립절차가 다소 복잡하고 비용과 시간이 많이 드는 단점이 있기 때문에 대부분의 경우 모집설립 방법을 선호하고 있다.

주식회사는 전형적인 자본단체로서, 회사의 소유와 경영이 분리separation of ownership and management되는 현상이 가장 뚜렷하다. 즉, 주식회사는 주주의 변동이 회사의 존재 및 경영에 미치는 영향이 가장 적은 회사유형으로서 항구적인 사업enduring business을 경영하기 위하여 흔히 이용된다.

(2) 설립절차

기업을 설립하고자 하는 경우에 약간은 복잡한 절차를 수행되지만 주식회사를 설립하는 것이 여러모로 유리하다. 주식회사는 주식과 사채를 발행하여 불특정 다수로부터 큰 자본을 조달할 수 있어 회사 설립 후 지속적인 성장을 위해서는 주식회사로 설립하는 것이 유리하다. 통상적으로 법인기업이 개인기업보다 유리한 점이 많기 때문에 최근에는 주식회사를 설립하는 경향이 높다. 주식은 기본적으로 주식회사의 자본을 구성하는 단위이며, 사원(사단법인incorporated association의 구성원)인 주주가 주식회사에 출자한 일정한 지분 또는 이를 나타내는 증권을 말한다. 그리고 사채는 주식회사가 일반 사람들에게 채권이라는 유가 증권을 발행하여 사업에 필요한 자금을 조달하는 채무이다.

(1) 설립 기본계획 수립

회사설립 기본계획 내용에는 일반적으로 사업의 목적, 상호, 자본의 규모 및 설립 방법, 기관의 구성, 그리고 설립일정 등이 포함된다.

첫째, 사업의 목적은 설립과 동시에 시행할 수 있는 목적사업 이외에 중·장기적인 관점에서 추가 예정인 업종 및 사업 아이템까지 포함시킬 수 있다.

둘째, 상호는 회사의 명칭으로서 반드시 주식회사란 기업 형태가 표시되어야 한다.

셋째, 자본의 규모와 주주의 결정 문제이다. 설립 시 발행할 주식의 총수와 수권자본authorized capital(주식회사의 주식 가운데 발행할 권한이 수여되어 있는 주식의 총수)을 얼마로 할 것이며, 누구로부터 출자를 받을 것인지 등 개략적인 내용을 결정해야 한다.

넷째, 기관의 구성이다. 주식회사의 기관은 크게 주주총회 이사회 및 감사 등으로 구성하는데, 일반적으로 주주총회는 모든 주주가 그 구성원이 되므로 큰 문제가 없으나, 이사회와 감사의 구성은 그와는 별도로 구성되어야 한다.

다섯째, 설립기본 일정계획이다.

(2) 발기인 구성

발기인promoter은 주식회사의 설립에 관하여 정관에 서명한 사람을 말하며, 지위는 정관을 작성하고 설립중인 회사의 구성원이 되며, 설립 업무의 집행기관이 된다. 발기인의 자격에는 특별한 제한이 없다. 내국인이든 외국인이든, 법인이든 개인이든 관계가 없으며, 미성년자의 경우에도 법정대리인의 동의가 있으며 발기인이 될 수 있다. 발기인의 수는 3인 이상으로 하여야 하며 회사가 일단 설립된 후에는 3인 미만이 되어도 관계가 없다.

(3) 정관 작성 및 공증

정관articles of incorporation은 형식적으로는 회사의 조직과 운영에 관한 기본규칙을 기재한 서면을 가리키지만, 실질적으로는 회사의 조직과 활용에 관한 기본규칙basic rules

자체이다. 따라서 회사의 제 규정 즉, 이사회 규칙, 급여 및 인사규정, 회계규정, 그리고 생산 및 품질 관리규정 등 회사의 모든 규정 중 최상위의 기본규칙이라 볼 수 있다. 정부의 각종 법률과 비교한다면 정관은 회사의 헌법에 해당하는 것이다. [표3-4]는 정관의 절대적 기재사항을 제시한 것이다. 이들 사항은 하나라도 누락되면 정관 자체가 무효가 된다.

[표 3-4] 절대적 정관 기재사항

· 사업의 목적
· 상호
· 회사가 발행할 주식의 총수
· 1주의 금액
· 회사가 설립시 발행하는 주식의 총수
· 본점 소재지
· 회사의 공고 방법
· 발기인의 이름과 주소

(4) 주주 확정 및 출자 이행

회사설립 기본계획에 의거 발기설립으로 할 것이냐, 모집설립으로 할 것이냐가 결정되면 각 방법에 따라서 주주를 확정하고, 소정절차에 따라 출자를 이행하여야 한다.

(5) 발기인총회, 창립총회 개최 및 경과 조사

주식회사 설립 절차상 내부의 최종 절차가 바로 발기인총회 또는 창립총회 개최와 설립경과의 조사이다. 이들 조사는 발기설립이냐 모집설립이냐에 따라서 서로 차이가 난다.

발기설립의 경우에는 ① 발기인 총회 개최 및 이사와 감사 선언, ② 회사 설립 경과의 조사 및 설립경과의 조사를 위한 절차로서 법원에 검사인 선임 신청, 그리고 ③ 검사인의 설립경과의 조사 등을 이행하여야 한다.

또한 모집설립의 경우에는 출자의 이행이 이루어지면 모든 주주가 참가하는 창립총회를 개최함으로써 회사 실제 형성절차를 이행할 수 있게 된다. 창립총회는 주식 인수인들로 설립중인 회사의 최고의사결정기관이 된다. 창립총회는 성립 후 회사의 주주총회에 해당하므로 주주총회에 관한 규정이 준용된다.

(6) 설립등기

정관 작성과 공증, 출자 이행 및 발기인총회 또는 창립총회가 개최되고, 이사와 감사의 선임, 그리고 설립경과 조사·보고가 완료되면 주식회사로서의 실체가 형성되지만, 엄격하게 회사 설립동기를 하여야만 완전한 회사설립 절차가 완료된다.

설립등기는 발기설립인 경우에는 검사인의 설립경과 조사 및 법원의 변경 처분에 따른 절차 완료일로부터 2주간 내에 이사의 공동 신청의 의하여 본점 소재지 관할등기소에 등기를 하여야 한다.

(7) 법인 설립신고와 사업자등록 신청

법인 설립신고는 설립등기를 한 날로부터 30일 이내에 본점 소재지 관할 세무서에서 하여야한다. 법인 설립 신고서에는 소정의 법인 설립신고서와 함께 소정의 첨부서류를 구비하여 제출하여야 한다.

[표 3-5] 법인기업의 사업자등록 신청서류

· 사업자 등록 신청서 1부 (소정양식) · 법인등기부 등본 1부 · 정관 1부 · 개시대차대조표 1부 · 사업허가증(해당법인에 한함) · 주주 또는 출자자명세서 · 사업장 임대차계약서 (원본에 수입인지 첨부)

CHAPTER 4 창업기업의 설립절차

CHAPTER

4 창업기업의 설립절차

일 사事, 많을 여輿, 원할 원願, 한 가지 동同의 사자성어, 사여원동事輿願同은 일은 소망하는 데로 이루어진다는 뜻이다. 사이프러스의 왕자로 태어난 피그말리온은 조각가로 유명했다. 여자는 결점이 많기 때문에 독신으로 지내야 한다고 믿었던 그는 마침내 세상에서 찾아볼 수 없는 자신의 이상적인 여인상을 상아로 조각했다. 그리고 시간이 흐를수록 그 여인상에 심취하여 온갖 정성과 사랑을 쏟으며 실제 연인으로 환생還生할 수 있기를 간절히 열망했다. 드디어 사랑의 여신 아프로디테는 그의 간절한 소망을 알고, 피그말리온이 비너스의 축제날 그 여인에게 키스하는 순간 실제 인물로 환생시키게 된다는 그리스 신화다. 경제학적 용어로 무언가에 대한 믿음, 기대, 그리고 예측이 실제적으로 실현되어 나타난다는 심리적 효과가 피그말리온 효과pygmalion effect다.

원자와 분자 등 미시적인 물질세계를 설명하는 현대 물리학의 기본 이론인 양자역학 쪽의 견해는 '보는 행위는 반드시 보고자 하는 대상의 변화를 수반한다.'는 것이다. 인지심리학에서는 이를 기대이론expectancy theory이라 부른다. 즉, 사람들이 특정 행동을 선택하는 것은 자신이 선택한 행동의 결과가 가치가 있을 것이라는 기대 때문이며, 바로 그 기대가 선택의 동기를 부여한다고 보는 이론이다. 마음에 뭔가 일어나기를 기대한다면 그 일이 일어난다는 것이다. 그래서 경영학에서는 달성 가능한 긍정적 비전의 설정 MBO(Management By Objectives)가 성공의 열쇠가 된다.

한 선비가 마을을 지나다 어느 여인이 정한수를 떠놓고 치성devout prayer 드는 것을 보았다. '이보시오 목이 말라 그러니 물을 마시게 해 주면 안 되겠소?' 여인이 말했다. '이것은 물이 아닙니다.' '물이 아니면 뭐요?' '죽이옵니다.' '아니, 죽을 떠놓고 지금 무엇을 하는 거요?' 그러자 여인이 하는 말 '옛말에 죽은 사람 소원도 들어준다고 하지 않았습니까?' 하물며 산사람의 간절한 소망이야... 달성하고자 하는 의지가 중요하다. 한 일一, 생각할 념念, 통할 통通, 하늘 천天의 뜻을 가진 일념통천一念通天이다.

1. 제조업 창업의 고려사항

제조업은 제품을 제조, 제작, 수리, 그리고 가공하는 업종으로서 일반적으로 제조업의 창업은 다른 업종에 비하여 등록 절차가 어려운 것으로 인식되고 있다. 제조업의 창업이 어렵게 인식되는 것은 제품을 생산하는 분야이기 때문에 기술 즉, 설계, 생산, 유통, 판매와 같은 전문지식과 경험을 갖춘 인력이 필요하며, 제품생산을 위한 기계설비와 이를 설치할 공장을 확보하는데 드는 초기자금의 투자가 다른 산업에 비해 많기 때문이다. 없이 사는 것이 요즈음 소비자의 경향이다.

1) 제조업 설립 절차

공장을 새로 설립하여 창업하려는 경우 그 절차가 복잡하고 공장을 건축하는데도 상당한 기간이 소요되므로 이를 성공적으로 창업하려면 업종선정(가구, 신발, 의류 등), 입지선정, 시장분석market analysis(상품시장의 방향을 예측하기 위한 조사활동으로 시장가격의 이동에 관한 기술적 지표로써, 이익 전망과 수요 및 공급과 같은 기본적 자료가 필요), 그리고 자금조달계획 등 창업 준비 사항에 대하여 충분한 기간을 가지고 검토하여야 한다. 제조업의 창업에서 창업자가 특별히 유의해야 할 과제가 공장설립과정이다.

특히 공장을 새로 신축하려는 창업자는 공장입지에 관련된 규제사항 및 인·허가사항을 사전에 파악하여 공장설립기본계획을 수립하고 계획에 따라 공장설립을 추진하여야 한다. 제조업의 업종 중에는 허가, 신고, 등록 등의 인·허가가 필요한 업종과 인·허가 없이도 제조활동을 할 수 있는 업종이 있으므로 창업자는 창업 준비단계에서 자신이 창업하려는 업종이 인·허가절차가 필요한 업종인지 여부를 확인하여야 한다. 또한 개별법의 저촉도 확인해야 한다. 개별법에는 기본법이 있으면 그 법률의 세부 규정을 다시 정하는 것이 개별법이다.

제조업 창업의 일반적인 기본절차는 크게 나누어 ① 창업예비 절차, ② 회사설립 및 신고 절차, ③ 공장설립 및 자금조달 절차, 그리고 ④ 개인준비 절차의 4단계로 나누어 볼 수 있다. [그림4-1]은 제조업의 창업에 관한 기본적인 절차를 나타낸다.

[그림 4-1] 제조업 창업 기본절차도

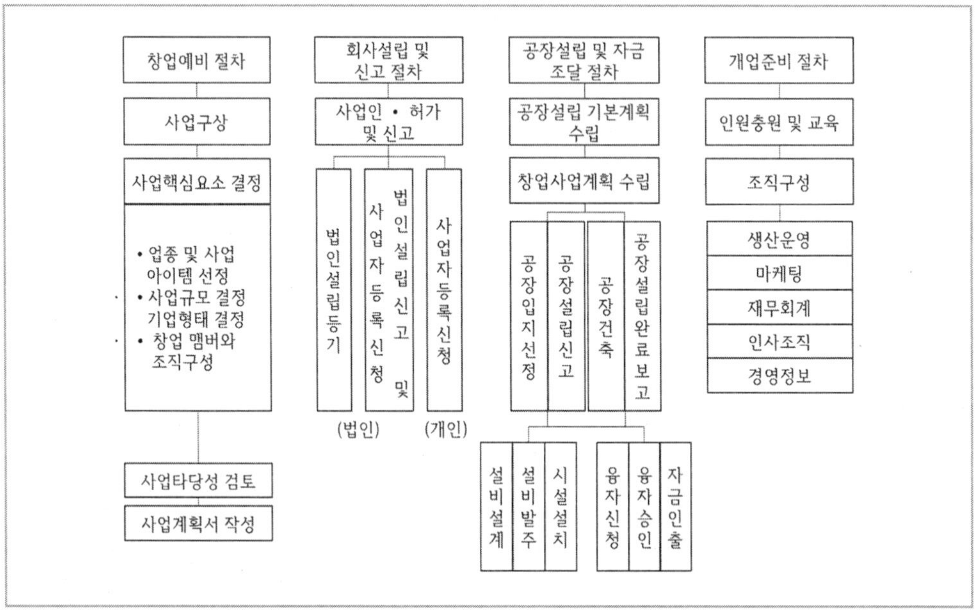

2) 제조업 창업의 고려사항

(1) 예비절차의 핵심요소

창업예비 절차에서 결정되어야 하거나 검토되어야 할 핵심요소는 크게 나누어 ① 사업핵심 요소의 결정, ② 사업타당성 분석, 그리고 ③ 사업계획서 작성 등이 있다.

사업핵심 요소란 사업을 시작함에 이어 미리 결정하여야 할 사업의 중요 요소를 말한다. 이들 요소에는 ① 업종 및 사업아이템 선정, ② 사업규모 결정, ③ 기업형태 결정, ④ 창업핵심 멤버와 경영조직의 구성, 그리고 ⑤ 기타 요소의 결정 문제들이 있다. 혹자는 창업자의 자질(사람), 융통할 수 있는 창업자금(돈), 사업할 위치(장소), 자신감 있고 잘 할 수 있는 업종(아이템), 그리고 현실에 안주하는 하지 않고 실현가능한 비전(목표) 등 5가지를 사업의 핵심요소로 설명하기도 한다.

사업타당성 분석business feasibility analysis은 사업 성공가능성을 분석하기 위한 절차로서 주로 창업자의 ① 경영능력, ② 제품의 기술성, ③ 시장성 및 판매전망, 그리고 ④ 수익성 등이 분석된다. 사업타당성 분석을 기초로 한 사업계획서 작성은 사업성공을 객관적으로 검증한 한 후 성공 가능한 사업내용을 좀 더 체계화하는 데 목적이 있다.

(2) 설립절차의 핵심요소

회사설립은 창업이 구체화되기 위한 첫 번째 단계의 과정이라고 할 수 있다. 창업 예비 절차가 사업계획 단계라고 한다면 회사설립 단계는 법률적으로 정당하게 회사가 설립되는 과정이라고 볼 수 있다. 따라서 회사설립절차에서 수행하여야 할 핵심요소에는 창업예정 업종에 대한 정부의 각종 인·허가 또는 신고의 이행, 사업을 수행하기 위해 세법에서 규정하고 있는 사업자등록 신청, 그리고 법인설립의 경우 법인설립등기와 법인설립신고 등의 절차를 이행하여야만 하는 것이다.

(3) 공장설립 및 자금조달의 핵심요소

공장 설립 시에는 공장건축 공사 이외에 공장건축 공사를 전후해서 소관관청에 공장설립신고, 그리고 공장설립 완공보고 등 각종검사도 함께 받아야 한다. 또한 공장설립 단계에서는 공장건축과 병행하거나 공장 준공 예정일에 맞춰 생산설비의 설계, 시설발주 등이 필요하게 되며, 생산설비설치 등에 따른 추가자금 조달계획을 수립하여야 한다.

(4) 창업 준비의 핵심요소

개업 준비 절차에서는 본격적인 영업에 돌입하기 위해 필요한 관리, 영업, 생산직 직원을 충당하고 훈련하는 일에서부터 체계적인 조직의 구성으로 이어진다. 회사실정에 맞는 조직이 구성되면 생산, 마케팅, 인사조직, 재무회계, 그리고 경영정보시스템(MIS) 등 각 분야별로 업무추진 상세도detail drawing를 마련해야 한다.

3) 제조업 창업의 5단계

(1) 업종선정 및 사업계획 수립

창업을 하려면 먼저 업종 및 사업 아이템을 선정한 후, 이에 대한 사업타당성조사를 실시하고 사업규모, 기업형태, 창업멤버와 조직구성 등을 포함한 사업계획을 수립하여야 한다.

공장설립이 필요한 때에는 먼저 사업계획 수립단계부터 다음 사항을 검토하여 자신이 설립하고자 하는 공장의 업종·규모 등에 대한 이해를 충분히 한 후에 관계법령에 맞추어 설립절차를 이행하여야 시행착오trial and error를 줄일 수 있다. [표4-1]는 공장설립에 필요한 사전검토 사항을 나타내고 있다.

<table>
<tr><td>업종선정</td><td rowspan="2">⇨</td><td>사업계획 수립</td></tr>
<tr><td>업종 및 사업 아이템의 발굴 : 작성을 고려한 아이템 결정
사업타당성 조사 : 객관적 입장에서 검토</td><td>사업규모 결정
기업형태 결정
창업 구성원과 조직구성
핵심사업의 전략 수립</td></tr>
</table>

[표 4-1] 공장설립을 위한 체크 포인터

① 공장설립이 산업분류상 제조업에 해당되는지(업종명 · 분류번호) 여부
② 공장의 규모(공장건축면적 및 공장용지면적)
③ 제조시설 중 환경관련법에 의한 환경배출시설의 설치 여부
④ 중소기업 창업자에 해당되는지 여부
⑤ 기술도입신고 대상인지 여부
⑥ 세제 · 금융지원의 대상 여부
⑦ 외국인투자의 여부
⑧ 첨단사업에 적용되는지 여부
⑨ 개별법 상의 인 · 허가 대상 여부

(2) 회사설립 및 사업자 등록

업종선택 및 사업계획이 수립된 후에는 예비창업자가 직접 사업계획을 실행에 옮기는 단계다. 즉, 해당업종을 담당하는 관청에서 사업의 인 · 허가를 받아야 하고 해당 관청에 사업자등록 또는 법인설립등기를 하는 단계다.

개인기업의 경우 사업장을 관할하는 세무서에 사업자등록을 위한 신청서를 제출한 후 사업자등록증을 받음으로써 설립할 수 있으나 법인의 경우에는 관할지방법원이나 등기소에 설립등기를 한 후에 관할세무서에 법인설립신고를 하여야 한다. [그림4-2]은 설립절차의 흐름도flow chart를 나타내고 있다.

[그림 4-2] 설립절차 흐름도

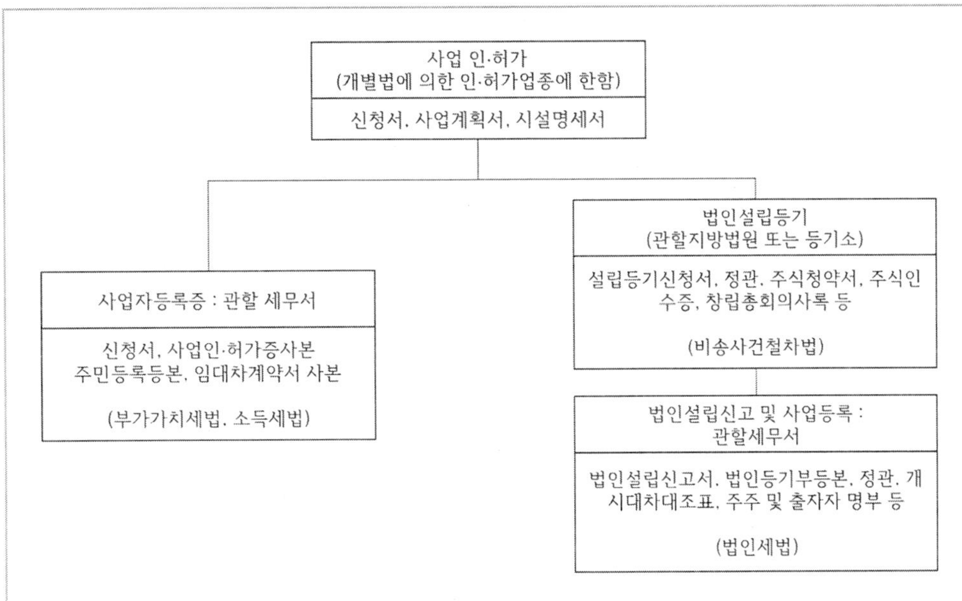

(3) 입지선정 및 공장설립 승인

1 입지 선정

공장을 설립할 수 있는 지역은 국가공단, 지방공단, 그리고 농공단지와 같이 공장을 건설하기 위해 국가 등에서 조성해 놓은 곳(계획입지)이나 「국토이용관리법」 및 「도시계획법」상으로 세분된 개별적인 용도지역(지구)중 공장설립이 허용되는 지역(자유입지)이다.

계획입지는 「산업입지 및 개발에 관한 법률」에서 정한 목적(예 : 국가공단은 국가기간산업 육성 분야, 지방공단은 지역개발 분야, 그리고 농공단지는 농어촌지역 개발 분야 등)에 부합할 경우 신청하여 입주할 수 있으며, 그리고 자유입지는 「국토이용관리법」 및 「도시계획법」등이 허용하는 지역에서 공장설립이 가능하다.

자유입지free location일 경우 공장설립이 허용되는 지역입지의 여부를 알기 위해서는 해당 군청의 「국토이용계획확인원」, 「지적공부地籍公簿」 또는 해당 시 · 군 · 구청의 「도시계획확인원」의 열람을 신청하여 확인할 수 있다.

2 설립 승인

공장을 설립할 장소를 선정한 후, 관할 시장 · 군수 · 구청장에게 공장 설립승인을 얻어야 한다. 계획입지인 공단지역(국가공단, 지방공단, 농공단지industrial complex of rural areas)에 공장을 설립하고자 하는 경우에는 「공업 배치 및 공장설립에 관한 법률」에 의거 공업단지 입주계약을 체결하면, 별도의 공장설립 승인을 받을 필요가 없다.

그러나 「국토이용관리법」 및 「도시계획법」에서 정한 공장설치가 허용되는 지역(자유입지)에서 공장건축 면적 500m²이상의 공장을 설립하고자 할 때는 공장설립 승인을 반드시 받아야 한다. 자유입지에서의 공장설립 승인은 공업배치법상 공장설립 승인을 통하여 공장을 설치하는 경우에는 국토이용계획 변경 절차까지도 제조시설 · 사무실 · 창고의 건축면적이 합산되며 수도권 이외의 지역에서는 제조시설의 건축 면적만을 의미한다.

3 설립승인 대상 유무

계획입지(공단지역)에서는 공장설립 승인이 필요 없고, 공장용지를 분양받은 기업이 관리기관과 입주계약을 체결하면 시장 · 군수 · 구청장에게는 별도의 공장설립 승인을 받을 필요는 없다. 그러나 자유입지(국토이용관리법, 도시계획법상 공장설치 허용지역)에서는 공장설립 승인이 필요하다. [표4-2]는 공장설립을 위한 준비절차를 나타내고 있다.

① 공장설립 승인절차(공업배치 및 공장설립에 관한법률)

제조업을 영위하고자 하는 자가 임의적으로 공장입지를 선정하여 적법절차에 따라 공장을 설립하는 절차는 {공장설립승인 → 건축허가 → 사용승인 → 공장설립완료신고(공장등록)}

② 창업사업계획 승인절차(중소기업창업지원법)

사업개시일로부터 7년 이내인 창업중소기업이 공장을 설립할 때 적용되는 절차는 {창업사업계획승인 → 건축허가 → 사용승인 → 공장설립완료신고(공장등록)}

4 설립 준비절차

다음은 공장설립을 위한 준비절차에 관한 도표이다.

[표 4-2] 공장설립을 위한 준비절차

절차	내용	준비서류
부지선정	업종의 특성상 유리한 지역선정 전기 등 기반시설사용이 용이한 지역 민원발생이 적은 지역, 공장밀집 지역	-
인지검토	창업지원법상 창업해당 유무 파악 공장입지 파악 (국토이용관리법, 농지법, 산림법 등 법률 검토) 업종파악, 환경보전법 파악(공해문제)	토지이용계획확인원 지적도 토지대장 토지등기부등본 기계시설 내역
부지계약	계약금 일부지급으로 토지계약 부동산사용승낙서, 인감증명서 첨부	-
사업계획서 작성	창업사업계획서 또는 공장설립 사업 계획서 작성 인·허가사항 검토 건물배치도, 구적도 작성 지형도(약도) 준비	토지이용계획확인원 지적도, 토지대장 공시지가확인원 토지등기부등본 부지사용승낙서 인감증명서 법인등기부등본 또는 정관 (법인 경우)
사업계획서 승인신청	시지역 중소기업과, 군지역 지역경제과 1차 검토 민원실 접수, 처리기간 30일 소요	-
사업계획 승인	인·허가 관련 법률에 의한 법률검토 후 승인 (시·군 협의부서)	-
대체농지, 입지조성비 및 각종 부담금 납부	승인후 각종 부담금 전용부담금 및 대체농지 조성비, 대체조림 조성비, 각종 국유지 점용료 등 납부 창업사업계획승인업체 전용부담금 일부 감면	-
공장건축	시공 및 공장건축 완료보고	-

(4) 공장거축 및 공장설립

토지를 매입한 후 공장부지 조성을 위하여 각 개별법에서 정하고 있는 토지 형질변경 행위를 위한 개발행위 신고 즉, 산림을 훼손하는 작업을 하고자 하는 경우에 작업착수계를 제출해야 하는 등의 절차가 있는 경우 이를 이행하여야 한다. 작업 착수계란 공사를 착수하면서 해당 공사의 용역명과 계약금액, 계약 연월일, 착수 연월일, 그리고 준공예정 연월일 등의 계약 내용을 기재하고, 필요한 서류를 첨부하여 해당 공사의 계약 사항을 확인하는 문서이다. 일반적으로 착수계undertaken system에는 현장대리인 선임계, 작업계획서, 작업원 운영계획서, 안전관리계획서, 그리고 착수원가계산서 등을 첨부된다. 이와 함께 부지조성을 완료한 후, 각 개별법에서 정한 준공검사 등 개발행위 완료에 따른 행정절차를 이행하여야 한다.

이렇게 부지조성이 완료되면 공장을 건축하기 위하여 건축허가를 받아야 하는데, 이때 건축공사를 위한 도로 점용, 건축물 안의 수도 · 전기 · 소방시설과 환경배출시설 설치 허가 등을 동시에 신청하여 건축 허가 시 한꺼번에 모든 인 · 허가를 받을 수 있다.

또한 건축허가를 받은 후 착공신고 및 최종 건축완료 시 사용승인approval of use을 신청하여야 하며, 사용승인 신청 시 수도, 전기, 그리고 정화조 등 각종 시설에 대한 준공검사를 동시에 신청하여 한꺼번에 검사를 받을 수 있다.

공장 건축물이 완료되면 기계, 장치 등을 설치한 후 공장설립완료 신고를 하면 관할 시 · 군 · 구에서 현지 확인을 거쳐 10일 이내에 발급하는 공장등록증을 교부한다. 또한 환경배출 시설이 설치된 경우에는 가동 개시신고를 한 후 공장을 가동하여야 한다. 공장등록증을 교부받으면 이제 창업의 절차는 끝나고 본격적인 사업에 착수할 수 있다. [표4-3]는 소기업small business에 대한 공장등록 특례에 관한 내용을 나타내고 있다.

[표 4-3] 소기업에 대한 공장등록 특례

① 소기업의 개념

㉮ 업종 : 중소기업기본법의 규정에 의한 중소기업 중에서 제조업과 대통령령이 정하는 제조업 관련 서비스업

㉯ 면적 : 공장의 건축면적 또는 이에 준하는 사업장 면적 500m²미만으로 건축 면적은 수도권은 제조시설+사무실+창고이나 수도권 외는 제조시설만 산정한다.

㉰ 부가가치세법에 따라 사업자등록증을 교부 받은 기업

㉱ 상시종업원 수 : 50인 이하(제조업관련 서비스업은 30인 이하)

② 제조업관련 서비스업

운송업, 보관 및 창고업, 산업용기계장비 임대업, 정보처리 기타 컴퓨터운용 관련업, 엔지니어링 서비스업, 기술시험·검사 및 분석업, 산업설비 청소업, 패션디자인업, 폐기물 수집·처리업, 폐수처리업, 영화제작업, 방송프로그램 제작업 등

③ 공장등록에 대한 특례 : 소기업의 사업자등록증은 공업배치법상의 공장등록증으로 본다.

(5) 사업시작 및 기타 절차

사업시작을 위한 기타행정절차가 필요에 따라 수반된다. 부동산등기법에 따른 부동산등기(지방법원등기소), 근로기준법에 따른 취업규칙 신고(노동부지방사무소), 산업안전보건법에 따른 사업장설치계획신고(노동부지방사무소), 의료보험법에 따른 의료보험조합 관련신고(시 · 도), 고용보험법에 따른 고용보험관계신고(노동부지방사무소)를 필해야 한다.

생각의 포인트 동역자와의 만남

자동차의 왕이라 불린 미국의 헨리 포드는 1889년부터 자동차 공장을 두 번이나 개설했으나 모두 실패했다. 1903년에 그가 세 번째로 자동차 공장을 세웠을 때, 그는 관리전문가인 제임스 커슨즈를 지배인으로 임용했다. 커슨즈는 철저하게 시장조사marketing research를 거쳐, 포드 자동차의 대중화를 주창했고, 포드사를 위해 처음으로 자동차 컨베이어 벨트를 설계하여 노동생산성을 80배나 높였다.
헤라클레이토스는 "잠자는 사람조차도 우주에서 일어나는 일의 실현자요 협력자"라고 말한 바 있다. 사람은 잠잘 때에도 협력하고 있는 것이다.
제갈량은 득현즉창得賢則昌이라 했다. 얻을 득得, 어질 현賢, 곧 즉則, 창대할 창昌의 의미로 현명한 인재를 얻어야 발전할 수 있다는 뜻이다. 인재는 마치 기술이 빼어난 장인의 날카로운 도구나 솜씨 좋은 목수의 먹줄처럼 조직에 없어서는 안 될 존재다.

2. 도 · 소매업 창업의 고려사항

1) 도 · 소매업의 범주

생산물이 소비자에게 이르는 유통경로는 대체로 제조업자 → 도매업자 → 소매업자 → 그리고 최종수요자로 이루어진다. '유통업distribution industry'이라고 말할 때는 도 · 소매업자가 담당하는 범위 즉, 생산물을 매매하고 그 소유권을 이전시키는 활동인 상적 거래와 생산물이 최종 수요자에게 이전하기까지 수송이나 보관의 과정인 물적 유통이 모두 포함되는 개념이다. 일반적으로 유통경로라고 말할 때는 상적 유통경로를 뜻한다.

(1) 유통업의 개념

유통업distribution industry으로도 불리는 도 · 소매업wholesale · retail trade은 1차 산업의 생산물 즉, 농 · 림 · 수산물과 2차 산업의 광 · 공업제품을 수요자에게 직접 공급하여 판매하기까지의 과정을 맡아서 하는 산업이다. 도 · 소매업을 창업하려는 자는 경제활동 중에서 유통업이 갖는 경제적 의미와 개념을 먼저 이해할 필요가 있다.

'유통distribution'이라는 말은 생산물이 최종소비자에게 이전되는 과정 즉, 생산물의 경제적 · 사회적 이전을 말한다. 여기서 단순한 이전이 아니라 경제적 · 사회적 이전economic and social transfer이라는 말로 표현되는 것은 생산물의 생산자와 소비자, 생산지와 소비지가 서로 달라야 하는 사회성sociality과 이전과정을 통하여 생산물의 효용이 높아져서 부가가치가 증대되는 경제성economics이 있어야 한다는 뜻이다. 따라서 생산이란 물리적, 공간적, 그리고 시간적 변화를 통한 효용의 증대를 의미한다.

(2) 도매업의 개념

도매업은 최종수요자에게 판매하지 않고 소매업에 생산물을 도매하는 사업자로서 전통적인 형태의 도매상과 무역업자 등이 이에 속한다. 그리고 제조업체의 지점이나 영업소도 도매상이나 소매점을 상대로 영업하기 때문에 엄격한 의미에서는 도매업이라고 할 수 있다.

(3) 소매업의 개념

소매업은 생산자 또는 도매업자로부터 매입한 물품을 최종 수요자에게 판매하는 모든 활동을 말하며, 생산제조업자나 도매업자가 최종소비자에게 직접 상품과 이에 부수되는 서비스를 판매하는 행위도 소매행위에 속한다. 따라서 소매상 또는 소매업자는 최종소비자에게 상품과 이에 수반된 서비스를 직접 판매하는 것으로 규정할 수 있다.

생각의 포인트 절대가치의 상품부재(흥정)

장터의 어떤 행상이 물건하나를 들고 다가 왔다. 그걸 본 고객이 대단히 아름답고 정교하다고 감탄하면서 매우 마음에 드니 가격이 얼마냐고 물으면 행상은 이 말이 떨어지자마자 최고의 가격을 부른다. 하지만 가성비cost-effectiveness를 고려해 볼 때 별로 마음에 안 든다고 말하면서 발길을 돌리는 척하면 그 때부터 가격을 낮게 부르면서 따라 오기 시작한다. 이것이 세상탐욕의 속성이다.

2) 도 · 소매업의 창업절차

(1) 기본적 창업절차

도 · 소매업은 제조업과 달리 공장설립이나 기계장치 등이 필요 없고 특히 소규모 자영업이 대부분으로서 법인형태보다 개인기업으로 경영하기 때문에 창업절차가 비교적 간단하다. 그러나 여기서 간단하다는 것은 제조업에 비해서 그러하다는 의미이며 경영의 초보인 창업자에게는 쉬운 것만은 아니다. 도 · 소매업이라 하더라도 나름대로 사전준비가 철저하지 않으면 불필요한 시행착오trial and error를 겪게 된다.

그러므로 도 · 소매업도 창업을 준비함에 있어 점포의 입지선정, 취급할 품목선정, 그리고 자금조달능력 등이 종합적으로 검토되어야 할 뿐만 아니라, 이와 함께 상권분석 및 영업방법 등에 대한 충분하고 세밀한 연구가 반드시 필요하다. 일반적 시장분석은 물론 품목별로 판매대상, 판매장소, 판매시기, 그리고 판매방법 등을 복합적으로 검토하여야 한다.

도 · 소매업도 제조업과 마찬가지로 창업자가 사업자등록이나 법인신고만하면 영업활동이 가능한 업종과 일정한 시설과 요건을 갖춘 자만이 사업 활동을 할 수 있는 인 · 허가업종으로 구분할 수 있다. 도 · 소매업의 창업절차를 순서별로 보면 사업아이템 선정단계인 창업예비 절차와 점포입지 선정 절차 및 개업 준비 절차의 3단계로 나눌 수 있으며, 각 단계별 세부내용을 알기 쉽게 도표로 나타내면 다음의 페이지 [그림4-3]와 같다.

(2) 업종선정과 사업규모 결정

어떤 품목을 취급할 것인가 하는 문제 즉, 업종선정이 창업자에게 가장 중요한 과제인 것은 도 · 소매업 뿐 아니라 모든 산업에 공통된 것이다. 창업의 성패가 바로 여기에 달려 있다고 할 수 있는 업종선정은 다양한 정보와 자료를 분석하여 실제 상황확인 즉, 시장조사 과정을 거쳐 결정되어야 한다. 가능하다면 해외시장 정보까지 살펴볼 필요가 있다.

1 사업유형

창업자는 사업 아이템을 최종적으로 선정함과 동시에 사업의 유형 즉, 도 · 소매업의 유형을 결정하여야 한다. 자금동원 능력도 함께 고려해야 한다.

[표 4-3] 도 · 소매업의 창업절차

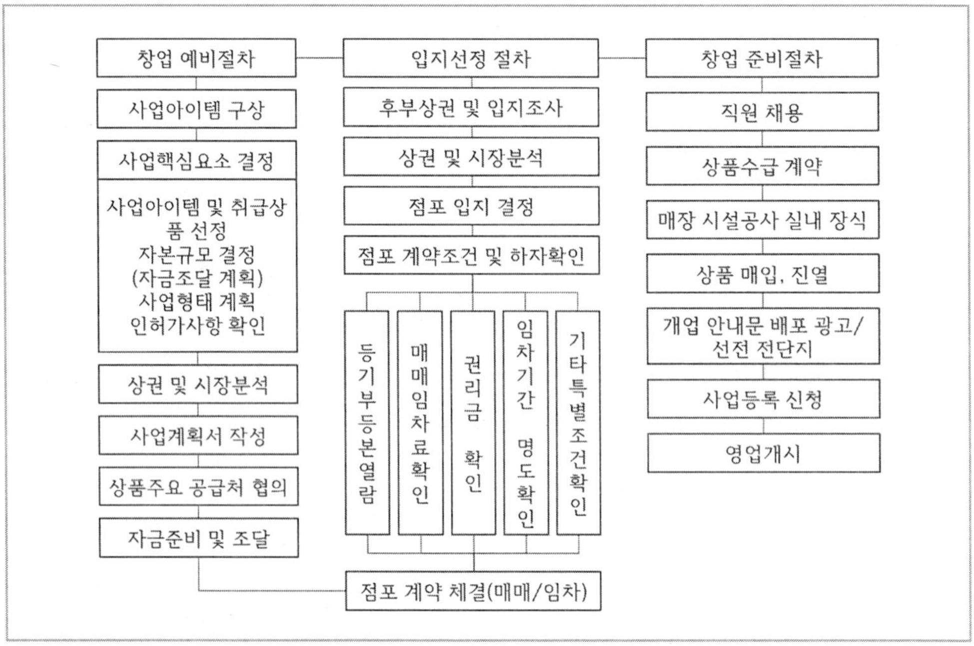

② 사업규모

사업규모는 사업업종 및 사업유형에 따라 결정하되 그 내용이 자기자금 조달 능력의 범위 내에서 소요자금의 용도 및 필요시기 등을 고려하여야 한다. 창업 초기의 소요자금은 주로 점포구입 및 임대료, 점포권리금, 필요시 설비, 내 · 외부 장식 및 레이아웃, 상품구입 또는 대리점 보증금 등에 차질 없이 지출되어야 하고 사원임금, 점포유지비, 물류비, 각종 공과세금, 그리고 조달자금이자 등 운영자금의 유동성을 확보하고 있어야 한다.

(3) 인허가 사항 및 용도 결정

창업자는 창업하려는 업종이 인허가가 필요한 업종인지 여부를 확인하여야 한다. 인 · 허가를 받아야 하는 업종은 인 · 허가 처리기관 및 처리절차, 소요기간 및 경비, 시설기준 및 자격요건과 구비서류를 정확히 파악하여 소정의 절차에 따라 인허가를 취득하여야 한다.

인허가business license가 필요 없는 업종의 경우는 사업자등록business registration을 함으로써 영업활동을 할 수 있다. 또한 창업자는 점포입지를 선정하는데 있어서 점포용도를 확인하여 창업업종의 영업활동이 가능한 점포를 선정하여야 한다.

(4) 상권 및 시장분석

도 · 소매업의 창업자는 자신에게 적합한 업종을 선정할 때 그 업종에 맞는 상권을 선정하여야 한다. 상권trading area이란 상점 또는 집단에 관계된 고객이 분포하고 있는 지리적 범위로서 구체적으로 당해 상점가가 고객흡인력attractiveness이 있고, 취급하는 상품에 대해 상시로 당해 상점에서 구입하는 고객이 분포하는 지역을 말한다.

창업자는 신설점포의 입지선정 과정에서 기존 상권을 선택할 것인가 아니면 스스로 독자적인 상권을 개발할 것인가에 따라 경영환경의 변화에 기업 활동을 적응시켜가는 경영전략이 근본적으로 달라진다. 독자적 상권을 개척하기로 결심하게 되면 점포 신설지역에서 창업 품목이나 업종에 대해 새로운 경영환경을 창조하고 고객층을 새로 형성시키기 위한 공격적 마케팅전략을 수립하여 확장 위주의 경영계획을 추진하여야 한다.

기존상권에 진입하는 경우는 이미 형성되어 있는 상권이 분위기에 적절히 대응하고 고객의 기호나 선호도에 적응키 위한 마케팅을 통해 기존고객을 신설점포로 수렴해 들이는 전략이 중심이 되므로 신설 점포의 차별성을 부각시키기 위한 마케팅전략이 달라져야 한다.

(5) 사업계획서 작성

창업자의 창업계획을 체계적으로 정리한 것으로서 소규모의 도 · 소매업이라도 창업자 및 업종의 특성에 맞는 창업사업계획서를 작성하여 실행해 나가야 한다.

사업타당성 분석analysis of business feasibility을 바탕으로 작성하는 사업계획서는 사업전략과 사업 수익목표를 구체적으로 제시하는 창업자 자신의 사업에 대한 청사진으로서 창업과정을 계획성 있고 차질 없이 추진할 수 있게 하며, 창업기간을 단축시키고 경비를 줄여주며, 창업성공률을 높여줄 수 있는 가장 중요한 방안이다.

아울러 사업계획서는 창업에 도움을 줄 사업과 관련 있는 이해관계자들의 의사결정 자료로 활동되기 때문에 정확하고 객관적이며, 창업할 업종에 대한 전문적인 지식과 향후 사업추진 내용에 있어서 기존의 점포들과 차별화된 독창성이 있어야 한다.

(6) 점포입지 선정

도 · 소매업의 기본 특징은 소비자와의 직접적인 접촉 즉, 소비자가 점포에 직접 찾아오지 않으면 상품을 팔 수 없으므로 입지선정selection of location이 사업성공의 핵심

요인이 된다. 점포 입지는 상권 내에 소비 대상인구가 많고 장래에도 인구가 증가할 것이 예상되며 소득수준 및 소비성향propensity to consume이 높고 구매력이 왕성한 연령층의 거주자 즉, 계획사업에 적합한 소비자가 다수 존재하는 곳을 선택하여야 한다.

또한 도로, 교통노선 등 교통체계를 비롯하여 다수의 소비자를 유인할 수 있는 시설이 주변에 존재하고 기존상권existing trading area이 형성되어 있는 것이 경험이 적은 창업자에게는 유리하며, 도매업인 경우 유사업종similar business 상권이 형성된 곳을 선정하는 것이 유리하다. 그러나 최근에 번창하고 있는 인터넷 판매나 통신판매 같은 경우는 사무실만 확보하고 별도 점포를 갖추지 않는 것이 일반적이다.

생각의 포인트 **고객관계관리**

맥도날드의 관계경영 5원칙

① 상대방을 존중하라respect people
② 상대방의 이야기를 경청하라listen to people
③ 상대방과 대화를 나누라talk to people
④ 상대방을 인정해주고 키워주라let people grow
⑤ 상대방에게 모범을 보여주라initiate spirit

도덕경에 욕취선여欲取先與라는 말이 있다. 바랄 욕欲, 취할 취取, 먼저 선先, 줄 여與다. 얻기 위해 먼저 베풀라는 뜻이다. 이것이 인간관계의 기저基底다.

부처님은 7가지 보시를 말씀하셨다.

하나, 화안시和顔施 : 온화한 얼굴을 하는 것이 보시 즉, 배품이다.
둘, 언시言施 : 따뜻한 말로의 배품이다.
셋, 심시心施 : 진심으로 대하는 배품이다.
넷, 안시顔施 : 부드러운 눈빛으로 대하라.
다섯, 신시身施 : 행동으로 실천하는 배품을 주라.
여섯, 상좌시床座施 : 좋은 자리를 먼저 양보하라.
일곱, 찰시察施 : 계속하여 보살펴 주는 배품이다.

나아가 육보시肉布施가 하나 더 있다. 인간의 몸으로 세상에 와서 대속의 재물로 자신의 몸을 사랑의 제물로 준다는 의미다.

[1] 점포입지 결정단계에서 확인 사항

위에서 설명한 제반 고려사항을 검토한 결과 새 점포 후보자를 확정하게 되면 앞서 점포의 상태와 소유주의 의도를 파악하는 것이 중요하다. 점포를 완전히 사서 입주하는 경우는 창업자의 의사에 따라 입주 후의 개선이나, 준비절차를 자유롭게 추진할 수 있으나, 전세 또는 월세로 임차하여 입주하는 경우는 점포소유자가 권리금 상쇄를 위한 일시적 임대인지 아니면 인근에 대형점포를 신축하기 위해 확장이전인지를 확인할 필요가 있다.

또한 점포의 상태 즉, 전력, 용수, 배수시설, 침수, 환기, 쓰레기 처리방법 등과 고객주차장 확보, 그리고 광고간판 설치 공간 등도 확인의 대상이다.

[2] 점포계약시의 조건 및 하자 확인

점포입지에 대한 계약과정에서 창업자는 점포매매 또는 임차를 위한 조건과 하자의 내용을 꼭 확인하여야 한다. 해당 대지와 건물에 대한 법적 주인과 계약체결자와의 관계, 근저당, 가등기 및 가압류 여부를 등기부등본을 발급 받아 확인하고, 도시계획에 따른 용도는 도시계획인원, 토지대장, 그리고 건축물대장을 발급 받아 무허가나 가건물인지 여부와 함께 도시계획상의 철거대상 유무를 확인한다.

이와 함께 창업자는 계약조건에 대해서도 확인하여야 한다. 즉, 임차보증금의 조건, 월세액, 각종 공과금 및 세금납부 유무 등이 계약서상에 명시되어야 하며, 계약할 때 인수할 물품과 비품목록, 계약기간, 명도일, 계약기간 만료 후 재연장 조건, 향후 사업성패에 따른 업종 변경할 때의 제약조건 여부, 월세금 지불방법, 연체시의 이자, 해약조건, 그리고 하자보수 등도 명시하지 않으면 아니 된다.

계약금, 중도금, 잔금, 중개료의 액수 및 지급일, 권리금, 그리고 보증금 등을 일괄 인수할 때에 권리승계 및 인증 유무를 명시하고 매도인, 매수인, 중개인의 이름, 주소, 연락처, 날인상태를 확인하여야 한다. 또한 등기부상의 법률상 주인과 바르게 계약한 것인지 주민등록증을 상호 확인함으로써 본인 여부를 확인하는 것이 바람직하다.

3) 도·소매업의 기본적 창업 고려 사항

도·소매업은 업종의 특성상 인·허가사항이 적으며, 창업절차가 간단하기 때문에 일반적으로 점포를 확보하고 사업자등록을 하면 영업을 할 수 있다. 하지만 개별법에서 시설기준 및 자격요건 등을 규정하고 있기 때문에 창업자는 업종을 선정하고자 할 때 자신이 창업하려는 업종이 관련법에 의해 허가, 등록 또는 신고가 필요한 업종인지 여부를 파악하여 창업 준비를 하여야 한다. 다음은 고려해야할 사항들이다.

① 계획입지와 계획사업과의 적합성

② 후보지의 장래성 및 환경에 대하여 구체적인 조사

③ 사업장 규모의 적합성 및 경쟁성

④ 자금조달 능력의 검토

3. 서비스업 창업의 고려사항

1) 서비스업의 범주

지식산업knowledge industry의 발전과 산업구조 고도화upgrade industrial structure로 산업사회가 전문화specialization · 분업화division of labor되고, 국민소득이 향상되면서 서비스산업은 선진국이나 개도국의 구분 없이 한나라의 산업구조에서 가장 큰 비중을 차지하게 되었다. 특히 빠른 속도로 이루어지는 기술혁신과 정보화로 인해 서비스에 대한 소비자의 니즈가 다양화diversification, 고급화premiumization, 그리고 전문화specialization 됨에 따라 서비스산업 자체의 영역이 확대되고 끊임없이 분화되고 있다.

(1) 서비스업의 개념

이제는 제조업을 하더라도 세계적 정보를 활용하여 제품의 디자인, 가격, 품질을 수요자의 니즈에 부합시켜야 할 뿐 아니라 판매원의 친절, 적기 공급, 양질의 애프터서비스 등 서비스 활동이 고려된 통합적 차원의 경영을 하지 않으면 아니 된다.

이처럼 서비스산업의 영역이 확대되고 비중이 높아지는데, 특히 무엇보다도 소비자의 니즈가 복잡하고 다양화됨에 따라 신규 창업의 기회도 많아져, 창업자의 창업욕구를 북돋우며 또 그만큼 창업성공률도 높아지고 있다. 우리나라도 소득과 주5일 근무제에 의한 여가시간의 증가에 따라 크게 성장하고 있으며 기업환경의 변화에 부응하여 금융서비스, 정보서비스, 사업관련 서비스 등의 수요가 괄목하게 증가하고 있다. 서비스라는 용어는 최근에 매우 일반화되고 있다. 일반적으로 서비스는 “소비자의 편익이나 만족을 목적으로 인간 또는 설비와의 상호작용을 통하여 제공되는 무형의 행위”라는 말로 정의하고 있다.

경제사회에는 유형 · 무형의 각종 가치물들이 유통되고 있는데 이중에서 유형의 가치물을 재화goods라고 통칭하고 무형의 가치물을 용역(생산과 소비에 필요한 노무) 또는 서비스라는 말로 부르고 있다. 재화'tangibles'는 농 · 임 · 수산업이나 광공업에서 생산 유통시키는 경제재로 형체가 있는 것이나, 서비스'intangibles'는 볼 수도 만질 수도 없고 타인의 이익을 도모하기 위해서 제공되는 육체적 · 정신적 노력이며 그 결과 수요자의 요구 즉, 욕망이 어느 정도 충족되었는가에 따라 그에 상응하는 대가를 받는 무형의 행위 또는 과정이다.

따라서 서비스는 형태 없는 활동 즉, 소비자에게 만족을 주기 위해 제공되는 행위와 과정으로서 제공되어 즉시 사라지며, 누릴 수는 있어도 가질 수는 없고 생산 또는 분배과정에 사람이 개입하기 때문에 그 제공되는 내용과 수준이 사람에 따라 모두 다를 수밖에 없는 이질성, 무형성, 그리고 불가분성으로 동일한 서비스 수준의 비반복적 특성을 가지고 있다.

생각의 포인트 진정한 서비스1

미국 사우스다코타 주 러슈모어산에 얼굴 총길이 18m, 그 중 코 길이만 6m의 큰 바위에 세긴 네 명의 미국 대통령이 있다. 조지 워싱턴, 토머스 제퍼슨, 에이브러햄 링컨, 그리고 시어도어 루스벨트 상이다. 역사가 도언 로빈슨이 미국을 대표하는 기념물을 만들자는 제안에 의해 조각가 존 거촌 보글럼에 의해 제작된 석상들이다.

그 부근에 네 명의 얼굴을 합친 바위 보다 큰 얼굴이 하나 조각되고 있다. 1939년 인디언 추장들이 모여 보스톤에 살고 있었던 백인 조각가 코작Korczak Ziolkowsli(1908-1982)에게 편지를 보낸다. 미국의 유명한 대통령만큼 용감한 인디언 전사 크레이지 호오스Crazy Horse가 있으니 석상을 만들어 달라는 부탁이었다. 그래서 코작은 일생일대의 작품을 남기겠다는 열정으로 석상을 조각하다가 죽었다. 그 이후 그의 부인이 그의 유지를 받들어 설립후원재단을 만들고 지금껏 작업이 진행되고 있다. 지금은 엄청난 관광객이 분비는 명소로 변했다. 그 주위에 기념관, 기념품점, 그리고 입장료 등의 수입으로 대기업 못지않은 사업으로 번창하고 있다. 산이 없어지지 않는 한 수익은 줄어들지 않는 사업으로 변하고 있다. 서비스 정신에 대한 보상으로서의 수익이 발생하고 있다.

코작을 생각할 때 반대로 생각나는 사업이 있다. A콘도사업이다. 분양회원에 대한 서비스보다 일반회원에게 관심을 기울이다가 펜션의 시대를 불러왔다. 진정한 서비스 정신이 결여된 사업자에게 선불은 금물이다. B음식점의 사례다. 월식손님에게 선불 날이 지난 다음 날부터는 서비스의 질이 달라졌다.

(2) 서비스업의 분류

서비스산업의 범위는 그 다양성과 복합성 때문에 국가 또는 학자들마다 그 분류기준 및 방법이 약간씩 다르게 정의되고 있다. 또한 경제성장에 따른 생활환경의 변화에 따라 새로운 서비스업이 계속해서 생겨나면서 기존의 분류기준도 변하고 있다. 흔히 서비스업은 기술, 지식, 정보 및 경험을 구분하기도 하고, 수요자가 누구인가에 따라 개인이나 가계를 일상생활을 지원하는 개인서비스, 기업 활동을 지원하는 기업서비스, 국가나 공공단체에 의해 이루어지는 공익서비스로도 구분한다. 또한 서비스업은 서비스생산과 소비구조상의 요소를 중심으로 하여 서비스의 효용과 서비스제공자의 특성에 따라 다음과 같이 분류하기도 한다.

1 서비스 효용에 의한 분류

서비스는 고객의 욕구needs와 만족satisfaction을 궁극적인 목표로 하는 것인데, 이 방법은 서비스를 제공받음으로써 고객이 느끼는 효용 즉, 서비스의 가치측면에서 서비스를 분류하는 것으로 "시간창조형 서비스"와 "자아창조형 서비스"로 구분할 수 있다.

시간창조형 서비스란 고객이 서비스를 제공받음으로써 시간을 절약하는 효과를 가져와 시간적 단축이나 여유를 누리려는 욕구를 충족시켜 주는 서비스를 말한다.

자아창조형 서비스란 인간의 물질적인 욕구와 지식, 건강, 그리고 문화 등 인간의 자아발전을 위한 정신적·감정적·육체적 욕구를 충족시켜주는 서비스를 말한다.

2 서비스제공 수단에 의한 분류

서비스 제공자 입장에서 서비스를 분류하는 방법은 고객과의 직접적인 상호작용 관계를 유발시키는 대상인 서비스 제공 수단에 의해 분류하는 것이다. 이에 따라 서비스를 분류하면 "인간중심형 서비스"와 "설비중심형" 서비스로 구분할 수 있다.

인간중심형 서비스란 체화體化 즉, 사회적 관계 속에서 경험, 풍습, 사상, 생활문화, 이론 등이 몸에 배어서 자연스럽게 내 것이 되는 것은 물론 숙련된 지식을 이용하거나 단순 육체노동에 의하는 등 주로 사람의 역할을 통해 서비스를 제공하는 것을 의미한다.

설비중심형 서비스란 주로 설비의 기능에 의해 이루어지는 것으로서 정보서비스업, 금융업, 통신업, 숙박업, 유통업, 그리고 운송업 등이 이에 해당된다.

이상의 서비스분류는 정보기술의 발달, 설비기능의 고도화·소프트화 및 고객수요의 고급화·다양화에 따라 엄격한 구분이 점차 어려워지고 있으며, 모든 요소가 결합된 형태의 서비스 수요가 급격하게 증가하고 있는 실정이다. 특히, 설비중심형 서비스에 있어서 설비의 소프트한 분야의 인간요소의 중요성이 크게 부각되고 있다.

(3) 서비스업의 특성

생활양식의 변화, 여가시간의 증가, 기대수명의 연장, 그리고 생활의 중요성 등에 따라 소비자의 욕구는 점차 다양화, 고급화, 개성화되어 가고 있다. 그러므로 서비스업종을 창업하고자 하는 자는 창업업종과 관련된 사회적 환경 및 소비자 생활양식의 변화 등 급속하게 변하고 있는 시대흐름을 잘 파악하여야 한다. 또한 창업자는 서비스업이 갖고 있는 특징을 잘 파악하여 그 특성에 맞게 경영노하우를 개발하고 고객을 창출하기 위한 노력을 끊임없이 하여야 한다. 서비스업에서 가장 중요한 것은 서비스의 질이라고 할 수 있다. 즉, 서비스의 품질을 높이는 것은 고객에게 편리함이나 편익을 제공하는 것을 통해 고객의 만족감을 극대화시키는 것이다. 그러므로 창업자는 성공적인 경영을 위하여 품질 높은 서비스를 제공할 수 있도록 고객만족 내지 고객감동을 목표로 하는 경영전략을 수립하여야 한다.

서비스업service industry은 창업하기 위하여 서비스업의 특징 등 창업자가 기본적으로 알아야 할 사항을 정리하면 다음과 같다.

첫째, 서비스업은 기계시설보다는 주로 인력에 의하여 서비스가 제공될 뿐만 아니라 생산과 동시에 소비되어 버리는 특성을 가지고 있으므로 서비스를 구입하는 고객은 일반제품을 구입할 경우보다 서비스품질의 파악이 어렵기 때문에 불확실한 입장에 처하게 되므로 서비스내용을 충분히 설명하여야 한다.

둘째, 서비스업은 창업자나 종업원의 경험, 지식을 토대로 하여 소비자에게 서비스를 제공하는 것임으로 양질의 서비스를 제공하기 위해서는 종업원에 대한 교육을 지속적으로 실시하여야 하며 서비스질의 향상을 위하여 창업자는 창업업종의 특징을 파악하여 차별화된 전략을 수립하여야 한다.

셋째, 서비스업은 창업자의 철학을 필요로 한다. 소비자만족과 종업원을 중시하고 기업의 자세는 창업자의 서비스철학에서 시작되는 것이다. 또한 이러한 경영자의 철학은 고객과 종업원의 만족을 이끌어내어 성공적인 기업경영을 할 수 있는 밑바탕이 된다.

넷째, 서비스업은 서비스수준을 관리하여야 한다. 고객은 일정수준 이상의 서비스를 원하고 있기 때문에 경영자는 고객의 기대와 욕구를 파악하여 자사와 경쟁사와의 서비스수준을 비교하고 고객이 만족할 수 있는 서비스를 유지·관리 할 수 있도록 하여야 한다.

다섯째, 서비스업을 창업하여 사업기반이 확립되기까지는 서비스내용 및 서비스수준에 대한 홍보가 지속적으로 이루어져야 한다. 또한 창업자는 서비스업에서 가장 중요한 서비스의 질을 향상시켜 소비자가 제공되는 서비스에 만족할 수 있도록 하여야 한다.

2) 서비스업의 기본 창업절차

서비스업은 그 영역이 광범위하고 다양하여 어느 한 가지 모델을 정하여 창업절차를 설명하기가 용이하지 않다. 학교나 병원을 설립하려면 제조업의 설립절차나 공장건설, 직원채용보다 훨씬 더 복잡하고 까다로운 절차를 거쳐야 한다. 일반적으로 서비스업종에 공통적으로 적용될 수 있는 창업 예비절차, 회사 설립절차, 사무실입지 선정절차, 그리고 개업 준비절차로 구분하여 각 단계별 세부내용을 그림으로 제시하면 쉽게 이해할 수 있다. [그림4-4]은 서비스업의 창업에 관한 절차를 나타낸 그림이다.

[그림 4-4] 서비스업의 창업절차도

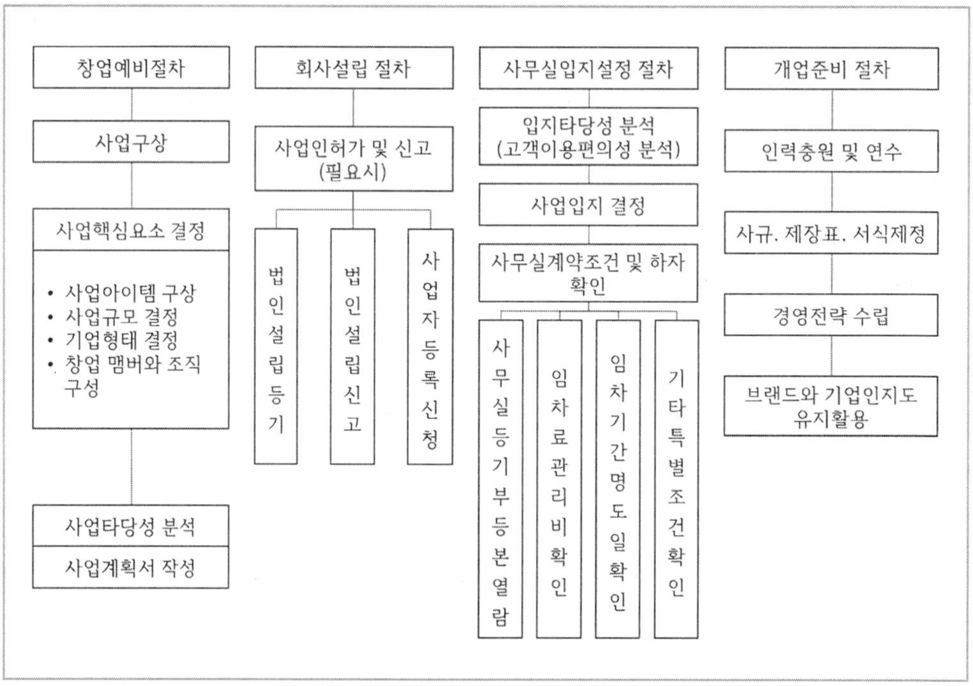

서비스업도 제조업 및 도 · 소매업과 마찬가지로 창업자가 사업자등록이나 법인신고만으로 영업활동이 가능한 업종과 사업을 영위하기 위해서는 필요한 시설 및 자격을 갖추고 관계 정부기관에 인 · 허가를 받아야 하는 인 · 허가업종으로 구분할 수 있다.

특히, 서비스업은 정보화 사회가 도래함에 따라 상상할 수 없을 만큼 빠른 속도로 그 영역이 확대되고, 서비스의 니즈도 다양해지기 때문에 이를 모두 정형화하기 어렵다.

3) 서비스업 창업의 특성

서비스업 분야의 창업은 여러 가지 특징을 갖고 있으며, 이와 같은 특징 때문에 비교적 창업이 쉬운 반면, 창업 시 고려해야 할 사항도 적지 않다.

서비스업 창업이 주된 특징은 다음과 같다.

첫째, 창업자와 가장 밀착된 사업이어야 한다. 따라서 서비스업 창업자는 해당분야에 대한 전문 지식이 없이는 창업이 불가능하다.

둘째, 인간이 중시되는 사업이다. 제조업에 있어서는 기계가 기술자의 손을 빌어 제품을 생산해내지만, 서비스업에 있어서는 임직원의 지식을 바탕으로 하여 운영되며, 종업원의 능력에 의해 사업이 번창한다.

셋째, 서비스업의 특징은 무형의 재화를 생산하므로 서비스업이 사업으로 성립하기 위해서는 고객의 동의가 필수 요건이다.

넷째, 서비스업은 어떤 특정한 생산 설비 투자가 적다. 사무실개설비 정도가 필요하다. 그 이후 관리업부비노 사무실유시판리비와 인진비가 대부분이다. 따라서 아이템만 있다면 쉽게 창업할 수 있고, 또 쉽게 폐업할 수 있어 신축성이 아주 높다.

다섯째, 경제여건, 경영환경 등에 민감하다. 수주 자체가 불규칙적이며 용역 건당 용역비도 수행 내용 및 수주처의 성격에 따라 큰 차이가 나기 때문에 장단기 수지 계획을 수립할 필요가 있다.

여섯째, 창업 초기 영업기반 확보까지 다소 긴 시간이 소요된다. 우선 사업 내용을 홍보하고, 이를 이용자가 인식하기까지는 상당한 기간이 필요하며, 종업원의 사무 능력 및 업무 추진 능력 향상에 많은 시간이 소요되기 때문에 초기 영업기반 확충 시까지 자금력이 뒷받침되어야만 성공할 확률이 높아진다.

생각의 포인트 **진정한 서비스2**

일반적으로 사람들은 자신에게 유익하지 않으면 남을 도우려하지 않는다. 판매수당을 받는 외판원에게 물건을 살 것처럼 보이면 대접이 얼마나 살뜰한지 모른다. 그러나 매상으로 이어지지 않으면 그의 태도는 갑자기 싸늘해진다.

애프터서비스after service를 맡긴 자동차를 찾으러 갔는데, 요청한 사항들이 제대로 처리되어 있고 비용도 예상했던 대로다. 계산대에 앉아 있는 사람은 바쁘지만 당신에게 시간을 할애하고 적당히 정중하게 대하는 것 이 역시 기대했던 대로다. 이 정도면 바람직하기는 하나 이런 것을 서비스라고 하지는 않는다.

서비스는 기대하지 않았던 것을 해주는 것이다, 예를 들어 차가 깔끔하게 손질되어 있고, 좌석에 이곳을 찾아주어 고맙다는 편지나 작은 선물 하나가 놓여 있을 때, 또는 점원이 특별히 시간을 내 당신을 위해 일할 수 있어서 진심으로 기쁘며 더 도와드릴 것이 없는가를 물어 올 때 우리는 세상에서 가장 중요한 사람이 된 듯한 흐뭇함을 느끼게 된다, 이 정도면 다음번에도 그곳을 찾는 게 당연한 노릇 아니겠는가? 우리가 일개 점포운영 경비나 수익의 대상이 아니라 소중한 고객이라는 느낌을 받을 때, 이런 것을 서비스라고 한다.

따지고 보면 좋은 서비스는 오히려 비용이 적게 든다. 사람들이 좋은 서비스를 받으면 돈 몇 푼 더 내는 것을 아깝게 여기지 않기 때문이다.

4) 인 · 허가 업종의 기준 및 절차

서비스업은 도 · 소매업과 마찬가지로 업종의 특성상 인 · 허가사항이 적으며, 창업절차가 간단하기 때문에 일반적으로 사무실을 확보하고 사업자등록을 마치면 사업을 영위할 수 있지만 공중위생과 관련이 있는 업종, 사업행위 등 행정규제administrative regulations가 필요한 업종, 전문지식이 요구되는 서비스업 등에 대하여는 개별법령에서 시설기준 및 자격요건statement of qualifications 등을 규정하여 국민생활을 보호하고 있다.

그러므로 창업자는 업종을 선정하고자 할 때 자신이 창업하려는 업종이 관련법에 의해 허가, 등록 또는 신고가 필요한 업종인지 여부를 먼저 파악하고 창업 준비를 하여야 한다.

[표4-4]은 창업을 위한 주의사항을 나타내고 있다.

[표 4-4] 창업을 위한 주의사항

① 히트업종hit industry의 답습이 성공의 지름길은 아니다.
② 감성적이고 유행에 민감한 업종은 피한다.
③ 검증되지 않는 비즈니스에 대한 투자는 신중해야 한다.
④ 대리인에게 전적으로 의지해야 할 사업은 피한다.
⑤ 투자금의 규모가 크고 투자금의 회수기간이 긴 사업은 피한다.
⑥ 입지가 좋다고 사업이 잘되는 것은 아니다. 입지에 적합한 아이템을 선택해야 한다.
⑦ 권리금이 붙어 있는 점포를 계약할 때는 특별한 주의를 요한다.
⑧ 공급자와의 마찰에 대한 대비책도 마련해야 한다.
⑨ 신세대를 겨냥한 사업은 같은 세대의 조언을 받는다.
⑩ 광고에 전적으로 의지한 투자를 해서는 안 된다.

제4장에서 정리되는 창업성공의 공통적 전제조건을 살펴보면

① 철저한 사전준비

② 사업기획의 적기포착

③ 철저한 사업타당성 분석

④ 체계적인 사업계획서 작성

⑤ 사업수행능력 배양 및 효율적 조직 관리로 정리된다.

CHAPTER 5 환경변화와 창업아이템 결정

CHAPTER 5 환경변화와 창업아이템 결정

농업사회에서는 토지와 노동에 의해 부가가치가 창출되었다면, 산업사회에서는 노동과 자본에 의해서, 그리고 지식정보사회에서는 현실세계real world와 공간적 제약이 없는 가상현실virtual reality를 동시에 활용하여 경제적 부가가치를 창출하는 시대로 빠르게 변환하고 있다. 비연속적 혁신과 융합적 혁신이 태풍처럼 일어나 광속velocity of light으로 지나가는 시대다. 그래서 미래를 창의적이고 상상력이 뛰어난 문제아들의 세기라고 부른다. 그러므로 개미와 배짱이의 이야기는 다시 쓰여 져야 한다. 노동력밖에 가지지 못한 개미가 일생을 땀에 찌들어 사는 동안 좋은 재능을 발견하여 한 길로 간 배짱이가 더 풍요롭고 즐거운 삶을 살 수 있는 사회가 바로 지식정보사회이다. 이러한 사회에서는 겨울에 거지가 된 배짱이가 구걸하기 위해 더 이상 개미의 토굴을 찾아가지 않는다.

배짱이가 좋은 재능을 발휘하듯이 천재는 위대한 소설을 쓰고 만류인력universal gravitation을 발견하게 된다. 그러나 기업의 성공은 독창적 창조행위만으로 이루어지는 것이 아니라 수많은 서로 다른 사람들의 노력을 조직화하고 경쟁할 수 있도록 하는 '학제적 시스템interdisciplinary system'을 어떻게 만드는가에 달려있다.

2002년 미국 기업들의 파산이 줄을 이으면서 '인재냐? 조직이냐?'하는 기업경영의 오랜 쟁점이 다시 논란거리로 떠오른 적이 있었다. 예술적 재능을 가진 배짱이와 생산적 능력이 있는 개미가 만나 조직을 만들어 가는 것이 바로 '기업企業'이다.

1. 기업환경의 변천

생명력 있는 창조물은 존재하는 한 끊임없이 변화한다. 환경적응을 위해 변화하기도 하며 부족不足을 충족시키기 위해 변화를 도모하기도 한다. 기업 또한 환경 적응을 위해 부단한 변화를 추구하며 요동치는 소비자 욕구에 부응하기 위하여 새로운 이론을 개발한다. 현상의 부족을 채우기 위해 현재 환경 하에서 최적의 안 마련을 위해 노력한다. 그러나 그때 그 상황에 적합한 최적의 단일 안은 한 순간 존재하기도 하지만 달성하는 순간 깨어져 버린다. 의사결정은 사실전제factual premises에서만 도출되는 것이 아니라 가치전제(특정한 사태에 대한 '바람직함'을 제시하는 가치판단)에서도 도출되기 때문이다. 사이먼은 관리결정의 중요한 가치전제로서 조직의 목적, 능률의 기준, 공정의 기준, 그리고 개인적 가치를 들고 있으며, 기업의 사회적 책임은 경영자의 의사결정에 대한 중요한 가치전제가 되고 있다. 절대적 가치와 절대적 진리는 인간을 창조한 신神 외에는 존재하지 않을 것이다. 그래서 인간에 의해 창조되어 인간을 닮아있는 기업을 영원히 좇기는 도망자로 부리기도 한다.

생각의 포인트 환경통제

'쉘 실버스타인'의 일찍 일어나는 새

만일 당신이 새라면
아침에 일찍 일어나야 해요.
그래야 벌레를 잡아먹을 수 있을 테니까.
하지만 만일
당신이 벌레라면
아주 늦게 일어나야 하겠지요.

1) 창조적 파괴

과학으로서 경영의 기본목표는 조직화된 지식의 체계와 실증적인 자료의 사용으로 설명할 수 있으며, 거시적으로는 경제사회의 발전에 기여하고 미시적으로는 6가지 기업의 질병요인들company's disease factors 즉, 순이익의 부족, 매출채권의 과다, 고정자산의 과대투자, 자기자본의 부족, 재고자산의 과대, 그리고 정보의 부재absence of information 등을 배제시켜야 한다. 또한 자료의 체계적인 분석을 통하여 보다 나은 효율성을 지향하는 이론과 기법들을 발견하는 것으로, 이러한 기법과 이론들이 실제 상황에서 적용되어질 때 그 결과의 동일성(반복성)이 나타나도록 추구하는 것이다. 사실에 입각하여 진리를 탐구하려는 태도로써 눈으로 보고seeing with eyes, 귀로 듣고hearing with ears, 그리고 손으로 만져 보는 것touching with hands과 같이 실험하고 연구하는 과정을 거쳐 아무도 부정할 수 없는 객관적 사실을 통하여 정확한 판단과 해답을 얻고자 하는 실사구시實事求是가 중요하다.

지식의 속성이 시작의 끝에서 새로운 시작을 추구하며 비어 있음을 인지하면 움직이기 시작한다는 것은 창조적 파괴를 통해 무언가 보탬을 더 할 수 있다면 변화한다는 것이다. 즉, 역사를 만들어간다는 것이다. [표5-1]은 경영학의 간단한 역사를 나타내고 있다.

[표 5-1] 경영학의 역사

1776	A. Smith	분업의 경제이익 제안
1780	E. Whitney	표준화로 호환성 부품제 도입
1881	F. W. Taylor	과학적 관리론 : 과업설정
1908	C. E. Knoappel	손익분기점 도표 최초로 사용
1913	H. Ford	컨베이어 이동조립법 창안
1922	F. Gilbreth	시간 및 동작연구
1924	W. Shewhart	통계적 품질관리 관리도 개발
1950	W. E. Deming	공장 품질관리제 개발
1980	G. C. Devol	로봇공학

(1) 아담 스미스 A. Smith

애덤 스미스의 국부론에 나타난 분업의 자유경쟁시장 체제는 한 이기적 인간이 아침에 일어나 창밖의 세상을 바라본 후, 자신이 원하는 것 대신 남들이 원하는 것을 생산하게끔 유도한다. 그것도 자신이 팔고 싶은 양만큼이 아니라 남들이 사고 싶어 하는 양만큼, 자신이 꿈꾸는 가격이 아니라 남들이 인정하는 가격에, 물론 스미스는 인간이 오직 본능에 의해서 움직인다고 하지 않았다. 다만 이기적 본능이 친절성, 박애심(인간애), 그리고 희생정신과 같은 것보다 더 강력하고 지속적으로 인간에게 동기부여를 할 수 있다고 했다.

(2) 테일러 F. W. Taylor

테일러의 과학적 관리법은 "고임금과 저노무비"를 기본원리로 하여 동작연구와 시간연구에 의하여 과업 관리task management를 하였으며 이를 통해 생산성을 향상시켰다.

(3) 포드 H. Ford

포드의 이동조립법은 “고임금과 저가격”을 근본원리로 하여 컨베이어 시스템을 창안하고, 작업에서 자재나 제품의 종류, 품질, 모양, 그리고 크기 등을 일정한 기준에 따라 통일하는 표준화standardization, 각각의 노동자가 일정한 작업에만 종사하도록 하여 그 노동에 기술성을 높이도록 하는 전문화specialization, 그리고 제품의 본래의 성능과 기능은 유지하면서 제품의 기능, 가격, 그리고 생산 공정 등의 이점을 소수의 제품에 집중시켜 효율성의 증대를 추구하는 단순화simplification 등 3S시켜 대량생산의 기틀을 마련하였다.

(4) 메이요 A. Mayo

메이요의 인간중심적 생산연구는 호오손 실험Hawthorne experiment(1927~1933)에 의해 노동생산성은 인간관계와 비공식적 조직에 의하여 영향을 받는다는 것을 발견하였다.

(5) 슈하르트 W. Shewhart

슈하르트가 관리도의 개념을 정립한 이후 인간관계의 복잡성을 고려한 경영의사결정을 합리화를 위하여 학제적 접근interdisciplinary approach을 시도하였다. 이를 위해 통계학 등의 깊은 원용quotation을 가져와 오늘날과 같은 정보화 사회information-oriented society의 단초를 열게 되었다. [표5-2]는 생산방법론의 변화를 나타내고 있다.

[표 5-2] 생산방법론의 변화

수작업	: manual-muscle power : written proof-master pieces of the Dark Ages
기계화	: mechanization-steam power
자동화	: automatization-modern system : JIT, GANBAN, GT, NC etc
정보화	: computerization-robotic method : more soft progressive : CIM, FMS, ERP, etc

2) 마케팅론적 변천

초기산업사회의 소품종대량생산 시스템인 생산자중심의 시장push marking에서 후기산업사회의 다품종소량생산 시스템인 소비자중심의 시장pull marking을 거쳐서 이제는 인지가치확장을 통한 만남의 시장perceived value marketing으로 가고 있다. 그래서 거래가 '주문생산make to order'의 직접 판매방식의 특징을 갖는다. 지식정보화 사회의 인지가치(제품>화폐)는 산업사회의 유용성 내지 효율성이 중요시되는 그 가치와 구분되는 개념이다.

미국의 좋은 문화 중에 하나로서 그 나라 사람들의 생활에 필요한 물품이 없는 것을 참고 견뎌 나가는 내핍생활belt tightening을 엿볼 수 있는 '그라지 세일garage sale(중고 물품 세일)'이라는 것이 있다. 오래 사용한 낡은 물건들을 창고에 모아 두었다가 토요일 오전에 필요한 사람들을 위하여 자기 집 창고 앞에서 동전 한입 정도의 가격으로 불필요한 잡동사니를 처분하는 문화다. 대체로 그것을 구입하는 사람들이 낮은 수입원을 가진 흑인들이 주요 구매자가 되기도 한다. 다 헤어진 헐렁한 청바지를 입고 낡은 헌 구두를 사서 신고 걸어가는 모습을 상상해 보자. 거기에 오랜 전통의 습관으로 머리에 빨갛고 노란 물감을 들인 모습을... 이들 중 음악과 예능분야에 재능이 발견되어 무대 위에서 스포트라이트spotlight를 받는 경우가 생겨 전 세계에 중계되니 세계의 젊은이들이 그것을 보고 따라 헐렁한 힙합바지hip hop pants와 커다란 구두를 사서 신는 모방문화parody culture가 생겼다.

낡아빠진 리바이스 청바지가 새 바지보다 비싸다. 걸어가는 모습을 유심히 살펴보면 신이 먼저 가는지 사람이 걸어가는지 구분이 곤란하다. 신발 본연의 기능성과 효용이 무시된 새로운 개념의 문화다. 이러한 시대문화를 이해하고 접근하는 마케팅 시스템이 인지가치 마케팅perceived value marketing이다. 투입분에 산출의 효율과 효용을 따지는 전통적 가치관으로 접근하면 망하는 문화다. 따라서 우리의 가치관도 전통적 가치관에서 합리적·세속적 가치관으로 다시 생존 가치관으로 그리고 자기표현 가치관으로 바뀌어 가고 있다.

그래서 21세기를 새로운 중세장인시대new craftsmanship라 부르기도 한다. 개성중시consideration of the personality의 전략이 필요 된다. 효과와 효율에 앞서 사회적 인지가치social perceived value가 높은 상품을 내어놓아야 생존할 수 있다.

생산자중심 마케팅 (push-marketing)	소비자중심 마케팅 (pull-marketing)	인지가치중심 마케팅 (perceived value marketing)
소품종 대량생산 시스템	다품종 소량생산시스템	개설중시 맞춤형 생산시스템

가치란 드높은 성과 달성을 위한 부단한 관리의 과정이라 할 수 있는데 경영활동의 결과로 대차대조표상 나타나는 자산의 그림자다. 전통적으로는 효율과 효과의 증대 의미를 지닌 생산성 증대의 의미와 유사성을 가졌으나 21세기 지식경영의 사회에서는 효율과 효과뿐만 아니라 인지가치의 확장의미를 지닌 성과performance의 의미를 갖는다.

여기서의 퍼포먼스는 자산가치의 긍정적 변화positive changes다. 유형적 자산인 물리적 자산과 재정적financial 자산, 그리고 무형적 자산인 조직구성원employee, 고객, 공급자 등 조직 변화에 긍정적 영향positive influence을 나타낸 것이다.

성공경영전략
전략목표
경쟁수단선택 ↙ ↘ 효과평가
활동프로그램 → 성과(performance)

인지가치경영 시대에 있어서 진실로 새롭고 중요한 것은 제품이 아니다. 컴퓨터도 통신기술도 새로운 금융 서비스도 아니다. 이러한 제품을 만드는 제조법과 그 이면에 있는 아이디어idea와 지식재산intellectual property이 더 중요하다는 사실에 주목해야 한다. 지식재산이 부의 창조와 경쟁우위를 결정하는 열쇠이다. 그래서 인간이 중심이 되는 시대다.

3) 경영혁신

국제무역장벽international trade barrier이 제거되고 있고 통신정보산업의 급격한 발달로 인한 정보혁신으로 산업구조의 내용이 소비자 인식 중심의 시장구조로 급격히 변화하여 감에 따라 이의 적응과 성장을 위한 새로운 기업경영 실천방안의 마련이 필요되어 진다.

이를 위해 최근 기업에서 많이 활용되고 있는 경영혁신 방안 중 하나인 기업이 동시에 환경적으로 급변하는 상황에 대처하기 위하여 정보기술information technology, 인적자원관리human resource management, 그리고 고객만족을 위한 지속적 거듭나기 경영의 필요성을 인식하고 근본적이며 급진적으로 업무 프로세서의 재설계에 초점을 맞추는 비즈니스 업무 재설계business process re-engineering, 이러한 거듭나기의 속도와 위치파악의 표준설정을 위해 해당분야의 기업 중 성공한 기업을 선정해 그 회사의 성공요인을 기준으로 자사와 비교하여 문제점을 파악하고 이를 극복하기 위한 방안 중의 하나인 벤치마킹benchmarking, 그리고 소비자 니즈에 부합한 진취적 전략으로 소비자 인지가치의 확장perceived value enlargement을 통한 경영혁신방안 등이 연구되어지고 있다.

이러한 변화를 생존의 문제로 인식해야 한다. 만일 변화를 우리가 생존의 문제로 인식하고 받아들이게 된다면 승산이 있다. 그러나 그렇지 못하다면 시작하지 말아야 한다. 결코 승리하지 못하기 때문이다. 변화에서의 승리 가능성은 생존의 문제로 접근할수록 높아진다. 변화를 생존의 문제로 인식하는 순간 승리를 향해 가고 있는 것이다. 맹자가 말하는 '항산항심恒産恒心'이다. 이는 물질이 변하지 않으면 마음도 변하지 않는다는 말인데 세상에서 변하지 않는 것이 없다는 것을 의미하는 말이다.

변화는 치조직治組織 약팽소선若烹小鮮해야 한다. 다스릴 치治, 끈 조組, 짤 직織, 같을 약若, 삶을 팽烹, 작을 소小, 생선 선鮮이다. 조직 관리는 작은 생선을 삶듯 하라는 말로써 자기가 성취하기를 바라는 일을 처리해 줄 인재를 발굴하고 일을 맡긴 후에는 그 과정에 끼어들지 말라는 것이다. 섣불리 들쑤셔대서 음식을 망치지 말라는 것이다. 한 면이 다 익었을 때 다른 한 면으로 돌려 익히는 느긋함도 필요하다는 것이며, 역사의 한 페이지를 넘기는 것과 같은 것이다. 창조적 파괴creative destruction다. 이것은 경제학자 조셉 슘페터가 기술의 발전에 경제가 얼마나 잘 적응해 나가는지를 설명하기 위해 제시했던 개념이다. 슘페터는 자본주의의 역동성을 가져오는 가장 큰 요인으로 창조적 혁신creative innovation을 주창했으며, 특히 경제발전 과정에서 기업가의 창조적 파괴 행위를 강조하였다. 1912년에 발표한 「경제발전론」에서 슘페터는 기업의 총수입에서 임대, 지대, 이자, 감가상각비depreciation cost 등을 빼고 남는 순이익 즉, 이윤이 기업가의 혁신에서 발생되는 것이라고 하였다. 이윤은 혁신적인 기업가의 '창조적 파괴 행위'로 인한 생산요소의 새로운 결합에서 파생되며, 이윤이란 바로 창조적 파괴행위를 성공적으로 이끈 기업가의 정당한 노력의 대가라는 것이다.

이후 다른 기업인에 의해 이것이 모방되면서 자연스럽게 이윤은 점점 소멸되고, 새로운 혁신적 기업가의 출현으로 다시 사회적 이윤이 생성된다고 본다. 다시 말해 '기술혁신technological innovation'으로서 낡은 것을 파괴하고 도태시키며 새로운 것을 창조하고 변혁을 일으키는 '창조적 파괴' 과정이 기업경제의 원동력이라는 것이다. 이것이 계획plan이고 전략strategy이며 패러다임way of thinking의 변화다. 그리고 생선이 익어가기를 기다리는 모든 구성원들에게 나누어 맛볼 수 있고 잔치에 동참하고 있다는 희망과 비전을 제시해 주는 의미를 포함하고 있는 것이다. 변화에 임하는 자세이기도 하다.

자신이 지금 서 있는 곳을 어떻게 규정하는 것인지는 개인에 따라 다르다. 실제로 자신이 지금 어디에 있는지를 알아내는 것은 생각처럼 쉽지 않을 수도 있다. 자신의 현재 위치를 알 수 없으면 가야할 곳도 역시 알 수 없다. 자신이 어디에 서 있는가에 대한 판단은 객관적인 평가에 의해서만 가능하다. 자신이 지금 서 있기를 바라는 희망과 기대를 반영해서는 안 된다. 있는 그대로를 받아들여야 비로소 정확한 위치를 알 수 있다. 자신에게는 엄격해야 한다.

자신을 바꾸게 될 깨달음enlightenment으로 우리를 몰고 가기 위해서는 자신에 몰두해 있어야 한다. 자신에 몰두preoccupation하지 못하고 자신을 바꾸려고 하는 것은 어리석은 일이다. 자신에 대해 아무 것도 모르는 사람이 자신을 자꾸 바꾸고 싶어 한다면 그것은 자신을 죽이는 일이다. 변화를 우리가 주도할 때 기쁨과 희열이 따른다. 그러나 변화가 우리에게 요구되어질 때 거기에는 적응을 위한 고통이 수반된다.

21세기 경영혁신전략으로

① 원가우위전략cost leadership strategy

② 차별화전략differentiation strategy로 나누어 정리된다.

여기서 원가우위전략은 단순한 원가구성의 3요소 즉, 재료비material cost, 노무비labor cost, 경비expenses cost를 관리하는 전략만의 의미가 아니라 기업 내적·총체적 역량의 결집을 의미하며, 반면 차별화전략의 의미는 명품 품질을 바탕으로 한 외적 경쟁의 독창성 확보를 의미한다. 이를 한마디로 표현하면 내외적 환경적합전략이라 부를 수 있다.

4) 지식경영

열심히 일하는 경영자가 우세했던 때가 있었고, 다음으로 조직의 의사결정을 제대로 내리는 경영자의 시대, 그 뒤를 이어 기업성과가 경영자의 자질을 판단하는 척도가 되는 시대를 지나서 인적관리에 능숙한 경영자가 요구되는 제4세대의 지식경영시대다.

지식경영knowledge management이란 조직 구성원 개개인의 지식이나 기술, 비법know-how을 체계적으로 발굴하여 조직 내에서 보편적인 지식으로 공유함으로써, 조직 전체의 문제해결능력을 비약적으로 키우는 경영 방식이다. 또한 예측할 수 없을 정도로 급변하는 경영환경 속에서 기업의 생존과 경쟁력을 갖추는 경영으로, 정보기술로써 데이터 및 정보의 가공능력과 인간의 창조적·혁신적 능력을 통합해 가치창조의 극대화를 추구하는 기업의 조직적 정보경영과 인간경영의 프로세스라 할 수 있다. 이는 관련 지식군 시스템의 정치 경제적 역동성과 그의 실천적으로 관련된 기술과 경영의 융합에 의한 신속한 행동화, 그리고 과감한 원가의 절감을 통한 이윤의 극대화하는 과정이다. 이 과정에는 다양한 지식의 역동성이 경제적 가치창출을 하고 가장 큰 동인이 되고 있다. 이때 관련 지식그룹을 시스템으로 가장 효율적이고 신속하게 가치로 변환하는 주역이 지식경영자knowledge officer이다. 지식경영시스템knowledge management system은 각 분야별로 독립적으로 개발된 데이터 및 정보가 종합되어 정보의 바다를 이루며 이 바닷물을 농축시켜 소금을 만들어 내듯이 가치 있는 정보를 추출data mining하는 것이다. 개별의 하드웨어 시스템과 소프트웨어 시스템이 되게 하는 것이다. 정보데이터를 체계적이며 계층화information warehousing한다는 것이다.

다시 말해서 지식경영시스템은 조직과 그 구성원들 속에 내재해 있는 지식의 가치를 인식하고, 이를 기업전체 차원의 자산으로 구체화시켜 관리, 공유, 활용하려는 의도에서 비롯된 폭넓은 의미의 경영방식을 말하며 이때 정보기술은 지식경영시스템의 효율적 운용을 위한 유용한 수단에 불과하다. 지식경영시스템은 지식의 공동 활용이 가능한 공동의 장 확보repository, 지식창고의 효율적 관리자reference worker, 지식창고의 신선도 유지refresh, 그리고 새로운 지식 창조자에 대한 적절한 보상reward이 이루어지는 4R(repository + reference worker + refresh + reward)의 구축으로 이루어져야 한다.

쉽게 어떤 사물이나 범위 안에 있지 않고 밖에 있는 외재화와 객관화시킬 수 없는 즉, 학습과 체험을 통해 습득되지만 겉으로 드러나지 않는 암묵적인 지식tacit knowledge을 공유하고 승화시켜 형식화하며 이를 통해 새롭게 창조된 형식적 지식explicit knowledge이며 외재화externalization된 지식을 다시 암묵적인 지식으로 순환시킴으로써 조직적 경쟁력을 확보하는 활동이 바로 그룹웨어 시스템groupware system이다. 그룹웨어는 부문이 가진 정보를 다양한 상호교류와 제공을 통하여 분편적이며 암묵적인 애매한 지식을 과학적으로 체계화하고 분류하여 명료한 지식으로 전환하도록 하는 것이다. 선행기술의 명확화를 도모하여 자사 지식재산의 산업상 이용성, 신규성novelty, 그리고 진보창의성progressive creativity 등을 기술가능하게 하여 지식이 다양한 가치를 가지게 하는 것으로 지식가치 인정시스템knowledge of value recognition system을 포괄하는 조직구조며 문화가 된다.

5) e-비즈니스

e-비즈니스는 네트워크화된 기술을 이용하여 상품, 서비스, 정보 및 지식의 전달과 교환을 효율적이고 효과적으로 하는 것이다. 성공하는 e-비즈니스의 3가지 요소로는 정보기술, 업무 프로세스, 그리고 조직과 사람이 있다. 이와 관련된 정보기술의 실행모델로서는 하드웨어, 네트워크, 데이터 및 애플리케이션이 있다.

(1) e-비즈니스 성공전략의 전제

① 재무관리적 전제로서 초기 투자비용의 산출, 투자회수 계획, 그리고 사업채산성 분석business profitability analysis이 있다. 사업채산성 분석은 손익profit and loss을 따져봤을 때 이익이 남을 여지가 있는지 없는지에 대한 분석을 말한다.

② 의사결정 타이밍decision making timing : 올바른 의사결정을 내리기 위해서는 판단과 선택의 근거가 되는 데이터가 필요하다. 하지만 데이터만 있다고 의사결정이 가능한 것은 아니다. 데이터만큼 중요한 것이 분석이고, 분석한 정보를 어떻게 활용할 것인지, 그리고 의사결정 라인에서 실제로 그것을 활용하게 만드는 체계가 필요하다. 가트너 그룹Gartner Group는 '보다 나은 의사결정을 만들기 위해서는 의사결정 타이밍the timing of decisions, 의사결정 가속화accelerating decisions, 그리고 의사결정 연결connecting decisions이라는 세 가지 방식으로 하는 의사결정과정을 배워야 한다.'고 밝혔다.

③ 전략전개속도 : 과학기술의 놀라운 발전, 규제완화, 경쟁의 격화, 소비자 행동의 변화, 그리고 가치사슬value chain의 재편에 의한 새로운 비즈니스 모델business model의 출현 등 전략 수명을 현저하게 단축시키고 사업계획을 진부화시킨다.

(2) e-비즈니스 시스템 관리의 요소

학습과 경험을 통하여 각 개인에게 생각, 사상, 그리고 이론 등으로 축적되어서 자기 것이 되어 있지만 말이나 글(문서) 등의 형식을 갖추어 표현할 수 없는 그러한 암묵지tacit knowledge를 문서나 매뉴얼과 같이 일정한 형식을 갖추어 외부로 표출하여 사람들이 공유할 수 있는 그런 형식지propositional knowledge로 변환하는 능력 즉, 산업적 이용성, 신규성novelty, 그리고 진보창의성을 기술가능하게possible to describe하여 가치를 가지게 하는 것으로 구성하는 것이다. → 'Knowledge of value recognition system.'

① 지식을 검색search하고 공유sharing하는 능력

② 지식을 창조creation하는 능력

③ 지식을 활용application하는 능력

④ 지식의 체계적 저장storage과 분류classification능력

(3) e-비즈니스의 제 현상과 성격

① 유통혁명distribution revolution : 김인호 비즈니스인사이트 부회장은 아주경제신문 주최로 열린(2021.6.29.) 제12회 소비자정책포럼에서 '디지털 시대의 유통기업 생존전략'이라는 주제로 강연을 했다. 그는 이 강연에서 최근 유통업계에 '4차 유통혁명 시대The Era of the Fourth Distribution Revolution'가 도래했다고 강조했다. 그러면서 4차 산업혁명은 IT기술이 주도하는 산업계 전반의 변화라면, 4차 유통혁명4th distribution revolution은 IT기술에 신속한 물류기술을 더해 새로운 만족감을 소비자에게 제공하는 '유통 패러다임Distribution Paradigm'을 말한다. 김 부회장은 "1차 유통혁명은 백화점이라고 한다면, 2차 혁명은 다점포와 셀프서비스 기반 슈퍼마켓, 3차 유통혁명은 온라인이라고 할 수 있으며, 그리고 4차 혁명은 온라인에 물류기술을 융합한 것"으로 간주했다. 즉, 온라인에 물류기술을 융합하여 거래의 규모나 범위가 국지적이지 않고 전세계적인 유통망을 이루는 것이다.

② 거래비용transaction cost의 감소 : 로널드 코우즈는 그의 책 「기업의 본질(the nature of the firm)」에서 거래비용은 시장에서 기업의 비 시장적 행동과 관련한 성과를 측정하기 위해 또는 정부규제의 수익과 비용을 측정하기 위해 제품과 서비스에 부가되는 일련의 비효율에 대한 비용이라고 했다. 이러한 비용으로 조사비용, 정보비용, 교섭비용, 의사결정비용, 정책비용, 그리고 집행비용 등이 있다. 거래비용을 줄이는 방법으로는 하이테크high-tech를 활용하는 것이다. 인터넷과 디지털 기술을 활용하면 그만큼의 비용을 절감할 수 있다. 수많은 기업들이 IT에 GDP의 5% 정도에 해당하는 금액을 투자하는 이유가 바로 여기에 있다. 한편, 고객들은 인터넷을 통해 비교된 저렴한 가격에 구입하는 것 외에도 탐색에 필요한 시간 절약과 매장까지 이동을 줄이게 됨으로써 거래비용을 감소시킨다.

③ 새로운 중개상의 출현re-intermediation : 공급자와 소비자의 중간단계에서 단순히 연결만 해주는 중개역할은 감소하고 정보의 종합화comprehensivizaton와 비교분석 자

료의 제공과 역할 및 수행, 그리고 어디서 가장 싸게 살 수 있는지 알려주는 중간자middleman, 그리고 상품에 대한 정확한 평가를 해주는 중간자 등 직접 거래에 참석하지 않고 거래 환경을 조성해 주는 중간자의 폭발적 증가가 예상이 된다.

기업들은 제3의 이윤 원천으로써 물류의 효율화를 추진하면서 기존의 물적 유통의 개념을 넘어 조달·생산·판매 기타 정보활동 등을 포함하는 물류개념으로 확대·발전하고 있다. 즉, 물류의 중요성이 강조되면서 제조업체, 유통업체 등의 사용자와 서비스 공급자 간의 제휴라는 유형으로 나타나는 3자 물류third-party logistics로 진전되고 있다.

유통업체가 제조업체 또는 물류업체와 전략적 제휴관계를 형성하고 종합정보서비스로 연계하여 가상기업virtual enterprise을 구축하는 경우가 증가하고 있다. 따라서 유통단계가 축소되어 제품가격은 낮아지고, 배송이 빨라지므로 고객서비스가 향상되는 것이다.

그러나 e-비즈니스가 경천동지world-shaking할 만한 새로운 발견이 아니다. 사이버 경매의 예를 보자. 기존의 경매방식을 자유로운 공간과 자유로운 시간 속에서 경매가 이루어질 수 있도록 상황을 바꾸어 연출하고 있을 뿐이다. 그래서 원리에 입각한 지식의 확장이 중요하다.

사이버 세상이 찾아오기는 할 것이다. 그러나 사이버 세상이 전부가 된다는 증거는 없다. 사이버 테크놀로지가 기업을 도와줄 수 있다. 그러나 인간은 사회적 동물이라는 것을 간과해서는 아니 된다. 그저 낯선 사람들 속에 있고 싶어서 쇼핑하러 나오기도 한다는 것이다. 비즈니스는 인간적 연결고리에서 시작되며 인간적 접촉이 필요 된다. 구매자가 인간이기 때문이다. 인간이 효용과 효율의 원리에서만 행동하지 않기 때문이다.

그래서 먼저 기초적인 요소를 다진 후 어느 날 차별화differentiation를 안겨다 줄지 모를 사이버 비즈니스'cyberspace' 도구들에게 투자를 점진적으로 해야 한다.

6) 기업목적 달성과 경쟁력

행동과학인 경영의 영역에서 의사결정을 논할 때 우리는 최적의 단일 안이 존재하지 않는다고 표현한다. 이는 동일 사실을 두고 평가 할 때 인간인 의사결정자의 주관성이 개입되기 때문에 수없이 많은 최적의 안이 존재할 수 있게 된다. 그러나 최적점optimum point에 도달할 수 있는 길은 두 가지 밖에 존재하지 않는다. 그것이 수익 영역에 있어서는 최대화maximization의 방향이고, 비용의 영역에 있어서는 최소화minimization 방향이다. 이는 동전 양면성의 원리를 갖기도 한다. 이 양면성double-sidedness은 앞뒷면과 같이 한 면이 있으면 다른 면도 존재한다는 뜻으로 동전을 뒤집는 행위가 있기 전에는 한 면의 속성을 그대로 유지하므로 한 번에 한 면의 속성만 나타나는 것을 말한다. 그러므로 양면성은 정적이고 객관적인 성향을 가지게 된다. 이것이 계량경영학quantitative methods for business and management에서의 선형계획모형의 기본원리이기도 하다.

그러나 사고의 영역에서는 때로 우회하는 길도 발견할 줄 알아야 한다. 이것이 '물의 도'며 유동성이다. 희랍의 신화 중 티레시아스Teiresias는 잠자리에서 남자보다 여자가 더 재미를 본다는 말을 했다가 헤라의 분노를 사서 시력을 잃었다. 조선왕조 대사헌 조광조는 직선적 개혁만을 주장하며 왕을 피곤하게 하다가 처형당했다. 직선의 길이 최단이 될 수는 있으나 성공의 확률과 비례하는 길은 아니다. 비선형의 길도 존재함을 알아야 성공한다.

7) 경쟁력을 위한 정보기술 활용

21세기적 변화의 상징물이 컴퓨터다. 주관subjectivity(자기 견해)을 가진 인간이 중심이 되기 때문에 최적의 단일 안이 존재하지 않는 행동과학의 영역에서 효율적 의사결정을 위하여 때로는 컴퓨터의 도움을 필요로 한다. 또한 많은 정보를 신속하고 정확하게 반복처리 할 뿐만 아니라 서술적인 정보를 계량화하여 합리적인 의사결정rational decision making을 할 수 있도록 도움을 준다. 컴퓨터로 경영의 문제를 푸는 패키지가 개발되어 있는데 마음대로 지우고 덮어 쓸 수 있는 기능도 있다. 망각은 신이 인간에게 내린 축복 중의 하나임을 배우게 된다. 그래서 변화의 스트레스와 환난患難(근심과 재난) 중에서도 감사한다.

기업, 컴퓨터에 기반한 정보화라는 유행의 의복을 입고 수익의 개념은 최대화, 비용의 개념은 최소화의 방향으로 형평의 목적지management by objective 즉, 소비자의 인지가치 확장과 효과 및 효율의 극대화를 향해 가는 영원한 도망자와 같다. 창조적 파괴의 길을 가는 영원한 도망자다. 기업은 쌀을 이는 대나무광주리의 채와 같이 경사져 있어 영원히 완벽하게 채워놓을 수 없는 것이 우리 기업이 살아가는 삶의 과정이고, 이러한 의미의 뜻을 가진 것이 대나무광주리 광筐의 불영경광不盈頃筐이다.

8) 경영 의사결정의 방향

최소의 희생으로 최대의 효과 달성이라는 경제 원칙 즉, 최적점optimum point에의 도달 방향은 수익의 문제는 최대화maximization하고, 비용의 문제는 최소화minimization

하는 2가지 밖에 존재하지 않지만 그 도달할 수 있는 최단의 길을 발견하기 위한 부단한 노력이 경영 의사결정의 영역에서는 필요하게 된다. 그래서 우리는 경영을 관리의 과정이라 부르기도 한다. 지식은 비어 있음을 인지하면 움직이기 시작한다(Knowledge begins to move when it perceives it to be empty).

2. 창업아이템의 선정방법

창업을 하기 전에 자신의 성격과 적성, 전문지식 및 강점과 약점, 그리고 자금력 등을 고려한 자신에게 가장 적합한 사업업종을 선택하는 것만이 실패확률을 최소로 하는 지름길이며 성공의 확률을 높이는 것이 될 것이다. 철저한 준비만이 모든 사람들의 기대에 부응하는 것이 될 것이다. 또한 자기가 제일 좋아하는 업종을 택하면 성공확률이 높아진다. 일의 즐김과 성취도는 비례하기 때문이다(Enjoy the job so as to do game).

1) 창업아이템 선정 기본원칙

· 잠재수용자 분석potential users'profile
· 자신의 적성·경험·강점·능력의 평가
· 지속적 성장가능성 분석
· 동원 가능한 자금규모에 적합한 아이템 분석
· 인허가 절차 여부와 난해성 파악
· 수익성 예측 및 분석

2) 창업자의 성공요건

· 비전과 열정이 있는가?
· 근면 성실한가?
· 고객의 마음을 잘 읽고 있는가?
· 일을 스스로 찾아서 하는가?
· 절제력이 있는가?
· 신용관리는 잘 되고 있는가?
· 건강관리는 잘 되고 있는가?

3) 창업아이템의 흐름과 특징

(1) 개성화 individuation

융C. G. Jung의 연구논문에 '개성화individuation'라는 말이 나온다. 이는 우리의 가장 내적이고 궁극적이면서 다른 것과 비길 수 없는 유일무이한 고유성을 뜻한다. 개인이 타인과 구별되는 자신만의 고유한 존재로 성장하는 것이다. 따라서 개성화는 자기화selfhood 혹은 자기실현self-realization이라고 말할 수 있다. 한 사람이 진정으로 자신이 누구인가를 발견하는 것이 자기실현이라고 말한다. 인간이 개성화될 때 한 차원 높은 성숙된 관계를 형성한다. 개개인이 가지고 태어난 원형적 잠재력archetypal potential(겉으로 드러나지 않고 속에 숨어 있는 힘)을 온전히 성취하는 것이라고 할 수 있다.

한편, 획일화standardization는 모두가 한결같아서 다름이 없게 되는 것을 말하며, 반면 몰개성화deindividuation는 개인이 집단에 포함되면서 자신의 정체성이나 개인적 특성을 잃어버리고 집단 속에 융합된다고 느끼는 심리적 상태를 일컫는 말이다. 소비자의 레벨level이 낮은 시대에서는 모두 똑같은 수준level까지 도달하고 싶다는 동조의 욕구가 강하여 '남들과 비슷함'이라는 것이 중시되어 시장의 획일화를 가져다주었다. 이 획일화가 대량 생산과 대량 판매를 가능하게 하여 비용을 다운시키고 안정된 가격으로 소비자를 끌어들였다. 그러나 점차 소비자의 개인적 개성이 강조되면서 다양화, 차별화의 시대로 바뀌었다.

(2) 특화 specialization

각각 다른 개인, 산업, 그리고 지역 간에 차별적 생산 활동의 분업division of labor을 특화specialization라고 말한다. 하나의 재료로 구성되는 단일재의 생산에도 이동조립에 의한 분업 생산의 경우처럼 작업에 포함되는 특화가 있다. 특화는 특정의 공인工人과 상인의 작업과 같이 사회적인 생산단계에서도 생길 수 있다. 또 어떤 국가는 농산물 생산에 집중하고, 다른 국가는 공산품 생산에 집중하는 것과 같이 지역과 국가단계에서도 생긴다.

특화가 행하여지는 이유는 생산효율production efficiency을 높이고 보다 싼 비용으로 생산을 증가시키는 것으로 생각되기 때문이다. 특화는 각 개인이 각각 다른 능력을 발휘하는 이점을 가지고 있다. 즉, 각 개인이 보다 능률적으로 종사할 수 있는 전문 분야field of expertise에서 일하게 되기 때문이다. 분업도 또한 능률을 높이고 적절한 기능을 습득할 수 있게 한다. 각자의 시간을 단일작업에 집약하는intensive 것은 또 하나의 작업에서 다른 작업으로 이동함으로써 생기는 시간의 손실을 없앤다. 하나의 생산과정 내에 특화함으로써 생긴 기능의 단순화는 그 자체의 기계화와 노동절약적인 자본의 사용에 유리하다.

그러나 산업적 지역적인 특화의 범위에는 한계가 있다. 생산의 증가에 따른 비용의 상승은 특화에 의하여 얻어지는 비교우위comparative advantage를 이미 특화에 의한 이익으로 볼 수 없는 상태까지 감퇴시킨다. 또 특화는 생산물시장의 폭에 의하여도 제한을 받는다. 특화가 행하여지려면 일상생활에 필요한 재화나 용역의 생산에 있어서 상호의존interdependency할 특정한 노동자, 산업지역 등의 존재가 필요하다.

(3) 복합화 complexation

복합화complexation는 두 가지 이상이 거듭하여 합쳐지거나 그것이 합쳐져 하나로 되는 것을 말한다. 최근 창업아이템에 대한 복합화를 시도하는 업체가 늘고 있다. 즉, 호황기에는 아이템을 세분화하고 불황기엔 복합화하는 것이다. 소비심리가 살아있고 경기가 활황일 때는 세부업종간의 분파가 심화되고 판매물품이나 서비스품목 역시 전문화된다. 그러나 경기가 위축이 되면 그 반대현상이 나타난다. 특히 사업주의 경우 점포의 데드타임dead time(손님이 없는 시간대)을 없애려는 심리가 팽배해지고 수익이 될 아이템을 찾기 마련이다. 이른 바 '점포복합화' 또는 '아이템의 다각화'를 꾀하는 것이다. 이는 기본 콘셉트에 추가 메뉴나 아이템을 더해 상호 시너지 효과synergy effect를 이끌어냄으로써 점포 가동률을 극대화 하거나, 판매에 서비스를 더하고 외식에 판매를 더하는 등의 판매방식으로 복합화를 통해 수익성을 높일 수 있기 때문이다. 복합화는 서로 궁합이 잘 맞는 아이템끼리 더하는 것이 성공 포인트라고 할 수 있다. 다음 페이지의 [표5-3]는 복합아이템 및 브랜드별 사업내용을 나타내고 있다.

4) 창업아이템 발굴기법

(1) 선행 파악사항

① 사회적 · 경제적 변화의 조류와 소비자의 니즈를 파악한다.

② 선정한 업종의 성장가능성 즉, 소비자의 증기 등 추세를 세밀히 관찰한다.

[표 5-3] 점포다각화 아이템

복합아이템 및 브랜드	사업내용
베이비튜터	베이비시터 + 아동교육
후에버	에스프레소커피 + 허브, 아로마
동화친구	아동도서 + 비디오 배달
북노리	학원 + 홈스쿨 조이플렉스 DVD + 게임CD
모발관리	미용센터, 한의원, 병원 + 모발관리전문점
베스트오피스	인쇄편의점 + 사무용품 + 복사, 명함, 전단지
코바코	우동 + 돈가스 + 초밥
퓨전삼겹살	삽겹살 + 샤브샤브
학습교구놀이	놀이 + 교구학습
피자나라치킨공주	피자배달 + 치킨공주

출처 : 창업일보(http://www.news33.net)

③ 본인 자신의 적성과 취미, 경험과 강점을 최우선으로 고려한다.

④ 대금회수, 수익성, 공급 및 반품조건 등을 따져본다.

⑤ 현행업종 및 점포의 실태와 사정을 면밀히 검토한다.

⑥ 성숙기, 포화기 및 쇠퇴기가 아닌 도입기나 성장기 업종을 선택하도록 한다.

⑦ 투자자본의 적정규모를 예측해야 한다.

⑧ 폐업에 대비해 업종전환이 용이한 것인가를 평가한다.

⑨ 반드시 자신의 눈으로 직접 확인 후 결정한다.

⑩ 선택한 업종의 중장기적 미래모습을 예측해 본다.

⑪ 전문가에게 상담·자문을 의뢰하는 것도 한 방법이 된다.

⑫ 기술변화의 추세도 즉, 'technology road map'를 그려본다.

(2) 후행 선정사항

① 일반적 창업희망 아이템 정보수집

② 경험자의 체험담 청취

③ 주체적 후보 창업아이템의 정보 수집

④ 후보아이템에 대한 정보 분석 및 검토

⑤ 사업타당성 검토

⑥ 아이템 최종 확정

3. 창업아이템의 선정과 평가 방법

1) 창업아이템 탐색 방법

① 신문, 텔레비전, 잡지 등 홍보매체

② 인터넷 검색

③ 시장현상

④ 국내외 현장 확인

⑤ 인간관계 이용

⑥ 지방자치단체 민원실

⑦ 각종 관련업종협회 및 협동조합

⑧ 민간 경영컨설팅 회사

2) 창업자의 자질분석

창업자의 자질분석을 통한 업종선택은 성공·실패 여부를 결정하는 것이 전제는 아니지만 이를 통한 지표로 창업자의 자질을 추정해볼 수 있다. 다음 페이지의 [표5-4]는 창업자의 자질분석표를 나타내고 있다. 80점 이상이면 창업자의 자질이 있다고 판단할 수 있다.

4. 창업아이템의 선정 절차

1) 후보 사업아이템의 탐색

성공적인 사업아이템을 발견하기 위해서는 가능하면 많은 사업 아이디어를 발굴할 필요가 있다. 창업이 가능한 모든 분야에서부터 출발하여 점차 좁은 범위로 옮겨가면서 체계적인 분석systematic analysis을 하다보면 예비사업 아이디어가 탐색되고 이어서 창업자에게 적합한 후보 사업아이템을 선정할 수 있게 된다.

후보 사업아이템을 선정하는 과정 및 절차를 살펴보면

첫째, 사업 아이템 선정의 기본 틀framework이라고 할 수 있는 창업 상품과 시장과의 관계 및 사례별 성공가능성을 살펴볼 필요가 있다. 창업아이템으로서 가장 적합한 경우는 기존 상품existing product을 아이템으로 하여 새로운 시장에 뛰어드는 경우와 새로운 상품을 개발하여 기존 시상existing market에 참여할 경우이다.

[표 5-4] 창업자의 자질분석표

배점 : 각 항목에 대해 (예) 라고 답한 경우 5점
(보통) 이라고 대답한 경우 3점
(아니요) 라고 대답한 경우 1점

판정 합산점수 90점이상~100점 창업자질이 매우 높음
80점이상~90점 창업자질이 비교적 높음
70점이상~80점 창업자질이 약간 높음
60점이상~70점 창업자질이 보통임
50점이상~60점 창업자질이 다소 낮음
40점이상~50점 창업자질이 낮음

구분	항목	배정		
		예(5)	보통(3)	아니오(1)
①	낙관적인 성격인가?			
②	가족의 동의, 협력을 구했는가?			
③	사람을 만나는 것을 좋아하는가?			
④	신용은 곧 생명으로 안다.			
⑤	성취욕구가 높다.			
⑥	자신의 운명을 통제할 수 있다고 믿는다.			
⑦	매사에 정열정이다.			
⑧	한번 결정하면 끝까지 한다.			
⑨	다른 사람을 설득할 수 있는 힘이 있다.			
⑩	아이디어가 풍부하다.			
⑪	새로운 방식을 빨리 받아들인다.			
⑫	남의 일이라도 자진해서 해주기 좋아한다.			
⑬	건강에 자신이 있다.			
⑭	무슨 일이나 집념으로 행한다.			
⑮	교제에 능숙하고 많은 친구가 있다.			
⑯	많은 과제를 가지고 일하는 것이 즐겁다.			
⑰	곤란한 일에 대해서는 투지가 솟는다.			
⑱	남보다 한 발 앞서가려는 마음이 강하다.			
⑲	언제나 장래에 하고 싶은 일이 생각난다.			
⑳	참을성이 강하다.			
합계	총점			

- 자료 : 김경도, 소자본창업강좌, 2020, 경일대학교 평생교육원

둘째, 성공 가능성이 높은 상품 유형의 선별이 필요하다. 성공적인 제품 또는 상품이 되기 위해서는 상품으로서 갖추어야 할 몇 가지 요건을 살펴보면 아래 [표5-5]과 같다.

[표 5-5] 성공적인 상품의 기본요건

상품유형	기본요건
욕구충족형 상품	필요성 인정되나 욕구를 충족시킬 수 있는 제품을 생산하는 방법을 아는 사람이 이제까지 없었다. 욕구의 인식 부족으로 인해 제품이 개발되지 않았다. 미래 욕구 분출 가능성이 있다.
경쟁력이 있는 상품	품질향상 - 실용신안 의장등록 - 신뢰성 증가 및 특징 추가 - 품질 및 디자인 개선 원가절감 - 저렴한 원재료 개발 - 기술혁신
일정기간 수요증가 예상 상품	소비자 취향의 변화 소비자 의식의 변화

셋째, 성공가능성fighting chance이 높은 상품유형과 기본요건을 기준으로 현재 존재하는 기존 상품을 조사한다. 성공가능성이 높은 이들 기존상품을 찾는 방법에는 ① 정책적으로 지원하는 중소기업 즉, 중소기업 진흥(제품 구매 촉진에 관한 법), 중소기업 고유 업종 및 계열화 업종(중소기업의 사업영역 보호 및 기업 간의 협력 증진에 관한 법 시행령 발표), 도시형(공업배치 및 공장설립에 관한 법 시행령 제34조 관련 별표1), 벤처기업 업종(벤처기업 육성에 관한 특별조치법), ② 한국표준산업분류표 및 표준산업분류표 해설집, ③ 세계무역 박람회, 산업박람회 및 발명품 전시회 등 참관, 그리고 ④ 제품 아이디어 관련 간행물의 활용 등의 방법을 통해 기존상품을 조사할 수 있다.

넷째, 기존상품의 응용 및 개선 가능성을 정밀 검토한다. 색깔이나 모양을 변경하거나 순서, 부품, 그리고 패턴 등을 재 비치하거나 확대, 축소, 대체, 그리고 결합 등의 방법을 동원하여 특징이 개선되고 성능이 우수해진다면 창업에 적합한 후보사업 아이템이 예비적으로 선별되어지는 것이다.

2) 후보아이템의 점검방법

창업자는 후보아이템의 선정이 끝나면 사업아이템으로서 가능한지를 검토하여야 한다. 후보사업아이템의 검토 요령은 어떤 특정한 규칙이나 체계가 확립되는 것은 아니다. 창업자의 형편과 사정에 따라 간단하게도 복잡하게도 검토해 볼 필요가 있다. 일반적으로 사업을 수행하는데 필요한 핵심요소key element나 조건에 대해 가능한지 아닌지를 객관적으로 나열하여 사업아이템을 정리해 나가는 자가진단 문단법 [표5-6], 가중치 부여 차트 순차화 방법 [표5-7] 등으로 아이템을 검토해 볼 필요성이 있다.

[표 5-6] 성공적인 상품의 기본요건

① 법적으로 금지된 사업인가? (예, 아니오)
② 사회 환경에 해로운 영향을 미치는 사업인가? (예, 아니오)
③ 국가산업정책에 위배되는 사업인가? (예, 아니오)
④ 사회적으로 혐오의 대상이 될 수 있는 사업인가? (예, 아니오)
⑤ 거대한 자본과 특수설비를 필요로 하는 사업인가? (예, 아니오)
⑥ 특수한 기술과 원자재를 필요로 하는 사업인가? (예, 아니오)
⑦ 경쟁이 치열하며 진입장벽이 높은 사업인가? (예, 아니오)
⑧ 시장이나 판매조직이 전혀 형성되어 있지 않는 사업인가? (예, 아니오)
⑨ 대체재나 보완재가 존재하는 사업인가? (예, 아니오)
⑩ 이 사업에의 진입을 어렵게 만드는 독점적 기업이 존재하고 있는가? (예, 아니오)

이와 같은 문항을 체크한 후, '예'에 체크된 문항이 많을수록 부적합한 사업으로 평가된다.

[표 5-7] 차트 순차화 방식

순서	창업아이템	지식경험	기술 독창성	진입 용이성	자본 적합성	합 계
1						
2						
3						

5. 창업아이템의 선정 기준

1) 아이템 선정의 원칙

어떤 업종을 선택하느냐의 문제는 창업에 있어서 가장 중요한 사항이다. 그래서 다음과 같은 업종 선택의 기본 관점 즉, 아이템 선정의 기본 원칙basic principle을 고려하여 업종을 선택하여야 할 것이다.

① 업종의 성장 가능성은 있는가?
② 경험이나 특징을 활용할 수 있는 업종인가?
③ 인가나 허가를 받아야 하는 업종인가?

2) 창업아이템 선정 시 유의 사항

앞에서 개략적으로 살펴 본 아이템 선정기준을 토대로 창업 아이템 선정시 고려사항을 정리해 보면 다음과 같다.

- 유망 아이템에 대한 선입견과 고정관념을 버린다.
- 창업자의 적성 · 경험 · 능력 · 강점을 최우선적으로 고려한다.
- 현재의 직종을 중시한다.
- 단계를 밟아 인내력을 가지고 사업 아이템을 선택한다.
- 민감한 사업 아이템, 미확인된 사업 아이템을 경계한다.
- 하이테크high-tech(고도한 과학기술을 중시)형 아이템보다는 하이터치high touch(인간의 감성과 기술의 조화)형 아이템을 추구한다.
- 사양 사업declining industry을 무시하지 않는다.
- 누구나 좋다고 생각하는 사업 아이템에 현혹당하지 않는다.
- 퓨전시스템fusion system을 활용한다(입구口 + 새조鳥 = 새의 부리가 아닌 울 명鳴의 사고를 한다). 즉, 기존의 문화를 완전히 해체하지 않으면서 과학기술, 요리, 패션, 영화, 음악 등 각각의 문화들이 서로 융합하여 새로운 것을 만들어 가는 것이다.
- 틈새 전략niche strategy을 중요시한다.

사업아이템 선정에 있어서 가장 중요한 것은 창업자의 경험 · 적성 · 능력에 맞는 사업아이템을 선택하는 일이다. 아무리 좋은 아이템이라 하더라도 창업자가 잘 모르는 사업 분야라면 경영에 위기가 닥쳤을 때 대응능력responsiveness이 부족하고, 경영전략 수립에도 한계가 있기 때문에 특별한 경우가 아닌 비전문 분야 창업은 삼가는 것이 좋다.

생각의 포인트 **최고의 안식처**

'밤낮으로 실험에만 열중하는 토머스 에디슨(1847~1931)에게 부인이 말했다. '당신은 너무 일만하니 어디서 좀 쉬고 오시는게 좋겠어요.' 에디슨은 난감하다는 듯 아내의 얼굴을 물끄러미 바라보며 물었다. '어딜 가지?' '어디든 당신이 제일가고 싶은 데로요.' '그러지.' 이튿날 에디슨은 제 시간에 연구실에 나타났다.

조선시대 사람 최응효가 과거를 보러 갔다가 답안지에 쓴 글씨 하나가 중국의 서예가 왕희지 것보다 더 잘 쓴 것 같아 차마 답안지를 제출하지 못하고 품에 안고 집으로 되돌아 왔다는 것이다. 훗날 열심히 연습한 끝에 최응효는 유명한 서예가가 되었다. 그는 서예에 미쳐 성공했던 것이다. "미치지 않으면 미치지 못한다"는 아닐 불不, 미칠 광狂, 미칠 급及의 불광불급이라는 사자성어를 생기게 한 사람이다.

미쳐야 미친다(도달한다). 이렇듯 불광불급不狂不及은 미친 듯한 열정이 아니면 큰 성취를 이룰 수 없다는 뜻이다.

공자는 도를 아는 사람은 좋아하는 사람만 못하고, 도를 좋아하는 사람은 즐기는 사람만 못하다고 했다. 자왈子曰, 지지자知之者 불여호지자不如好之者요, 호지자好之者 불여낙지자不如樂之者니라 했다. 기업의 업무도 마찬가지리라. 그래서 자기가 즐거워하는 업業을 선택하면 성공할 확률이 그만큼 높다는 것이다.

길은 많다. 그러나 그 많은 길을 다 가보기에는 우리의 생이 너무 짧기 때문에 자기가 제일 잘하는 것 제일 좋아하는 일을 한다면 성공할 확률probability of success은 그만큼 높아진다. 타고난 에너지를 부족한 곳을 채우려고 낭비해서는 안 된다. 개구리가 아무리 높이 뛰는 연습을 열심히 해도 새가되지 못한다.

창업자의 적성은 사업가적 적성뿐만 아니라, 사업 분야에 대한 적성도 함께 고려하지 않으면 아니 된다. 다른 요소보다도 창업자의 적성 · 경험 · 능력을 우선적으로 고려하여야만 사업실패 확률이 낮고, 경영위기 시 대처 능력이 높아 안정된 사업을 영위해 나갈 수 있다고 하겠다.

생각의 포인트 **창업자 자신의 발견**

바다에서 떠오른 게 한 마리가 어느 해변에서 먹이를 찾고 있었다. 배고픈 여우가 마침 그 게를 발견하고는 달려가서 붙잡았다. 여우가 막 먹으려는 순간 그 게가 말했다. '난 불행을 당해도 싸. 바다생물인 주제 육지 동물이 되기를 원했으니까.' 결국 자기들의 관례대로 하던 일을 버리고 낯선 일을 하려는 사람들은 재앙을 맞게 될 확률이 높다.

- 이솝 「우화」 -

음악가musician는 음악을 만들어야 하고, 화가painter는 그림을 그려야 하고, 시인poet은 시를 써야 한다. 진정한 마음의 평화를 얻고자 한다면 자신이 원하는 일을 해야 한다.

- 아브라함 매슬로 -

좋아하는 일을 직업으로 삼아라. 그럼 평생 동안 억지로 일할 필요가 없다.

- 중국속담 -

6. 창업아이템의 선정 방법

1) 사업아이템 선정 방법

(1) 유망사업의 판단 기준

창업자들의 가장 큰 고민은 성공가능성fighting chance이 높은 유망사업을 찾을 수 있느냐 하는 것이다. 창업의 최대 문제점은 바로 좋은 아이템을 찾는 일일 것이다. 혼인에 있어서 가장 중요한 일은 예식장이나 결혼예물을 고르는 일이 아니라 결혼할 상대자를 찾는 일이 듯 창업을 하기 위해서는 무엇보다 먼저 창업할 사업아이템을 찾아야 한다. 그것은 창업에 대한 깊은 관심과 치밀한 준비에 의해서 가능해진다.

또한 행복한 결혼생활의 첫째 조건이 자기의 마음에 꼭 드는 배우자를 선택하는 것이 듯 성공적인 창업을 위한 첫째 조건도 자기 마음에 꼭 드는 사업아이템을 고르는 것이다. 그래서 감성적 성격요소와 현실적 환경여건을 과학적으로 평가하여 창업아이템을 선정하여야 한다. 창업에 대한 깊은 고뇌가 필요하다.

(2) 거시적 유망사업과 미시적 유망사업

유망한 창업아이템을 고르는 데도 이와 같이 2가지 기준이 있는데 하나는 거시적 관점이라는 기준이고, 다른 하나는 미시적 관점의 기준이다. 유망사업에도 거시적 유망사업과 미시적 유망사업이라는 2가지 종류가 있다.

거시적 유망사업이란 시대적 추세를 볼 때 발전가능성이 높은 미래의 사업을 두고 하는 말이다. 예를 들면, 요즈음 신문이나 방송에서 유망사업 분야라고 입을 모으고 있는 이차전지, 첨단로봇(스마트 물류로봇 등), 미래자동차(전기 · 수소차 충전 등), 정보통신분야, 생명공학분야, 그리고 우주항공분야와 같은 첨단산업분야가 그런 것이다. 거시적 유망사업이란 현재의 성공에 무게가 있는 사업이 아니라 미래의 성공에 무게가 있는 사업이다.

창업의 역사를 보면 많은 전문가들이 성공을 점쳤던 일이 실패하고 반대로 실패를 점쳤던 일이 성공하는 경우가 수없이 많다. 그러나 그처럼 승패가 뒤바뀐 일이 있었다고는 하지만 전체적으로 보면 성공한 자에게는 최소한 공통적인 성공이유'common denominator of success'가 있었고, 실패한 자에게는 최소한의 실패한 이유가 있었다.

그러므로 성공하고자 하는 자는 무엇보다도 먼저 창업의 역사가 가르쳐주는 공통적인 성공요인을 찾고 분석하는데 앞장서야 할 것이다. 그리고 나서 자기의 독창적인 길을 기획해야한다. 자기가 계획한 좁은 길로 가야 생존한다. 사냥에 나선 독수리는 떼지어 날지 않는다. 고뇌와 고독과 긴장을 사냥의 도구 쯤으로 간주해야 한다.

1 거시적 유망사업

유럽의 한 유명 신발회사가 아프리카 진출을 계획하고 두 번에 걸쳐 현지시장조사(현지 시장에서 기업이 직접 상품이나 서비스의 생산, 유통, 그리고 수요 등에 관한 자료를 수집하여 분석하는 일) 요원을 파견했다. 첫 번째 시장조사를 마치고 돌아온 직원은 이렇게 보고했다. '아프리카에서 신발장사란 발상 자체부터가 잘못인 것 같습니다, 신발을 신는 사람이 있어야 신발을 팔 수 있을 텐데 아무도 신발을 신지 않으니 누구에게 신발을 팔겠습니까?'

그러나 두 번째 시장조사를 마치고 돌아온 직원은 다음과 같이 전혀 다른 보고를 했다. '아프리카의 신발시장은 그 가능성이 무궁무진합니다. 아직 단 한사람도 신발을 신은 사람이 없으니 이들에게 신발을 신도록 한다면 얼마나 큰 시장이 되겠습니까?'

이 이야기는 세월이 흘러가는 상황에 대한 '미시적 판단'과 '거시적 판단'이 어떻게 다를 수 있는가를 말해 주는 예다. 아프리카에서의 신발장사는 당장 눈앞에 나타난 분명한 현실만을 따지는 미시적 관점에서 보면 어려울 것이 틀림없지만, 미래의 장기적 전망으로 보면 엄청나게 좋은 시장이 될 수 있다. 이것이 사고의 유연성flexibility of mind이다.

창업은 근본적으로 오늘의 성공보다는 내일의 성공'future success'을 전제로 하는 일이다. 비록 시작은 보잘 것 없더라도 갈수록 성공할 확률이 높은 사업이라면 모든 창업 희망자aspiring entrepreneur들이 그 길을 선택할 것임이 분명하다. 창업자는 우선 거시적 관점에서 사업의 기본방향을 제대로 잡아야 한다. 만일 자기가 선택한 사업의 기본방향이 거시적 관점에서 볼 때 잘못된 방향이라면 성공할 가능성은 그만큼 희박할 수밖에 없다.

② 미시적 유망사업

미시적 유망사업이란 한마디로 자신이 가진 제반조건all conditions을 감안한 때 현실적으로 자기에게 가장 좋은 사업아이템을 말한다. 중소기업이나 소상공인이 창업할 때 선택해야 할 아이템은 바로 미시적 입장micro position의 좋은 아이템이다. 창업에 관한 한 타인에게 좋아도 나에게 나쁘면 그것은 나쁜 아이템이다.

사업아이템을 고르는 일은 서로 다른 동물들이 먹이를 고르는 일과 같다. 소와 말은 풀을 좋아하지만 사자나 호랑이는 고기를 좋아한다. 객관적으로 보면 고기도 좋은 먹이고 풀도 좋은 먹이다. 그러나 육식동물에게는 풀이 소용없는 먹이고 채식동물에게는 고기가 소용없는 먹이다. 그러므로 소와 말에게는 고기가 나쁜 음식이고, 사자나 호랑이에게는 풀이 나쁜 음식이다. 이처럼 나에게 좋지 않는 것은 아무리 많아도 소용없는 것이다. 따라서 유망사업아이템이란 창업자 자신의 종합적인 여건에 가장 적합한 아이템이 유망한 사업아이템이다.

2) 유망 아이템의 선정 전략

(1) 유망 아이템

사업 아이템을 선정할 때 가장 중요시 여겨야 할 부분이 그 사업의 전망이다. 이는 창업의 핵심이 된다. 유망 아이템의 엄격한 의미는 성장성 즉, 장래성이 있고 사업의 공극적인 목적이라 할 수 있는 수익률'rate of return to investment'이 높은 업종으로서, 안정적인 매출 실현이 가능할 뿐만 아니라 자금 회전율turnover이 높은 업종이라 할 수 있다.

그러나 현실적으로 이런 유망업종을 찾기란 쉽지 않다. 만약 이런 사업 아이템이 있다면 이미 많은 업체가 성업 혹은 창업 예정 중일 것이다. 그렇다면 오히려 유망 아이템이라기보다는 실패율failure rate이 높은 업종으로 분류할 수 있을 것이다. 유망 아이템이라 하더라도 경쟁사가 많은 업종은 실패할 확률이 높기 때문이다.

따라서 유망 아이템이란 성공확률이 높은 업종이라기보다는 실패율이 낮은 업종으로서 어느 정도의 부가가치가 있고, 기본시장이 존재하여 향후 수요 확대의 여지가 큰 업종 정도로 해석하는 것이 창업자에게 적절하다고 보여 진다. 왜냐하면 창업이란 너무 낙관적이면 방심하게 되고, 사업을 통해 일확천금을 노리다 보면 곧 실패의 문턱에 이를 수 있기 때문이다. 토끼가 사는 초장이 너무 무성하면 코끼리 떼와 사자가 진입한다.

그러므로 사업 아이템 선정 시 유행에 휩쓸려 인기 있는 아이템을 선정하고 사업을 시작하면 결국은 동 업체들과의 지나친 경쟁으로 인해 사업운영이 힘든 경우가 생길 수도 있다. 그 시대의 풍조나 경향(시류時流)에 휩쓸린 섣부른 아이템 선정은 금물이라고 하겠다. 이익을 내면서 건강하게 성장할 수 있는 아이템을 선정해야 한다. 치가동기値加動機다. 이익 즉, 가치 증식이 있어야만 존재의미를 부여받을 수 있다는 것이 기업이다.

(2) 유망업종의 기본요건

① 실속 있으며 시류(그 시대의 풍조나 경향)에 맞는 업종의 선택
② 자본규모에 적정한 업종 선택
③ 대기업이 참여하기 곤란한 새로운 분야의 사업 선택

(3) 유망 사업 아이템 찾는 법

① 잘 아는 전문분야를 선택한다. 즉, 출신 · 직업특성을 살리면 절반은 성공이다.
② 자금회전 기간이 짧은 아이템을 선정한다.
③ 시장창출형 아이템을 선택한다.
④ 계절성이 지나치게 강한 아이템은 피한다.
⑤ 환경영향을 고려한 아이템을 선택한다.
⑥ 소비성이 강한 생필 소비재에 우선순위를 둔다.

3) 창업자의 성격과 창업아이템

창업업종을 정하는데 창업자의 성격이 큰 변수가 된다. 대다수의 사람들이 창업 시 가장 큰 비중을 두고 고려하는 부분이 '어떤 아이템이 수익이 많이 나는 아이템일까?' 이다. 그러나 성격에 대한 철저한 분석에 가장 큰 비중을 두어야 한다. 성격에 대한 철저한 분석이 없이 시작한 창업에서 실패의 사례를 우리는 빈번하게 본다. 예를 들면, 소극적인 성격의 소유자가 판매업에 뛰어든다든지, 그다지 손재주가 없는 사람이 제작업을 한다든지 하는 등이다.

이렇듯 자신의 적성을 잘 파악하는 것이 실패를 방지하는 방법이 된다. 따라서 아이템 선택의 중요성은 나에게 어떤 유형의 아이템이 맞는지 미리 조사하여 둘 필요가 있는 것이다.

7. 창업정보 지원 사이트

창업정보를 구한다면 먼저 인터넷 소자본 창업지원 전문 사이트를 클릭해보면 도움이 된다. 대표적인 소자본 창업사이트를 소개하면 아래와 같다.

① 소상공인시장진흥공단(www.sbiz.or.kr) : 중소기업청에서 개설한 종합데이터베이스 사이트, 전국 60여 만개 업소 위치 정보를 얻을 수 있어서 상권별 현황을 알아보는데 유용하다.

② 소호월드(www.sohoworld.co.kr) : 소호비즈니스 정보와 다양한 창업 소식을 전달한다. 홈페이지를 통해 동호회를 만들 수 있다는 것은 이 사이트만의 특징이다.

③ 한국프랜차이즈산업협회(www.ikfa.or.kr) : 프랜차이즈 업계를 대표하는 국제 프랜차이즈협회(IFA)가 운영하는 홈페이지다.

④ 프랜차이즈 프리(www.franchiseplaza.co.kr) : 외식, 유통, 서비스별로 프랜차이즈 정보를 제공, 국내 대부분 프랜차이즈 본사를 볼 수 있다는 것이 특징이다.

⑤ 창업e닷컴(www.chaangupe.com) : 창업 및 프랜차이즈, 체인 인큐베이팅, 생활경제, 유망아이템, 속보, 법률, 세무, 경영 등 무료로 컨설팅을 제공한다.

⑥ 창업진흥원(www.kised.or.kr) : 창업교육부터 사회화지원, 판로개척 등 사업전반에 걸친 창업지원을 통해 혁신성장을 기치로 기술혁신형 창업을 적극 지원하고 있다.

⑦ k-startup(www.k-startup.go.kr) : 대한민국 창업포털 k-startup에 로그인을 하면, 창업과 관련된 다양한 회원서비스를 이용할 수 있다.

이외에도 한국창업개발연구원(http://www.kid.re.kr)이 추천하는 소자본 창업 사이트를 알아본다(한국일보, 2020.2.4.).

① 오마이비즈(www.ohmybiz.co.kr) : 소자본창업관련 포털 사이트. 국내외 최근 창업 동향과 유망 아이템을 소개하고 오프라인과 연계한 창업세미나 등을 소개해준다. 또 창업칼럼과 창업 상담실을운영, 창업에 대한 정보와 지식 등을 관련 전문가를 통해 전달해 준다.

② 창업오케이(www.changupok.com) : 창업관련포털 사이트. 점포, 소호, 프랜차이즈, 여성창업 등 부문별로 다양한 컨텐츠를 제공한다. 창업아이템 추천, 회원전용 상담실을 운영한다.

③ 한국창업넷(www.sosaup.co.kr) : 토털창업컨설팅 사이트, 점포클리닉, 일본정보, 각종 신업종, 상담 서비스를 제공한다.

④ 아이창업(www.ichangup.co.kr) : 자체 선정한 유망 프랜차이즈, 대리점, 가맹점 등을 분야별로 소개하고 오프라인과 연계한 사업설명회와 창업스쿨을 운영한다. 또한 주요 언론매체의 창업뉴스를 모아놓았다.

⑤ 금주의 신규 창업정보(www.magicsystem.co.kr) : 새로운 아이템을 빠르게 접할 수 있는 것이 장점이다. 체인본사의 가맹점 모집 정보도 한 눈에 볼 수 있다.

⑥ 한국여성경제인협회(www.womanbiz.or.kr) : 여성기업을 지원하고 여성경제인의 권익보호와 사업토대 구축을 위해 설립됐다. 창업 정보관을 통해 여성창업 과정과 여성창업특징, 창업자금지원제도 등의 정보를 제공한다.

CHAPTER 6 사업타당성 분석과 이해

CHAPTER
6 사업타당성 분석과 이해

원리에 기초를 둔 과학성science과 상황적합에 기반을 둔 기예성art은 상반된 것이 아니다. 경영의 단면인 것이다. 중고 자동차를 팔고 새 자동차를 살려는 사람에게 교통수단을 판다는 생각은 경영의 과학성이고, 안락함과 그 시대의 시류에 맞는 미려함을 보태어 가는 것은 경영의 기예성이다. 원칙에 입각하는 경영과 변화에 기반을 둔 경영자 정신이 상반된 역할을 하는 것이 아니다. 동일한 목적지향 속성을 가진 두 가지 다른 측면이다. 기업경영의 원리를 배우지 못한 기업가는 오래 가지 못하고, 지속적 변화의 경영자 정신이 부족한 경영자 역시 오래 기업을 유지해 갈 수가 없다.

이것을 시리기리時利奇利라고 한다. 시류에 맞는 혁신으로 큰 이익을 본다는 의미다. 시류에 존재하는 고객의 니즈 발견이 성공경영의 시작점이 된다. 변화를 거듭해서 확인해야 한다. 세월의 본질이 변화이기 때문이다.

자기의 숭고한 인생가치를 실현하려는 웅지great ambition를 품고 사업을 하려고 준비하고 있는 청년의 경우, 관건은 어떤 좋은 일이 일어나거나 지금보다 발전된 변화가 있도록 만드는 결정적인 원인이나 기회가 되는 계기가 '있는가', '없는가'에 있는 것이 아니라, 그 사업을 위해 사전 경험을 쌓거나 기술 등을 배워서 자기 것으로 만드는 그러한 능력(즉, 학습할 능력)이 '있는가', '없는가'에 있다. 만일 일정한 기능과 기술 그리고 지식을 소유하지 못했다면 그런 '계기'가 있다 하더라도 그것을 발견하고 이용하지 못하고 놓치게 될 것이다. 왜냐하면, 계기는 머리를 짜는 사람만을 편애하며 그것을 어떻게 추구하는가를 아는 사람만을 귀하게 여기기 때문이다.

1. 사업타당성 분석의 의의

사업타당성 분석은 창업자들이 창업 혹은 신규로 진출하고자 하는 사업의 가치를 평가하고 기술, 시장 점유율, 그리고 경제성 등을 평가하며 총체적인 분석을 통하여 가치를 측정하는 과정이라 할 수 있다. 사업을 추진함에 있어 사업의 내용을 정리하고 계획을 수립하는 사업계획서와 동일시하는 경우가 있는데 이것은 엄격하게 구별해야 한다.

사업타당성 분석은 창업 성공의 첫 번째 단계라 볼 수 있다. 따라서 사업타당성 분석은 선정된 후보사업의 상세한 분석 즉, 시장성과 판매전망 분석, 제품 및 기술성 분석, 수익성과 경제성 분석, 그리고 사업 가능성 등을 확인하는 과정이라 볼 수 있다.

반면, 사업계획서는 사업타당성 분석 후 사업타당성이 인정된 경우에 작성하는 것으로서 사업의 내용, 경영방침, 기술성, 시장성 및 판매전망, 수익성, 소요자금조달 운영계획, 그리고 인력 충원계획 등을 일목요연하게 표현한 일체의 서류를 말한다.

좋은 아이디어를 수익성과 연결시키기 위해서는 여러 중간과정을 거쳐야 하는데, 특히 중요한 것이 사업타당성 분석을 소홀히 하거나 주관적으로 유리하게 생각하고 사업을 하는 경우가 많은데 이 경우 대부분은 '실패하는 사례failure case'가 된다.

1) 사업타당성 분석의 중요성

사업타당성 분석은 창업을 실패로부터 지켜줄 수 있는 좋은 보조 장치이다. 중소기업 창업은 물론 아무리 작은 소규모 창업, 심지어 구멍가게small store의 창업일지라도 필수적으로 꼭 작성해볼 필요가 있다. 자기가 하고자 하는 사업에 대해 사업성business feasibility(사업으로의 가치=상품성+시장성)이 있는 것인지를 판단하는 일은 매우 중요하다. 창업은 한번 잘못하면 본인뿐만 아니라 온 집안까지 망하여 파멸의 길을 걷게 되는 무섭고 어려운 도전이다. 그러므로 만일 사업성 없는 일이라면 아예 시작하지 않는 것이 상책이다.

문제는 사업성(=상품의 가치+시장의 규모)이 있는지 없는지를 어떻게 정확하게 판단하느냐는 것이다. 실제로 사업에서 실패한 경우를 보면 모두가 사업성을 평가해 보지 않았기 때문이 아니라 사업으로서의 가치 즉, 사업성을 잘못 평가하는데 그 근본적인 원인이 있다. 평가도 아무리 완벽하게 잘 했다고 하더라도 실제로 창업을 하게 되면 많은 차질이 생길 수 있고 따라서 전혀 예측하지 못했던 문제 때문에 실패하는 경우도 얼마든지 있다.

2) 사업타당성 분석의 내용

사업타당성 평가 항목에는 다음과 같은 분석이 있다.

① 먼저, 일반적으로 계획사업과 창업자의 적합도 즉, 계획사업의 수행능력 평가, 계획 제품의 생산가능성, 품질, 성능 및 하자 여부 등을 검토하는 '기술성 분석technical analysis'이 있다. 기술성 분석은 계획하고 있는 제품이나 용역의 생산과 판매에 관련된 기술적 측면에 대한 전반적인 검토와 분석을 말한다. 즉, 계획하고 있는 사업을 영위하는데 필요한 기술, 기계와 장비, 자재와 노동력, 그리고 입지 및 시설 등을 대상으로 하

[표 6-1] 사업타당성 분석의 기본과제

① 얼마나 팔리겠는가? — 판매 추정을 하기 위한 시장조사
② 기술적으로 타당한가? — 생산품의 생산이 기술적으로 실현가능성 조사
③ 소요자금은 얼마인가? — 소요자금에 대한 추정치 산정
④ 수익성은 어떠한가? — 사업 투자여부에 대한 최종대안의 분석

사업성=상품성(상품의 가치)+시장성(시장의 규모)
상품성이 있는 제품(또는 서비스)이라고 하면
먼저, 제품의 품질이 우수해야 한다(cost-effectiveness).
차별화 이미지가 있어야 한다.
관심을 끌 수 있는 제품이어야 한다.
차별화 기능이 확보되어 있는 제품이어야 한다.
시장성이 있는 제품이라고 하면
가격이 적당(누구나 쉽게 접근할 수 있는)해야 한다.
유통에서 커버할 수 있는 타깃target이 실질적으로 광범위해야 한다.
공산품(소비재)이거나 쉽게 구할 수 있는 제품이어야 한다.
기능이나 효과가 입증된 일반화된 제품이어야 한다.

여 제반의 기술적인 측면을 검토하고 평가하는 분석영역이다.

② 판매시장 환경, 경쟁상태, 시장진입 가능성 및 중장기 수급 전망 등을 검토하는 것이 '시장성 분석marketability analysis'이다. 이 시장성 분석은 판매를 고려하고 있는 상품을 실제 시장에서 어느 정도 팔 수 있는지를 조사하여 분석하는 것이다.

③ 적정 수익률 확보를 위한 경영요소인 '손익분기점 분석cost-volume-profit analysis'은 손익 분기점(BEP)break-even point(순이익과 순손실 점)을 알아내기 위하여 판매량의 변화에 따른 수익, 영업비용OPEX(operating expense)과 영업이익EBIT(earning before interest and taxes)의 관계 등을 파악하는 분석이다.

④ 시설규모, 판매와 일반관리비 등 적절한 비용 분해 등을 검토하는 '수익성 분석profitability analysis'은 생산한 제품과 서비스를 판매해서 예상되는 매출액과 투입되는 비용을 추정한 후, 창업을 통해서 어느 정도 수익을 달성할 수 있는지를 분석하는 과정이다.

⑤ 기타 종업원의 조직적합도, 입지, 그리고 상품조달 위험성 등을 분석하는 '위험요소 분석risk factor analysis'이 있다. 이러한 위험요소 분석은 어떤 대안을 선택할 때

부딪힐 수 있는 위험 요소를 찾아내고, 그에 따른 위험의 정도를 평가해서 이를 관리할 수 있는 방안을 수립하는 기법이다. 대안을 추진할 때 만나게 되는 위험요소는 외부 환경요소로 경제, 기술, 정치, 규제, 사회, 문화, 경쟁사, 고객, 협력사, 그리고 대체상품 등이 있고, 내부 환경요소로는 인력, 자원, 조직문화, 전략, 그리고 기술 등이 있다.

그리고 ⑥ 중장기경영계획의 '실현 가능성realizable possibility'은 중기 및 장기경영계획이 현재 이용 가능한 기술로 해결될 수 있는 정도 등을 나타낸다.

이와 같이 사업타당성 분석은 창업 성공의 첫 번째 단계라 볼 수 있으며, 그 필요성은 다음 네 가지로 요약할 수 있다.

첫째, 창업자 자신의 주관적인 시각 즉, 자기의 견해나 관점을 기초로 하는 사업구상이 아닌, 객관적이고 체계적인 자신의 견해나 관점에서 벗어나 제3자third party의 입장에서 사물을 보거나 생각하는 사업타당성 검토business feasibility review는 계획사업 자체의 타당성 분석을 통해 창업회사의 성공률을 높일 수 있다는 장점이 있다.

둘째, 창업자들이 사업타당성 검토를 통하여 구상하고 있는 기업의 제 형성요소를 정확하게 파악하여 창업기간을 단축할 수 있고, 효율적인 장업업부를 수행할 수 있다.

셋째, 창업자가 독자적으로 점검해볼 수 없는 계획제품의 기술성, 시장성, 수익성, 자금수지계획 등 세부항목을 분석하여 제시함으로써 해당업종에 대해 미처 깨닫지 못한 세부사항을 사전에 인지하여 효율적 창업 경영을 도모할 수 있다.

넷째, 기업의 구성요소를 정확하게 파악함으로써 사장(대표이사)의 경영능력 향상에 도움을 줄뿐만 아니라, 계획사업의 균형 있는 지식습득knowledge acquisition과 보완해야 할 사항을 미리 확인하여 조치를 취할 수 있게 된다.

2. 사업타당성 분석의 체계

사업타당성 분석은 크게 2단계로 나누어, 예비 사업성 분석preliminary feasibility analysis과 본 사업성 분석main feasibility analysis으로 분류할 수 있다.

1) 사업타당성 분석의 절차

(1) 예비 사업타당성

프로젝트의 선정 전에 다수의 예비 프로젝트를 선별해 가는 과정으로 후보사업 아이디어 발견을 위해 사업가능 아이디어를 나열하고, 예비사업 아이디어를 발견한 후, 예비사업성 분석 및 후보사업 아이디어를 1차적으로 선정한다.

(2) 본 사업타당성

본 사업성 분석은 예비 사업성 분석에서 1차적으로 선정된 후보사업 아이디어를 상세히 분석한 뒤, 아이템 적응성 분석, 시장성 및 판매전망 분석, 제품 및 기술성 분석, 수익성 및 경제성 분석, 그리고 재무 분석과 일반관리계획 등을 통해 사업성공 가능성을 확인하는 과정이다.

[표 6-1] 사업타당성 분석흐름도

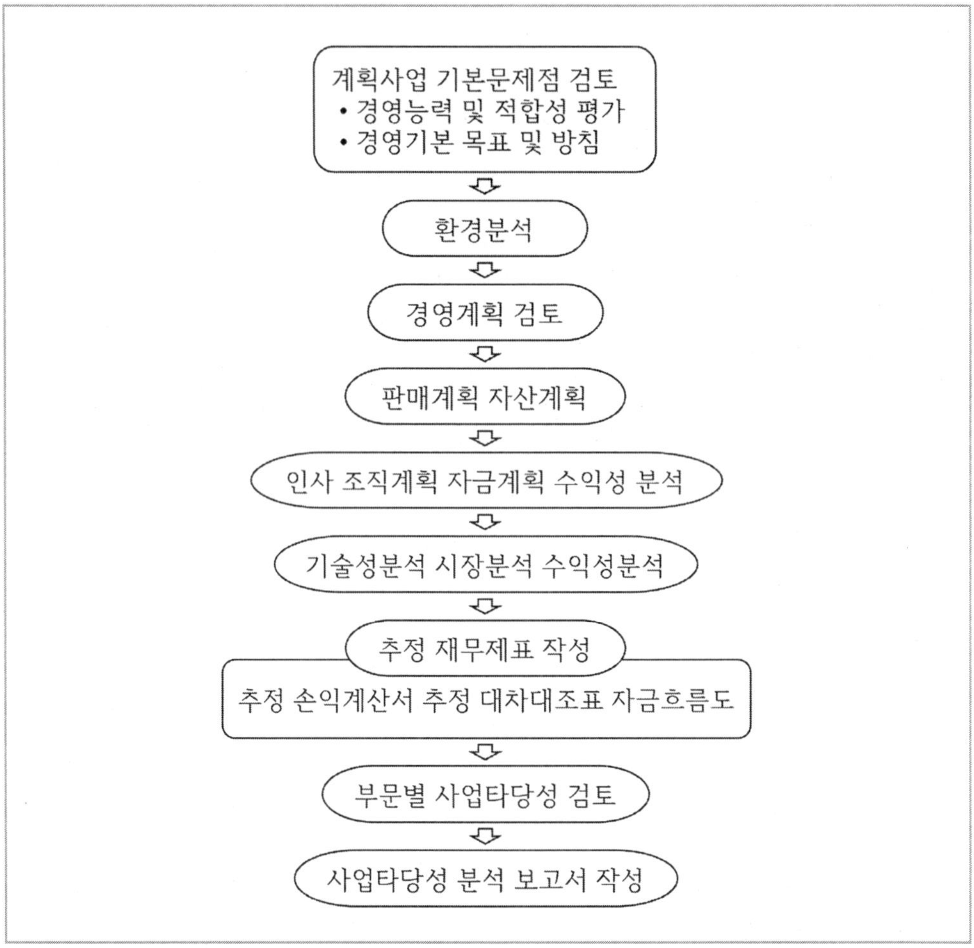

2) 사업타당성 평가

(1) 사업 능력 및 적합성

1 사업 수행능력 평가

창업자가 기업가로서 갖추어야할 적성과 자질을 얼마나 갖추고 있는지를 평가한다. 후천적으로 해당사업 분야와 관련되는 분야에서 경험과 지식의 깊이가 얼마나 되는가를 평가해야 한다. 창업멤버의 구성 및 통제능력, 서비스 및 기술혁신 능력, 국내외적 기업 환경의 변화 속에서 기업성장에 가장 적합한 결정을 내릴 수 있는 종합분석 및 판단능력이 필요하다.

2 사업의 수행능력 평가요소

계획사업은 창업자 자신이 수행한다. 사업아이템 선정에서부터 사업규모 결정권자는 바로 창업자 자신이다. 따라서 창업자가 기업가로서 갖추어야할 적성과 자질을 얼마나 잘 갖추고 있으며, 후천적으로 해당 사업 분야와 관련되는 분야에서의 경험과 지식의 깊이가 얼마나 되느냐 따라 사업성의 성패가 결정된다고 볼 수 있다.

또한 창업 사업계획을 성공적으로 수행하기 위해서는 창업자에게 업무 수행 능력이 필수적으로 요구된다. 이들 요소는 창업자가 기업가로서의 사명과 책임을 다하기 위해 필요한 요소들로서 가정유지 능력, 창업 멤버의 구성 및 통제능력, 서비스 및 기술혁신 능력, 그리고 국내외의 복잡한 경영·경제적 환경변화 속에서 기업성장에 가장 적합한 결정을 내릴 수 있는 종합 경영분석과 판단능력 등이 있어야 한다.

그러나 이와 같은 창업성공의 필수적 요소인 창업자의 적성, 경험, 지식 및 업무수행 능력을 완벽하게 구비하고 태어난 창업자는 그리 많지 않을 것이며, 이런 요소를 갖고 있지 않는 창업자라고 해서 반드시 실패한다는 의미는 아니다. 다만 창업 성공의 필수요소를 많이 갖고 있는 창업자일수록 사업성공 가능성이 높다는 사실이다.

이런 관점에서 계획사업 수행능력 및 적합성 평가요소는 크게 나누어 창업자의 선천적 적성과 자질, 창업자의 경험과 지식, 그리고 경영능력 등 후천적 자질로 구분할 수 있으며, 이들 요소의 구체적인 평가항목은 다음과 같다.

첫째, 창업자의 선천적 적성 및 자질의 세부 평가 항목으로는 모험심, 가능성에 대한 집념, 스케일, 리더십, 의지력, 기타 창업자의 성격·체질·체력적인 소질로 분류할 수 있다.

둘째, 후천적 경험 및 지식의 세부 평가 항목으로는 가정유지 능력, 창업 멤버의 구성 및 통제능력, 서비스 및 기술혁신 능력, 경영 · 경제적 환경 적응능력, 그리고 경영분석 · 판단능력으로 분류하여 평가해보아야 한다.

[표 6-2] 계획사업의 수행능력 평가요소

평가요소	세부 평가 항목
적성 및 자질 (선천적 자질)	① 모험심 ② 가능성에 대한 집념 ③ 스케일 ④ 리더십 ⑤ 의지력 ⑥ 기타 창업자의 성격 · 체질 · 체력적인 소질

- 자료 : 정상모 외, 창업경영과 실무, 2019, 형설출판사.

(2) 시장타당성 분석

1 시장성 분석

평가요소	세부 평가 항목
경험 및 지식 (후천적 자질)	① 창업관련 분야에서의 경험 ② 학문과 지식 ③ 창업자의 자격 ④ 교제인물의 폭과 깊이 ⑤ 창업환경을 둘러싸고 있는 인과관계
업무수행 능력 (경영능력)	① 가정유지 능력 ② 창업 멤버의 구성 및 통제능력 ③ 서비스 및 기술혁신 능력 ④ 경영 · 경제적 환경적응 능력 및 경영분석 · 판단능력

시장분석에서 얻으려고 하는 핵심정보는 매출액과 판매비의 추정치이다. 그 외에도 사업의 시작 및 운영과 관련된 시장에 관한 정보를 수집하고 분석하여야 한다. 시장분석에 포함되어야 할 사항은 다음과 같다.

① 시장의 특성 : 시장의 지리적 위치, 수송방법, 현재 운임, 유통조직, 대금결제 방법 등 일반적인 거래 관행

② 수요분석 : 주된 소비자, 소비량, 소비 총액, 선호하는 제품의 종류 등

③ 공급분석 : 국내 및 국외의 주요 공급자, 경쟁자 및 그들의 판매 가격, 품질, 판매전력 등

④ 매출추정 : 이상의 조사를 근거로 하여 생산품에 대한 총수요량, 금액, 그리고 시장 점유율 등을 예측한다. 필요에 따라 생산품별, 지역별, 시기별 수요량과 금액을 추정한다.

⑤ 판매비 추정 : 목표 매출을 달성하기 위한 인건비, 광고 선전비 등 판매비를 추정한다.

2 소비자 분석

소비자가 고객으로 자기회사 제품을 구입할 때만이 제품의 효력이 발휘되는 것이며, 기업성장의 발판이 마련되기 때문이다. 따라서 시장성 분석, 특히 전반적인 시장동향 분석market trend analysis 시에는 반드시 소비자 분석consumer analysis이 뒤따라야 한다. 소비자의 구성 분포 및 변화 추세를 분석함은 물론 제품의 소비 형태와 소비단위 및 구매동기와 소비자 수요 형태 등에 대해서도 분석해 보아야 한다.

소비자의 구성분포는 지역별, 연령별로 현재의 성향과 변화추세 등을 분석하여야 하며, 제품의 소비형태 즉, 정기적 구매인지, 일시적 구매인지, 또한 재 구매의 순환주기는 얼마나 되는지, 1회의 소비단위는 어느 정도 되는지 분석해 봐야 한다. 그리고 구매가 발생하는 동기, 소비자의 수요 자극 요소 및 경향 등에 대해서도 분석해 보아야 한다.

① 제품의 생명주기 : 제품의 생명주기를 무시하고, 그 시장에 진입한 경우에는 사업 실패와도 연결 될 수 있는 확률이 높아진다. 라이프 사이클은 비단 제조업에만 국한된 것은 아니며, 도·소매업 및 서비스업에도 적용된다. 모든 사업에 있어서 제품생명주기가 존재하는 것이며, 이 생명주기에 대한 철저한 분석 없이는 사업성공 자체가 어렵게 되는 것이다. 따라서 계획제품의 라이프 사이클에서 도입기, 성장기, 성숙기, 포화기, 그리고 쇠퇴기 중 어디에 해당되는지에 대해서도 실제 다음의 충분한 분석이 요구된다 하겠다.

② 제품가격 분석 : 제품 경쟁력의 첫째 요소는 제품가격이다. 가격정책을 어떻게 수립하느냐가 마케팅 성공의 지름길이 된다. 마케팅 성공이 기업성공의 열쇠가 될 수 있기 때문에 결국 시장성 분석에 있어서 제품가격 분석을 필수적 항목이라 볼 수 있다. 제품가격 분석은 크게 나누어 제품의 가격정책, 가격 경쟁력 및 가격 추세 분석으로 분류할 수 있다. 신제품을 시장에 출현시킬 때는 우선 가격정책을 수립하는 일로부터 염두에 두어야 한다.

③ 수요예측 : 일정 기간에 소비자 또는 고객에게 판매되는 상품의 수량 또는 금액을 측정하는 것이다. 즉, 시장성 검토에서 가장 중요한 항목은 수요분석을 기초로 하여 장래의 수요를 예측하는 것이 수요예측demand forecasting이며, 이 수요예측은 예상매출액으로서 수치화 된다. 수요예측이 사업성 분석과정에서 중시되는 이유는 판매계획, 생산계획 및 자금조달 운용계획이 바로 이 수요예측 즉, 예상 매출액 추정으로부터 출발하기 때문이다.

(3) 기술적 분석

기술적 타당성technical feasibility이란 제품의 생산과 관련되는 제 요소 즉, 제품이 원만하게 생산될 수 있는지를 분석하는 요소이다. 제품에 대한 특성, 생산 시스템, 공정 등에 대한 조사 분석과 더불어 공장입지, 시설계획 및 조업도, 그리고 원재료조달 및 개선가능성 등을 종합적으로 분석하여야 한다.

특히 특허나 실용신안 등 공업소유권에 의한 창업의 경우에는 이론과 실제와의 격차가 어느 정도인지, 또 예상되는 불량률 및 하자발생의 가능성은 없는지를 세밀하게 검토하여야 한다. 왜냐하면, 공업소유권은 기술 자체의 평가이지 사업 성공가능성의 확인이 아니기 때문이다. 아무리 훌륭한 기술이라도 소비자를 위해 상품화되지 않으면 그 사업은 성공할 수 없는 것이다.

기술적 타당성 분석technical feasibility analysis은 사업계획의 기술적 타당성과 원가 추정cost estimation을 위한 기초 자료를 제공하고, 사업에 영향을 미치는 여러 가지 요인을 고려하여 기술적 대안을 비교, 검토하는 단계이다.

기술적 타당성 분석에서는 시장분석의 결과에 의거하여 설정한 매출수량을 만족시키기 위한 생산 활동의 기술적 실현가능성과 제품원가의 추정치이다. 이러한 정보를 얻기 위해 조사해야 하는 내용은 다음과 같다.

① 제품의 특성 : 제품의 용도 및 특성

② 제조공정 : 채택공정의 세부적인 흐름분석

③ 기계와 장비 : 규격, 성능, 신뢰성, 가격, 대금 지불 방식, 애프터서비스, 예비 부품조달, 인도방식과 일정 등

④ 원자재 : 종류, 가격, 수령, 공급자, 공급자 위치, 공급방법 등

⑤ 건물 : 크기 및 특성, 건축비 등

⑥ 대지 및 위치 : 규모, 가격, 위치 등

⑦ 동력과 용수 : 전기 가스, 공업용수 수요량과 조달방법, 비용 등

⑧ 폐기물 : 종류, 수량, 처리 방식, 관련 비용, 규제 등

⑨ 일정 : 공장건설 소요기간

⑩ 인력 : 직접 · 간접 노동력, 기술수준, 임금 등

⑪ 원가 및 설비투자비용 추정 : 제조원가 추정 및 설비 투자액 추정

(4) 수익성 · 경제성 · 안정성 분석

창업이 내일의 성공을 전제로 하는 것이기 때문에 미시적 유망성rose color과 거시적 유망성을 동시에 고려해야 한다. 그래서 수익성, 경제성, 타당성 분석의 필요성이 제기된다. 수익성, 경제성, 타당성 분석의 평가항목은 크게 나누어 ① 수익 전망, ② 손익분기점 분석, 그리고 ③ 투자수익 및 계획사업의 경제성 분석 등으로 분류할 수 있다.

첫째, 수익 전망은 창업 후 3년 내지 5년간의 추정 손익계산서(제조원가명세서 포함), 추정 대차대조표 및 자금수지 예상표를 작성한 후, 이를 근거로 중장기 수익 전망(당기순이익) 및 흑자실현 가능 시점 등 수익성을 검토한다.

둘째, 손익분기점 분석은 손익분기점 매출액 즉, 기업이 영업활동에서 발생하는 수익과 비용이 일치하는 매출액과 비용은 어느 정도이며, 어느 시점에 실현 가능한지를 중점적으로 분석한다. 또한 부수적으로 손익분기점 산출 후 판매수량, 금액, 고정비fixed cost, 변동비variable cost 등이 최적의 균형을 이룰 수 있는지도 검토되어야 한다.

어느 정도의 매출을 실현해야만 이익도 손실도 아닌 분기점에 도달할 수 있는 것이며, 분기점 도달 시점은 영업개시 후 언제가 될 것이냐가 분석의 핵심과제가 되는 것이다.

손익분기점 분석은 이와 같이 사업 성패의 관건인 동시에 자금수지계획의 지침이기도 하다. 매출이 손익분기점에 이르기 전까지, 그리고 손익분기점에 이른 후에도 일

정기간 동안은 자금의 투입만이 이루어지기 때문에 동기간 동안 소요될 자금을 미리 확보하지 않으면 사업이 본궤도main track에 오르기 전에 도산하고 마는 결과를 가져올 수 있는 것이다. 따라서 손익분기점 분석은 자금조달계획을 미리 수립하기 위한 척도scale(평가하거나 측정할 때 어떤 사실이나 원리 등에 근거하는 기준)로도 활용할 수 있다.

(5) 재무 분석과 일반관리 계획

재무 분석을 실시하기 위해서는 먼저 판매계획, 생산계획 및 일반관리계획을 수립해야 한다. 재무 분석에서 수행되어야 할 조사와 분석은 다음과 같다.

① 총 소요자금 추정 : 창업사회의 사업성 분석과 사업계획에 있어서 총 소요자금 추정은 매우 중요하다. 사업실패의 주요원인 중의 하나는 자금 부족인데, 자금 부족lack of funds을 초래하는 원인 중의 하나가 소요자금 추정의 부정확성 때문이다.

② 자금조달 계획 : 총 소요자금이 추정되면, 자금조달 계획을 수립하여야 한다. 자금조달 방법에 따라 지불될 이자의 크기 등이 결정되며, 이에 따라 사업의 수익성도 영향을 받게 된다.

③ 추정재무제표 작성 : 추정재무제표를 작성해야 한다. 특히, 추정손익계산서, 추정대차대조표 등은 보통 3~5년의 미래에 대하여 작성한다. 추정재무제표를 작성하기 위해서는 추정제조원가, 판매비 추정치, 일반관리비 추정치, 지급이자 추정치 등이 필요하다.

④ 수익성지표 계산 : 사업의 내부수익률internal rate of return, 프로젝트의 현가 등 사업의 전체적인 수익성을 나타내는 지표를 구하여 사업의 수익성을 평가하여야 한다. 이와 같은 수익성을 계산하기 위해서는 관심대상이 되는 기간에 대해 일정 기간 동안 기업의 현금흐름을 나타내는 현금흐름표statement of cash flows를 작성하여야 한다.

⑤ 미래의 경영상태 지표 계산 : 미래의 사업경영 상태를 나타내는 지표들, 예를 들면 유동성비율(유동비율, 당좌비율 등), 그리고 수익성 비율(매출액이익률, 총자본이익률, 자기자본 이익률 등)을 구하여 미래의 경영 상태를 검토하여야 한다.

3) 사업타당성 분석의 평가요소

사업타당성 분석의 평가요소는 [표6-3]와 같다. 사업타당성 분석 후 사업계획서 수립과의 연결과정은 [그림6-2] 사업타당성분석의 기본체계와 같이 정리된다.

[표 6-3] 계획사업의 수행능력 평가요소

평가요소	세부평가항목
사업수행 능력 및 적성분석	· 사업적성 및 자질(적성 또는 흥미, 추진력, 건강 등) · 경험과 지식(창업분야 관련) · 창업자의 경영능력(아이디어, 기획능력, 영업력, 상황판단 등)
시장성 분석	· 사업 아이템의 국내 · 외 동향, 잠재수요 · 동업계 현황 및 실적분석(판매조직 및 판매전력) · 시장규모 추정 및 특성분석 · 유통구조 및 특성분석 · 예상 소비자 특성 분석(소득수준, 구매형태 및 수용가능성 등) · 상권분석(수요예측, 통행인구, 소비형태, 교통조건 등) · 점포 및 입지여건(건물상태, 주변 환경, 주거환경, 동선traffic line 적합 여부) · 판매전망
기술성 분석	· 기성제품에 대한 비교우위성 · 시설계획 및 조업능력 · 원재료 조달 · 기술 및 기능인력 확보 · 예상 불량률 및 개선 가능성
수익성/경제성 분석	· 투자비용 분석 · 자금조달 능력 검토 · 수익전망(채산성분석) · 손익분기점 분석
재무 분석	· 소요자금의 조달 가능성 · 자금조달, 운용계획표 작성 · 차입금 상환능력 검토

[그림 6-2] 사업타당성분석의 기본체계

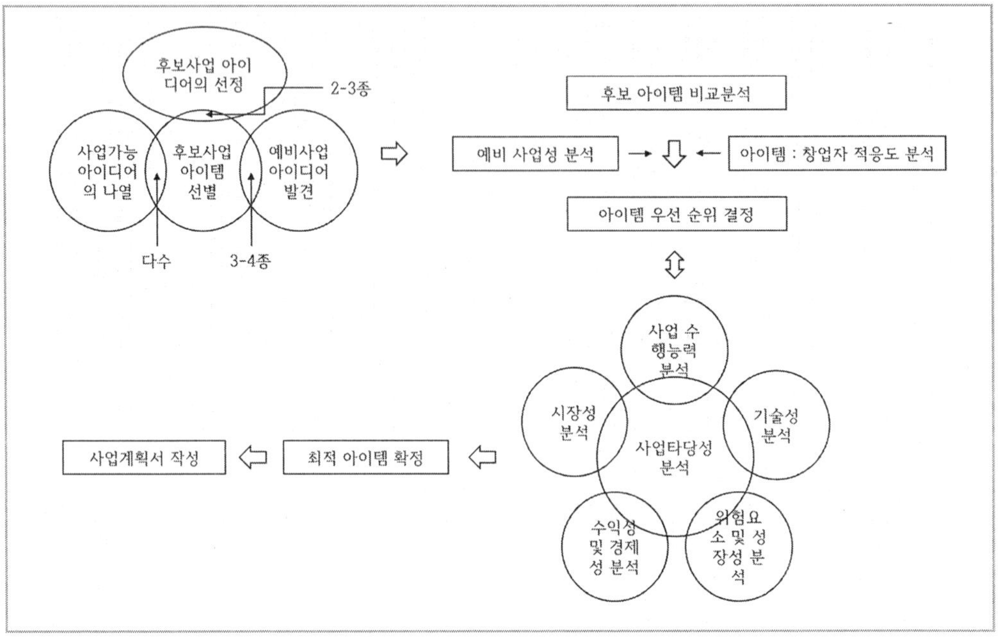

3. 사업계획서의 작성 내용

1) 사업계획서의 개념

사업계획은 고려하고 있는 사업을 하기 위해 앞으로 실행할 일련의 활동에 대한 계획이다. 사업계획을 기록해 놓은 서류를 사업계획서라고 한다. 사업계획과 사업계획서는 같은 의미로 사용되기도 한다. 영어로 'business plan'은 '사업계획' 또는 '사업계획서"를 뜻한다.

사업계획과 사업타당성 분석business feasibility analysis의 연관성에 대해서 살펴보면, 사업타당성 분석은 고려중인 사업의 성공 가능성을 조사하는 일이다. 한편, 사업계획은 실행 계획action plan이다. 그러므로 먼저 사업타당성 분석을 실시하여 그 결과가 긍정적이면 실행계획 즉, 사업계획을 수립하는 것이 순서이다. 그러므로 사업계획과 사업타당성 분석은 서로 다른 것이다. 하지만 사업계획을 수립하자면 사업타당성 분석에서 수집했던 자료와 획득했던 정보를 많이 사용하게 된다. 따라서 사업타당성 분석과 사업계획은 서로 다른 것이기는 하지만 실제에 있어서는 대단히 밀접한 관계를 가지고 있다.

사업계획서는 사업의 실현을 위한 행동 계획이다. 그러므로 사업계획서는 조리 있게 준비되어야 한다. 아무리 좋은 사업이라 하더라도 그 실행계획이 잘 짜여 있지 못하면 성공하기 어렵다. 또한 아무리 짜임새 있는 계획을 구상하였다 하더라도 그것이 사업계획서에 잘 표현되지 못하면 관계자로부터 그 사업의 우월성superiority을 인정받지 못하게 될 것이다.

사업계획서는 창업자 자신을 위한 것이다. 사업계획을 '타인에게 보이기 위한 것', 아니면 '실제 내용보다는 형식을 위한 것'으로 생각하는 소극적인 태도passive attitude는 버려야 한다. 사업계획은 자금 동원이나 동업자partner를 구할 목적으로 작성하여 관계 기관에 제출하거나 관계자에게 보이는 경우도 많은데 그런 경우에도 그것이 남을 위한 것이 아니고 자신을 위한 행위라는 점을 인식하여야 한다.

아무리 간단해 보이는 사업이라 하더라도 계획을 세우지 아니하고 즉흥적으로 행동하면 성공하기 어렵다. 그러므로 창업자 단독으로 사업을 추진하는 경우라 하더라도 사업계획은 작성하는 것이 좋다.

사업계획은 문서화하는 것이 좋다. 머릿속에 작성한 사업계획만으로도 훌륭히 사업을 성공시킬 수 있는 능력을 갖춘 사람도 있다. 그러나 대부분의 사람은 그러하지 못하며, 사업은 그 규모가 커지면 창업자 자신뿐만 아니라 타인을 움직이어야 하므로 기록으로 표현된 행동 지침인 문서화된 사업계획이 필요하다.

2) 사업계획서의 필요성

사업계획은 구체적이고 객관적이어야 하며, 상대방으로 하여금 신뢰성을 주는 사업계획서가 작성되어야 한다. 사업계획의 수립은 철저히 조사되고, 가능성possibility만이 아닌 실질적인substantial 실천계획서로 작성되어야 한다.

일반적으로 창업자의 실패원인은 외적 요인과 내적 요인으로 구분하여 볼 때 내적 요인에 의한 실패가 절대적이다. 이러한 요인제거를 위한 최우선과제는 무엇보다도 정확한 사업계획의 입안에 있다. 창업은 한 개인의 운명을 좌우할 뿐만 아니라 관계자들에게도 절대적 영향을 미칠 수 있는 실로 중대한 일이기 때문에 결단에 앞서 사전에 충분한 검토과정과 계획을 거치지 않으면 안 된다. 따라서 사업계획서의 필요성을 요약해 보면 다음과 같다.

첫째, 창업자 자신이 창업 및 발전전략을 설계해 보는 기회가 되고, 주관적인 사업

구상이 아니라, 객관적이고 체계적으로 사업을 검토할 수 있다.

둘째, 창업에 필요한 제반요소를 점검하고 부족한 부분을 파악함으로써 효율적으로 창업과정을 수행하고 생존율을 높인다.

셋째, 창업과정에서 어떠한 전략을 취할 것인가를 세밀하게 분석하여 결정할 수 있다.

넷째, 창업자가 외부로부터 자금조달을 원하는 경우, 창업자가 자신의 '기회'를 외부투자가(엔젤투자, 벤처캐피탈)에게 체계적으로 설명하기 위해서 필요하다.

4. 사업계획서의 용도와 종류

1) 창업자의 입장에서 본 사업계획서의 용도

사업계획서의 수립은 고려중인 사업을 성공으로 이끄는 데 많은 도움이 되는 것으로, 사업계획의 용도는 다음과 같이 정리할 수 있다.

(1) 사업의 성공 가능성 타진

사업계획서를 작성한다는 것은 사업의 성공 가능성을 점검할 수 있는 좋은 기회가 된다. 계획을 작성하는 과정에서 사업의 다양한 문제점을 발견하게 되는 경우도 많다. 사업타당성 분석을 별도로 실시하지 아니하고 사업계획을 작성하는 경우는 사업계획 작성 과정에서 사업성을 검토하게 된다.

(2) 의사소통의 수단

사업계획은 고려하는 사업에 참여할 투자자, 동업자, 그리고 간부급 인사들과 의사를 교환할 때 중요한 보조 자료가 된다. 대부분의 사업은 '구두로만은make an oral promise' 충분히 설명하기 어려울 정도로 복잡할 뿐만 아니라, 제안 사업을 구두로 설명하려면 관계자들로부터 충분히 이해를 얻기 어렵다. 짜임새texture 있게 작성된 사업계획은 주변의 사람들을 움직이는 중요한 수단이 된다.

(3) 초기의 행동지침

사업계획은 창업 초기의 업무 추진계획이다. 사업이 일단 시작되면 처리해야 할 업무가 많고 시간이 부족하여 가능한 여러 가지 대안들을 검토하고 세부적인 계획을 수립하는 일에 많은 시간을 보낼 수 없게 되는데, 이때 사업계획은 유용한 행동지침이다.

2) 투자자 입장에서의 용도

(1) 투자 사업의 타당성을 판단하는 자료

사업 계획은 투자자가 투자에 관한 의사 결정을 하는데 사용하는 가장 기본적인 자료이다. 사업계획은 사업 제안자와 투자자가 직접적이나마 최초로 접촉하게 하는 매개물인 경우가 많다. 사업계획이 어느 정도 가능성을 시사해야 사업 제안자와 투자자를 직접 만나서 사업을 논의 할 수 있게 될 것이다. 하여튼 사업계획은 사업평가의 가장 기본적이 자료이다.

(2) 창업자와 경영진의 능력평가 자료

투자자들이 사업계획서를 통하여 가장 관심을 가지는 사람은 창업자와 경영진이 계획사업을 성공시킬 능력을 가졌는가? 이다. 또 투자자들은 사업계획서에 나타난 여러 가지 내용들 예를 들면, 업계의 동향, 시장의 추이, 경쟁상태, 사업의 독창성, 소요자금, 그리고 대상기업의 현재 재무상태 등에 대하여 사실 확인을 하고 사업의 타당성을 평가한다.

3) 사업계획서의 종류

사업계획서는 그 형식, 포함된 내용의 완벽성 등에 따라 다음과 같이 몇 가지로 나누어 볼 수 있다. 사업계획서의 형식이 고정되었는지 여부에 따라 고정형식fixed form 사업계획과 자유형식free form 사업계획으로 나눌 수 있다.

(1) 고정형식 사업계획

고정형식 사업계획이란 사업계획의 형식이 미리 정해져 있는 사업계획서를 말한다. 즉, 창업투자 회사, 금융기관, 그리고 정부기관 등에서는 사업계획 형식을 미리 작성해 놓고 신청자들로 하여금 주어진 형식에 따라 사업계획을 작성하도록 하는 경우가 많다.

(2) 자유형식 사업계획

자유형식 사업계획은 사업계획 작성자가 임의로 결정한 형식에 따라 작성한 사업계획을 말한다. 이 형식에 의한 사업계획을 작성하는 경우에도 사업계획서에 포함되어야 할 내용은 고정형식 사업계획서의 경우와 유사하다. 자유형식 사업계획서를 작성하는 경우에 포함되어야 할 내용과 형식은 그 구성형식에 따라 약식 사업계획서를 작성하는 경우에 포함되어야 할 내용과 형식은 그 구성형식에 따라 약식 사업계획서와 완전 사업계획서로 구분할 수 있다.

① 약식 사업계획서 : 약식 사업계획서란 사업계획의 모든 내용을 자세히 포함하지 아니하고 요점만 간략히 정리한 사업계획서를 말한다.

② 완전 사업계획서 : 완전 사업계획서는 사업계획의 모든 사항을 상세히 포함하는 사업계획을 말한다.

5. 사업계획서 작성 방법

1) 사업계획서 작성의 절차

사업계획서는 그 목적, 용도 및 제출기관에 따라 내용상 차이가 있으며, 분량과 첨부 서류에도 큰 차이가 난다. 따라서 사업계획서 작성 전에 미리 기본계획과 작성순서를 정하여 작성하여야만 시간과 노력을 절약할 수 있으며 내용도 충실해질 수 있다. 효율적인 사업계획서 작성을 위해 사업계획서를 실제 작성하기 전에 미리 준비할 사항과 사업계획서 작성의 기본 순서를 알아두는 것이 필요하다.

[표 6-4] 사업계획서 작성의 기본절차

제1단계 : 사업계획서 작성의 목적에 따라 기본방향을 설정한 다음 기본 목표와 방향을 정하여 사업계획서의 초점을 잡는다. 제2단계 : 사업계획서 작성 목적 및 제출기관에 따라 소정양식이 있느니 미리 파악하여야 한다. 제3단계 : 사업계획서 작성 계획의 수립으로 대부분의 사업계획서는 사업계획 추진 일정상 일정기한 안에 작성해야 할 필요성이 있다. 제4단계 : 사업계획서 작성에 직접 필요한 자료와 첨부 서류 등을 철저히 준비한다. 제5단계 : 작성해야 할 사업계획서의 형태를 결정한다. 제6단계 : 실제 사업계획서를 작성하는 일이다. 사업계획서 작성자는 사업계획서 작성요령을 미리 숙지하여 둘 필요가 있다. 그리고 제7단계 : 사업계획서의 편집 및 제출이다. 사업계획서는 내용도 중요하지만 그 내용을 포괄하고 있는 표지 등 편집도 대단히 중요하다.

2) 사업계획서 작성요령

사업계획서만 읽으면 누구나 창업하고자 하는 사업의 내용을 명료하게 알 수 있도록 구체적으로 작성하는 것이 좋다. 내용에 실현 가능한 계획을 수립하고 가급적이면 전문적인 용어를 피하고 단순하고도 보편적으로 설명을 해나가는 것이 좋다. 근거가 불충분한 자료 또는 비논리적인 추정은 피한다. 사업의 잠재된 문제점과 발생 가능한 위험요소를 기술하고 그에 대한 대안을 제시함으로서 변화에 대한 대처능력을 표현하는 것이 바람식하다.

창업의 목적이 개인적인 이익만을 추구하는 것이 아니라 공공의 이익public interest을 아울러 추구한다는 것을 알리는 것이 좋다.

(1) 사업계획서 작성기준

① 결론에 대한 자신감 및 명료성 : 사업계획의 종합 결론으로서 설득력 있는 내용으로 간단명료하게 작성한다.

② 주요 내용 및 핵심성essentiality 강조 : 주된 생산 제품만 기술하며 부수적이고 다양한 생산제품에 대한 기술은 가급적 피한다.

③ 장래성prospects(A possibility to be successful or making it big in the future) : 향후 기술개발 가능성과 사업의 발전 잠재력을 강조한다. 특히, 사업주체의 경영능력 강조한다.

④ 사업 주체의 경영능력 강조 : 인력 및 경영진의 이력과 특징을 기술한다.

⑤ 제품 및 기술의 이해 가능성 : 전문적인 용어의 사용은 피하며 단순하고 보편적인 설명으로 이해시킬 수 있도록 한다.

⑥ 객관성 기준 : 근거가 불충분한 자료 혹은 비논리적인 추정은 피한다.

⑦ 위험 대처 능력 및 탄력성 : 계획사업의 잠재된 문제점과 향후 발생 가능한 위험요소를 기술하고 그에 대한 대안을 제안한다.

⑧ 정확성과 조달 가능성 : 자체 조달 가능 자금의 내역과 규모를 정확히 표현한다.

(2) 사업계획 작성기법

사업계획 본문의 제일 첫 부분에는 계획하고 있는 사업의 총괄적인 내용을 요약, 표시하여 계획내용을 정리한다. 총괄요약은 어떤 사업을 하려고 하며, 사업성공을 위하여 어떠한 방식으로 계획내용을 구성하고 있는가를 이해관계자들에게 종합적으로 보고

하는 총괄표이다.

총괄요약은 사업계획의 전체내용을 포함하고 있으므로 편집 및 정보제공 기능상 맨 처음에 위치하는 형식을 취하고 있으나 실무적으로 모든 사업계획수립이 완료된 다음에 각 부문별 계획서를 바탕으로 맨 나중에 작성되는 것이다.

따라서 전체계획을 한눈에 알아보고 계획사업의 전체적인 윤곽을 그려볼 수 있도록 함축적인 어휘와 숫자로 요약 기재하되 숫자의 단위를 분명히 표시하여 이용하는 사람이 혼동되지 않도록 유념할 필요가 있다.

3) 사업계획서 작성 시 유의사항

(1) 사업계획 작성의 기본 요점

사업계획이 자신을 위한 것이되 타인과 접촉하는 수단이며 사업계획을 이해시키는 방법이라는 점에서 그것을 작성할 때는 기본적으로 신뢰성, 능력, 그리고 창의성을 보여야 한다.

① 신뢰성reliability : 사업계획서는 그것의 독자가 그 내용을 믿을 만한 것이라는 생각을 갖도록 작성되어야 한다.

② 능력ability : 창업자 및 경영진은 사업을 성공적으로 경영할 수 있는 능력이 있음이 나타내도록 하여야 한다. 과거의 경험, 학위, 발명, 그리고 수상 경력 등을 밝힐 수도 있다.

③ 독창성creativity : 사업계획서는 계획사업이 기존의 다른 사업과 다른 점을 설명하여야 한다. 예를 들면, 특허, 제품의 성능, 경영방법, 그리고 표적시장 등에서 기존의 사업과 다른 점을 명시하여야 한다.

(2) 세부적인 유의 사항

① 계획하는 사업과 그 사업의 잠재력business potential에 대한 서술을 가능한 짧게 한다. 투자가의 관심을 끌 수 있는 내용만 사업계획서에 포함시킨다.

② 계획사업의 내용을 지나치게 다양하게 나열하지 않는다. 관심을 한 두 가지의 주요 생산품과 주요 시장으로 집중시킨다. 신설기업은 여러 기회를 모두 이용할 능력이 부족하므로 노력을 한정된 대상에 집중한다.

③ 경영진에 공석executive vacancies을 두지 않는다. 투자가들은 경영진에 대하여 처음부터 확실히 알고 싶어 한다.

[표 6-5] 사업계획 작성기법

○ 사업명 : 사업명칭을 간략히 기재한다. ○ 생산계획 관련내용 · 생산 품목명 : 주요 생산품들에 대한 품목명을 기재한다. · 생산능력 : 상기 제품의 연간 생산능력을 기재한다. · 생산계획 : 주요 제품의 생산량과 금액을 생산계획에서 발췌하여 기재한다. · 점유율 및 가동률 : 생산능력기준 점유율과 가동률을 기재한다. · 경쟁업체 : 주요 품목별 경쟁업체를 적고 그 업체의 생산능력기준 점유율을 기재한다. ○ 판매계획 관련내용 · 판매계획 : 창업 초기 년도 판매수량과 총매출액을 국내 판매(내수)와 수출로 구분 기재한다. · 시장점유율 : 판매계획 기준 시장점유율을 내수와 수출로 구분, 산출하여 기재한다. · 총자본이익률 : 경영상태 분석을 통하여 총자본이익률(순이익/총자본)을 매출액 순이익률(순이익/매출액)과 총자본회전율(매출액/총자본)로 분해하여 기재한다. ○ 입지계획 관련내용 · 입지 : 입지관련 정보를 간략히 기재한다. · 건설시간 : 공장, 사무실, 영업소 등의 건물 신축의 경우 건설기간을 명시한다. ○ 인원계획 관련내용 : 종업원 수를 사무직과 기술직으로 구분 기재한다. ○ 자금계획 관련내용 : 자금계획에 의거 소요계획과 조달계획을 원천별로 구분하여 금액 단위로 요약 기재한다. ○ 원재료 조달계획 관련내용 : 주요 원재료 조달계획을 조달원천별로 구분, 수량, 단가, 금액을 기재한다. ○ 기타 특기사항 : 위의 기재내용 이외에 계획사업과 관련하여 특별히 제공할만한 내용이 있으면 기타 특기사항에 요약 기재한다.

④ 생산품과 공정을 설명할 때 전문적인 용어나 전문가만이 이해할 수 있는 방법을 사용하지 않는다. 투자자는 그가 이해하지 못하는 사업에 투자하려 들지 않는다.

⑤ 근거가 불충분하거나, 애매한 표현을 하지 않는다.

⑥ 계획사업의 현재 또는 잠재적인 문제점을 밝히고 그것을 설명한다. 투자가가 발견한 문제점에 대하여 명쾌한 설명이 없으면 기업가는 신용을 잃게 된다.

⑦ 창업가는 사업계획을 작성하는 사내 경영진의 활동뿐만 아니라 법적인 내용이나 재무, 회계상의 내용과 관련되어 외부의 도움을 받은 내용도 포함한다.

(3) 사업계획 작성 보조자료

사업 계획을 작성하려면 다소간의 전문 지식expert knowledge과 보조 자료ancillary data가 필요하다. 창업자가 이러한 조건을 모두 갖추고 있지 못한 경우에는 기술이나 자료의 측면에서 주위의 도움을 받는 것이 좋다. 특히, 중소기업상담회사나 컨설팅 회사, 소상공인지원센터 등을 방문하면 도움을 받을 수 있다.

4) 사업계획서 주요 항목 및 형식

(1) 사업계획서 주요항목

① 일반사항 : (가칭)상호, 업종, 창업자(대표자)인적사항, 사업장의(예상) 위치 및 주소, 주주(발기인)현황, 경영인, 기술진 인적사항

② 사업의 개요 : 사업의 내용과 목적, 사업의 기대효과(고용효과, 소득 증대효과, 자원활용효과, 수출증대효과, 부대사업 촉진효과, 수입대체효과, 기타)

③ 생산제품의 소개 : 주생산품 소개, 기타 생산품, 제품설명.

④ 제품의 시장현황 : 동종업계의 전반적인 현황(제품의 시장현황, 주요 국내경쟁업체 현황, 주요 해외경쟁업체 현황, 수출입 동향), 총예상 시장규모, 예상시장 점유율, 시장진입 방법.

⑤ 생산계획 : 생산 공정, 자체 생산계획, 외부 생산계획.

⑥ 판매계획 : 판매방법, 가격책정, A/S계획, 내수 판매 계획, 수출계획

⑦ 설비투자계획 : 생산, 기계설비 내역, 기계설비 구입내역

⑧ 인력수급계획 및 조직표 : 업무수행 체계도와 조직편성도, 부서별, 직책별 소요인원, 고용계획

⑨ 원·부자재 조달계획 : 국내 조달계획, 해외 조달계획

⑩ 재무계획 : 추정손익계산서, 추정대차대조표, 추정현금흐름표, 추정 제조원가명세서, 손익분기점 분석, 추정감가상각비 명세서

⑪ 자금수급계획 : 총소요자금의 내역, 자금조달계획, 차입금상환계획서

⑫ 공해방지시설 계획 : 폐수처리계획, 공기정화계획, 소음방지계획

⑬ 사업계획추진 일정표

(2) 사업계획서의 내용과 형식

현재 사용되고 있는 각종 사업계획서의 내용은 그 해당 용도에 따라 여러 가지의 계획내용을 포함하고 있으나 종류별 사업계획의 형식은 전체적으로 거의 유사하다고 볼 수 있다. 또한 이러한 여러 종류의 사업계획내용들은 공통적으로 객관적인 관점에서의 충분한 이해와 관심을 엿볼 수 있도록 표현되어야 한다. 다음에 열거하는 사업계획서의 목차와 내용은 일반적인 것이며 경우에 따라 적절한 변화를 취하여 사용하면 무난하리라 본다.

[표 6-6] 기본 사업계획서 목차

1. 일반현황
   가. 창업자(대표자)현황
   나. 회사 일반현황(이사진 현황포함)

2. 계획산업의 개요
   가. 개발동기
   나. 사업내용
   다. 생산제품의 특성
   라. 기대효과

3. 시장현황
   가. 동종업계 현황
   나. 시장의 규모와 전망
   다. 시장점유율과 경쟁관계
   라. 계획제품의 침투가능성

4. 판매계획
   가. 판매전략 및 판매형태
   나. 가격정책
   다. A/S계획
   라. 국내 판매계획
   마. 수출계획

5. 생산계획
   가. 제조공정도

나. 자체 생산계획
다. 외주 생산계획

6. 설비투자계획
가. 적정규모의 제조설비 및 검사설비 내역
나. 구입처, 수량, 가격

7. 인원 및 조직계획
가. 적정규모의 제조설비 및 검사설비 내역
나. 직무별 · 직위별 소요인원

8. 원, 부자재 조달계획
가. 국내 조달계획
나. 수입자재 조달계획

9. 재무계획
가. 추정손익계산서
나. 추정대차대조표
다. 현금흐름표
라. 손익분기점분석

10. 자금계획
가. 총 소요자금내역
나. 조달계획 또는 차입계획
다. 차입금상황 계획

11. 사업추진 일정계획

12. 부속자료
가. 인건비 명세서
나. 감가상각비 명세서
다. 제조원가 명세서
라. 경영진 이력서
마. 제품설명서
바. 특허권 사본
사. 제공가능 담보물내용
아. 설비구입 견적서

6. 사업타당성 분석 및 사업계획서

1) 사업타당성 분석의 정리

(1) 사업 성공 전략으로서의 사업타당성 분석

① 창업회사의 성공률success rate을 높일 수 있다.

② 계획제품의 기술성technocism, 시장성marketability, 수익성profitability, 그리고 자금수지계획funds receipts and disbursement planning 등 세부사항을 사진에 검토하여 효율적인 창업을 도모할 수 있다.

③ 계획사업의 균형 있는 지식습득과 보완해야 할 사항을 미리 확인하여 조치할 수 있다.

④ 기업 구성요소를 정확하게 파악하여 창업기간을 단축할 수 있다.

(2) 사업타당성 분석 단계

① 1단계 : 후보사업 아이디어 발견을 위해 사업가능 아이디의 나열 → 예비사업 아이디어의 발견 → 예비 사업성 분석 및 후보사업 아이디의 1차적 선정

② 2단계 : 예비 사업성 분석에서 1차적으로 선정된 후보사업 아이디어의 상세한 분석 즉, 아이템 적응성 분석, 시장성 및 판매전망 분석, 제품 및 기술성 분석, 수익성 및 경제성 분석, 국민 경제적 분석, 그리고 공익성 분석 등을 통해 사업 성공가능성을 확인하는 과정을 거침

(3) 사업성 평가 요소

창업자는 물론 전문 컨설턴트professional consultant들도 간과하기 쉬운 사업성 평가 항목으로 성공가능성을 높이기 위해 다시 한 번 제고해 볼 요소들을 나열해 보고, 사업타당성 조사에서 이를 중심으로 분석해 보고자 한다.

① 계획사업과 창업자의 적합도 즉, 계획사업의 수행능력 평가

② 판매시장 환경, 경쟁상태, 그리고 시장진입 가능성 및 중장기 수급 전망 등에 대해 판매를 고려하고 있는 상품을 실제 시장에서 어느 정도 팔 수 있는지를 조사하여 분석하는 시장성 분석marketability analysis

③ 계획 제품의 생산가능성production possibilities, 품질, 성능 및 하자 여부 등을 겸

토하는 기술성 분석technology analysis

④ 적정 수익률 확보를 위한 경영요소 즉, 손익분기 분석, 원 단위 분석, 시설규모, 자기자본과 타인자본 조달 비중, 판매와 일반관리비 등 적절한 비용, 인력구성계획 등 수익성과 직·간접적으로 관련되는 항목의 분석을 위한 수익성 평가profitability assessment

⑤ 인원 조직 적합도, 공장입지, 중장기경영계획의 실현 가능성 등 기업환경종합분석comprehensive business environment analysis

㉠ 계획사업 수행능력 및 적합성

· 가장 먼저 검토할 사항은 창업자의 계획사업 수행능력과 해당 업종과 창업자와의 적합성 분석analysis of suitability

· 자기 자신을 가장 잘 아는 사람이 바로 본인인 동시에 자기 자신을 객관적으로 평가할 수 없는 것도 자기 자신이다. 따라서 자기를 잘 알고 있는 구성원이나 전문가의 충분한 검토를 거쳐 평가

㉡ 시장성

· 시장성과 판로확보(단골 고객의 확보)

· 시장성과 판로확보는 사업 타당성 검토의 핵심

· 국내외 수급동향 및 중장기 수급전망, 시장 구조 및 특성, 동업자 또는 유사제품과의 경쟁상태 및 향후 경쟁제품의 출현 가능성, 국내외 가격구조 및 가격동향, 판매처, 판매조직, 유통경로, 목표시장 선정 및 판매전략, 수출인 경우 해외시장 분석에 의한 수출가능성 사정

㉢ 기술적 타당성

· 계획제품에 대한 특성, 화학적 반응, 기계적 반응, 생산 시스템, 공정 등 생산제품에 대한 철저한 조사·분석과 더불어 공장입지, 시설계획 및 생산시설 규모, 생산능력 및 조업도, 원재료 조달 및 제품 한 단위에 대한 원재료 소요량 측정, 기술 및 기능 인력 확보, 예상불량률 및 개선가능성 등을 종합적으로 분석

· 제품의 상품화 가능성을 분석하는 것이 기술성 분석

3) 사업계획자 자가 진단 경쟁력 평가

[표 6-7] 사업계획자 자가 진단 경쟁력 평가

<table>
<tr><td rowspan="2">기술성</td><td>생산성</td><td>제품의 직접 생산여부
생산설비와 인력이 충분한지 여부
원자재 공급계약서와 가격변화 추이
하도급 생산자와 원자재 공급자간의 계약서
경쟁제품의 생산단가 비교</td></tr>
<tr><td>기술</td><td>주력제품 기술 명세자료
기술의 자제개발 정도 및 기술제휴
각종 기술인증서 사본
보우기술의 지적 재산권 확보여부
기술이전 실적
기술보유자 및 개발자 현황
대체기술과 보유기술 간의 경쟁력 평가</td></tr>
<tr><td rowspan="2">시장성</td><td>시장</td><td>주요제품 시장 가격변화 추이
대체시장 존재여부 및 규모
주력시장의 시장규모와 성장률</td></tr>
<tr><td>경쟁</td><td>경쟁자의 시장 점유율
진입장벽의 고저</td></tr>
<tr><td rowspan="3">수익성</td><td>비용우위</td><td>생산비용의 비교우위 정도
원자재의 안정적 확보 유무</td></tr>
<tr><td>고객관련</td><td>매출 중 수요 고객비중
브랜드 인지도</td></tr>
<tr><td>영업</td><td>최근 3년간 월별 매출 현황
매출채권 회수 현황
현재와 미래의 매출구성과 성장률</td></tr>
<tr><td>경영성</td><td>인력관리</td><td>CEO의 전문성, 도덕성 등의 평가자료
특수 관계인, 주주, 이사회의 현황
핵심인력 고용현황
노사분규 현황</td></tr>
<tr><td rowspan="4">재무건전성</td><td>차입금의존도</td><td>자금운용계획 및 차입금 상환계획
차입조건</td></tr>
<tr><td>담보여력</td><td>부동사 조유현황과 보증업체의 재무상황</td></tr>
<tr><td>관계사</td><td>관계사 재무제표 및 연결 재무제표</td></tr>
<tr><td>신뢰도</td><td>회계기준 및 감사인 선정의 적정성과 독립성</td></tr>
</table>

CHAPTER 7 창업자금 조달과 계획

CHAPTER 7 창업자금 조달과 계획

호모 에렉투스나 호모 사피엔스는 인간의 조상들을 부르는 학명이다. 적립하고 생각하는 종이란 뜻이다. 사람이란 동물은 다른 동물에 비하면 정말 가진 게 없었다. 적을 만나면 쥐보다 더 잘 숨지도 못하고 토끼보다 빨리 도망갈 수도 없었다. 사냥을 나서면 돼지보다 느리고 표범보다 힘이 약했다. 떨어진 열매 줍기에는 다람쥐의 상대가 되지 못했고, 수달처럼 헤엄을 칠 줄도 몰랐으며 원숭이처럼 나무를 탈 줄도 몰랐다. 노루보다 멀리 보지 못하였고 개처럼 후각이 예민하지도 못했다...

어떻게 보면 인간이 지구상에서 가장 나약한 종인지도 모른다. 하지만 수 만년을 살아오면서 인간은 약점을 장점으로 삼아 조금씩 자기발전self-development을 거듭하였고 지구상에서 가장 강력한 종을 이루게 된 것이다. 발전의 핵심이 관계시스템의 개발이었다. 밀림에서는 제일 실속있는 집단이 하이에나 시스템이다. 약점을 강점으로 바꾸는 생각이 필요하다. 우리의 현재 약점과 강점은 무엇일까?

1. 기업의 위험요인 진단

기업조직 속에 이자interest를 생성하는 자본이라는 피가 흐르기 때문에 시간성 속에서 A라는 기업은 엄격한 의미에서 A라는 내용을 가진 실체는 아니다. 이는 인간이 창조한 기업은 인간을 닮아 생명력을 가지고 있기 때문이다. 재무시스템financial system을 자본의 조달과 운영이라는 흐름의 개념으로 먼저 인식하여야 함과 동시에 부富 즉, 물질 관리에 대한 개념으로 정리하면 인간의 '마음 관리mind control'와 비유할 수 있을 것이다.

학자 퇴계는 마음은 본시 지극히 허虛하고 지극히 고요한 것이라 하였다. 그러므로 마음이 물을 받아들이는 것은 마치 거울이 물을 비추는 것과 같다. 물이 오면 곧 비추어 주기는 하나, 그 물이 걸리지 않고 떠나가면 전과 다름없이 비워지고 맑아지는 것이다. 만일 물이 마음에 걸려 흘러가 버리지 않으면 그것은 거울에 진흙이 묻은 것과 같아서

도무지 비워지고 맑고 고요하고 한결같은 기상을 간직할 수 없는 것이라고 하였다.

이理와 정情이 합하여 심心이 되고 심心과 기氣가 합하여 인생人性이 되며, 심心과 기氣의 흐름의 용기容器를 휴休라하며, 그리고 심心과 기氣와 휴休의 조화가 건강한 품성의 인격체를 만드는 것과 같이 재무관리는 자본의 흐름capital flow과 투자된 상태에의 효율적 순환efficient circulation의 관계에서 시작되어야 한다는 것이다.

21세기는 물질적 사회자본social capital뿐만 아니라 도덕적 자본moral capital과 새로운 아이디어를 이용하여 부를 축적해 가는 자에 대한 존중도 중요시되는 정신적 자본mental capital이 강조되는 사회다. 그래서 재무관리는 건강한 품성의 인격체를 만드는 것과 같이 자본의 흐름과 투자된 상태에의 효율적 순환의 관계에서 시작되어야 한다.

과거 산업시대에는 토지와 자연자원이 생산요소로서 중요한 역할을 수행했지만, 현재는 아이디어와 혁신이 경제성장과 기업이익의 주요한 원천이 되는 새로운 지식기반경영knowledge based management이 중요시되고 있다. 지식기반경영에서 비물리적 혹은 비유형적 발명이 특허대상으로 볼 수 있느냐와 기업자산으로 평가될 수 있느냐 하는 논쟁이 있어왔고, 이에 대한 청구 범위가 과도하게 넓은kitchen sink 특허로 간주되어 왔다. 그리고 1999년 미국의 대법원이 스테이트 스트리트 뱅크State street bank 대 시그니처 파이낸셜 그룹Signature financial group과의 특허권 침해사건에 관해 고등법원이 내린 결정은 "소프트웨어로 구현된 비즈니스 프로세스가 기발하고, 명확하며, 유형의 산물이 만들어 낼 수 있는 한 자산적 가치로 인정받을 수 있다."는 판결을 지지한 이후로 계속해서 비즈니스 모델, 시장전략, 그리고 다른 추상적인 혁신들에 관한 특허출원 건수가 빠르게 늘고 있다.

특허는 다양한 형태의 지식재산intellectual property 중 법적인 보호를 받는 영업상 기밀commercial confidentiality(타인에게 알려지지 아니함이 유리한 사업 활동에 관한 일체의 정보), 상표권(등록상표를 지정상품에 독점적으로 사용할 수 있는 권리), 그리고 저작권copyright(저작자가 그 자신이 창작한 저작물에 대해서 갖는 권리) 등을 말한다.

지식경영에 기반을 둔 21세기가 전통적인 산업사회와 다른 것 중의 하나가 새로운 아이디어가 선행기술과 명확하게 구분하여 기술할 수만 있다면 자산으로 보호받을 수 있다는 것이다. 전통 산업사회에서는 어느 정도의 모방과 복제가 묵인되었다. 그래서 21세기를 투명화transparency의 특징을 지닌 세기라 부르기도 한다. 지식재산을 획득하고, 가치를 매기는 것이 시장에서 가장 중요시되는, 대차대조표의 주제가 되는 지식재산권 시대의 서막이 열렸다. 지식재산권Intellectual property rights은 발명, 상표, 디자인 등의 산업 재산권과 문학, 음악, 그리고 미술 작품 등에 관한 저작권을 총칭하는 개념이다.

자산 가치를 가진 지식재산 관리의 목적은

① 라이선싱licensing을 통한 새로운 이윤 창출 : 라이선싱은 상표 등록된 재산권을 가지고 있는 개인 또는 단체가 타인에게 대가를 받고 그 재산권property rights을 사용할 수 있도록 상업적 권리를 부여하는 계약

② 주당순이익률Earning Per Share(EPS)과 주주 배당의 증대 : 주당순이익률은 기업의 당기순이익을 유통주식수로 나눈 수치 즉, 1주당 얼마의 이익을 창출하였느냐를 나타내는 지표로 보통 1년 단위로 1주당의 수익을 나타내는 지표

③ 연구개발투자Research & Development의 이익률 증대와 지속적인 혁신 추구

④ 기업의 가치증대, 주가 및 기타 재무 의사결정 기회의 증대

⑤ 인수·합병과 합작사업 시 평가기준으로 활용되기 때문이다.

이를 다시 3가지로 요약하면

① 시장에서 독점적인 우위를 강화

② 재무관리 성과 증진

③ 경쟁력 강화로 정리할 수 있다.

20세기 기업의 질병요인business ailment으로 ① 순이익의 부족, ② 재고자산의 과대, ③ 매출채권의 과대, ④ 고정자산의 과대, ⑤ 자기자본 부족, 그리고 ⑥ 정보관리 능력 부족으로 정리할 수 있었다. 이러한 6가지 질병요인을 배제하면 건강한 자기관리를 유지하고 있는 상태에 도달했다고 할 수 있었다. 그러나 21세기 질병요인 중의 하나로 새로이 포함되어야 하는 것이 바로 ⑦ 지식재산권 관리능력부족(웁스 요소 : oops factor)이다. 이와 같이 7가지 기업의 질병요인을 잘 관리해야 건강한 기업이라고 할 수 있다.

그러나 자동차 운전에서와 같이 자기의 갈 길만을 살핀다고 운전을 안전하게 한다는 것이 아니다. 중앙차선을 넘어오는 음주운전자의 차를 항상 경계해야 하는 것과 마찬가지로 돌발적 상황의 가능성에 대한 방심을 해서도 아니 되며, 자기 과신의 욕심을 부려도 아니 되는 것이 경영이다. 그래서 기업경영에서 유동성의 문제liquidity problem가 항상 강조된다. 경영전략 수립에 있어서 '적敵을 치기 위하여 강을 건너고는 타고

온 배를 불태워 버린다는 제하분주濟河焚舟 즉, 살아 돌아가기를 기약하지 않는 굳은 의지를 보이는 이러한 말은 금기 시 되어야 한다. 성공경영의 요체는 7가지 질병요인과 과욕과 방심의 배제에 있다. 좀 더 자세하게 보면 수익성(자본을 활용해 얼마만큼의 이익률을 달성하는 정도), 유동성(자산의 현금화 가능성), 그리고 안정성(기업의 장기적 지급능력)으로 요약됨을 볼 수 있다.

한의학에서의 발병發病은 인체의 하위시스템 상호간의 균형의 상실을 의미하는데, 기업에서의 질병은 하위시스템subsystem 상호간의 불균형imbalance을 의미한다. 불균형은 두 가지 경로로 나타난다. 하나는 시스템의 내적 불균형physical imbalance이며 다른 하나는 내 · 외적 협력불균형internal & external cooperative imbalance이다.

심心과 기氣와 체體가 균형을 이루면 이상적이나 그러하지 못한 경우가 개인의 성향에서도 나타나기 마련이다. 심心이 강한 사람은 직장인이나 판검사, 그리고 의사의 직업을 가지는 것이 유리하고, 기氣가 강한 사람은 창업자의 길이 좋을 것이다. 그리고 체體가 강한 사람은 체육인의 길을 가며 성공 확률을 높일 수 있을 것이다.

구리에 철을 섞어 청동이라는 특이한 색상의 더 강한 금속을 만들 듯이 무관계성 속에서 관계성을 발견하여 상승효율synergy effect을 높이는 것 또한 시스템간의 퓨전fusion(융합)이며 유연성을 갖는 효율 경영이다. 이런 옛말이 생각난다. 말은 수레를 끈다. 소도 수레를 끈다. 그러나 말과 소를 한 수레에 매여서 끌게 해서는 안 된다.

생각의 포인트 최고의 안식처

사냥꾼의 화살에 맞아서 생긴 상처 때문에 한쪽 눈이 멀게 된 사슴 한 마리가 있었다. 이 사슴이 생각했다. "바닷가에 가서 풀을 뜯어먹어야지. 못쓰게 된 눈을 바다 쪽에 고정시켜 놓으면 나머지 성한 한쪽 눈으로 숲을 경계할 수 있으니까 말이야." 그리하여 사슴은 바닷가로 가서 풀을 뜯었다. 물론 수풀 쪽만을 경계하면서 말이다.

그런데 배 위에서 고기를 잡고 있던 낚시꾼들이 사슴을 발견하고서 바닷가로 배를 몰아오는 게 아닌가! 그들은 보이지 않는 눈 쪽으로 다가왔기 때문에 아무 어려움 없이 사슴을 생포 할 수 있었다. 그래서 낚시꾼들은 그날 밤 청어구이 대신 사슴 바비큐 요리를 먹을 수 있었다.

한 방향으로의 집착은 위험을 불러온다는 것을 계영일상戒盈一墑이라고 한다. 경계할 계戒, 찰 영盈, 한 일一, 세차게 흐를 상墑이다. 위험risk이란 미래 현금 흐름의 분산정도다. 기대효익expected benefit이 크면 클수록 위험 또한 크다. 위험 중에서 제일 무서운 위험은 과욕이라 생각한다. 미국의 장군 맥아더는 사랑하는 그의 아들에게 주는 기도祈禱 시詩에서 "우리 아들을 부하게도 마옵시고 가난하게도 마옵소서" 하고 기도했다고 알려지고 있으며, 지금으로부터 200여 년 전 시인 김립金笠(김삿갓)은 "부인곤부빈곤빈富人困富貧困貧... 원위불부불빈인願爲不富不貧人" 즉, 부자는 부富로 인고忍苦를 당하고 가난한 사람은 가난貧으로 인해 곤란困難을 당하므로 부富하지 아니하고 빈貧하지 않기를 노래하였다.

진리에 있어 동서고금all ages and countries(=all times and places)의 차이가 있을까 한다. 기대효익expected benefit이 크면 클수록 위험 또한 크며 실패는 욕심으로부터 잉태된다. 잘 쓰기 위해서 많이 맡아 갖고 있는 것은 좋은 일이다. 합하여 선을 위하여 쓸 수 있으면 좋다. 그러나 잘 쓰지도 않고 묵혀 두는 것은 죄악이다.

우려할 만한 패러독스paradox(일반적으로 참이라고 인정된 의견과 정반대의 의견을 표현하는 것)는 우리 자신에게 가장 많은 이익과 적은 피해를 줄 것으로 여겨지는 선택을 합리적인 방법으로 선택했다고 생각할 때 생긴다. 경영학을 학제적으로 연구interdisciplinary approach하는 것은 인간의 본성이 다른 시대적 상황 속에서도 유사성을 갖는다는 전제하에서 이루어지는 부분이 있다. 즉, 인생이란 언제나 똑같은 것이며 진리는 진리이다. 마귀와 싸우지 않고 마귀가 약속하는 떡과 세상의 지배권과 신의 가호를 획득하는 순간은 우리가 마귀의 노예가 되는 순간이다. 학제적 연구에 대해 좀 더 살펴보자. 오늘날 기존의 개별학문 영역만의 접근으로서는 복잡한 연구대상이 가진 성격과 속성을 충분히 해명할 수 없고 나아가서 정책적 대응에도 지장을 초래하는 상황이 많이 발견되고 있는 실정이다. 학제적 연구는 바로 이러한 곤란을 극복하기 위하여 여러 학문분야(컴퓨터공학, 전자공학, 기계공학, 물리학 등)의 이론과 기법을 동원하여 문제를 다면적 혹은 체계적으로 파악하려고 하는 것이다. 우주항공문제를 비롯해 각종의 신제품개발계획 등에서 그 전형을 볼 수 있다.

일본의 막부조직을 260년 동안 안정적으로 유지한 도쿠가와 이에야스의 인생 좌우명은 염리예토厭離穢土 흔구정토欣求淨土였다. 욕심을 버리고 편안한 안식처를 얻으려면 용기를 내 당당히 싸우라는 의미다. 노력이 없는 성취 뒤에는 언제나 마귀가 있다는 것이다. 독버섯일수록 그 색깔은 화려하다. 실패는 자신의 내부에서 자란 허욕의 싹일지도 모른다. 공곡전성空谷傳聲이다. 골짜기가 깊고 비어 있으면 소리를 잘 전달한다는 의미다. 마음이 비어 있으면 우리를 넘어 떠밀려 하는 공격의 화살 소리를 감지할 수 있게 되리라.

2. 위험과 불확실성 제거

기입경영을 위하여 자본이 필요하며 이 자본을 합리적으로 조달(직질한 시기, 직질한 지급이자, 적절한 방법)하여 효율적으로 운용(제한된 자금)하기 위해서는 경제적인 방향으로(정보 수집, 비용편익 분석) 의사결정(위험부담과 불확실성 제거)하여야 한다.

노사분쟁이 노사 간의 오해에서 발생할 수도 있다. 예를 들어, 원재료를 1g에 100원에 구입하여 200원에 판매하였을 때 종업원 중에는 단순히 50%의 폭리를 취하고 있으며 자기에게 주는 혜택에는 인색하다고 생각할 수도 있다. 이때 경영자는 원재료 구입원가, 직접노무원가 외에 간접노무원가 등 간접비의 존재를 설명할 수 있어야 한다. 이때 오해로부터 발생한 노사갈등을 해소 시킬 수 있게 된다. 그래서 경영자는 최소한 분개의 5원칙을 알고 제조원가계산서, 손익계산서, 그리고 대차대조표 정도는 읽을 수 있어야 한다.

3. 자금조달계획, 통제, 평가

재무계획은 첫째 자금조달계획이고, 둘째 자금지출을 통제하기 위한 계획이며, 그리고 셋째 지출결과의 평가를 하기 위한 계획이다. 재무계획의 구체적 내용은 총체적 조직의 협조로 자금계획(이익계획과 자금계획)을 수립하는 것이다.

① 자금계획fund planning은 재무구조계획이라고도 하는데 합리적 조달과 효율적 운용계획으로써 설비자본계획, 운전자금계획, 그리고 현금수지계획으로 나누어지며 자금계획의 구체적 표현이 추정대차대조표이다.

② 이익계획profit planning은 기업목표 달성계획으로써 수익계획과 비용계획으로 구체적 표현이 추정손익계산서이며 이익계획을 위한 구체적 기법의 대표는 손익분기분석이다.

제품단가(price : P) × 판매량(quantity : Q)

= 고정비(fixed cost) × 변동비(variable cost : C) + α(profit = 0)

$$\therefore \quad = \frac{F}{P - V}$$

4. 손익분기점 분석

손익분기점Break-Even Point(BEP)을 직역하면 '균형점balance'이라는 뜻이다. 즉, 기업 활동에 있어서 비용(소비된 가치의 크기)과 수익(경제 활동의 대가로서 얻은 경제적 가치의 크기)이 동액同額이 되어 이익도 손실도 없는 매출액(무차별점)을 말한다.

이를 도표로 나타낸 것을 이익도표profit graph라고 한다. 미국의 C. E. Knoepple이 1908년에 창안한 것으로 그는 이익도표를 통해 기업의 경제적 기압氣壓을 측정하고 손익의 변화를 명시하는 기업청우계企業晴雨計라고 하였다.

1) 생명 열 확보의 기점 : 손익분기점

일정 기간(1년)의 총수익(매출액)과 총비용(고정비, 변동비)이 일치함으로써 이익도 손실도 발생하지 않는 매출액점이라 한다. 이 점을 파악함으로써 최소한의 매출목표(판매예산)를 수립할 수 있으므로 이익관리를 위한 이익계획을 위해서는 손익분기점의 측정이 필요하다.

2) 특징

① 매출액이 이 점보다 많으면 이익이, 적으면 손실이 발생한다.

② 이 점의 위치가 높을수록 수익성이 낮고, 낮을수록 수익성이 높다

③ 매출액이 전혀 없으면 고정비만큼 손실이 발생한다.

3) 고정비fixed cost

생산량의 증감에 관계없는 비용, 예를 들면 지급지대 및 이자, 건물 임차료, 감가상각비, 경영자층의 급료, 연구개발비 등이 있다.

4) 변동비variable cost

생산량의 증감에 따라 변동하는 비용, 예를 들면 원료, 보조원료, 동력비, 운송비, 외주비, 판매수수료 등이 있다.

5. 창업자금의 조달계획

1) 창업의 중요성

창업자의 창업 성공의 기본적인 조건과는 다른 의미로 창업을 성공하게 하는 결정적인 요인이 있는데 이는 바로 창업자금start-up funds이다. 통계자료에 따르면, 창업을 한 후에 3년 이내 문을 닫는 업체가 70%를 넘는다고 한다. 창업자의 경영관리 미숙과 시장 확보의 실패 또는 급변하는 시장의 경쟁 환경에 능동적으로 대처하지 못한 여러 가지 사유가 있을 수 있겠지만, 결정적인 실패의 원인은 창업자금의 부족에 있다.

주변을 둘러 창업자들을 살펴보면 빠듯한 창업자금, 아니 오히려 적정규모optimum sizc에 턱없이 모자라는 창업자금으로 사업을 시작하는 창업자들을 볼 수 있다. 숙련된 기술과 정열적인 노력으로 작업장이나 거래처를 열심히 뛰어다녀 보지만 사업초기는 모든 것이 뜻대로 되지 않는 경우가 많다. 며칠을 기다렸던 외상매출금이 지급기일이 3개월 정도의 어음으로 들어오는 경우도 있다. 이런 경우에는 기술이나 신용이 없어서 혹은 물건을 못 팔아서가 아니라 몇 개월 버틸 수 있는 많지 않는 자금이 치명적일 수 있다.

창업기간 내에 회사를 움직이게 하는 핏줄과 같은 창업자금의 경화증은 그 동안의 꿈과 노력을 헛되게 만들 수도 있는 것이다. 따라서 성공적인 창업이 되기 위해서는 충분한 창업자금의 확보가 선행되어야 하며, 이는 곧 성공창업의 결정적인 요인이 된다.

2) 창업 소요 자금의 종류

창업자금 즉, 창업에 필요한 자금은 시설자금, 운전자금, 그리고 예비자금으로 구분이 된다. 시설자금facility funds은 사업장을 확보하는 비용과 필요한 집기비품의 구입비, 그리고 제조업일 경우 제품생산에 필요한 생산설비의 구입비 등이며, 운전자금working funds은 사업을 개시한 후 물건을 팔아서 회사에 현금이 들어올 때까지 회사운영에 필요한 재료비, 인건비, 그리고 경비 등이다. 오늘날과 같이 코로나19 팬데믹COVID-19 Pandemic으로 경제 전반에 영향을 미치는 상황이 되면, 특히 현금 유동이 짧은 자영업자는 기본적인 운전자금까지 위협받게 된다. 이럴 때 필요한 것이 예비자금 reserve funds이다. 이러한 예비자금은 갑작스러운 경제위기나 경영악화 시 극단적으로 수익의 중단사태가 발생하면 이로 인한 운영비와 대출이자 등의 고정 지출 등을 유지하기 위한 자금으로 쓰이는 것이다.

[그림 7-1] 소요자금의 분류

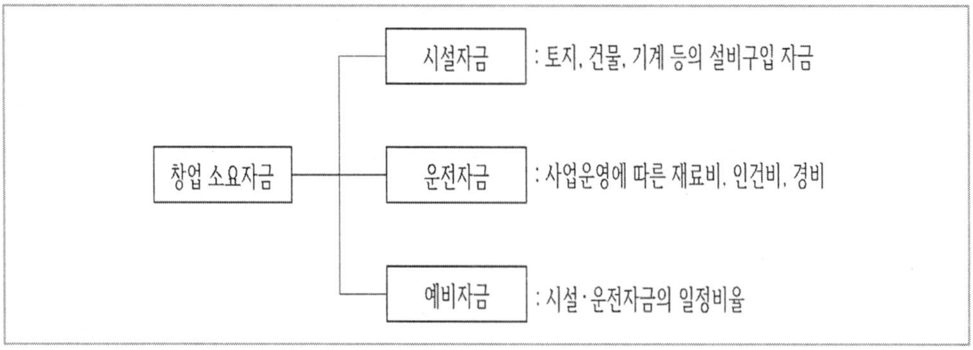

일반적으로 사람들은 시설자금에 대해서는 어느 정도 근접하게 예상금액을 뽑아낸다. 여기저기 전화를 해서 가격을 알아보고 견적서도 받아서 비교해 보고 적정한 가격으로 시설리스를 뽑아본다. 그러나 중요한 것은 운전자금이 아니다. 사업을 시작한다고 해서 곧바로 회사에 돈이 들어오는 것은 아니다. 제조업의 경우 제품을 만들어서 납품을 해야 하고 다음 달에 결제되는 자금은 3개월 후에야 현금으로 만져볼 수 있는 어음일 수도 있다. 그래도 사업을 시작하면서 곧바로 제품을 팔 수 있다는 것은 상당히 준비된 회사이다. 판매시장도 개척해야 하고 개발제품의 완성에 또 손이 가야된다면 자금회수일까지의 기일은 더 걸릴 것이다.

유통업, 서비스업, 그리고 무역업 등도 마찬가지이다. 시작하는 회사이니 만큼 이름도 좀 알려져야 하고, 깔린 미수금accounts receivable이 조금씩 들어오려면 적지 않은 시간이 필요하다. 이렇게 영업활동으로 인하여 정상적인 자금유입이 이루어지기전까지의 시간 즉, 1회적 운전자금의 기간을 일반적으로 제조업은 3개월, 기타 유통·서비스업 등은 1~2개월로 보고 있으나 여러 가지 원인으로 인해 그 기간이 더 길어질 수 있다. 그럼에도 불구하고 창업자들은 운전자금 소요기간을 짧게 잡거나 아니면 대충 얼마정도 필요할 거라는 주먹구구식rule of thumb 자금계획을 잡는다. 비용항목을 세부적으로 나누어 만든 자금계획이 아닌 경우 생각하지 못한 자금지출은 창업자를 당황하게 할 것이다.

3) 창업자금 조달 계획

소자본사업을 시작할 때 최소한 사업장은 자기자본으로 얻어 이자부담을 줄여야 한다. 그래야 사업이 안정기를 맞이할 때까지 궁색하지 않을 수 있고, 설혹 그 기간이 다소 길어지더라도 어려움을 견뎌낼 내구력strength을 가질 수 있는 것이다.

① 예상업종에 따른 소요자금required funds을 예측한다.
② 자금조달은 장기적인 계획 하에서 준비한다.
③ 창업자금 중 일정비율의 예비자금reserve funds을 준비한다.
④ 최소한 사업장의 임대는 자기자본금으로 한다.

6. 창업소요자금 계획서

1) 소요자금표의 작성

창업자는 사업자금을 생각할 때에 자금조달의 방법부터 먼저 고민해야 한다. 그러나 자금 소날방안을 생각하기 전에 먼서 어느 곳에 얼마만큼의 돈이 들어갈 것인지에 대해 정확한 소요자금표 즉, 자금운용표를 만들어야 한다.

소요자금표의 작성은 쉬울 듯 하지만 의외로 까다롭고 작성하기도 어렵다. 미처 생각하지 못했던 곳에 자금이 많이 들어갈 수 있고, 예상한 비용이었으나 생각보다 상당히 많은 돈이 들어가는 경우도 있다.

그러므로 다소 시간이 들더라도 일정한 형식을 갖춘 표를 만들어, 창업에 필요한 세부적인 비용 항목들을 열거한 후에 정확하게 추정하는 것이 필요하다. 정확한 소요자금표의 작성은 창업한 후에 돈 때문에 쫓아다니는 고생과 시간을 많이 덜어줄 것이다.

2) 창업 소요자금표의 기본구성

창업 소요자금표는 하고자 하는 사업의 규모, 종류에 따라 그 형태나 비용항목들이 모두 다르다. 일반적으로 자금의 용도를 기준으로 하여 ① 자산을 구입하는 자금(시설자금), ② 경비로써 지출되는 자금(운전자금), 그리고 ③ 예비자금으로 구분이 된다.

[표 7-1] 창업소요자금 총괄표

구분	비용항목	금액
① 시설자금	유 · 무형고정자산 및 기타자산 매입비	
② 운전자금	재료비, 경비 등	
③ 예비자금	(시설, 운전자금의 일정비율 계산)	
계		

3) 시설자금 내역서 작성요령

시설자금은 회사의 유 · 무형 고정자산fixed assets이나 기타 자산을 매입하는 데에 필요한 자금으로 나중에 대차대조표를 만들게 되면 일정한 감가상각비depreciation cost를 제외한 뒤 회사의 자산 가치로 남게 되는 자금이다. 대부분 회사 외부로부터 매입하는 것이기 때문에 예상 매입처와의 계약서나 견적서를 바탕으로 하여 금액을 산출하는 것이 바람직하다.

4) 운전자금 내역서 작성요령

운전자금은 창업초기에 사업을 운영하는 데에 들어가는 비용으로 크게 인건비, 재료비, 그리고 경비로 구분이 되는데 경비는 다시 여러 가지 세부비용으로 나누어진다.

영업활동으로 인하여 회사에 정상적으로 자금이 유입할 때까지의 기간 즉, 1회전 운전자금의 기간은 업종에 따라 다를 수 있으므로 창업자는 그런 것을 감안하여 그때까지 필요한 운전자금을 사전에 확보해야 할 것이다.

[표 7-2] 소요시설자금 내역서

구분		금액	비고
운전자본	대지매입		세금 포함(취득세, 등록세 각종 부담금)
	건물건축		인 · 허가비용 설계비용 포함
	부대공사		전기, 통신, 상 · 하수도, 냉 · 난방 구축물 포함
	(사업장 매입)		세금 포함(취득세, 등록세)
	(임차보증금)		건물수선비용 포함
	생산설비		(생산설비내역서 기준)
	부대시설		전 · 후방 관련시설, 공 · 기구, 소모품 포함
	차량운반구		(견적서 기준)
	사무집기 비품		(세부내역서 기준)
	가맹비		(계약서 기준)

	인테리어비		(공사내역서 기준)
	기술사용료		(계약서 기준)
	회사설립비		주식발행비, 등록세 등 세금 포함
소개			

[표 7-3] 소요운전자금 내역서

구분		금액	비고
운전자금	인건비		기본급, 상여금, 수당 등
	재료비		초도상품비, 원·부자재비 등
	경비		
	- 임차료		- 임대사업장인 경우
	관리비		- 전력비, 수도광열비 등
	외주가공비		하청업체 수수료
	운반비		포장하역비 포함
	교통비		차량유지비 포함
	세금과 공과		각종 공과금
	보험료		회사재산에 대한 보험료
	복리후생비		종업원 의료보험, 식대 국민연금 등
	소모품비		공·기구, 집기비품
	기타경비		도서인쇄비, 연구개발비, 접대비 등
소계			

- 초도상품비 : 창업하면서 처음으로 구매하려는 물건의 금액

5) 주정 소요지금에 따른 자금조달 계획서 작성

창업에 따른 소요자금표가 작성이 되면 이제 이를 조달할 수 있는 방안을 강구해야 한다. 창업자금의 조달은 크게 자기자금internal funds과 타인자금external funds으로 구분할 수 있으며, 현금이 아니더라도 현물이나 시설을 빌려와서 쓸 수도 있을 것이다.

자기자금은 창업자, 그리고 동업자partner가 있다면 그들이 가지고 있는 현금이나 현물을 의미하며, 타인자금은 자기자금 이외에 외부로부터 채권·채무 계약에 따라 조달하는 모든 차입금(꾸어 들인 돈)을 말한다. 이러한 차입금은 이자나 원금상환 등의 조건이 붙어 있어 꼬박꼬박 이자도 내야하고 정해진 날에 원금을 돌려줘야 하는 부담이 있는 돈이기에 자금조달계획을 수립할 때부터 차입금 규모나 방법에 있어서 신중을 기해야 한다.

6) 자금조달 계획서의 기본 구성

자금조달 계획표는 창업자의 자금조달 여건이나 능력에 따라서 그 세부내용이 여러 가지로 나타날 수 있는데 그 기본 구성은 ① 창업자 또는 동업자가 가지고 있는 자금(자기자금)과 ② 외부로부터 빌려오는 자금(타인자금)으로 구분하여 작성한다.

[표 7-4] 자금조달 계획 총괄표

구분	비용항목	금액
① 자기자금	자본금, 동업자 출자금, 기타 투자자금	
② 타인자금	금융기관 차입금, 개인사채 등	
계		

7) 자기자금 내역서 작성요령

창업자는 사업을 구상하게 되면서부터 먼저 자기 호주머니 사정(See the color of one's money)을 살핀다. 한꺼번에 목돈을 만들려다 보니 적금도 해약을 하게 되고, 가지고 있던 부동산도 팔 궁리를 하게 된다. 자기자금내역서는 이렇게 창업자 또는 동업자가 가지고 있는 자금의 출처를 중심으로 그 내역서를 만드는 것이다.

[표 7-5] 자기자금조달 내역서

구분		금액	비고
자기자금	보유현금		
	예금		
	적금		
	퇴직금		
	유가증권 매각		주식, 채권
	부동산 매각		주택, 토지, 기타 부동산
	동업자 출자금		공동경영자가 투자한 현금, 현물
	주주 출자금		주식인수자가 납입한 현금
	기관투자 자금		창업투자회사 등 투자기관의 출자금
	후원금		친·인척 등 주변인의 후원금
	보유현물		사업장, 설비, 차량 등
소계			

8) 타인자금내역서 작성요령

전체 소요자금 중에서 자기자금을 제외한 나머지 모두 타인자금으로 조달을 해야 한다. 보통 타인자금은 금융기관의 대출이나 개인적으로 아는 사람을 통한 사채private loan가 일반적인데, 차입처(제1금융권first financial sector과 제2금융권second financial sector 등)에 따라 돈을 빌려주는 조건이 다르다. 타인자금내역서에서는 차입금 상환계획을 수립할 때 기준이 되는 자료이므로 차입금별로 구체적인 차입조건을 명기하는 것이 좋다.

9) 담보제공 계획서 작성요령

한편, 타인자금을 조달할 경우에 돈을 빌려주는 측에서는 채무자의 채무불이행default on one's loan에 대비해 채권자가 채권의 안전한 확보를 위해 창업자에게 빌려주는 돈에 상응하는 담보擔保를 요구한다. 물론, 창업자의 신용을 믿고 무담보無擔保로 돈을 꿔주는 경우도 있겠지만, 대부분 보증기관에서 발급하는 신용보증서나 부동산 근저당설정을 통한 담보대출을 하기 때문에 타인 자금조달계획을 수립하면서 담보제공계획도 같이 세워야 한다.

① 담보제공 방법 : 담보의 제공은 금전 또는 법원이 인정하는 유가증권을 공탁供託하거나, 대법원규칙에 정하는 바에 따라 지급을 보증하겠다는 위탁계약을 맺은 문서를 제출하는 방법으로 한다. 또한 당사자들 사이의 특별한 약정이 있으면 그 약정에 따라 부동산에 관한 근저당권의 설정, 질권 설정, 보증인으로 하여금 보증하게 하는 방법 등도 가능하다.

② 담보제공 내용 : 담보로 제공할 수 있는 것은 ㉮ 부동산real property, ㉯ 예금과 적금, 그리고 ㉰ 보증서 등이 있다.

7. 창업자금 조달 방법

기업경영의 중요한 업무 중의 하나가 자금관리fund management이다. 자금관리란 기업 경영에 필요한 자금의 계획적 조달과 효과적 운용, 그리고 자금의 효율을 극대화하도록 제어하고 방법과 순서를 차근차근step by step 제대로 지켜서 문제를 해결하는 체계적인 관리방법이라 할 수 있다. 즉, 필요자본necessary capital을 끌어들이고 적절하게 배분하여 투자하고 수입을 효과적으로 관리하여 더 많은 이익을 내는 등의 업무이다. 자금관리를 잘하고 못하고에 따라 경영활동의 결과는 크게 달라진다.

1) 창업자금 조달의 개요

창업에 따른 소요자금 규모가 결정되면 이제 이를 조달할 수 있는 방안을 강구해야 한다. 창업자금의 조달은 크게 자기자금과 타인자금으로 구분할 수 있으며, 현금이 아니더라도 현물이나 시설을 빌려와서 쓸 수도 있을 것이다.

자기자금은 창업자의 자금과 함께 동업자의 자금이 있다면 그들이 가지고 있는 현금이나 현물(현금 이외의 물품)을 의미하며, 타인자금은 자기자금 이외에 외부로부터 조달하는 모든 차입금을 말한다. 이러한 차입금은 이자나 원금상환 등의 조건이 붙어있어 정해진 날에 이자도 내야하고 정해진 기간 안에 원금을 돌려줘야 하는 부담이 있는 돈이기에 자금조달계획을 수립할 때부터 차입규모나 방법에 있어 신중을 기해야 한다.

[그림 7-2] 소요자금의 분류

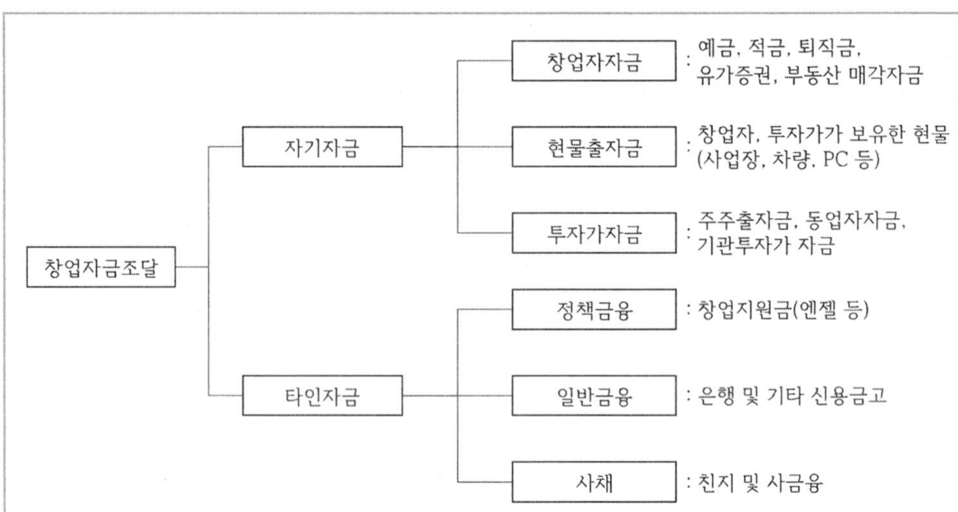

2) 창업 소요자금 조달

창업자가 자금을 조달하려면 크게 두 가지 방법을 통하여 조달할 수 있다. 하나는 스스로 보유한 자금으로 충당하는 것이고, 또 하나는 대외적인 신용을 밑천으로 외부로부터 조달하는 방법이다. 따라서 창업자는 사업을 개시하는데 필요한 자금이 얼마고 어느 정도인가를 산정하고, 그 다음에 자기가 준비할 수 있는 자금은 어느 정도인지를 검토해야 하며, 친지들로부터 얼마나 조달할 수 있는지도 검토한다. 그리고 마지막으로 금융기관에서 빌려야 하는 금액과 방법을 검토한다. 자금계획은 사업을 결심했을 때의 예상금액과 실제로 사업 준비를 해나가며 소비되는 구체적인 금액을 비교하여 단계별로 산정한다.

또한 자금흐름에 대한 예측도 필요하다. 이를 위해 우선 조사를 통해 예상고객 수와 한 사람 당 매출액을 산정하고 매출전망을 계산한다. 그 다음 매출전망에 따른 매출원가와 경비를 예측하고 매달 유입 자금의 크기를 계산한다. 그리고 그 이익금으로 차입금의 원리금을 상환해 가는 것이 가능하다면 일단 전망은 밝은 것이다. 3년부터 5년 사이에 자기 자금의 회수가 가능할 정도가 되면 가장 이상적이라 할 수 있다.

나아가 돈money going out을 관리하는 계획을 세우는 것도 중요한 과정이다. 나가는 돈은 확실한데 들어오는 돈money coming in은 불확실하다는 것이 사업의 현실이다. 외상매출금의 회수가 가능한지 어떤지 알 수 없고 매출이 증가해도 돈의 회전이 원활하지 않게 되면 실패할 확률이 높아지게 된다. 즉, '매출채권회전율receivables turnover ratio = 매출액/매출채권액'으로 이 식에서 '1'에 수렴한다면 현금회수cash collection가 빠르므로 좋다고 할 수 있고, '1'에서 멀어진다면 현금회수가 느리므로 좋지 않다고 할 수 있다. 외상매출금, 외상매입금, 미지급금, 그리고 현금을 관리하는 데 어떤 계획을 세우면 좋을지 또 자금회전은 어떤 방법으로 하는 것이 좋을 지에 대한 충분한 검토와 학습이 필요하다.

(1) 금융기관의 활용

지금과 같이 금융자율화financial liberalization가 시행중인 상태에서는 각 금융기관들의 상품이 다양해져 자신에게 유리하게 거래하는 은행과 상품을 선택하여 집중적인 거래를 해야 나중에 자금이 필요할 때 우대금리를 적용하여 대출을 받을 수 있다. 입출금이나 단순한 적기가입뿐만 아니라 은행의 입장에서 필요한 세금이나 관리비 등의 자동납부나 종업원 급여의 자동이체 등을 통하여 신용도를 쌓아두는 것이 유리하다.

(2) 대출 받을 금융기관 확인

사업하는 사람들에게 금융기관은 가깝고도 먼 곳이다. 금융기관을 잘 활용하면 대출에서부터 자금관리까지 여러 가지 혜택을 받을 수 있다. 창업자들에게 필요한 금융기관을 살펴보면 다음과 같은 것이 있다.

· 은행(주로 제1금융권)
· 창업투자회사
· 신기술사업 금융회사

· 상호신용금고
· 보험회사
· 신용보증기금
· 새마을 금고
· 리스회사
· 종합금융회사
· 기타 기관(생산기술연구원의 창업자금 등)

3) 자금조달원 선정 및 타인자본 조달 검토사항

(1) 자금조달원의 선정

창업을 위한 자금조달은 회사 내·외부의 여러 가지 자금 조달원으로부터 이루어 질 수 있다. 기업이 자금을 조달할 경우에는 필요한 자금의 용도와 규모, 그리고 자금이 필요한 시기와 담보제공능력 등 종합적인 여건을 감안하여 최적의 자금 조달원을 선정하여야 할 것이다. 자신의 실정에 맞지 않는 자금조달원을 선정하여 이를 진행하다가 결국은 필요한 자금을 조달하지 못하고 시간낭비와 쓸데없는 비용을 지출하는 경우가 있다.

기업자금 조달 시에 사업자가 고려해야 할 사항은 크게 자금조달비용, 자금조달의 안정성, 자금조달의 난이도, 그리고 정책자금의 조달 등이다.

1 자금조달비용

자금조달비용을 구성하는 가장 큰 요소는 자금조달에 따르는 차입금리 또는 주식의 배당률이나 회사채 등의 발행금리다. 이외에 자금조달 시 수반되는 인지대, 감정수수료, 등기비용, 지급보증료 등의 부대비용과 함께 차입에 따라 대응되는 구속성 예금의 가입이 요구되는 경우에는 차입 금리와 예금금리의 격차 역시 금융비용으로 고려되어야 한다.

2 자금조달의 안정성

자금의 안정성stability of funds이란 자금의 상환기간의 장단과 관계가 있다. 예를 들어, 공장을 짓거나 생산시설투자를 하는데 필요한 자금을 단기 차입금으로 조달하였다고 하면 고정자산에 투하된 자본의 회수 전에 차입금의 상환기일이 도래하게 되고, 기업은 자금의 상환이 어려워지게 되므로 자금조달의 안정성은 떨어지게 된다.

따라서 재료비, 인건비, 그리고 경비 등의 유동자금liquid funds은 단기차입금short-term borrowings에 의해 조달하고 시설투자 등의 고정자산fixed assets은 장기차입금long-term borrowings에 의해 조달하는 것이 좋다.

3 자금조달의 난이도

자금조달에는 융자절차 등에 있어 여러 가지 단계를 거쳐야 하고 여하한 경우에는 자금조달의 제약이 있을 수 있으므로 각 자금별로 조달상의 난이도를 감안하여야 한다. 사채발행의 경우에도 발행회사의 재무 면에 있어서의 발행한도에 제한을 두고 있으며, 일반 금융기관에서의 차입금 대출 시에도 기업의 신용도와 담보제공능력을 본다. 특히 정책자금의 경우에는 신청회사의 업력業歷(기업운영 연차), 업종, 생산품목, 그리고 기타 사업여건 등에 있어서 일정조건을 갖추어야 하기 때문에 자금조달이 더욱 까다로운 편이다.

4 정책자금의 조달

위와 같이 자금조달 시에 검토해야할 사항 중에서 그래도 우선순위를 택한다면 자금조달에 따른 비용을 먼저 생각하게 된다. 대출절차가 다소 복잡하고 자격요건이 까다롭다고 하더라도 상환기간이 긴 저리의 자금을 받을 수 있다면 기업경영에서 많은 도움을 줄 수 있기 때문이다. 이러한 면에서 정책자금은 기업체 입장에서 최적의 자금이다.

(2) 타인자금 조달 시 검토사항

1 필요한 차입자금 규모의 정확한 고려

· 자금의 용도에 따라 기업에서 필요한 자금의 규모를 객관적으로 산출하여 제시한다.
· 구속성 예금을 계산에 넣는다.
· 금융정세에 따라 증액신청을 할 수 있다.

2 담보 및 보증 가능성 검토

타인자금을 조달할 경우에 돈을 빌려주는 측에서는 채권의 안전한 확보를 위해 빌려주는 돈에 상응하는 담보를 요구한다. 물론 차입자의 신용 무담보로 돈을 꿔주는 경우도 있지만, 대부분 보증기관에서 발급하는 신용보증서나 부동산 근저당설정을 통해 담보대출을 하기 때문에 담보가 필요한 외부자금의 차입 시에는 반드시 담보제공능력을 검토하여야 한다.

3 상환목표의 수립

· 상환할 자금을 어떻게 조달할 것인가?

· 구속성예금compensating balance(은행이 대출해줄 때 일정한 금액을 강제로 예금하도록 하는 것)은 상환자금이 된다.

· 구체적인 차입금 상환계획을 제시한다.

4 금융기관의 적절한 선택

일반적으로 금융기관은 예금통화deposit currency(요구출급예금 즉, 은행에 예금된 통화) 창출 기능이 있으면 통화금융기관이라 하고, 없으면 비통화금융기관으로 분류하는 경우가 많다. 통화금융기관monetary institutions으로는 한국은행을 비롯하여 시중은행, 그리고 지방은행 등이 해당되고, 비통화금융기관nonmonetary institutions으로는 증권회사, 보험회사, 신탁회사, 그리고 신용금고 등이 여기에 해당된다. 흔히 제1금융권, 제2금융권으로 부르기도 한다. 그러나 자금을 조달하고자 하는 차입자 입장에서 더 거래하기가 좋고 안정적이며 필요한 자금을 쉽게 대출 받을 수 있는지가 관심사이다.

5 차입이유 합리성

차입을 신청할 때에는 금융기관에 대해 차입을 필요로 하는 이유를 확실하게 나타낼 수 있어야 한다. 예를 들어, 생산설비를 증강하기 위해 공정을 신설하는 것이라면 소요자금 중 어느 정도를 자기자금으로 조달하고, 어느 정도를 차입에 의존하는지를 세부적으로 설명할 수 있어야 한다. 더불어 계획의 세부적인 내용(용지면적, 건물면적, 그리고 주요 기계장치명세서 등)을 설명할 수 있는 구체적인 자료가 필요하다.

6 적절한 차입시기와 차입기간

· 사전 자금계획에 의한 차입 시기 선택

· 차입금의 상환기간을 신중하게 협의하여 결정

7 금융기관대출 상담 시 필요한 기본서류

· 법인등기부등본(법인인 경우)

· 사업자등록증 사본

· 공장등록증 사본(소기업은 임대차계약서 사본)

· 최근 년도 결산 재무제표
· 부가가치세 과세표준증명원
· 사업현황서 또는 사업계획서
· 해당 관청의 인가서 또는 허가서

창업자금의 조달과 운용의 내용을 정리하면 [표7-6]과 같다.

[표 7-6] 단기 총괄 자금계획(××년)

<table>
<tr><th colspan="3">소요자금</th><th colspan="3">조달계획</th></tr>
<tr><th colspan="2">내용</th><th>금액</th><th colspan="2">내용</th><th>금액</th></tr>
<tr><td rowspan="2">사업장</td><td>대지매입
공장건축
부대설비</td><td></td><td rowspan="2">자기자본</td><td>발기인
VC회사</td><td></td></tr>
<tr><td>소계</td><td></td><td>소계</td><td></td></tr>
<tr><td rowspan="2">생산설비</td><td>기계시설
부대시설</td><td></td><td rowspan="2">차입금 및
특수금융</td><td>회사채 발행
(사채, 전환사채)
은행차입
제2금융기관차입
진흥공단 지원
주주 일시차입</td><td></td></tr>
<tr><td>소계</td><td></td><td>소계</td><td></td></tr>
<tr><td rowspan="2">유형고장자산</td><td>차량운반구
기구비품 기타</td><td></td><td colspan="2" rowspan="5">B/S가용자금, 기타</td><td></td></tr>
<tr><td>소계</td><td></td><td></td></tr>
<tr><td rowspan="2">운전자금</td><td>원·부자재 구입비
기타 운전자금</td><td></td><td></td></tr>
<tr><td>소계</td><td></td><td></td></tr>
<tr><td colspan="2">예의비</td><td></td><td></td></tr>
<tr><td colspan="2">합계</td><td></td><td colspan="2">합계</td><td></td></tr>
</table>

8. 창업자금 지원 제도

1) 중소 · 벤처 창업지금

중소 · 벤처기업의 창업을 촉진하고 벤처기업가 정신venture entrepreneurship의 우수한 창업자를 발굴하고 지원하기 위하여 아이디어, 신상품, 그리고 신기술 등을 사업화하는 창업 중인 예비창업자나 창업기업이 필요로 하는 창업자금을 지원한다.

I	기술신용보증기금을 통한 창업자금 지원

(1) 지원 대상

중소기업창업지원법 제2조 제1호의 규정에 의한 창업을 준비 중이거나 중소기업창업지원법 시행규칙 제3조에 의한 사업개시 일로부터 3년 이내에 있는 기업(신청접수일 기준)으로서 '중소기업창업지원법' 및 '벤처기업에 관한 특별조치법'상의 업종이 해당된다.

(예시)

- 대학 · 우수 연구기관research organization 등의 추진을 받은 창업자
- 발명가, 특허권, 실용신안권 등 보유자
- 해외유학생, 해외기업 및 연구기관에 근무하는 한국인
- 창업보육센터에 입주하거나 졸업자 중 창업하려는 경우
- 기타 기술성이 있고 창업한지 3년 이내인 기업

(2) 지원조건

① 지원한도 : 동일기업 당 5억원 한도(단, 운전자금은 3억원 한도)

② 상환조건 : 5년 이내(2년 거치 3년 분할 상환)

③ 대출금리 : 연리 6.75%(시중실세금리 추세에 따라 변동될 수 있음)

(3) 지원신청 접수

① 신청 및 접수처 : 기술신용보증기금(이하 "기술신보"라 함) 기술평가센터 및 전국 소재 각 영업점

② 신청서류(소정양식) : ㉮ 신청서(소정양식) 3부, ㉯ 첨부서류 각 3부(사업계획서 등)

(4) 심사 · 평가 보증서 발급(기술신보의 기술평가센터)

① 심사 · 평가기준 : 신청자의 기술성, 사업성(=상업성+시장성), 타당성, 그리고 신용보증 가능 금액 등을 중심으로 기술신보에서 별도의 자체 업무지침으로 운영하고 있다.

② 평가 후 보증가능 금액을 사전에 심사하고, 중소기업진흥공단(이하 "중진공"이라 함)에 통보한다.

· 평가수수료 : 보증서발급 대상자에 한하여 건당 평가수수료 30만원을 평가기관에 납부하여야 한다.

(5) 최종지원 결정(중진공)

중진공이사장은 기술신보의 평가내용 및 보증가능금액을 근거로 지원 금액, 분할 지급시기, 그리고 방법 등을 정한다.

(6) 지원추천 및 자금지원

① 중진공이사장은 최종 지원결정사항을 창업자 및 기술신보에 즉시 통보하고 금융기관에 융자 추천한다.

② 기술신보는 신용보증서 발급신청이 이후 특별한 결격 사유가 없는 경우 15일 이내 신용보증서를 발급(다만, 예비창업자는 사업개시일 이후 대출신청 가능)한다.

③ 자금대여는 중진공과의 약정계약을 체결한 대출 취급기관을 통하여 지원한다.

(7) 사후관리

① 지방중기청장 및 중진공이사장은 창업지원자금을 받은 자에 대하여 자금의 사용여부 및 경영상황의 확인 등을 위하여 필요한 경우 관련 서류를 제출하거나 소속직원으로 하여금 현장 점검하게 할 수 있다.

② 중진공이사장은 창업자금을 지원 받은 자가 허위 또는 부정한 방법으로 지원을 요청한 사실이 발견되거나 지원된 창업자금을 다른 목적으로 사용한 것이 확인되는 경우 즉시 지원중단 및 지원 자금 회수 등 필요한 조치를 취할 수 있다.

(8) 융자절차

[그림 7-3] 기술신용보증기금을 통한 자금지원 절차도

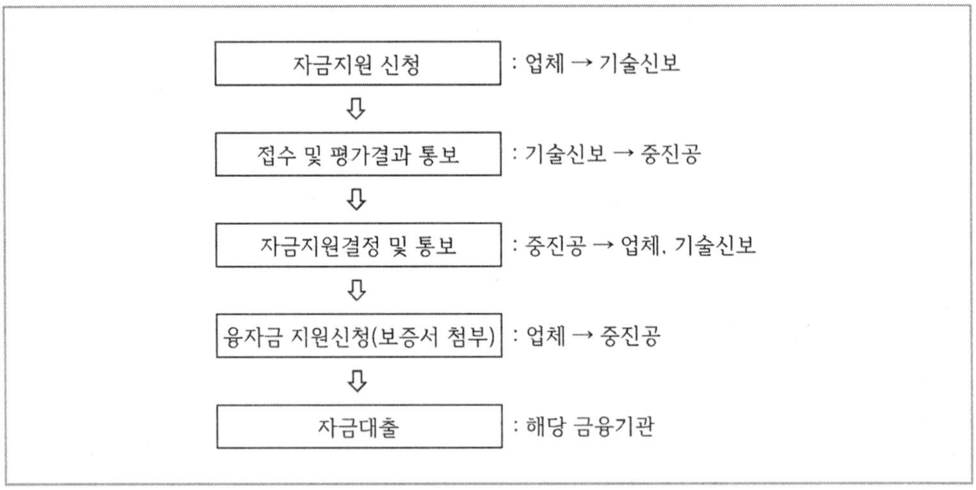

II	중소기업진흥공단을 통한 창업자금 지원

(1) 지원 대상

중소기업창업지원법 제2조 제1호의 규정에 의한 창업을 준비 중이거나 중소기업창업지원법 시행규칙 제3조에 의한 사업개시 일로부터 3년 이내에 있는 기업(신청접수일 기준)으로서 '중소기업창업지원법' 및 '벤처기업에 관한 특별조치법'상의 업종이 해당된다.

(2) 지원조건

① 지원한도 : 동일기업 당 5억원 한도(단, 운전자금은 3억원 한도)

② 상환조건 : 5년 이내(2년 거치 3년 분할 상환)

③ 대출금리 : 연리 6.75%(시중실세금리 추세에 따라 변동될 수 있음)

① 지원한도 : 동일기업 당 5억원 이내(단, 운전자금은 3억원 한도)

② 상환조건 : 5년 이내(2년 거치 3년 분할 상환)

③ 대출금리 : 연리 6.75%(시중실세금리 추세에 따라 변동될 수 있음)

④ 대출방법 : 담보대출, 신용 또는 보증부 대출(보증기관과의 부분 보증제도)병행

(3) 지원신청 접수

① 신청 및 접수처 : 중진공 지역본부

② 신청서류

㉮ 신청서(소정양식) 2부

㉯ 첨부서류 각 2부 : 사업계획서등

(4) 지원의 타당성 평가 및 지원결정

① 중진공에서는 신청서 등에 대한 사업성, 기술성 및 지원의 타당성 등을 평가(세부사항은 중진공이시장이 별도 제정) "벤처기업육성에 관한 특별조치법"상 중소기업청장으로부터 확인 받은 벤처기업은 중진공이사장이 지원의 타당성평가를 별도로 제정하여 신속히 자금지원 결정한다.

② 신청자(업체)에 대한 평가 및 지원 금액을 검토하기 위하여 중진공 각 지역본부에 「자금지원심의위원회」 설치 · 운영 「자금지원심의위원회」구성 · 운영과 심사 등에 관한 세부사항은 중진공에서 별도 제정한다.

(5) 지원추천 및 자금지원

① 중진공이사장은 「자금지원심의위원회」 심의결정 사항을 창업자 및 해당기업, 신용보증기관 및 대출 취급기관에 즉시 통보한다.

② 자금대여는 중진공이 직접 대출하거나 선정된 대출 취급기관을 통하여 지원한다.

(6) 사후관리

① 지방중기청장 및 중진공이사장은 창업지원자금을 받은 자에 대하여 자금의 사용여부 및 경영상황의 확인 등을 위하여 필요한 경우 관련 서류를 제출하거나 소속직원으로 하여금 현장 점검하게 할 수 있다.

② 중진공이사장은 창업자금을 지원 받은 자가 허위 또는 부정한 방법으로 지원을 요청한 사실이 발견되거나 지원된 창업자금을 다른 목적으로 사용한 것이 확인되는 경우 즉시 지원중단 및 지원 자금회수 등 필요한 조치를 취할 수 있다.

(7) 융자절차

[그림 7-4] 중소기업진흥공단을 통한 지원(담보부, 신용, 보증부)

자금지원 신청	: 업체 → 중진공
⇩	
접수 및 평가결과 통보	: 중진공
⇩	
자금지원결정 및 통보	: 중진공 → 업체
⇩	
자금대출	: 중진공 직접대출 또는 간접대출

2) 소상공인 창업 및 경영개선지원 자금

(1) 지원목적

소상공인에 대한 창업 및 경영상담 기능과 자금지원을 연계함으로써 소상공인 지원효과를 극대화하여 신규고용 창출 및 산업 간에 균형적인 발견을 도모시키는데 목적이 있다.

(2) 지원 대상 및 요건

① 다음의 각호의 1에 해당하는 소상공업을 창업하고자 하는 자

㉮ 제조업, 광업, 건설업, 운송업 : 상시 종업원 10인 이하

㉯ 전기 · 가스 및 수도 사업, 도 · 소매업 및 소비자용품 수리업, 숙박 및 음식점업, 운수 · 창고 및 통신업, 부동산 임대 및 사업서비스업, 교육 서비스업, 개인 서비스업 : 상시 종업원 5인 이하

② 소상공업을 영위하는 자로 경영개선을 하고자 하는 자

(3) 지원제외 대상자

① 사치성향적 소비나 투기를 조장하는 업종

② 금융기관의 불량거래자 또는 불량거래처로 규제중인 자

(4) 지원조건

① 지원 자금 규모 : 2,000억원

② 대출금리 : 연리 6.75%(시중실세금리 추세에 따라 변동될 수 있음)

③ 지원한도 : 5천만원 이내

④ 상환기간 및 상환방법 : 4년(거치기간 1년 포함), 월별 균등상환

⑤ 대출취급 은행 : KB국민은행을 비롯한 IBK기업, 우리, 부산, DGB대구, 광주, 전북, BNK경남, 제주은행과 농협중앙회, 그리고 상호신용금고 등

(5) 지원 절차

① 대출추천 신청 등

㉮ 신청 · 접수기간 : 전국 50개 소상공인지원센터

㉯ 신청기간 : 자금 소진시까지

㉰ 구비서류

- 자금추천신청서, 사업계획서
- 사업자등록증 사본

② 평가 및 추천 : 필요시 현장 방문하여 확인한다.

- 소상공인지원센터의 창업 및 경영 상담을 거쳐 자금추천신청서, 사업계획서 등을 평가하여 종합평점 55점 이상인 경우에 추천된다.
- 신청인의 경영능력
- 사업계획의 실현가능성 등
- 자금조달능력, 신청금액의 적정성 등

③ 추천 심사시 우대조건 : 여성창업자 및 소상공인에게 가점 5점 부여

④ 자금추천 처리기간 : 자금지원 신청서 접수일로부터 7일 이내

⑤ 대출 : 신용대출 또는 채권보전 절차를 거쳐 대출

⑥ 은행 채권보전 방법 : 부동산 담보, 신용보증서, 순수 신용

[그림 7-5] 소상공인자금 지원절차도

창업 또는 경영재선상담 신청	: 업체 → 소상공인지원센터
⇩	
창업 또는 경영개선 상담	: 소상공인지원센터 상담사
⇩	
심사 및 취급은행에 추천서 발급	: 소상공인지원센터 → 업체
⇩	
취급 금융기관에서 채권보전 절차후 대출	: 해당 금융기관

(6) 자금지원 후 사후관리

대출을 받은 소상공인이 지원자금의 유용 또는 불법사용 등의 사실이 있거나 부적격 지원대상임이 확인되었을 경우 대출자금 조기회수 등의 조치를 취한다.

3) 대학생 창업동아리 지원

대학 내 창업동아리 결성 및 활동을 지원하여 대학 재학 중 창업에 관한 연구 및 조사를 통해 조직적인 창업 준비가 이루어질 수 있도록 한다.

(1) 사업내용

① 지원규모 : 600백만원(100개 동아리 지원)

② 창업동아리 지원

㉮ 지원 대상 : 전문대학, 대학교(대학원)의 총장 또는 학장이 승인한 동아리(서클)로서, 학교 내에 독자적인 사무실을 갖추고 있으며, 회원이 20명 이상인 교내 동아리

㉯ 지원내용 : 사무용품 구입비, 운영비 지원(1개 동아리 당 600만원 한도)

③ 창업동아리 아이템개발비 지원

㉮ 지원 대상 : 중기청 지정 창업 동아리 및 지역 연합회 소속 창업동아리

㉯ 지원내용 : 창업아이템 개발비 지원

(2) 지원 절차

[그림 7-6] 소상공인자금 지원절차도

신청서 교부 및 접수 : 지방중소기업청

⇩

심사 및 신청 : 지방중소기업청 선정위원회

⇩

지원대상 확정보고 : 중소기업청(본청)

⇩

사업비 지원 : 지원자금 집행 - 중진공

9. 중소기업과 창업의 범위

1) 중소기업의 의의

광업(10~12), 제조업(15~37), 전기, 가스 및 수도 사업(40~41), 소 · 도매업 기타 서비스(50~93)종을 주된 사업으로 하는 기업으로 상시근로자 및 자산규모가 중소기업 기본법에서 정한 범위 내이며 실질적인 독립성 있는 기업

* ( )는 표준산업분류에 의한 중분류 번호임

① 상시근로자 및 자산규모에 의한 파정 : "상시근로자"기준([표7-7])과 "자산총액" 기준을 동시에 충족해야 한다.

[표 7-7] 상시근로자 기준

구분 / 업종	중소기업	
	소기업	중기업
제조업, 광업, 운송업	50인 이하	51인~300인
건설업	30인 이하	31인~300인
상업, 기타 서비스업	10인 미만	11인~20인

- 상시근로자 : 당해기업에 계속하여 고용되어 있는 근로자를 말한다.

* 상시근로자 제외사항

주주인 임원, 3월 이내의 기간을 정하여 고용되어 있는 근로자 및 일용근로자, 기술개발촉진법 제8조의 3 및 동법시행령 제14조의 규정에 의한 기업부설연구소의 연구전담요원을 제외한 근로자를 의미한다.

* 중소기업으로 유예

- 규모 확대 등으로 중소기업의 범위에 해당되지 아니하게 된 사유가 발생한 연도의 다음년도부터 3년간은 중소기업으로 본다.

② 실질적인 독립성 판단 : 독점규제 및 공정거래에 관한 법률에 의하여 대규모기업집단에 속하는 회사로 통지받은 회사가 아니어야 한다.

2) 창업의 범위

(1) 창업의 의미

“새로이 중소기업을 설립하는 것”을 말하며 다음 각 호에 해당되지 아니하여야 한다.

창업에 해당하지 아니하는 경우(다음 각 호)

① 타인으로부터 사업을 승계전의 사업과 동종의 사업을 계속하는 경우

② 개인사업자인 중소기업자가 법인으로 전환하거나 법인의 조직변경 등 기업유형을 변경하여 변경전의 사업과 동종의 사업을 계속하는 경우

③ 폐업 후 사업을 개시하여 폐업전의 사업과 동종의 사업을 계속하는 경우

① 타인으로부터 사업을 승계하여 동종의 사업을 계속하는 경우란?

- 원시적으로 사업을 새로이 개시하지 않고 기존의 사업을 인수하여 동종 사업을 계속 영위하는 경우 중소기업을 새로이 창설하는 효과가 없으므로 창업의 범위에서 제외

<사례>

· 상속이나 양도에 의해 사업체를 취득하여 동종 사업을 계속하는 경우

· 폐업한 타인의 공장을 인수하여 동일한 사업을 계속하는 경우

· 기존공장을 임차하여 기존의 사업과 동종의 사업을 영위하는 경우

다만, 사업승계인 경우에도 이종의 사업을 영위하는 경우는 창업에 해당

② 법인전환 · 조직변경 후, 동종의 사업을 계속하는 경우란?

단순히 조직을 변경함으로써 형식상의 창업절차만 있을 뿐 실질적으로는 중소기업의 창설효과(0+1=1, 1+1=2)가 없는 경우는 창업의 범위에서 제외

<사례>

- 개인사업자가 법인으로 전환 또는 합명회사, 합자회사, 유한회사, 그리고 주식회사 상호간 법인유형을 변경하여 동종의 사업을 계속하는 경우
- 기업을 합병하여 동종 사업을 영위하는 경우

다만, 조직변경 전후의 업종이 다른 경우는 변경전의 사업을 폐지하고, 변경후의 사업을 창업으로 인정

③ 폐업 후 사업을 개시하여 동종 사업을 계속하는 경우란?

- 사업을 폐지한 후 동종 사업을 재개하더라도 창업으로 보지 않음

<사례>

- 사업의 일시적인 휴업이나 정지 후에 다시 사업을 재개하는 경우
- 공장을 이전하기 위해 이전 전 장소의 사업을 폐업하고, 새로운 장소에서 사업을 재개하는 경우

다만, 폐업을 한 후에 사업을 재개하더라도 폐업전의 사업과 다른 업종의 사업을 새로이 개시하는 경우에는 창업으로 인정

<“동종 사업”으로 보지 않는 경우란?>

위 3가지 경우에 해당되는 동종의 사업을 하더라도 사업개시전의 기존 업종과 분류를 달리하는 업종을 추가하여 사업을 새로이 개시하는 경우에는 다음의 산식에 의하여 산출된 비율이 100분의 50이상인 경우를 말한다.

$$\frac{\text{업종을 추가한 날부터 당해연도말까지의 추가업종 총매출액}}{\text{업종을 추가한 날부터 당해연도말까지 총매출액}} \times 100$$

(2) 업종 및 기간 적용 범위

업종범위 : 제조업, 광업, 건축·엔지니어링 및 기술서비스업, 정보처리 기타 컴퓨터운용관련업, 기타 창업지원심의회에서는 정하는 업종

기간의 범위

① 창업사업계획승인대상 ; 사업 개시 일로부터 5년 이내

② 창업투자회사 투자대상

· 법인 : 사업 개시 일로부터 14년 이내

· 개인사업가 : 사업 개시 일로부터 10년 이내

③ 조세면제 또는 감면

· 등록세, 취득세 : 사업개시 일로부터 2년 이내

· 계산서, 종토세 : 사업개시 일로부터 5년 이내

<사업개시일>

법인 : 법인설립 등기일

개인사업자 : 사업자등록증 교부일

소득세, 법인세에서 제조업의 사업개시 일은 제조장별로 재화의 제조를 개시한 날

3) 창업절차 요약

(1) 업종 선정 및 사업계획 수립

· 업종선정 및 사업아이템의 결정

· 사업규모 결정

· 기업형태 결정

· 창업멤버와 조직 구성

· 기타 사업핵심요소 결정

(2) 회사설립 및 사업자등록

1 개인사업자

· 개인사업자로 창업할 경우에는 부가가치세법에 따라 해당 서류를 구비하여 관할 세무서장에게 사업자등록을 신청해야 한다.

· 구비서류

사업자등록신청서 (세무서에 비치)

주민등록등본

사업허가증 사본 (개별법에 의한 인·허가 대상 업종에 한함)

2 법인

· 법인으로 창업할 경우에는 상법에 따라 해당서류를 구비하여 관할 법원장 또는 등기소장에게 법인등기를 신청하고,

법인세법에 따라 해당서류를 구비하여 관할세무서장에게 법인설립을 신고해야한다.

· 법인등기(관할등기소)시 구비서류

정관작성(상호, 자본금 5천만원 이상, 1주당 주식가격 등)

주주명부(이사 3인상, 감사 1인 이상), 주주의 인가증명서, 주민등록등본, 자산명세서, 주주출자확인서 등

· 법인설립신고(관할세무서)시 구비서류

법인설립신고서

법인등기부등본, 정관

개시대차대조표, 주주 및 출자자 명부 등

(3) 공장의 설립과 사업개시

· 인력충원 및 교육

· 생산·관리·영업 등 체계화

· 취업규칙·산업재해보험·의보조합 관련 신고

· 생산 및 판매

[그림 7-6] 창업절차 흐름도

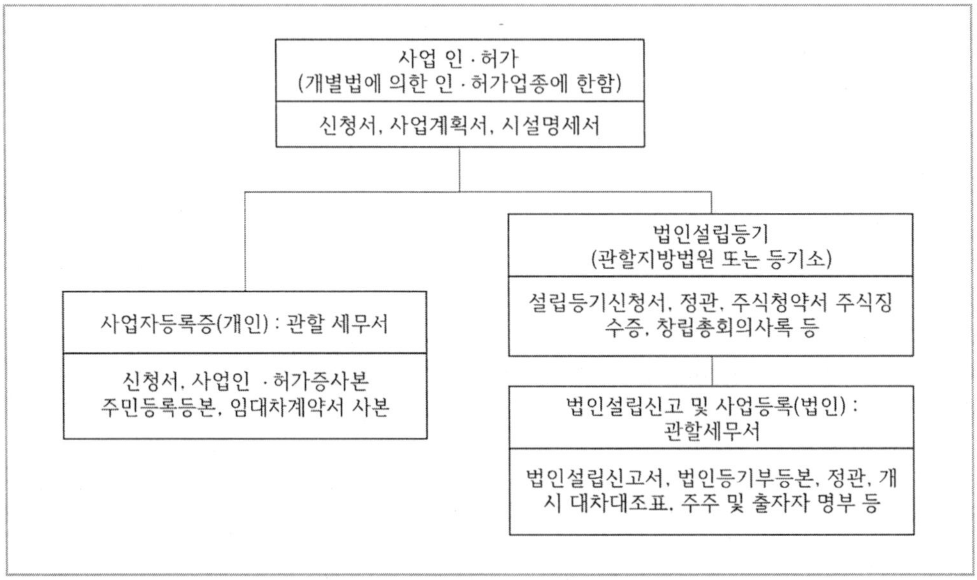

CHAPTER 8 창업기업의 운영관리

CHAPTER

8 창업기업의 운영관리

경영시스템은 두 개 이상의 상이한 요인들이 다양하게 조합되어 서로 간의 영향을 미치는 상호작용의 맥락에서 이해하여야 한다. 절지동물인 지네centipede는 언제나 걷는 방법을 알고 있다고 말한다. 그러나 누가 어느 발이 제일먼저 움직이느냐고 묻는다면 그의 말문은 막힌다. 이는 음역compass이 넓고 음색tone color이 순수하며 화려한 바이올린의 정확한 음을 한 번에 하나씩 내보라는 것과 마찬가지일 것이다.

하나의 행동이나 낱말이 그 자체로 충분한 뜻매김이 된다고 생각하지 않는다. 하나의 행동이나 어떤 경험에 붙인 꼬리표는 언제나 맥락context 속에서 보아야 한다. 그리고 모든 행동의 맥락은 인식론epistemology(=지식론 : 지식의 본성과 범위를 연구하고 탐구하는 것이 주된 과제)의 전체적인 그물 조직이고, 내포된 모든 체계의 상태다. 거기에는 그 상태에 도달할 때까지의 역사가 담겨 있다. 우리 자신이 무엇이라고 믿는 것은 우리 주변의 세계에 대해서 우리가 믿고 있는 바와 양립해야 한다.

제품의 생산을 위해 준비하고 생산에 이르기까지의 이 모든 과정을 담당하는 생산시스템은 마케팅과 지원시스템(재무, 인사, 경영정보 등)과의 공존이 되어야 그 존재의미를 부여받을 수 있다. 이것이 기업시스템의 최소 3분법의 구성인자가 된다.

1. 생산운영의 기능

기업의 자본 흐름은 우리 신체활동에서 혈액의 흐름으로 비유할 수 있다. 각 기관에서 흘러 들어온 혼탁한 혈액에 신선한 산소를 결합시켜 다시 공급시키는 과정을 투입-프로세서-산출로 연결되는 피드백 루프feedback loop로 비교할 수 있다.

① 투입 : 생산시스템에서 투입이란 조직 내로 들어오는 모든 유형tangibles과 무형intangibles의 자원을 의미한다. 이러한 자원은 제조에 사용되는 노동력, 자재materials, 원료raw material, 그리고 장비 등을 일컫는다. 투입은 제조업체와 서비스 업체에서 이용

되고 있는 인간의 지식, 지능, 지혜, 그리고 경험 등을 모두 포함한다.

② 변환과정 : 변환의 과정은 유형의 투입물과 인적자원의 활용으로서 제품이나 서비스를 산출하는 활동적인 공정을 의미한다. 변환과정은 투입을 산출로 전환시키기 위해 사용되는 규칙rules, 진행과정, 자원뿐만 아니라 개념, 업무절차business process, 그리고 무형의 기술까지도 포함하는 개념이다.

③ 산출 : 산출은 변환과정transformation process의 결과이다. 생산시스템의 산출은 자동차와 세탁기와 같은 유형의 기술과 환자에 대한 질병치료와 대학의 교육 및 훈련과 같은 무형의 서비스까지도 포함하는 개념이다.

2. 생산운영관리의 개념

생산운영관리는 사회적 책임조직 즉, 고객customer과 일반 소비자consumer, 사회 및 국가적으로 기대에 부응live up to expectations하는 기업의 경영활동 중

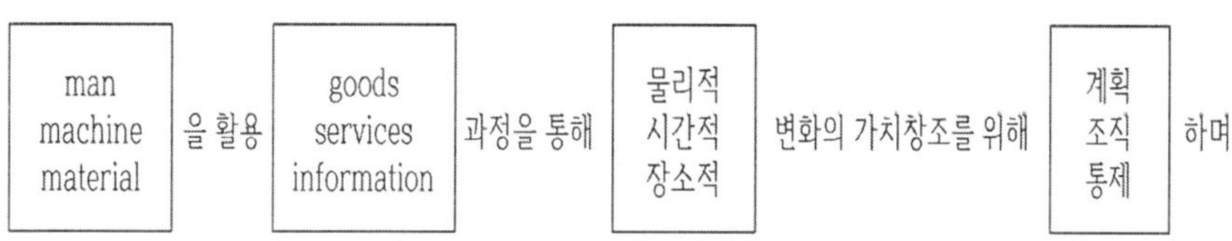

재화goods나 용역service을 적기at the right time, 적가at the right price, 적량in the right quantity, 적소at the right price, 그리고 적질at the right quality에 제공하는 기술적 활동의 생산운영시스템이다.

① 기업의 5가지 경영활동 : 재무/회계, 마케팅, 인사조직, 생산운영, 경영정보

② 서비스(또는 용역)의 특질 : 무형성, 불가분성, 이질성, 소멸성

③ 시스템이란 : 특정한 목적을 가지고 이를 성취하기 위해 여러 구성인자가 유기적으로 연결되어 있으면서 동일한 목적달성을 위해 노력하는 것이다. 시스템 도입의 근본적 이유로 경영에 부과되는 과제의 증대, 자원조달의 제약 증대, 전체적인 안목에서

활동계획을 수립함으로서 부분최적 배제의 필요성이 증대되고 있기 때문이다.

- 전체는 부분의 합보다 크다 The whole is more than the sum of its parts -

3. 생산운영시스템의 의의

운영시스템은 4대 하위시스템subsystem인 휴먼웨어시스템human-ware system, 소프트웨어시스템software system, 하드웨어시스템hardware system, 그리고 그룹웨어시스템 groupware system의 종합synthesis으로 형성되어 있다.

휴먼웨어시스템human-ware system은 끊임없이 변화하는 속성을 가지고 있는 마음minds과 능력abilities이라고 하는 가변적 무형자산variable intangible assert을 내포하고 있다. 마음과 능력의 선 순환적 메커니즘이 구축되면, 인적자원은 창조적 자원creative resources으로 전환된다. 휴먼웨어시스템은 한편으로 인적자원을 개발할 뿐 아니라 그것을 창조적 자원으로 전환시킬 수 있고, 다른 한편으로 운영, 분배, 룰-메이킹시스템rule making system이라고 하는 3개의 시스템을 통합하는 기능을 한다.

그룹웨어시스템groupware system이란 부문이 가진 정보를 다양한 상호교류와 제공을 통하여 분편적이며 암묵적인 애매한 지식을 과학적으로 체계화하고 분류하여 명료한 지식으로 전환하도록 하는 것이다. 선행기술의 명확화를 도모하여 지식재산의 산업상 이용성, 신규성, 그리고 진보창의성 등을 기술記述description가능하게 하여 지식이 가치를 가지게 하는 것으로 지식가치인정시스템을 포괄하는 조직 구조이며 문화다.

또한 이질적 결합(역逆 결합)이라는 성격도 포괄하는 시스템이기도 하다. 이질적 타입의 결합일수록 상승효과synergy effect가 크다. 잡종 자손의 형질이 부모보다 우수하게 나타나는 현상인 잡종강세heterosis의 강점이 나타난다. 이것을 우리는 다른 종류의 것이 서로 구별이 없게 하나로 합하여지는 것을 융합시스템fusion system이라고 부른다.

필요한 기능을 실현하기 위하여 관련 요소를 어떤 법칙에 따라 조합한 집합체를 우리는 시스템이라고 한다. 이러한 시스템은 더불어 사는 우리 삶의 축약이 된다. 서로의 이익을 위해 함께하는 삶 즉, 공생symbiosis이야말로 진화상의 극적인 비약을 가능하게 하는 최선의 수단이다. 인간은 시스템 속에 존재하는 피조물creature(삼라만상森羅萬象)이기 때문에 인생노정人生路程(인생에서 거쳐 지나가는 과정)에서 한번쯤 사랑할만한 사람을 만나야 한다. 사랑하면 얼굴이 변하고 마음이 변하며 삶이 변하게 된다.

늙은 노처녀 까마귀가 한 마리 있었다. 얼굴이 하도 못생겨서 제 짝도 아직 제대로 변변하게 만나지 못한 신세였다. 어느 날, 나뭇가지에 앉아서 훔쳐온 치즈 조각을 먹고 있었다. 마침 지나가던 여우가 이 광경을 지켜보고는 치즈에 눈독을 들였다. 여우는 고개를 쳐들고 까마귀를 불렀다. "넌 얼굴이 너무 못났으니까 그 못난 얼굴을 보충할만한 뭔가 장점이 있을 거야, 목소리는 어때? 짧게라도 네가 노래를 들려주면, 내가 그 방면엔 전문가니까, 사심 없이 평가를 해주지." 이건 정말 참신하고 즐거운 제안이 아닐 수 없었다. 나한테 성악오디션이라니! 까마귀 노처녀는 그래서 부리를 힘껏 쳐들고 입을 크게 벌려서 노래를 시작하려 했다. 그 통에 치즈가 땅바닥에 툭하고 떨어졌다. 이때를 놓칠세라 여우는 재빨리 치즈를 잡아채서 숲 속으로 달아나서는 느긋하게 먹어 치웠다. "이런, 내가 생각이 너무 짧았구나", 노처녀 까마귀는 탄식했다. "손님한테 대접부터 하고 노래를 했어야지! 누군들 빈속에 노래를 듣고 싶은 마음이 생기겠어? 사과를 잘 하면, 혹시 친절하게 다시 한 번 기회를 줄지도 몰라".

그리하여 까마귀는 정중하게 사과의 뜻을 담은 편지를 쓰면서 아울러 편지 말미에 자기가 마련한 음악 파티에 와 줄 수 없겠냐는 초대의 뜻을 비쳤다. 여우가 초대에 응하자, 까마귀 노처녀는 노래를 부르기 전에 조심스럽게 차린 식사를 대접해서 여우가 양껏 먹게 해 주었다. 공짜 식사에 한껏 기분이 좋아질 때로 좋아진 여우는 신나게 박수를 쳐 대고 앙코르encore까지 대여섯 번이나 요청했다.

그런 일이 있는 이후로 까마귀는 정기적으로 여우를 위한 음악 파티를 열었다. 그런데 그렇게 꾸준히 연습을 계속하다보니 실제로 목소리가 좋아지고 성량이 풍부해졌을 뿐만 아니라, 성격까지도 긍정적으로 바뀌게 되었다. 균형이 잡히고 당당해졌으며 자신감이 넘치게 된 것이다. 오히려, 나쁘게 이야기하면 자만심까지 언뜻언뜻 비칠 정도였다. 이런 변화가 어느 노총각 까마귀의 마음을 움직이게 해서, 노총각 까마귀는 생김새야 못생겨도 상관없다는 듯이 노처녀 까마귀에게 구혼을 해 결국 결혼하게 되었다는 것이다.

여우가 까마귀 처녀에게 위약僞藥placebo을 투여했다는 우화다. 위약도 30%가량 환자에게 효험이 있게 마련이다. 이는 인식이 사물을 바꾸게 하기 때문이다. 거기서 만물의 근원을 물질로 보고, 모든 정신 현상도 물질의 작용이나 그 산물이라고 주장하는 이론인 유물론materialism이 비일관성 또는 모순을 드러내는 것이다. 심과 기와 체의 불균형도 노력하면 바꿀 수 있다. 그러므로 운명은 개척하면 된다는 논리가 성립한다.

인지심리학자들은 이를 기대이론expectancy theory으로 설명한다. 마음이 뭔가 일어나기를 기대한다면 그 일이 일어난다는 것이다. 그래서 긍정적 비전vision이 성공의 열쇠가 된다는 것이다. 일 사事, 많은 여與, 원할 원願, 같은 동同의 사여원동事與願同이다. 많은 일들이 원하는 데로 이루어지는 경우가 많다는 것이다.

물리적 특성이 없고 심리적 영향을 강하게 받을 수밖에 없는 서비스 영역에서는 모호한 기준에 의해 영향을 받는다. 분위기 좋고 비싼 레스토랑의 커피 맛이 더 훌륭하게 느껴지는데서 가격 마케팅의 핵심 포인트를 찾을 수도 있을 것이다. 고객은 그럴 여유만 된다면 더 좋은 서비스를 찾아 나서게 되며, 이는 서비스에 대한 정확한 비교평가의 척도가 없기 때문이다.

경쟁 환경의 관점에서 운영전략이 원가중심전략에서 차별화전략으로 바뀌면서 대량생산에서 대량소비로 그리고 최근에는 대량고객화mass customization 현상으로 전환됨에 따라 유연성의 문제가 경쟁의 초점이 되고 있다. 따라서 경쟁요인 중 유연성이 오늘날 기업전략의 가장 중요한 경쟁무기로 받아들여지고 있으며, 특히 기업전략의 차원에서 강조하는 유연성의 하위개념인 생산부분의 유연성이 경쟁우위의 가장 중요한 무기로 인식되고 있다.

생산유연성이란 일반적으로 고객의 욕구변화에 대응하기 위하여 기업이 제품, 공정, 서비스 등에 있어서 고객이 원하는 시기에 가장 저렴하게 공급하는 능력이라고 말할 수 있다.

오늘날 조직개발의 일반적 추세는 개인의 유연성flexibility과 유동성mobility, 팀워크, 분권화decentralization, 개인과 집단의 자율성autonomy, 기능부서간의 밀접한 연결densely connection 및 조직 간의 협력collaboration among organizations을 추구하고 있다. 이를 위하여 JIT(just-in-time), TQM(total quality management), 그리고 ERP(enterprise resource planning)와 같은 경영기법이 세계적으로 성공리에 응용되고 있다.

세계성globality은 지역성locality 즉, 일정한 지역에 제한적인 성질을 갖는 국지성으로부터 출발한다. 인간의 가장 자연스런 감정, 그가 지닌 인간적 가능성의 만개를 위한 조건, 그의 존재에 의미를 주고 그를 가장 편안하게 하며 그를 가장 인간답게 하는 것은 추상적인 세계성이 아니라 집, 고향, 동네, 친구들 같은 구체적이고 특수한 '국지성'이며 국지적 관계이다. 민족이란 이 국지성 즉, 그의 '집'에 붙여지는 이름이다. 국지성은 세계성과 반드시 상치conflict하고 대립opposition하는 관계에 있지 않고 세계성 때문에 희생되어야 하는 것도 아니다. 오히려 세계성은 국지성 때문에 그것을 근거로 해서 더 발전을 할 수 있게 된다.

4. 생산계획과 생산통제

생산계획과 생산통제 즉, 생산관리의 내용을 개관하여 도시하면 다음과 같다.

[그림 8-1] 생산관리의 내용

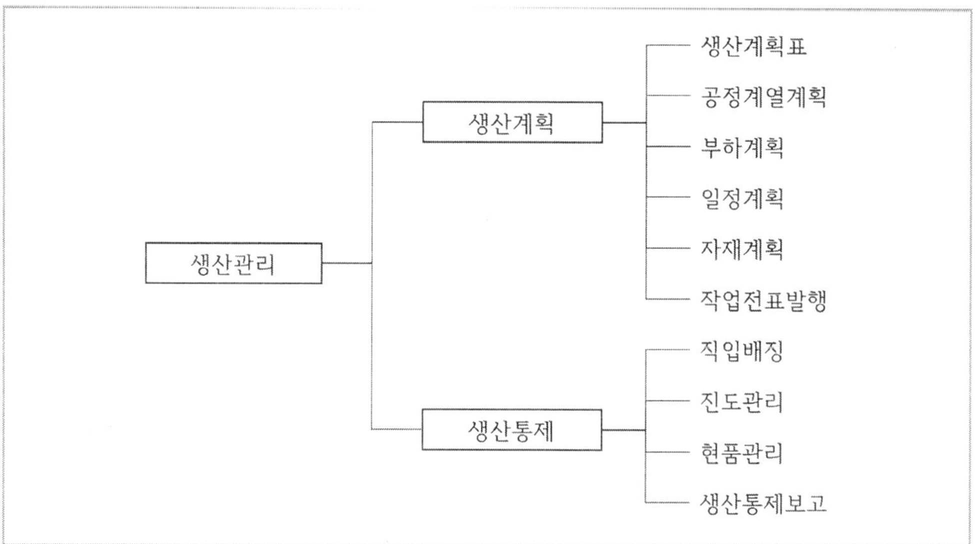

1) 생산통제를 위한 기본 양식

생산관리 부서에서는 생산진행관리를 위하여 통상 작업지시서job order, 원재료 청구서bill of material, 그리고 보조재료 청구서를 발행한다. 이 3가지 서류의 발행 목적과 기본적으로 포함되는 내용은 아래와 같다.

(1) 작업지시서

운영계획에 의거한 최종 작업승인서로써 제조원가계산 시 노무비와 경비 배분의 기초자료가 되며 ① 일련번호, ② 작업부서, ③ 로트번호lot number, ④ 제조일자 manufacturing date(MFG date), ⑤ 제품유효기간expired date, ⑥ 로트의 크기lot size, ⑦ 작업내용(작업방법 : detailed operations of process), ⑧ 표준작업시간, ⑨ 실제 작업수행 시간, 그리고 ⑩ 작업수행 책임자의 서명 난이 포함된다.

(2) 원재료 청구서

제조원가 계산 시 재료비 배분의 자료로써 ① 일련번호, ② 작업부서, ③ 롯트 번호lot number, ④ 제조일자manufacturing date : MFG date, 그리고 ⑤ 소요 원재료별 청구 수량이 기재된다.

(3) 보조재료 청구서

제조원가 계산 시 재료비 배분의 자료로써 ① 일련번호, ② 작업부서, ③ 롯트 번호lot number, ④ 제조일자manufacturing date : MFG date, 그리고 ⑤ 소요 보조재료별 청구 수량이 기재된다.

2) 작업측정

(1) 작업측정의 목적

작업측정은 다음과 같은 여러 가지 목적에 사용될 수 있다.

① 작업자의 성과평가
② 필요한 노동력의 계획
③ 생산가능량의 결정
④ 제품의 원가나 가격의 결정
⑤ 작업방법의 비교
⑥ 일정계획수립의 용이
⑦ 임금 인센티브의 결정

작업측정을 통해 생산표준이 설정된다. 이는 시간 표준 또는 단순히 표준이라고 불리기도 하며, 훈련된 작업자가 규정된 방법을 이용하여 정상적인 속도로 어떤 과업이나 활동을 수행하는데 소요되는 시간으로 정의할 수 있다. 표준은 두 가지 방법 즉, 산출물의 단위당 소요시간 또는 역으로 단위시간당 산출량으로 표현된다.

3) 공급망 관리supply chain management

(1) 공급망의 정의

원재료나 부품의 공급자로부터 시작해서 최종 소비자에게까지 이르는 상호 관련된 가치 활동들의 흐름에서, 정보의 공유화와 업무 프로세스의 근본적인 변혁을 꾀하여 공급망 전체의 효율성을 극대화하는 경영활동이라고 정의할 수 있다.

(2) 공급망의 구성요소

공급망은 어느 특정 기업으로 구성되는 것이 아니라 각 요소가 요구되는 본연의 활동을 수행하고 이들 요소가 상호작용을 원활히 한다는 전제에서 가능한 것이다. 다음은 생산 및 유통과 관련된 공급망을 구성하는 대표적 요소이다.

· 공급자supplier(partner)
· 생산자manufacturer
· 유통업자distributer
· 소매업자retailer(retail trader)
· 고객customer

5. 창업과 품질경영 사고

사람을 평가하는데 있어서 가장 손쉬운 방법으로 우리는 인격personality(사람으로서의 품격)을 논한다. 이는 인간 개개인 누구나 독창적 인격을 소유하고 있기 때문이다. 인간의 창조물인 기업 또한 인간을 닮아 있기 때문에 품격dignity을 갖는다. 개인 환경 속에서 품격에 따라 눈에 보이지 않는 상대적 평가 점수인 등급을 갖는다. 품질quality은 기업의 품격이다. 그래서 기업에는 품격경영 즉, '품질경영quality management'이 필요한 것이다.

1) 기업의 품격

기업환경이 능률 지향적 전술적 변수efficiency-oriented tactical variables뿐 아니라 조직구성원 의식 속에 존재하는 프로세서의 품격까지도 경쟁요인으로 포함시켜야하는 상황으로 변화하고 있기 때문에 품질경영quality management 체제의 도입이 필요하게 된다.

품질경영은 기초적인 공학적 개념과 함께 통계학적인 개념에 근거한 통계적 품질관리Statistic Quality Control(SQC)에서 출발하여 광범위한 조직의 모든 측면을 관리대상으로 하는 종합적 품질경영Total Quality Management(TQM)으로 발전하여 왔다. 이제 다시 품질경영의 개념이 국가별로 다른 고객욕구의 만족을 극대화할 수 있도록 제품과 제조공정을 범세계적으로 통합하여 경영하는 전략적 계획의 개념으로 변환하고 있다.

수요가 공급을 앞서는 산업사회 성장기의 소품종대량생산小品種大量生産 시스템에 이어 성숙기 산업사회에서는 경쟁심화로 다품종소량생산多品種少量生産 시스템으로, 그리고 다시 다품종미량생산多品種微量生産 시스템의 시대로 이어지면서 세계경쟁이 심화되는 정보시대의 생존전략으로 문화적 가치를 지닌 유일무이唯一無二의 명품생산이 요구되는 상황이 도래되고 있다. 즉, 인간의 혼이 담긴 제품의 생산이 요구되어지고 있는 것이다. 그래서 21세기를 새로운 중세장인시대라 부르기도 한다. 인간의 두뇌 속에 존재하는 지식과 기술이 중요시되는 시대이며 인적자원이 기업자본 중에서 제일 주요한 자원이 되는 시대다.

이제 고객만족customer satisfaction은 어느 기업 누구든 충족시킨다. 그래서 일반제품의 수준으로는 안 된다. 고객감동customer surprise이 필요하다. 고객감동은 고객의 만족에 멈추는 것이 아니라 고객이 이전에 경험하거나 예상하지 못했던 감동적인 제품의 기능과 디자인 및 서비스에 깜짝 놀라게 하는 것을 의미한다. 그래서 명품 제품과 명품서비스가 요구된다. 품질은 기업의 의복과 같다. 의복은 지갑이 허락하는 한 훌륭한 것을 선택하는 것이며 부담스럽거나 눈에 거슬려서는 안 된다. 고급스러워 보이되 화려해서는 안 된다. 의복은 인품을 나타내는 여러 변수 중에 하나다. 기업의 의복은 품질이다. 품질은 기업의 장점을 알리는 보디랭귀지body language이며 기업 귀품의 한 변수가 되는 의복이기도 하다.

급하지도 느리지도 아니하며 어려울 때나 기쁠 때나 성격변화의 폭이 적으며 마주할 때 편안함을 주며 만나면 만날수록 크게 느껴지는 사람을 우리는 사귀기 쉬운 귀품의 인격자라 부른다. 사회성에 문제가 있는 사람을 사귀어 본 사람은 적어도 직관적으로 그 원인을 알고 있다. 관계를 손상시키는 것은 그 사람의 못된 행동이 아니라 그 행동의 지극한 불일치성의 예측할 수 없는 성질이다. 외부환경과 생물체내의 변화에 대응하여 체내 환경을 일정하게 유지하려는 현상 즉, 성격의 항상성과 마찬가지로 고객이 지극히 예측 가능하게 안정되어 있어야 하는 것이 품질이다. 그래서 인간을 닮아 있는 제품 또한 접하기 편하게user friendly 만들어져야 한다. 사람들은 작고 아름다운 것에서 편안함을 느끼는 경향이 있다.

모든 일을 할 때는 아주 자연스럽게 해야 하고, 기교를 부려서는 안 되며 그것에 대해 고민하거나 노력했다는 인상을 보이지 않게 해야 한다. 그렇게 해야 우아해 보이는 것이 아닐까? 아무리 중요한 것이라도 질질 끌거나 서투른 모습을 보이게 되면 낮은 평가를 받는다. 따라서 꾸민 듯이 보이지 않게 꾸미는 것도 일을 하는데 있어서의 품질 경영이다.

문화적 가치를 지닌 명품은 정치, 경제, 기술, 이념, 그리고 상징 등 제반 요소간의 상관관계에 의해서 역사적 변이를 설명하는 총체적 접근에 의해 산출된 총체성의 상징물이라 할 수 있다. 따라서 이러한 제반 요소사이의—이들 중 어떤 요소도 부대현상epiphenomena으로 간주하지 않는—역동적 상호관계로 문화변동을 설명하는 이론적 대안이 요구된다.

이념이란 "세계가 실제로 구성되어 있는 방식"에 대한 진술이다. 이때 이념은 주관적 진술subjective statement이기 때문에 갈등이 존재한다. 이러한 갈등은 어떠한 유형으로든 표출되는데, 순 기능적 갈등은 그 시대의 상황 즉, 갈등을 반영한 예술성의 작품으로 형상화된다. 엘리트성의 표출 또는 피지배계층의 분노가 형상화되기도 하기 때문에 역사적 형상물은 그 시대의 총체적 시스템을 함축하고 있는 역사서이기도 한다.

역으로 분해하면 문화적 성숙도의 자이뿐 아니라 사회적 계층적 상징성도 분해해 낼 수 있게 되기 때문에 과거에 바탕을 둔 현재, 현재에 바탕을 둔 미래를 우리는 예측할 수 있게 된다. 문화의 물질적 측면material aspects과 비물질적 측면immaterial aspects의 동시성을 추구하여야 한다. 동전의 앞뒷면처럼 사회적 현상으로서의 잔존물(존재)은 동시에 비물질적인 측면(표상)을 반영한다. 즉, 동전 양면성의 원리로 이해되어야 한다.

2) 품질경영

품질경영이란 패스트푸드점에서 햄버그가 촉촉하게 물기soggy가 있고, 따뜻하며lukewarm, 그리고 약간의 기름기fatty가 윤기 있게 흐르는 상태로 제공되는 그러한 조화를 유지하려는 주인의 마음이고 가족을 위해 음식을 준비하는 어머니의 마음과 같은 것이다.

정자의 산목山木편에 직목선벌直木先伐 감천선갈甘泉先竭이라는 말이 있다. 곧은 나무를 먼저 베어 쓰고, 단 샘물이 먼저 고갈된다는 것이다. 즉, 너무 잘 나가던 사람이 일찌감치 퇴출되고 오히려 별 볼 일 없던 사람이 뒤늦게 빛을 발하는 걸 보면 이 말은 진리라고 할 수 있다. 고객과의 최단, 최고속도의 만남은 품질의 우수성에 있다 하겠다.

명품일수록 신이 창조한 '원본original'에 가까운 소재가 사용되기도 한다는 것이다.

'저기 저 아름다운 백합꽃을 보라!
솔로몬의 찬란한 보석 옷보다도 더 아름다운 저 백합꽃을 보라!'

아름다우면서 품위 있고 정갈한 포장도 품질의 일부분이다. 고객들은 잘 생긴 미용사는 못 생긴 미용사보다 기술이 훨씬 뛰어날 것으로 인식한다. 내과의사가 흰 가운과 청진기 없이 진찰한다면 그 서비스는 싱거울 것이다. 우아하게 차려입은 웨이트리스waitress(접객원), 최고급 본차이나 그릇, 리넨 식탁보linen tablecloth, 물 흐르는 듯한 칸초네(이탈리아의 대중 가곡), 그리고 비싼 음식 값에 곁들인 커피 맛은 왠지 맛이 더 있게 느낀다.

비 대중적 고급지향의 개성을 추구하는 경향을 표현하는 스놉효과snob effect 또는 속물효과俗物效果는 누구에게나 다분히 있다는 것이다. 스놉효과는 어떤 한 상품에 대해 사람들의 소비가 증가하면 더 많은 소비로 연결되는 것이 아니라 오히려 그 상품의 수요가 줄어드는 현상을 말한다. '스놉snob'은 고상한 체하는 사람, 잘 난 체하는 사람 즉, 교양이 없거나 식견이 좁고 세속적인 일에만 신경을 쓰는 그러한 사람을 <속물>이라고 한다. 이는 마치 까마귀 떼 속에서 혼자 떨어져 고고하게 있는 백로의 모습과 같다고 해서 '백로 효과egret effect(In Korean words, it is called the egret effect after the bird belonging to the family Heronidae.)'라고도 한다. 그래서 소비자들은 차별화 전략differentiation strategy으로서 제품에 높은 가격을 책정했을 때 한결 좋은 인상을 갖는다는 것이다.

가십거리로 읽어 주길 바란다. 길을 가다가 두 남녀가 심하게 싸우는 것을 본다. 아름다운 여자가 남자를 때리는 것을 보면 '왠지 남자가 맞을 짓을 했을 것'이라고 생각한다. 그러나 반대로, 못생긴 여자가 남자를 때리는 것을 보면 '저 년 사람 죽이겠네'라고 생각을 한다는 우스갯소리가 있다. 사람들은 심지어 책을 겉표지로 판단하는 경향도 있다.

서울 국립박물관의 연꽃모양을 한 청자여적(청자로 구워 만든 연적), 똑같이 생긴 꽃잎들이 정연히 달려 있었는데, 다만 그 중에 꽃잎 하나만이 약간 꼬부라져 있다. 이 균형 속에서도 눈에 그슬리지 않는 파격의 효과, 이것을 추구하는 것이 품질경영이다.

품질경영의 실천은 서예의 한 획과 그 획의 관계보완과 같은 것이다. 일껏 붓을 가누고 조신해 그은 획이 그만 비뚤어져 버렸을 때 우선 그 부근의 다른 획의 위치나 모양을 바꾸어서 그 실패를 구하는 것이 조화다. 그리하여 어쩌면 잘못과 실수의 누적으로 이루어 진 듯한, 실패와 보상, 결함과 사과謝過, 그리고 노력들이 점철된 그러기에 인간적 애착human attachment이 더 가는 한 폭의 서예가 풍기는 향기와 같아야 한다.

여러 가지 유형으로 서로가 서로를 의지하고 양보하며 실수와 결함을 감싸주며 간신히 이룩한 성취와 같아야 한다. 그중 한 자 한 획이라도 그 생김생김이 그렇지 않았더라면 와르르 열 개가 전부 무너질 듯 한, 심지어 낙관落款까지도 전체 속에서 융화되어 균형에 한 몫 참여하고 있을 정도의 그 피가 통할 듯 농밀濃蜜한 상호연계와 통일 속에서 이음고 묵과 여백! 흑과 백이 이루는 대립과 조화, 그 「대립과 조화conflict and harmony」 그것의 통일이 창출해 내는 드높은 질high quality을 가질 때 명품이 된다.

이에 반하여 규격화된 대량생산품 속의 하나일 듯한, 느낌이 없는 단순한 형태의 양적 집합이 갖는 냉랭함을 누가 더 이상 소유하고 싶어 할 것인가를 인지해야 한다. 이러한 느낌과 아울러 기능성도 예뻐야 한다. 옛날 우리의 어머니들이 사용하던 다듬이 방망이, 남정네들은 그 모양이 유사하면 다 같은 것으로 생각하지만 엄청난 차이가 존재한다. 예쁘게 깎았다는 명품의 방망이에 대한 설명을 들어보면 이러하다. 배가 너무 부르면 옷감을 다듬다가 치기를 잘하고 같은 무게라도 힘이 들며, 배가 너무 안 부르면 다음잇살이 펴지지 않고 손에 해 먹기 쉽다고 한다. 그래서 손에 꼭 알맞아야 한다는 것이다.

[표 8-1] 단기 총괄 자금계획(××년)

① 표준에의 적합성fitness to standard ② 사용에의 적합성fitness to use ③ 비용에의 적합성fitness of cost ④ 잠재적 요구에의 적합성fitness to latent requirement

품질사고quality thinking의 진화 추이trends in evolution가 작업현장 중심에서 전사적 경영의 문제로 대두되고 있음을 볼 수 있다. 품질경영을 위한 조직전체의 관심이 하나로 뭉쳐질 때 조직효율이 극대화maximization되고 명품의 기업이 된다.

도덕경 11장에 "삼십폭공일곡 당기무 유거지용三十幅共一轂 當其無 有車之用(Thirty spokes converge upon a single hub, It is on the hole in the center that the use of cart hinges.)"이라고 말하고 있다. 그중에 바퀴통 곡轂, 수레 거車자를 볼 수 있다. "수레바퀴에 있어 서른 개의 살이 중앙으로 모이는데 그기에 비어 있는 한 구멍 곧, 무無가 있다. 이 무가

있어 바퀴는 그 기능을 발휘한다는 뜻이다.

품질경영이 전사적 경영문제가 되어야 함을 나타내주는 명구다. 말콤 볼드리지 Malcolm Baldrige 품질상의 평가항목을 보면 도덕경의 의미가 더더욱 의미심장함을 느끼게 된다. 기업전체의 균형된 우수성이 우수품질경영을 이룩한 기업으로 평가하고 있다.

[표 8-2] 볼드리지상 범주와 채점

조사 부문/항목	최고 점수
리더십(20점)	
조직의 리더십	80
공공책임과 사회적 공헌	40
전략계획(85점)	
전략개발	40
전략전개	50
고객과 시장중시(85점)	
고객과 시장지식	40
고객관계와 만족	50
정보와 분석(90점)	
조직성과의 측정 및 분석	50
정보관리	40
인적자원 중시(85점)	
업무 시스템	35
종업원 교육, 훈련 개발	25
종업원 복지와 만족	25
프로세스 관리(85점)	
제품과 서비스 프로세스	45
비즈니스 프로세스	25
지원 프로세스	15
사업성과(540점)	
고객중시 성과	125
재무와 시장성과	125
인적자원 성과	80
조직유효성 성과	120
총점	10000

생각의 포인트 현대건설의 창업주인 정주영 회장

현대건설의 창업주인 정주영 회장은 서산농장을 개발할 때 물막이 공법cofferdam으로 유명하다. 간척지reclaimed land를 양안에서 둑을 쌓아 좁혀 와서 두 지점이 만나는 곳에서의 조류tidal current가 급류torrent를 만들기 때문에 마지막 물막이를 위한 공사가 난감이었다. 이때 거대한 폐선을 구입해서 급류를 막은 후 양안을 연결하고 폐선을 제거해 버림으로써 공사를 순조롭게 마무리하였다.

어느 누구도 상상하지 못한 방법으로 물막이 공사를 완수하므로 세계를 깜짝 놀라게 했다. 그러나 새벽잠을 쫓는 커피를 마셔가며 심혈heart and soul을 기울여 이룩한 서산 농장, 자기의 생을 마감하기도 전에 현대건설의 유동성(기업의 자산이나 채권을 손실 없이 현금화할 수 있는 정도) 부족으로 매각을 선택할 수밖에 없었다.

이것은 꽃 영榮, 옛 고故, 담을 성盛, 쇠할 쇠衰의 영고성쇠榮枯盛衰의 무상함을 본다. 즉, 꽃이 피었다 지고 융성했다가 쇠퇴한다. 세상 모든 일이 흥하고 망함을 거듭하는 이치를 가르치는 말이다. 봄, 여름, 가을, 그리고 겨울의 순환으로 보기도 한다. 인간이 만든 기업, 그래서 인간을 닮아 있는 기업의 수명, 인간의 평균수명보다 짧다. 그러나 이 순환에도 예외의 원칙이 있다. 기업이 명품과 함께 할 때 영속한다. 몽블랑 만년필이 그 예다.

명품이 된다는 것을 고사성어에서 찾아보면 낙양귀지洛陽貴紙라고 한다. 호평을 받으면 종이 값을 올림과 동시에 귀한 대접을 받게 된다는 것이다. 중국에서 명품의 붓을 만들 때 귀하게 여기는 붓 털이 여우의 겨드랑이 털인데 이를 일호지액一狐之腋이라 한다. 여우 호狐와 겨드랑이 액腋의 일호지액은 아주 귀하여 값이 비싼 물건을 의미한다.

3) 신실, 품질경영

신실信實은 거짓으로 속이거나 사악함이 없고 순수함이며 진실함을 의미한다. 이는 순수성, 진실성, 정직성, 신뢰성, 그리고 경건성과 연관되는 말이다. 명품luxury brands은 물리적 상품에만 국한되는 것이 아니다. 예를 들어, 단골고객regular customer이 세탁소에 내일의 의식을 위해 입을 검은 양복을 맡기면 내일까지 반드시 세탁해 주리라는 신뢰를 갖고 다음날의 계획을 세울 수 있도록 하는 서비스에도 붙일 수 있는 이름이다.

철이 지난 물건을 놓고 사장과 담당직원이 머리를 맞대고 있었다. “무슨 좋은 아이디어가 없을까?” 사장이 먼저 말을 꺼냈다. 담당직원, “사장님, 지방으로 보내면 어떨까요?” “이 사람아, 지방 사람이라고 철이 지난 옷을 입을 수가 있는가?” “아닙니다. 사장님! 10벌씩 넣어 포장을 하되 8벌로 써 넣습니다. 나머지 2벌은 회사의 실수로 돌리는 것입니다. 그 대신 옷값을 2벌 치 만큼 올리는 거죠.” 사장은 무릎을 치면서 굿 아이디어라고 칭찬하고는 즉시 실천에 옮겼다. 그러나 몇 주가 지난 뒤 사장은 아이디어를 낸 직원을 불러놓고 노발대발하고 있었다. “이봐, 자네 때문에 난 이제 망했네, 망했어, 옷을 팔아주기는커녕 2벌을 빼먹고 8벌만 모두 반품해 왔어.”... 가격은 속여도 제품은 속이지 말라는 인도 설화가 있다.

4) 현시적 소비와 품질

광고와 판매기술의 핵심적 기능은 필요의 수준 너머에 있는 욕구의 창조에 있다. 이전에 존재하지 않았던 욕망들을 사람들에게 불러일으키는 것이다. 여기서 필요needs와 욕구wants를 구분하여 보면 우리가 살아가지 위해 마시는 우유는 필요에 의한 것으로 ‘필요needs’라 할 수 있으며, 보다나은 멋과 풍미의 알프스 우유를 요구하는 것은 ‘욕구wants’라 할 수 있을 것이다. 욕구는 필요보다 훨씬 덜 중요하다. 필요는 우리의 내부에서 생겨나지만 욕구는 외부에서 주입되는 것이다. 그래서 기업주들이 광고를 하는 것이다. 광고는 시대적 공감대를 만들어 가며 새로운 문명의 단초를 제공한다. 외부적 욕구의 지속적 응집이 문명이다. 문명이란 결국 인간의 관심과 애정을 끌기 위해 경쟁하는 수많은 외부적 산물이기 때문이다.

생명체에서 필요 이상으로 나타나는 욕망 중에서 제일 먼저 나타나는 욕구 중의 하나가 자신의 존재 사실을 나타내고자 하는 욕구 즉, 현시욕구exhibition needs이다. 공작새가 생명을 걸고 암컷의 관심을 끌기 위해 덤불에 걸려 맹수의 밥이 될 위협을 무릅쓰고 꼬리를 펴고 현시하는conspicuous(이목을 끄는) 도박을 한다. 인간의 세계에 있어서도 현시적 소비현상conspicuous consumption은 마찬가지인 것이다. 수년 전만 해도 옷의 상표는 언제나 옷 안에 감춰져 있었다. 그러나 오늘날 디자이너의 이름은 언제나 셔츠, 넥타이, 블라우스, 양말의 바깥쪽에 보란 듯이 박혀있다. 유명 상표도 마찬가지다.

현시적 심리를 자세히 들여다보면 그 뒤에 차별화된 품질이 존재함을 암시하고 있음을 감지할 수 있다. 가짜 명품을 입고 현시적 소비 욕구를 만족시키고 있는 이면에도 가짜의 명품을 구매하기 위해 지불한 가격 이상의 품질가치를 느끼기 때문에 진품genuine을 구매할 능력이 없는 소비자가 모조품counterfeit을 구매한 후 만족감을 느끼게 된다는 것이다. 결국 모조품도 모조품이 가진 원래 가격만큼의 품질을 가지고 있기 때문에 소비자가 이것을 소유하고 늠름하게 거리를 활보할 마음을 갖는다는 것이다. 따라서 현시욕이란 자신의 존재를 타인에게 대해서뿐만 아니라 자기 자신에 대해서도 더 이상의 것으로서 과시하려고 하는 욕망이며 그러한 경향이 강한 사람을 현시자顯示者라고 한다. 야스퍼스 K. Jaspers은 "자신과 타인을 향해서 자신의 있는 그대로보다도 더 이상 자기과시하고 또 자신이 체험 가능 한 것보다도 더 이상으로 체험하려고 하는 욕망"으로 정의를 내리고 있다.

그러므로 저질상품low quality product은 광고에 상관없이 시장에서 사라지게 되어 있다는 것이다. 광고만큼 품질도 중요하다. 일상에서 진품genuineness과 모작imitation을 구분하지 못하는 해프닝의 문제를 곰곰이 생각해볼 필요가 있다.

생각의 포인트 현시욕의 자극

원효대사가 득도得道(심오한 이치나 도를 깨달음)의 고행 중에 산골 작은 절에 들어갔다. 자신이 원효라는 것을 감추고 주지 스님에게 머물기를 청했다.

'원하는 대로 머무르게. 객승이라도 놓고 먹는 법은 없으니까 우리가 손해날 것은 없지.'

다음날부터 주지스님은 원효에게 청소와 장작 패는 일, 그리고 공양 시중을 시켰다. 원효가 보기에 학승들은 각자 책을 지키고 앉아 열심히 외우고는 있으나 머리로는 전혀 이해하지 못하는 것 같았고, 주지스님은 날마다 방에 누워 빈둥빈둥 누룽지만 먹는 게으름뱅이였다. 누구도 뒷마당에 장작을 패고 있는 객승이 원효대사라는 것을 알아채지 못하는 것 같았다. 몇 개월이 지나 원효는 서서히 부아가 치밀고 이런 곳에 있는 스스로가 한심하게 느껴져 절을 떠나기로 결심했다. '내가 바로 원효인데 ...'

그가 떠날 채비를 하자 주지는 이렇게 성실하게 일 잘하는 객승은 처음이니 더 머물다 가라고 한사코 붙잡는 바람에 '내가 원효인데 ...' 라는 마음을 지닌 채 3년이라는 세월을 보냈다. 어느 날 더는 참을 수가 없어 모두 잠든 새벽녘에 몰래 줄행랑을 치는데 그의 등 뒤에서 '원효야!'하고 부르는 소리가 들렸다. 주지스님의 목소리였다. 원효대사가 현시욕顯示慾을 깨우치는 순간이다. 일반 중생의 현시욕이야 더 말할 나위 있을까. 그래서 현시욕을 자극하는 것도 마케팅의 한 방법이라는 것을 알게 된다.

5) 품질경영 시스템의 조직화

(1) 품질목표의 설정과 달성

목표란 활동을 위한 계획의 기초가 되는 것으로 성취 가능한 달성점이라 할 수 있다. 합리적 품질수준의 결정과 관리의 방안 및 품질경영의 7가지 도구 즉, 그래프, 파레토도, 특성요인도, 체크시트, 히스토그램, 산점도, 그리고 관리도를 이용할 수 있다.

① 그래프graph : 많은 수치데이터를 기록용지(특히, 표의 형태)에 기입하고 정리하더라도 전체의 경향이나 성질 및 특성을 파악하기가 쉽지 않다. 만약 이들 데이터를 그림(그래프)으로 표현한다면 전체의 모습을 쉽게 볼 수 있을 뿐만 아니라 데이터 간의 특성과 관계 등 많은 정보를 얻을 수 있기 때문에 정확한 판단과 조처를 취할 수 있게 된다.

② 관리도control chart : 데이터의 움직임을 점과 꺾은선으로 이어준 그림이다. 꺾은선 그래프 안에서 점의 이상유무異常有無를 파악하기 위해서 중심선이나 관리한계선을 기입한 그래프가 관리도이다. 관리수단으로 사용되는 도표나 그래프의 총칭되는 도구다.

③ 히스토그램histogram : 길이, 무게, 그리고 시간 등을 측정한 수치데이터가 어떤 분포를 하고 있는가를 알아보기 쉽게 나타낸 그림이다. 주어진 자료를 몇 개의 계급으로 나누고 각 계급의 도수를 조사하여 나타내는 표 즉, 도수분포표라고도 한다.

④ 산점도scatter plot : 두 개의 짝으로 된 일련의 데이터를 그래프용지 위에 플로트한plotted 그림이다. 산점도를 작성하면 짝을 이루는 데이터의 관계 즉, 각 특성과 요인과의 관계를 조사하는 경우가 많지만, 특성과 특성, 요인과 요인의 관계를 조사할 수 있다. 부연하자면, 산점도(또는 상관도)는 2개의 연속형 변수continuous variable 간의 관계를 보기 위하여 직교좌표(x축과 y축)의 평면에 관측점을 찍어 만든 그래프이다.

⑤ 체크시트check sheet : 불량개수, 결점 수number of defects 등과 같이 셀 수 있는 계수 값 데이터를 분류항목별item classification로 어디에 집중되어 있는가를 알아보기 쉽게 나타낸 그림이나 표이다. 어떠한 목적을 이루기 위해 필요한 작업이나 물품에 빠진 것은 없는지 확인할 때 사용되는 문서이다.

⑥ 파레토도pareto diagram : 불량, 결점, 고장 등의 발생건수 또는 손실금액을 항목별로 분류하여 크기순서대로 나열한 그림이다. 즉, 자료들이 어떤 범주에 속하는가를 나타내는 계수형 자료일 때 각 범주에 대한 빈도를 막대의 높이로 나타내는 그림이다. 따라서 기본적으로 파레토도는 계수형 자료에 대한 히스토그램이라고 할 수 있다.

⑦ 특성요인도cause and effect diagram : 제조공정상의 어떠한 요인(4M : man, machine, material, method)이 품질특성(결과)에 어떠한 영향을 미치고 있는가를 즉시 알 수 있도록 그려진 물고기 뼈fish bone 모양의 그림이다.

6) 가치공학

제품이나 서비스의 가치를 떨어뜨리지 않고 최저의 비용으로 제품(또는 서비스)을 생산할 수 있는 방법을 연구하는 학문 영역인 가치공학value engineering, 이러한 가치공학 또는 가치분석value analysis은 제품이나 서비스의 가치향상과 전 과정의 수명주기비용Life Cycle Cost(LCC)을 고려한 적정품질수준을 유지하기 위해서 주어진 목적에 적합한 수단을 강구한다. 또한 기능분석을 거쳐 불필요한 기능에 내포된 불필요한 원가를 제거하고 시스템을 간소화시키며 품질 및 신뢰성을 향상시켜 가치개선을 추구하는 것이다.

6. 불확실성의 극소화

세익스피어의 희극 '햄릿'에서 주인공 햄릿은 선친의 영혼이 나타나 자기가 어떻게 독살되었는지에 대해 얘기해주며 복수를 아들 햄릿에게 부탁한다. 이때부터 햄릿은 진정 자기를 사랑한 아버지의 영혼이 자기에게 진실한 정보true information를 준 것인지, 아니면 망령의 거짓정보false information인지를 두고 고민하게 된다. 왜냐하면, 아버지의 영혼이 준 정보를 검정할 길이 없었기 때문이다. 만에 하나 마귀의 음모The Evil Conspiracy라면 아버지의 대를 이어 왕으로 등극한 숙부father's younger brother를 죽이는 엄청난 죄악의 우를 범하는 결과를 초래하게 되며 재혼한 어머니를 다시 과부로 만들기 때문이다.

주인공 햄릿은 선친의 영혼이 주는 정보를 믿어야 할지 여부를 두고 고민하면서 되뇌는 "이것이냐 아니면 저것이냐, 그것이 문제로다(to be or not to be, that is question)."를 경영의 활동과정 속에서도 수 없이 하게 된다. 정확한 정보를 바탕으로 소비자가 원하는 양의 재화나 용역을 공급하기 위해서 적시관리just in time를 하면 불필요한 자산의 유지비용을 극소화시킬 수 있으나 상대적으로 높은 불확실성을 감수하게 된다. 그래서 경영의 영역에서 적정滴定이라는 단어를 많이 사용하게 되며 아울러 재고관리의 필요성을 갖는다.

인간을 인간 되게 하는 최초의 출발이 불확실성을 극소화시켜to minimize uncertainty

생존하겠다는 물질축적의 욕망desire for material accumulation 즉, 경영학에서의 용어로 보면 재고관리에서부터라 할 수 있을 것이다. 물질이 어느 정도 존재해야 삶의 행복도 존재한다는 아닐 불不, 다 없앨 갈竭, 물질 물物, 힘 력力의 불갈물력不竭物力이다.

7. 안분지족 경영

안분지족安分知足은 자기분수에 맞게 무리하지 않고 만족하면서 편안하게 지낸다는 뜻이다. 여기서 지족知足contentment이라는 말은 스스로 흡족하게 여기는 것으로 자만自滿과는 다르다. 지족은 '조화를 이루는in harmony'이라는 형용사와 같은 의미를 갖는다. 현실의 모든 것을 있는 그대로 마음깊이 받아들일 줄 앎으로서 행복을 느끼는 만족을 할 줄 안다는 뜻을 가지고 있다. 지족경영은 '만족경영'이며 적정의 경영이다. 그래서 경영에서 적정이라는 단어를 많이 사용한다. 자만은 리더십의 암과 같지만 지족은 장님이 의지하는 흰 지팡이와 같은 것이다. 프로의 실수는 가끔 쉽다고 느끼며 자만하는 순간에 일어난다. 그래서 항상 용수철을 누르고 있는 듯 한 스트레스를 느껴야 하는 것이 관리의 영역이다.

중국의 회남왕淮南王 유안이 남긴 「회남자」라는 책에 축록자불견산逐鹿子不見山 확금자불견인攫金子不見人이라는 말이 있다. 사슴을 쫓는 사람은 산을 보지 못하고, 금을 움켜쥐려는 자는 사람을 보지 못한다는 것이다. 이익에만 집착하여 만물과 사람의 진면목을 보지 못한다는 글이다. 과도한 욕심을 버려야 한다. 물질의 주인이 있기 마련이다. 각물유주各物有主다. 불필요한 재물의 보유는 노루가 사향을 보유하므로 인해 사람들로부터 죽임을 당하면서 되뇌는 '서제막급噬臍莫及'을 하게 된다. 선량한 사람이라도 과분한 재물을 보유하면 화를 당할 수도 있다는 것이다. 필부무죄 덕벽유죄匹夫無罪德壁有罪다.

8. 재고관리의 의의

짧은 기간 안에 현금으로 바꿀 수 있는 주요 유동자산인 현금, 유가증권, 매출채권, 그리고 재고자산 중에서 유동성liquidity은 4위지만 투자규모는 역으로 평가되어 관리의 주요 요소가 된다. 재고자산assets in stock을 필요 이상 많이 보유하게 되면 보다도 높은 수익실현과 동시에 이로 인한 기회의 상실을 가져오며, 너무 적게 보유하면 공급능력의 부족으로 고객 서비스 수준의 최대화를 기할 수 없으므로 재고비용의 최소화와 함께 탄력성의 효익 확보, 공정간 대기성 확보, 그리고 경제적 로트 규모생산을 위한 관리가 필요 된다.

1) 재고비용

재고관리비용은 계량화 요인인 품목을 특정 시간 동안 재고로 보관하는데 드는 '재고유지비용holding costs'과 재고를 주문하고 받는데 드는 '주문비용ordering costs' 그리고 비계량화 요인으로 시장수요가 기업의 창고에 보관중인 재고를 초과할 경우 발생하는 '재고부족비용shortage costs'으로 구성된다. 따라서 비계량화 요인non-quantifiable factors을 인식하는 사고를 바탕으로 계량화 요인quantifiable factors을 관리해야 한다.

[표 8-3] 재고비용의 계량적 요인 및 비계량적 요인

계량화 요인 재고유지비용carrying cost - 동결자본비용, 보험료 - 보험료, 재산세 - 감가상각비, 진부화비용 주문비용ordering cost - 발주비용, 선적 및 취급비용 - 소량구입 시 할인기회의 상실 비계량화요인 재고고갈로 인한 기회비용running cost - 판매기회의 상실, 고객의 불신감 - 생산계획의 차질

어느 날 창조주이며 절대권자인 신God이 인간의 모습으로 세상에 와서 한 부자富者를 만나 자기를 신으로 믿으면 천당에 보내 주겠다고 권유한다. 그러나 부자는 그의 말을 믿지 않았다. 그래서 그는 지옥을 가게 되었는데 거기서 그는 세상에 살 때 자기 집에 자주 동냥오던 거지가 건너편 아름다운 천당에서 살고 있는 것을 발견하고 신에게 간청한다. 나를 한번만 세상에 다시 보내주면 내가 사랑했던 가족들에게 당신의 실존을 믿게 하여 천당에 보내게 하고 싶다고 하였다. 그러나 신은 이렇게 대답한다. 내가

직접 세상에 가도 나를 믿지 않았거늘 하물며 네가 가서 권하면 귀신의 이야기라 더욱 믿지 않을 것이라고...

신은 인간을 사랑하기 때문에 욕심의 한계장력tether tension을 줬다. 인간 죄성罪性에 대한 아량의 한계를 선물로 준 것이다. 그러나 인간의 신은 아량의 한계가 끝나는 시점을 모르기 때문에 절제의 삶을 살아가야 하는 것이다. 즉, 신의 주권 영역이 존재하기 때문이다. 장력한계tension limit의 설정이 인간을 인간되게 하는 정의定意다. 푸른 초장을 초장 되게 하기 위해서 초장에 사슴만 둔 것이 아니라 사자도 함께 둔 것이다.

그래서 인간이 만든 기업 또한 인간을 닮아 있기 때문에 기업 경영에 있어서 적정이라는 단어와 만족의 해satisficing solution라는 단어를 많이 사용한다. 적정 이상의 이익이 지속적으로 창출되는 곳에는 새로운 사자가 진입해 온다는 원리다.

삶의 과정에 있어서도 마찬가지다. 행복의 척도happiness scale가 있다. 소유물은 우리가 그것을 소유하는 이상으로 우리자신을 소유해 버린다. 내가 무엇인가를 가졌을 때 그 물건에 의해 내가 가짐을 당하는 것이다. 필요를 충족시키는 곳에서 자족할 줄 알아야 한다. 삶의 목표가 풍부하게 소유하는데 있는 것이 아니라 풍성하게 존재하는데 있어야 한다. 그래서 우리의 영혼이 공空해야 한다. 빈 곳에서 영혼의 청아한 메아리가 울려나올 수 있다.

동남아시아에서는 원숭이를 잡는데 교묘한 덫을 사용한다. 코코넛 열매를 파내 그곳에 달콤한 향기가 나는 것을 집어넣는다. 그리고 그 열매 밑에 조그만 구멍을 낸다. 구멍은 원숭이가 손을 집어넣을 수는 있지만 무엇을 움켜지고 꺼낼 수 없을 정도의 크기로 뚫는다. 그리고는 그 열매를 나뭇가지나 말뚝에 매어 놓는다. 이윽고 원숭이가 냄새를 맡고 다가온다. 그리고는 그 속에 손을 넣고 먹을 것을 움켜쥔다. 그러면 덫에 걸리는 것이다. 사냥꾼이 다가오면 원숭이는 놀라 질색을 하며 도망가려고 한다. 그러나 도망갈 수가 없다. 누가 원숭이를 덫에 걸리게 했는가? 다른 어떤 무력도 아니고 바로 원숭이 자신의 집착obsession이다. 이론적으로 원숭이는 손에 잡고 있는 것을 놓고 손을 빼내기만 하면 자유롭게 덫으로부터 벗어날 수가 있다. 그러나 원숭이로서는 그렇게 할 수가 없는 것이다.

사람들도 이와 같이 무상impermanence(세상은 끊임없이 변화하고 태어나고 죽으며 시간적 지속성이 없음을 말한다)한 것에 집착한다. 사람들은 흔히 우리들에게 묻는다. 붙들고 있는 것은 알지만, 어떻게 놓을 수가 있단 말이오! 무상한 것에 집착함으로써 우리는 고통을 만들고 있는 것이다. 그것을 알게 되면 우리는 자연스럽게 놓게 된다.

실패failure는 경영자 자신의 내부에서 찾아야 할 것이리라. 볼 견見, 날카로울 리利, 생각할 사思, 옳을 의義의 견리사의見利思義라고 한다. 즉, 사사로운 이익에 앞서 의로움righteous을 먼저 생각하는 자세를 가리키는 표현의 글이다.

2) 재고관리 개략

(1) 재고자산의 최적규모 결정을 위한 경제적 발주

유동자산의 보유규모에 비례하여 유지비용Carrying Cost(CC)이 필요 되며, 반대로 너무 잦은 유동자산 조달은 주문비용Ordering Cost(OC)이 증대되기 때문에 최적규모 결정optimum scale determination을 위한 고려가 필요 된다.

(2) ABC분석

ABC분석은 재고관리방식의 하나로서, 재고품의 과부족을 균형화 내지 평준화시켜 주는 수단으로 이용하기 위한 분석방법이다. 그 골자는 모두 부품 및 재료를 ABC의 3집군集群group으로 분류하여, 코스트cost가 높고 수량이 적은 것은 A품목, 반대로 코스트cost가 낮고 수량이 많은 것은 C품목, 그 중간을 B품목으로 하며, A품목에 대해서는 각별한 주의를 기울여 중점적으로 재고관리를 하고, B품목에 대해서는 적당히 하는 대신, C품목(혹은 그 이하)에 대해서는 최저 내지 최고재고량과 같은 다른 재고관리방법을 적용하는 방법이다.

[그림 8-2] 재고품 ABC 분석표

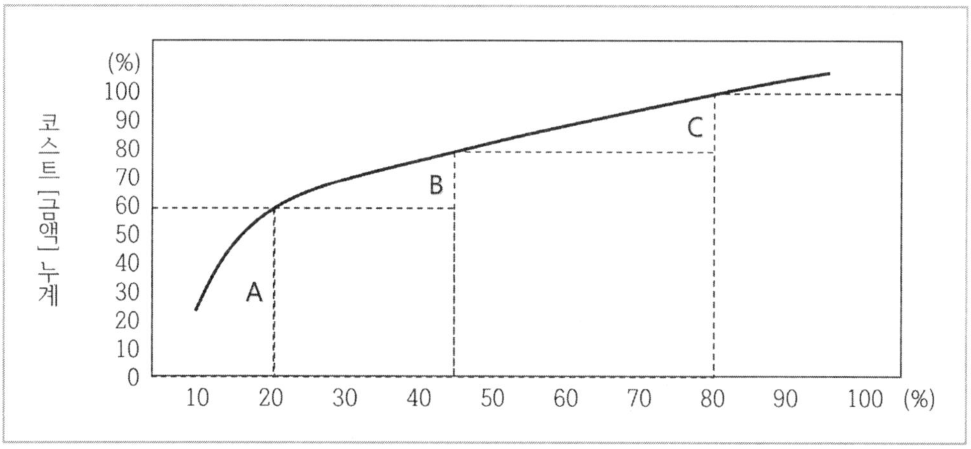

CHAPTER 9 마케팅관리와 시장예측

CHAPTER 9 마케팅관리와 시장예측

영국의 극작가 셰익스피어는 그의 작품 〈오셀로〉에서 직감을 거부한 지도자의 종말을 그리고 있다. 오셀로는 직업군인으로서 화려한 경력을 쌓아 왔으며, 자신의 힘과 능력을 확신하며 감정의 절제가 뛰어난 사람이었다. 그러나 그가 승진의 대열에서 제외시킨 부하, 이아고의 교묘한 복수극에 말려 패망한다. 이아고는 '오셀로가 그의 아내 데스데모나를 매우 사랑했지만, 아내가 자신을 열등inferiority이 많은 사람으로 여기는 것에 불만을 가지고 있다'는 것을 알았다. 그래서 이아고는 그 열등감을 자극하기로 한다. 오셀로는 이아고의 거짓말에 넘어가 자신의 부하인 캐시오가 아내 데스데모나를 유혹했다고 착각하고 두 사람을 살해하려고 든다. 이아고는 극중에서 처음부터 끝까지 악의만을 가지고 있는 인물인 동시에 관객들에게 자신의 악의와 음모를 까발리며 계획을 진행시킨다.

그 악행의 이유는 오셀로가 '자신을 승진시켜주지 않고, 캐시오를 대신 승진시켜줬다는 것'과 '오셀로가 자신의 아내 에밀리아와 바람을 피웠다'는 것이다. 결국 이아고의 계획은 이아고의 아내 에밀리아가 오셀로에게 진실을 말해주면서 들통이 나지만, 이미 오셀로는 데스데모나를 살해한 후였다. 오셀로는 그가 만든 비극 때문에 자살한다. 주인공은 그의 성공적인 경력에 있어 결정적인 순간에 직관을 무시한 의사결정을 함으로써 결과적으로 자신과 조직에 재앙을 몰고 온다. 직관은 축적된 상식의 정연整然화이다.

1. 창업경영과 고객만족

1) 진소능 대능眞所謂 大能(진실로 큰 능력)? 고객과의 만남

김립金笠과 평양기생平壤妓生의 합작 시詩

김립金笠 : 평양기생하소능平壤妓生何所能(평양기생에게 무슨 재능이 있는가?)

기생妓生 : 능가능무우시능能歌能舞又詩能(음악과 춤 또 시에 능하답니다.)

김립金笠 : 능능기중별무능能能其中別無能(다능하다는 사람에게 능함을 보지 못했다오.)

기생妓生 : 월야심갱평부능月夜三更呼夫能(월야삼경月夜三更에 정인을 불러오는 기능技能이 대능大能이 아닐런지요?)

그래서 평양기생은 김삿갓(김립)의 발걸음을 하룻밤 붙들었다는 것이다.

오래 전 늦은 봄날 한 제자가 가져다준 조그마한 책에서 읽었던 글이다.

한 신입사원이 얼굴에 미소를 가득 머금고 자신만만해서 그의 상사에게 보고서를 올렸다. 신입사원이 올린 보고서를 읽는 순간 상사는 놀라움을 금할 수 없었다. 상사는 믿어지지 않는다는 표정으로 신입사원의 웃고 있는 얼굴과 보고서를 몇 번이나 번갈아 들여다보았다. 어느 모로 보나 깔끔한 신입사원이 쓴 보고서라고 할 수 없을 만큼 띄어쓰기와 철자법이 엉터리였고 격식도 갖추지 못한 것이었다.

'오널 나는 도니 한푼도 업을거 같은 사람에게 물거늘 파랐습니다...'

"자네..."

너무 어이가 없어 말문이 막힌 상사는 신입사원에게 이렇게 엉터리 보고서가 어디 있냐며 다시 써오라고 돌려보냈다. 그런데 다음날 그가 다시 가져온 보고서는 어제와 별반 다를 것이 없었다.

한 줄을 마저 읽기도 전에 상사는 보고서를 던지며 신입사원이 자신을 놀리고 있든지 아니면 자신들이 자격을 갖추지 못한 엉뚱한 사람을 뽑는 실수를 했다는 생각이 들었다. 상사는 더 이상 이 상항을 두고 볼 수가 없어 사장에게 그 신입사원의 보고서를 보여주고 그를 당장 해고시킬 것을 건의했다.

한참 만에 사장으로부터 결재서류가 내려왔다. 그런데 그 서류에는 상사가 바라던 대답은 단 한 줄도 없었다. 대신 이런 글이 적혀 있었다.

"우리 회사에 정말 피료한 인재가 드러왔소. 자네는 그의 틀린 철짜에만 신경스지 말고 보고서의 내용을 잘 일거보고 다른 사람들도 그를 따라서 물거늘 마니 파는 방버블 차즈시오."

명의가 존경받는 까닭은 질병을 정확하게 진단하고 예측하기 때문이 아니라, 병을 제대로 정확하게 치료할 수 있기 때문이다.

2) 창업과 고객만족

끊임없이 변환과 도전을 시도하고 있는 창업기업의 변화에 대한 출발점은 고객의 변화를 파악하는 일이다. 좋은 기업은 고객과의 계속적인 접촉을 제도화 하면서 그들의 변화하는 요구needs와 욕구want를 파악한다. 이러한 끊임없는 변신의 과정이 바로 거듭나기이며, 이러한 전략으로 업무프로세스의 재설계에 초점을 맞추는 것이 비즈니스 프로세스 리엔지니어링Business Process Re-engineering이다. 그리고 거듭나기의 속도와 위치파악을 통해 운영실시효율의 극대화를 추구하는 벤치마킹benchmarking이 활용되며, 소비자 요구가 수용된 인지가치가격(재화 > 가격 ⇒ 구매)으로의 공급 즉, 소비자와의 만남의 접점을 제시하여 주는 것이 소비자 인지가치확장Perceived Value Enlargement이라 하겠다.

벤치마킹을 통한 운영실시효율의 증대로 고객만족을 도모할 수 있다. 운용실시효율의 극대화를 추진하는 주요 요소 중 하나가 정보기술이다. 조직의 물리적 구성의 복잡성 제거 및 관리부서의 간섭을 배제시켜 전달체계의 중독성을 제거시키는 정보기술의 특성에 의해 조직기능이 교차기능적으로 조정 통합되어 조직효율이 효과적으로 증대된다. 교차기능cross function이라는 것은 조직에서 특정 투입물로부터 특정 산출물을 생산해내기 위하여 조직의 여러 가지 기능들이 시차time difference를 두고 개입하게 되는 일련의 행위들을 말한다. 이때 BPR 추진의 중심핵이 인간이 되며 모든 변화는 인간에 의해 구현된다는 것이다.

좋은 기업을 위한 BPR, benchmarking, 인지가치확장(PVE), 그리고 경영혁신management innovation 등 이러한 방안들의 특질을 인간존중의 인적자원 관리, 환경에 대한 새로운 인식과 적응을 위한 정보기술, 운영실시효율operational efficiency의 증대, 그리고 고객만족을 위한 인지가치확장 경영으로 요약할 수 있다. 이들은 서로 연결고리를 갖고 있으며 새로운 경쟁력 확보를 위한 4대 관리의 요소가 운영실시효율의 극대화, 인지가치확장, 인적자원 관리의 합리화, 그리고 정보기술의 교차기능적 운영이 됨을 알 수 있다.

BPR과 벤치마킹 및 PVE 등은 현재까지 많은 관심을 불러일으키고 있는 경영혁신의 방안이며, 이의 적용과 실시를 통한 많은 성공사례들을 연구문헌을 통해 알 수 있으며, 혁신을 위한 많은 장점을 가지고 있는 방안이라는 것에는 이의가 있을 수 없다. 그러나 BPR, 벤치마킹, PVE 각각의 혁신 방안을 도입하여 변혁을 추진할 때보다도 서로간 보완적 상관관계를 가진 혁신방안들을 통합된 시각으로 혁신을 추진할 때 그 효과를 극대화시킬 수 있을 것이다.

고객과의 관계를 바탕으로 평생 고객가치인 LTV(Life Time Value)를 최대화하기 위한 것이 고객관계관리customer relationship management(CRM)인데 CRM은 고객 데이터로부터 추출한 고객에 대한 정확한 이해를 바탕으로, 고객이 원하는 제품과 서비스를 지속적으로 제공함으로써, '한번 고객이면 영원한 고객once a customer, forever a customer'이 되도록 하고, 결과적으로 고객의 평생가치를 극대화하여, 기업의 수익성률(자본에 대한 수익의 비율)을 높이는 통합된 고객관리 프로세스라 할 수 있다.

"인식은 극히 복잡한 과정이다. 사람들이 파악하고 있는 자료의 양이 다르고 문제를 관찰하는 각도와 깊이가 다르며 연구하는 방법이 다르기 때문에도 진리와 오류간의 차이가 생긴다. 그리고 일부 낡은 전통, 습관, 그리고 편견 등으로 인해서도 진리는 불가피하게 투쟁 속에서 발전할 수밖에 없게 된다. 그래서 고객의 변화하는 니즈needs를 끝없이 추적해 가야하는 인고의 노력이 필요하다." 변화란 그것이 살아 있다는 것이다. 모든 살아 있는 것들은 변화한다. 따라서 변화하지 않는 것들은 죽은 것이다.

[표 9-1] CRM과 SCM의 비교

CRM : 고객의 니즈 발견
- 경영혁신방안들의 통합적용(사고의 유연성 확보)
- 고객의 평생가치극대화life time value
- 고객의 니즈에 부합하기 위한 3p 즉, 성과performance, 인지도presence, 그리고 개성personality의 지속적 유지
SCM : 공급과 수요의 연계관리
- 생산계획production planning과 구매시스템의 통합
- 정보공유의 동시성simultaneity 확보

3) 고객의 니즈 발견

성공 마케팅의 요체 또한 고객의 니즈가 구매로 연결되게 하는 것이다. 대형 백화점의 한 지배인은 새로 채용된 신입사원이 어느 한 사람의 고객과 몇 시간째 대화를 나누고 있는 것을 보았다. 고객과 노닥거리고chat away 있는 것으로 생각한 지배인이 고객이 구매를 끝내고 가자말자 그 신입사원을 불러 못마땅한 어투로 묻는다.

"오늘 고객을 몇 사람이나 대했나?" "한분요." 신입사원이 대답했다. "한 사람 밖에 못 받았다구? 그럼 판매액은?" 지배인이 물었다. "5만 8999달러요." 사원이 대답하자, 지배인이 놀라며 어떻게 그렇게 많이 팔았냐고 물었다. "제일 먼저 대나무 낚싯대 한 대를 팔았죠." 사원이 대답했다. "다음에는 릴을 팔았죠. 이어 제가 손님에게 어디서 낚시를 하실 거냐고 물었죠. 그러자 저 아래 바닷가에서 할거라고 하더군요. 그래서 나는 그럼 소형 모터보트small motorboat가 필요할거라고 했더니 그 사람은 저 소형 모터보트를 사더군요. 그리고 나서 그 사람은 자기의 폴크스바겐이 모터보트를 끌지 못할 거라고 하더군요. 그래서 나는 그 사람을 우리의 자동차 판매부로 데리고 가서 커다란 레저용 자동차를 한 대 팔았죠.

놀란 지배인이 물었다. "낚싯대 하나 사러온 손님한테 그 비싼 모든 물건들을 팔았단 말인가?" "아닙니다, 지배인님! 그 사람은 실은 자기 부인이 골치가 아프다고 해서 아스피린 한 통을 사러 왔었죠." 그런 걸 제가 "선생님 이번 주말은 잡쳤군요. 차라리 낚시나 하러 가시죠. 하고 권했죠." 사원이 대답했다.

기업이 광고advertisement · 선전propaganda을 하는 것도 사람들에게 그전에는 존재하지 않았던 욕망을 불러일으키는 것이다. 고객과 만남의 방법론이 마케팅이다.

2. 창업경영과 마케팅

1) 통합과 조화

물리학의 양자론quantum theory에서 밝혀낸 물질세계의 실상은 이 세계는 반드시 타他가 있어야 아我가 존재할 수 있는 상대성에 바탕을 준 세계라는 것이다. 즉, 사물은 그 자체로서 독립하여 존재하는 것이 아니라 다른 사물과 의존적인 관계 속에서 존재하는 것이다. 공즉시색 색즉시공空卽是色 色卽是空으로, 보이는 것은 보이지 않는 것의 실상으로 신은 모든 것을 대칭적으로 창조했다. 있는 것이 없는 것을 규정하며 없는 것이 있는 것을 규정한다.

어려움이 있어야 쉬움을 알게 되고,
긴 것을 두고 짧은 것을 재는 법이며,
높은 것과 견주어 낮은 정도를 보고,
소리와 비교해서 음악을 알아듣고,
앞이 정해져야 뒤가 따를 수 있음이라!

점點의 잠시성ephemeral은 선線의 영원성permanent으로 이어지며 삶 또한 행복과 불행을 씨줄(위사 : 가로 방향으로 놓인 실)과 날줄(경사 : 세로 방향으로 놓인 실)로 하여 짠 한 폭의 비단과 같으리라. 빛과 어두움, 보이는 곳과 보이지 않는 것, 유한과 무한, 큰 것과 작은 것, 물질의 세계와 정신의 세계, 좌 뇌와 우 뇌, 지성과 감성, 무武와 문文, 명분과 실제, 주관과 객관, 자아와 타아, 탄생과 죽음, 가난과 부유, 그리고 내 안의 큰 우주와 내 밖의 무한한 우주인 태아태극太我太極, 그래서 창조자를 닮은 인간이 창조한 기업의 영역에 있어서도 계량화 요인accountable factor과 비계량화 요인non-quantifiable factors이 존재함을 인식한다. 경영의사결정에 있어서 동전의 양면성 원리ambivalent principles가 존재하기 때문에 무형적 요인invisible factor의 중요성 또한 간과해서는 아니 된다.

통bucket에서 중요한 것은 통 자체가 아니라 가운데의 빈 공간empty space이다. 주전자에서 중요한 것은 주전자 자체가 아니라 비어 있는 공간이다. 통이나 주전자는 그 빈곳에 무엇을 담기 위해 존재하는 것이지 그 자체로써의 의미는 없다.

기업내부를 조직이라 하고 기업외부를 환경이라 할 때 그 균형유지를 위한 비율을 고려해야 한다. 기업환경을 구성하는 이해관계자 집단stakeholder group의 대표를 우리는 고객이라 할 수 있다. 고객이 존재하는 영역을 우리는 마케팅이라 부른다. 행복happiness은 불행unhappiness이 존재해야 그 의미를 부여받을 수 있듯이 기업의 존재 의미 또한 마케팅이 건재할 때 생존의 가치가 있으며 저울의 무게중심 원리와 같이 적정의 율 결정이 요구된다. 마케팅이 있다는 것은 시장이 존재한다는 것을 의미한다.

르네상스 시대의 수도승 루카 파치올리는 황금분할gold section을 자연과 생명의 신성한 비례라 할 정도로 중요시 하였다. 가장 조화가 잡힌 비율인 황금비를 분수로 표시하면 다음과 같다. $\frac{1}{1}, \frac{1}{2}, \frac{2}{3}, \frac{3}{5}, \frac{5}{8}, \frac{8}{13}$ …… 1:1의 반반의 비율에서 근사치를 둠으로서 최고의 아름다운 비율을 만들게 한 것은 신이 인간을 사랑하여 자유의지의 영역을 주었기 때문이다. 즉, 근사 영역에서 최고의 아름다움을 발견하도록 만들었다. 그래서 행동과학을 학문 간의 경계를 아우르는 학제적interdisciplinary으로 연구해야만 하는 어려움도 있지만 그 연구의 과정에서 우리는 성취의 희열joy of achievement을 맛보게 된다.

황금비는 우리들의 생활 속에서도 허다하다. 담뱃값이나 명함, 물건을 선택할 때 대부분의 사람은 무의식중에 황금비의 치수를 즐거이 취하고 있다. 이는 안정감을 주기 때문이다. 조직과 환경의 조화에서도 기업 특유의 체질에 맞는, 안정감을 주는 황금비를 찾아야 할 것이다. 마케팅조직 구성의 중요성은 기업 활동의 5영역(재무 및 회계, 인사조직, 마케팅, 생산운영, 경영정보) 중에서의 단순비례simple proportionality인 $\frac{1}{5}$이 아니다.

2) 마케팅의 방법론과 전략

전통적 마케팅 성공요인이 잠재고객의 요구와 선호도를 과학적인 표본조사를 통해 조사·분석하고 여기에 맞는 제품을 개발하기 위해 동질화homogenization(균질화)된 고객의 요구를 발견하는데 있었으나, 개별화 대응전략one to one marketing이 강조되는 인지가치 마케팅의 시대에서는 각각 고객의 차별화 전략이 더욱 강조된다.

마케팅의 개념도 거래마케팅transaction marketing에서 관계마케팅relationship marketing으로 바뀌게 되었고, 이제 마케팅의 목표도 시장점유율marketing share(특정 업종의 제품시장에서 취급되는 전체 거래량 중에서 특정기업이 차지하는 비율을 나타내는 지표)에서 고객점유율customer share(한 명의 고객이 평생 동안 특정 제품이나 서비스를 구매하는 데 소비한 비용 중에서 자사의 제품이나 서비스를 구매하는데 소비한 비용에 대한 비율을 나타내는 지표)로 바뀌게 되어 기업 경쟁력의 원천과 자산평가가 고객자산으로부터 시작되는 사회가 도래되었다. 고객자산이란 기업의 모든 고객들의 생애가치(Customer Lifetime Value : CLV)를 합친 것이다. 고객생애가치(CLV)는 고객과의 관계로부터 창출될 것으로 예상하는 미래현금흐름의 순현재가치net present value를 의미한다.

오늘날을 우리는 단절의 시대age of discontinuity(예 : 숙련 노동자 → 지식 노동자)라 부르는 이유 중의 하나가 정보의 홍수로 말미암아 본질적인 현상은 추구하지 아니하고 겉으로 드러나 보이는 현상에만 관계하는 피상적superficial인 타이틀 만을 읽고 내용을 전부 인식하는 것처럼 지나쳐 버리며 짜증스러워 하기도 한다는 것이다.

마케팅을 위한 홍보를 직접적으로 하는 방법보다 간접적으로 강조하는 방법이 효과적일 수 있다. 참치 속에는 두뇌활성화 영양요소가 있다. 이것을 소비자가 쉽사리 믿지 않으니까 일본에서는 영양학자로 하여금 참치의 영양요소에 대한 글을 출판하게 한 후, 그 정보를 국내 매스컴에 제공하면 간접적인 마케팅 효과로 인하여 국내 주부들의 교육열을 자극하게 되고 그것이 구매로 이어지게 한다는 등의 예다.

조선 태조 왕건은 궁예의 세력이 승승장구할 때 대대로 축적해 온 전 재산을 궁예의 궁성 축조를 위해 전부 희사喜捨(어떤 목적을 위하여 기꺼이 돈이나 물건을 내놓음)하고 후일 왕권王權과 함께 회수하는 전략을 수립하여 성공한다. 적은 것을 줄 때 기꺼이 줄 줄 아는 성공전략이라 할 수가 있고, 돌아가는 길도 존재한다는 것을 아는 것이다.

탈무드의 짤막한 일화 하나를 소개한다. 총격전이 벌어지고 있는 전선의 참호 속에서 물을 팔고 있는 이스라엘 상인이 있었다. 그는 2개의 물 항아리를 지고 다녔다. "물 한잔에 15 프로토트요!" 그 때 적의 총알에 맞아 1개의 물 항아리에서 물이 새기 시작하였다. 상인이 재빨리 외쳤다. "물 한잔에 30 프로토트요!"라고... 이것이 상황적합적 마케팅이다.

「내부 잠재력과 외부로부터의 억제력」이라는 데이비스 호킨스David R. Hawkins의 책에 보면 사람은 살기 위해 다른 사람으로부터 에너지 공급을 필요로 한다. 그러나 어려운 점은 주위 사람이 그들에게 실질적 도움을 줄 수 있는 동기를 갖지 못한다는 것이다. 무기력보다는 낮지만 여전히 낮은 에너지 수준에 속하는 것이 슬픔이다. 충격을 받아 무기력한 환자가 울기 시작하면 회복되고 있다는 증거이다. 그들은 곧 음식을 먹고 걸을 수 있다. 두려움은 슬픔보다 더 광범위한 일반적 현상이고 위험에 대한 두려움은 건강한 반응이다. 기업과 광고업체들도 두려움을 이용하여 시장점유율을 높이는 경우가 있다. '우유를 바꾸면 설사를 한다.'던가 '칫솔 속의 세균을 과장한다.'던가 하는 식의 광고는 두려움을 이용한 접근 방법이다.

시장의 상황에 따라 접근법을 달리 해야 한다. 이것을 우리는 시장세분화 전략이라고 한다. 시장세분화marketing segmentation 전략은 소비자 욕구의 이질성heterogeneous(욕구와 기호가 서로 다름)에 따라 수요자 층을 분할하고 목표 내지 표적시장target marketing으로 선정된 소비자집단의 욕구와 기호를 보다 정확하게 파악함으로써, 각 소비자계층에 대하여 집중적인 마케팅 공세를 취하는 '요소 공격식 마케팅 전략'을 뜻한다.

2차 대전 후 전쟁으로 피폐된 일본과 한국에서는 불결한 환경으로 말미암아 발생되는 피부부스럼 등의 질병들이 많이 발생하였다. 이때 미국을 위시한 서방 선진국들이 항생제를 가져다 팔기 시작하였는데 같은 역가力價potency의 약을 일본에는 경소단박輕小短薄light-small-short-thin하게, 한국에는 보다 크게 프라시보placebo(위약)를 섞어 판매했다. 일본인은 섬나라 체질로 작고 아름다운 것을 좋아했고 한국사람은 보리밥체질의 사회적 특성을 가지고 있음을 간파하였기 때문이었다. 요소 공격식 마케팅전략이었다.

3) 생과 사를 건 마케팅

몇몇 종류의 동물은 자신의 생존을 위협하는 주위에 대한 경계 따위는 아랑곳하지 않고 오로지 선전 위주의 목숨을 건 도박에 나서기도 한다. 공작새peacock가 그 대표적

예인데, 그것의 커다란 꼬리는 육식 동물의 눈에 금방 띄는 것은 물론 종종 숲 속의 가시덤불에도 잘 걸려 자신의 수명을 단축시키는 좋은 원인이 된다. 하지만 무사하기만 하다면 많은 암컷들을 손쉽게 거느릴 수 있고, 생을 마감할 때까지 자손을 번식시키는 일도 가능하다. 공작새의 유전자는 바로 그 점이 마음에 들었던 것이다.

필자가 사는 동네에서 출근하는 길목에 상가들이 늘비해 있는데 1년이 멀다하고 가게의 단장을 새롭게 꾸미고 있는 것을 보면서 즉, 망해가는 것을 보면서 한국영화에 나오는 이야기 하나를 연상해 보았다. 옹녀(영화에서 여색女色을 몹시 밝히는 변강쇠와 어울리는 음탕한 여주인공)라는 미인 과부가 살았는데 매일 저녁 그 동네 남정네가 한 명씩 몰래 찾아들어 정을 나누고는 체력이 모두 소진되어 하나 둘씩 죽어나가기 시작하여 종래에는 과부마을이 되었다는 내용이다. 설마 나만은 망하지 않겠지 하고...

나만은 망하지 않겠지 하면서 새롭게 입주해 와서 망해가는 점주들을 보면서 망하지 않는 마케팅의 처음과 끝인 여섯 가지 창업의 고려요소를 꼭 전하고 싶어진다.

① 고객과의 접근성proximity to customer,

② 비즈니스 환경business climate,

③ 총비용total cost,

④ 사회간접시설infrastructure(교통, 통신시설, 상하수도, 배수시설 등등),

⑤ 노동의 질quality of labor,

그리고 ⑥ 공급자suppliers를 꼼꼼히 따져 봐야 생존한다.

4) 마케팅과 생산과의 관계성

인간은 영혼과 육체의 이원二元 현현체顯現體다. 즉, 사물이 두 개의 서로 다른 근본 원리로 이루어져 있는 것으로 이 두 개의 요소가 명백하게 분리되어 존재하는 것을 말한다. 육체로만 존재하는 상태를 우리는 물질이라 부르며, 영혼으로만 존재하는 것을 우리는 귀신이라 부른다. 생산과 마케팅의 관계는 제우스에 의해 각각 분리된 안드로규노스의 한 쪽이다. 즉, 양성구유(남성과 여성의 생물학적 조합)인 인간이 제우스에 의해 양성으로 각각 분리되었기 때문에 인간은 서로 떨어진 반쪽을 그리워하게 되어 연애감정이 발생하게 되었다고 한다. 양성구유androgyny란 그리스어로 남성andros과 여성gyne을 결합한 용어로 남성적 특성과 여성적 특성을 한 개인이 모두 지니고 있는 상태를 가리킨다.

영혼이 육체로부터 분리되어 지면 불완전해진다. 그것은 마치 전체(하나)로부터 분리됨으로써 부분(여럿)이 되는 것과 같은 것이다. 따라서 영혼이 인간 본성의 한 부분이라는 것은 극히 자연스러운 귀결이다. 인간은 영혼과 육체가 재결합되지 않을 때 궁극적인 행복에 도달할 수 없다. 일상적 경험을 통해 인간이 현세this world에서 궁극적인 행복에 이를 수 없다는 사실을 확인할수록 이것은 더욱 분명하게 참true이 된다.

감각능력이 이성능력을 동시에 갖추게 되면, 그것은 동물의 영혼과는 다르게 소멸불가능한 것이 된다. 생산에서 수요와 공급의 균형적 만남을 회구하게 되는 원리이기도 하다. 생산에서의 비용최소화와 더불어 수요와 공급의 균형 추구는 인간이 신神을 만나 영이 영생永生(예수 그리스도를 믿음으로써 하느님과의 새로운 관계에 들어가는 것)을 하는 것과 같은 출발의 의미를 갖는다. 발명가 에디슨은 "나는 세계의 수요가 무엇을 원하는지 발견한 후에 연구를 거듭하여 1,000여 종에 달하는 발명을 하였다"라고 말했다.

기업이 광고와 선전을 하는 것은 사람들에게 그전에는 존재하지 않았던 욕망들을 불러일으키는 것이다. 광고는 기업이 인간의 욕망을 부풀리고 이를 이용해 돈을 긁어내는 합법적인 거짓말 또는 점잖게 마케팅 또는 광고학이라는 과학으로 인식된다. 따라서 광고를 하지 않고 사업을 하는 것은 마치 한밤중에 비단옷을 입고 가는 것과 같고, 어둠 속에서 마음에 드는 이성에게 윙크하는 것과 같다. 마케팅은 기업 활동의 시작과 끝이며marketing is the entrance and exit of business, 생산이라는 내용을 담는 그릇이다.

인터넷 상거래에서 고객이 제일 걱정스러워하는 부분이 품질이다. 물리적 접촉이 없는 온라인 거래이기 때문이다. 온라인의 중요성이 부각되는 지식경영의 사회이긴 하지만 오프라인 즉, 물리적 제품품질의 중요성을 간과해서는 아니 된다. 마케팅 부서에서 열성적으로 판매실적을 높였다 해도 품질에 대한 클레임claim이 높다면 마케팅에 투자한 노력은 허사가 되며 비용 불꽃의 논리로 본다면 보다 큰 숨겨진 공장hidden plant을 만드는 것과 같은 것이다. 이것이 마케팅과 생산이 기업경영 활동에서 강조되는 조화 중에서 첫 번째 강조되는 조화이기도 하다. 그래서 고객들은 품질을 무의식적으로 먼저 생각하고 있기 때문에 브랜드를 찾는다. 브랜드는 인식recognition의 준거referral이기 때문이다. 심리학적 용어인 게슈탈트gestalt다. 전체모양이라는 의미로서 마음에 그려지는 사물 혹은 이슈에 대한 심상心象으로 사전에 인지된 경험으로 그려지는 마음의 그림이다.

5) 마케팅 소재素材의 범유론汎有論

미국 영화 '슈퍼맨2'에 슈퍼맨의 고향인 크립튼 별에서 우주로 추방당한 세 악당이 등장한다. 이 악당들에게는 초능력이 있다. 안광眼光(사물을 보는 힘)이 어찌나 세고 무시무시한지 이들이 초점을 맞추고 안광을 쏘면 불타지 않는 것이 없고 녹아나지 않는 것이 없다. 그런데 이 세 악당 중의 한 악당이 대도시 한복판에 서 있던 유조차를 노려보려고 한다. 유조차가 폭발하면 대도시는 불바다 될 판이다. 슈퍼맨은 어떻게 해야 하는가? 악당이 유조차를 향해 안광을 쏘는 찰나 유조차의 백미러로 그 안광을 악당에게로 쏘아 보낸다. 악당은 제 안광에 목숨을 잃는다. 악당의 초능력이 오히려 죽음의 씨앗이 되는 것이다.

메두사Medusa는 그리스 신화에 나오는 괴물이다. 머리카락 한 올 한 올이 뱀으로 되어 있는 이 괴물은 누구든지 눈으로 메두사를 보는 순간 그 자리에서 석상石像으로 변하고 만다. 그래서 메두사가 기거하는 동굴 앞에는 돌로 변해 버린 인간들의 석상이 즐비했다lined up densely. 그런데 이 메두사를 돌로 만들어 버린 영웅이 페르세오스Perseus다. 페르세오스는 어떻게 메두사를 석상으로 만들어 버릴 수 있었던가?

페르세오스는 아테나Athena 여신으로부터 방패 하나를 빌린다. 그는 이 방패를 반짝반짝 윤이 나게 닦아 들고는 동굴로 들어간다. 그는 메두사를 보면 안 된다는 것을 알고 있다. 그를 보는 순간 그 자신도 돌로 변해 버릴 것이기 때문이다. 그래서 그는 방패로 자기 얼굴을 가린 채 메두사에게 접근한다. 메두사는 그 방패가 거울 노릇을 할 수 있다는 것도 모른 채 있다가 접근하는 방패에 비친 자기 모습을 보고서 돌이 되어 버린다. 말하자면, 메두사는 자신의 권능excellency of power이 자신을 돌로 만들어 버렸던 것이다.

미국군의 대공 요격 시스템 중에 '에이지스 시스템'이라는 것이 있다. '에이지스(Zeus 신이 딸 Athena 신에게 주었다는 방패)'는 '아이기스aegis'의 영어식 표기인데 '아이기스'는 페르세우스가 메두사에게 비춘 바로 그 방패의 이름이다.

미국 핵잠수함 '트라이던트'는 바다의 신 '포세이돈'이 들고 다니면서 바람과 파도를 일으키는 삼지창三枝槍trident이며, 브래지어의 상표 '비너스'는 아름다움의 여신 '아프로디테'의 로마이름이다. 가스레인지의 상표 '베스타'는 부엌의 수호 여신 '헤스타'의 로마식 표기이며 '나이키'는 그리스의 승리의 여신 '니케'의 영어식 표기이다. 고대 신화에 등장하던 영웅들은 사라진 것이 아니다. 오늘도 횡단보도 앞에서 신호등이 바꾸기를 기다리며 우리 옆에 서있다.

구슬 옥玉, 따를 종從, 돌 석石, 살 생生의 옥종석생玉從石生이다. 보석은 돌에서 나온다는 말로 평범에서 기인하는 천재성이다. 옥돌도 갈아야 보석이 된다.

6) 고객변화의 무서움과 성공 마케팅

장편소설 '대망'에서 보면 일본 전국시대의 소 영주 도꾸가와 이에야스가 전국시대를 마감시키고 통일 일본의 막부시대를 연 성공의 요체는 무서움의 인지에서 출발되고 있음을 읽을 수 있다. 자기보다 강한 오다 노부나가의 무서움을 인지하고 스스로 패망하기를 기다리는 인내력, 그리고 어머니를 따르는 젖먹이와 같이 자신을 따르는 가신들이 종교적 갈등religious conflicts으로 자신을 배신하는 사건을 접하면서 충성을 맹세하던 부하도 언젠가는 자신을 버릴 수 있는 상황이 올 수도 있다고 인지한다. 그러한 무서움의 인지를 통해 원만한 인간경영의 리더십human management leadership을 스스로 훈련해 간다.

자신을 믿고 따르는 공급업자와 내부조직원, 그리고 자기회사의 제품을 최고의 제품으로 신뢰하며 구매해 주는 고객이 돌아설 수도 있다는 무서움을 전율할 줄 알아야만 성공마케팅을 할 수 있다. 무서움의 인지는 곧 대비다.

오다노부나가의 카리스마, 도요토미 히데요시의 처세술을 거쳐 도꾸가와 이에야스의 인간이해의 경영이 최후의 승리와 영광을 누린다.

[표 9-2] 성공 마케팅의 구성과 내용

구성 : marketing = market + ing - market = 시장분석, 제품개발, 경쟁자분석 - ing = 제품product, 가격price, 장소place, 촉진promotion 내용 : STP = 시장세분화segmentation, 표적시장관리target marketing, 시장선점전략positioning

3. 창업경영과 불확실성

직관intuition은 경영자의 사전에서 자주 볼 수 있는 말은 아니다. 객관성이나 이성 대신 직관에 의존하는 관리론은 20세기에 들어와서 F. W. Taylor의 과학적 관리론이 제시되면서 전통에 반항하는 이론적 주장이거나 그런 이론에 의해 이단heresy시 되어 왔다. 그러나 완고한 논리적 분석에 의존하기보다는 관습으로 내려오는 지혜를 따르는 것이 오히려 현명할 때도 있다. 경영의 세계에서는 언뜻 '왼쪽 뇌(언어, 논리, 분석, 기호 등

논리적인 사고 담당)'의 쓰임이 압도적으로 많아야 하는 것처럼 생각이 된다. 의견보다는 사실이, 비공식적인 것보다는 체계적인 것이 높이 평가되기 때문이다.

그러나 거기에는 한 가지 작은 문제가 있다. 과학자들에게는 '합리적 낙관주의 rational optimism' 즉, 진인사대천명盡人事待天命의 뜻과 같이 합리적인 사람들은 할 수 있는 일을 다 하고서 하늘의 뜻을 기다리는 것처럼 이러한 지극히 양적인quantitative 관리방식에 의해 얻어진 많은 해결책은 반드시 좋은 것만은 아니다. 즉, 양적인 모델은 유형으로 개조하고 적절한 분석적 · 양적 장치를 이용하여 컴퓨터의 프린트로 해답이 나올 때까지 기다린다는 것이다. 그러나 시간적 판단이 필요할 때가 있다.

앨버트 아인슈타인은 상대성이론의 발견으로 직감—순간 떠오르는 사물이나 현상을 새로운 시점에서 파악하는 통찰력—의 가치를 증명해 보였다. '실제로 가치 있는 능력은 사물이나 현상을 직접적으로 파악할 수 있는 것이 직관력intuitive power이다.'라고 그는 말했다. 헨리 데이비드 소로도 같은 결론에 도달했다. "깨달음은 자세한 설명으로 얻어지는 것이 아니다. 하늘에서 순간적으로 번쩍하고 빛을 내는 번개처럼 온다." 직관은 기예art의 한 영역에 포함된다. 그러나 직관은 무無에서 갑자기 창출되는 것이 아니다. 컴퓨터가 복잡한 계산(데이터)을 특정한 조건에 따라 일정한 순서가 되도록 다시 배열하는 일 즉, 소팅sorting해내는 순간과 같이 많은 경험 속에서 얻어지는 하나의 상황적합적 최적의 해이다. 그래서 사업의 영역에서는 오랜 경험에 바탕을 둔 그러한 경영자를 필요로 한다.

노력 없는 명작의 즉흥곡은 없다. 깊은 영감, 오랜 기간 잘 길러진 감성이 어느 한 순간 화산처럼 분출하는 것이다. 기적miracle이란 분명한 목표의식과 부단한 노력, 그리고 그 다음에 일어나는 것이 즉흥곡의 기적이다.

1) 확률과 신의 예정론

의사결정자의 성향별 성공확률을 분석해 보면 생존해야만 한다는 강한 본능적 성향의 의사결정자는 끝없는 욕망과 집착에 의해 한번쯤 파멸의 헛발자국을 디딜 우려가 있다는 것이다. 또한 경제인businessman과 지식이나 학문, 교양을 갖추고 있는 인텔리 intelligentsia(지적 노동에 종사하는 사회 계층)에게 많은 상황분석적 유형의 사람은 보이는 요소들의 직선적 분석결과의 자료에만 의존하기 때문에 다원화의 정보화 사회에서는 부적합하다. 그래서 시대적 흐름과 인간의 밑바닥에 있는 자기 혼魂과의 깊은 대화를 통한 원리에 바탕을 둔 상황적합적 의사결정 즉, 진실한 존재에 비추어 판단하는 유형類型의 사람이 안정적 성공의 길을 갈 확률이 높다. 인간을 위해서든 회사를 위해서든 자기가 얻은 공덕과 이익을 다른 이에게 베풀어 주며 중생을 구제하는 이타利他에 바탕을 둔 의사결정을 하게 되기 때문이다. 그래서 경영자의 의식이 성공의 중요변수가 된다. 의사결정권자의 영향력은 절대적이다. 조직의 리더가 바뀌면 이상하리만큼 부하직원도 그렇고, 기술도 그렇고 성과도 그 양상이 바뀐다. 사회적 구성요소의 속성이고 생물세계의 속성이며 권력의 속성이기도 하다.

시대적 흐름에 적합하다는 것은 우주의 섭리, 세상의 섭리에 올바른가 아닌가를 비추어 보아 우주의식과 자기의식의 파장이 맞을 때 쉽게 문제해결이 되며 형통하게 성장해 나가게 된다. 운이 좋았다는 표현이 여기에 해당되는 상황이다. 우주의식은 상식이다. 과학적 발견은 상식의 정연整然화인데 이것은 뇌 세포의 사용을 통하여 개발되어진 것이 아니라 발견되어진 것이다. 이것은 섬광과 같은 직감에 의한 것이며 보이지 않는 부분의 중요성이다.

그러나 풍부한 지식을 소유하지 않고 간고艱苦(처지나 상태가 어렵고 힘든)한 노력과 장기적인 탐색을 하지 않았다고 한다면 뉴턴이 사과가 땅에 떨어지는 것에 만유인력law of universal gravitation을 발견할 수 있었겠는가? 와트가 주전자의 물이 끓어오르는 것으로부터 암시를 받아 증기기관을 발명할 수 있었겠는가? 그리고 아르키메데스가 목욕을 하다가 목욕물이 넘치는 것에서 부력을 발견하고 기뻐 뛸 수 있었겠는가?

2) 예측과 실사구시

가운데 중中, 돌 석石, 잠길 몰沒, 화살 촉鏃의 중석몰촉中石沒鏃이라는 성어가 있다. 돌을 호랑이로 오인하여 화살을 쏘았는데 화살이 돌에 꽂혔다는 고사에서 비롯된 이 말은 정신을 집중하여 전력을 다하면 놀라운 결과를 얻을 수 있다는 말이다.

도적의 집에 아들이 하나 있었는데 아들 생각에 아버지께서 늙은 후에 우리 식구가 어떻게 먹고살아야 하나 근심하다가 아버지 하는 일을 배워야 겠다 생각하고 그것을 아버지에게 털어놓자 그의 아버지는 좋은 생각이라며 칭찬하였다. 그래서 다음 날 한밤중에 부자father and son가 이웃마을 큰 대문이 닫혀있는 집에 가서 벽돌담brick wall에 구멍을 뚫고 집안에 숨어들었다. 아버지는 궤짝을 열고 그 속으로 들어가 금은보화를 가지고 나오라고 하고서는 그가 들어가자 궤짝 문을 닫고 다시 사물쇠를 채웠다. 그리고 일부러 대청마루를 두들겨 집안사람들을 깨우고 자기는 뚫린 담 구멍으로 도망쳐 버렸다. 그 집사람이 곧 달려 나와 불을 밝혀 살펴보고는 도적이 들어왔다가 이미 가버렸다는 사실을 알았다.

한편, 아들은 궤짝 속에 갇혀 우리 아버지가 무엇 때문에 이렇게 하였을까 하고 궁리하다가 문득 좋은 생각이 떠올랐다. 궤짝 속에 쥐가 궤짝을 갉아먹는 소리를 내니 그 집에서는 하인을 보내 등불을 켜고 궤짝을 열어 젖혔다. 궤짝이 열리는 순간 아들은 재빠르게 몸을 움직여 등불을 들고 있는 하인을 밀치고 밖으로 뛰어 달아났다. 그러나 곧 그 집 하인들이 뒤 쫓아오기 시작했다. 도중에 아들은 우물 하나를 발견하고는 혼란을 주기 위해 큰 돌을 우물 속으로 떨어뜨렸다. 쫓아오던 사람이 우물 속을 기웃거리는 틈을 이용하여 집으로 곧장 도망쳤다.

집으로 돌아온 아들은 숨을 헐떡이며 아버지가 나한테 어떻게 이럴 수 있냐며 화가 나 따졌다. 그러자 아버지는 아무 말도 하지 말라고 하면서 다만 어떻게 그 집에서 빠져 나올 수 있었냐고 물었다. 아들은 모든 일을 낱낱이 이야기해 주자 아버지는 '그만 하면 되었다.'고 한마디만 하였다.

기술을 배우고 연구하고, 비결을 전하는 데에서 스스로 온몸으로 궁리하고 체득하라는 실사구시實事求是 즉, 사실에 입각하여 진리를 탐구하라는 태도의 가르침이다.

인간의 사고방식은 ① 좌 뇌의 활용을 통한 정보축적인 지식, ② 좌 뇌와 우 뇌의 공조cooperation를 통한 지혜, 그리고 ③ 좌 뇌와 우 뇌의 동조sympathy로 얻은 섬광 같은 창조적 사고인 직감으로 분류되는데 이 직감intuition과 직관은 오랜 경험에 의해 체득된 능력과 병행하여 생성된 순발력이다. 과거의 체험이며 기억의 축적인 잠재의식(과거) 주변에 존재하는 초의식superconsciousness 즉, 무의식이 외부상황과 절묘한 만남encounter에 의해 일어나는 현상이 '직관'이다. 그리고 컴퓨터가 축적한 많은 정보로 단일의 최적의 안optimization을 순간적으로 소팅sorting해 내는 것과 같은 것이다. 초의식에 있는 정보를 현재의식(표면의식 : 현재에서 미래로 연결)으로 인지하는 것이 '직감'인 것이다.

아인슈타인은 "만일 이 세상에 음악이 없었더라면 상대성원리는 태어나지 않았을 것이다." 라고 말한바 있다. 이는 바꾸어 말하면 '과학에 관한 깊은 지식의 체득인 좌 뇌의 활동과 우 뇌와의 동조가 없었더라면 상대성 원리는 태어나지 않았을 것이다'라는 의미와 같아진다.

때로 우리는 과거 경험을 바탕으로 의사결정을 하며 그 과정상의 효율을 도모하기 위해 수리적 모델을 만들기도 한다. 이는 우리 또는 다른 사람이 인생의 한 과정에서 시도했던 실험을 토대로 삼는 것이다, 그러나 우리 앞에는 신의 존재나 부재를 증명하는 실험을 할 방도가 없는 영역도 존재한다. 그래서 인간은 확률이라는 이론을 개발했다.

파스칼은 신을 믿는 것은 의사결정 사항이 아니며 신의 존재에 대한 배팅과 부재에 대한 배팅사이에서 선택할 수 있는 유일한 길은 신이 존재하는 결과가 존재하지 않는 결과보다 더 바람직한지 또는 어떤 의미로 더 가치가 있는지의 여부를 결정짓는 것이라 설명했다.

만일 실제로 신이 존재하지 않는다면 당신이 경건한 삶을 살든 죄악으로 가득한 삶을 살든 간에 결과는 그리 달라질게 없다. 즉, 신의 존재에 걸든 부재에 걸든 중요하지 않다. 그러나 실제로 신이 있다고 가정해 보라. 신앙적이고 성스러운 삶을 거부하는 것으로 신의 존재를 부정한 쪽에 건다면 영원한 저주라는 리스크를 감수해야 한다. 반면에 신이 존재한다는 쪽에 거는 승자는 구원받을 가능성을 갖는다. 그렇다면 영원한 지옥보다 구원이 나을 게 분명하므로 신이 있다는데 근거한 행동을 택하는 쪽이 올바른 결정일 수밖에 없는 것이다. 「어느 쪽으로 마음이 기우는가?」 파스칼에게는 그 내답이 너무나도 분명한 것이었다[효용이론].

1730년 아브라함 드 무아브르Abraham de moivre는 현재 「종형 곡선」 이라고도 알려져 있는 정규분포구조를 제시했고 표준편차의 개념도 발견했다. 또한 파스칼과 페르마의 공조가 있는지 정확히 100년쯤 후에 토머스 베이즈라는 한 영국의 성직자는 구舊정보에 신新정보를 수학적으로 혼합해 더 나은 정보를 바탕으로 의사결정을 하는 베이즈의 정리를 선보였다. 20세기 중반 슈하르트는 종형 곡선을 90도 눕혀 관리도의 개념을 개발했다. 이 관리도의 개념이 컴퓨터와 만나 정보화 사회의 기초를 열었다. 이 사람들을 우리는 리스크의 통제권을 신의 영역으로부터 훔쳐낸 영웅들이라 부른다. 아울러 리스크 관리능력을 신의 능력과 같이 거의 완벽의 수준으로 향상시키고 싶어 하는 우리들 모두의 그림자이기도 하다.

3) 일화적 증거와 하이젠버그 불확실성의 법칙

확률probability은 신을 버린 사람들의 발명품이 아니다. 신의 공의公義(필연성)와 사랑(필연성에 대한 경고와 계시)이 담긴 예정론(프로그램)이다.

승률winning rate 80%로 프로그램된 슬롯머신에 베팅하면 우연의 법칙과 불확실성에 의해 80% 이상의 성취를 얻은 경우(악한 사람이 잘 되는 경우)도 있다. 그러나 실행을 반복하면 -20%씩 잃어 가다가 종국에는 제로 상태의 빈손을 갖게 된다. 동전 던지기를 어느 정도 많은 회수를 던져야만 앞뒷면이 나올 확률이 같아지는 것이다.

슈뢰딩거는 양자역학quantum mechanics의 창시자 중 한 사람으로, 그는 1944년「생명이란 무엇인가?」라는 명저를 남겼다. 이 저서에서 제기하는 의문은 이런 것이다. 어떻게 하면 세포가 유전과 관련된 일을 그렇게 치밀하고 정확하게 수행해 낼 수 있는가? 유전과 관련된 일들이 이루어지는 분자 수준에서는 유전자를 구성하는 분자들의 행동이 열역학적으로 무질서한데도 말이다. 슈뢰딩거는 물리학의 법칙들 대부분이 그토록 높은 정확성을 보이는 이 법칙들이 엄청난 수의 분자들로부터 나온 평균값에 의존하기 때문임을 지적하는 것으로 이야기는 시작한다. 변화가 무질서하므로 평균값은 정확하다. 이것이「무질서로부터의 질서」라는 개념이고 보통의 기계는 모두 여기에 입각해서 작동한다는 것이다.

'통계statistics'라고 불리는 독특한 지식이 우리에게 부를 안겨줄 것이라는 믿음으로 성공방정식을 찾느라고 차트, 모형, 그리고 도표 등의 나약한 먹이가 되어버렸다. 미로 속의 미아가 되었다. 크게 성공시켜 사소한 실패의 오차를 상쇄시킬 수 있는 가능성을 발견하기 위해 확률에 의존도를 높여 왔다. 그러나 문제는 여기에 있다. 확률이 보편타당한 진실은 이야기 하지만 위대한 아이디어는 지위를 없애버리기 때문이다. 과학적이라고 말하는 인위적 실험적인 상황에서 나의 결론보다는 현실세계에서 나온 부드러운 증거인 일화적 증거anecdotal evidence(입증되지 않은 증거)가 더 믿을 만한 때가 많다는 것이다.

또한 비즈니스는 사람에 기반을 둔 것이기 때문에 더더욱 그러하다는 것이다. 사람들은 자신이 연구대상이라는 사실을 알면 행동에 변화를 일으킨다. 누구나 품위 있게 보이고 싶어서 욕망의 감정을 가슴속에 가지고 있기 때문이다. 만약 당신이 주최한 파티에 참석한 손님의 면전에서 파티가 어땠느냐고 묻는다면 사람들은 아마 엄청난 찬사를 퍼부을 것이다. 통계조사는 현상을 왜곡시켜 결과를 변화시킬 수 있는 것이다. 이런 현상을 '하이젠베르크의 불확실성 원리Heisenberg's uncertainty principle'이라고 한다.

과학적 법칙이 유효한 자연과학의 영역에서조차 연구자의 의도대로 양성자와 중성자의 관계가 바뀔 수 있다는 사실이다. 이런 현상 때문에 통계조사자들은 자신이 찾고자 하는 것과 원하는 것을 종종 발견하기도 한다. 자연과학자들은 이런 현상을 '참여적인 모집단participate universe'이라고 부른다. 하물며 인문사회학 영역에서야 말할 나위 있으랴... 그래서 사람에 기반을 둔 비즈니스에 있어서는 인간에 대해 아는 것이 전혀 없는 초심草心의 맑은 마음으로 돌아가 사람을 그대로 볼 줄 아는데 주안점을 두어야 한다. 확률의 자료는 미래예측(수요예측)의 참고가 되어야지 의존의 자료가 되어서는 아니 된다.

4) 예측과 실천과학의 본질

성공경영success management을 위해서 기업들은 과거를 바탕으로 현재의 디딤돌을 밟고 미래를 예측할 수 있는 능력 배양이 필요 된다. 현재는 과거의 유산이며 미래의 출발점이라는 것이다. 과학에 바탕을 둔 미래학적 방법론은 이렇듯 철저하게 현재에서 미래를 발견하는 것이며, 기예에 바탕을 둔 이러한 미래 환경 적응적 사고는 미래가 현재를 향하여 밀려오는 것이라 할 수 있다. 그래서 현재는 과거로 밀려간다는 미래지향적 사고가 강조되는 것이다. 21세기 불확실성이 높은 시대에서의 비선형적 사고라고 할 수 있다. 이것이 바로 기본에 충실한 경영 즉, 과학science과 경험experience에 바탕을 둔 기예art의 양면성을 포괄하는 응용과학applied science이라 부르는 이유이기도 하다.

21세기적 변화에 대한 적응의 사고는 종교적 깨달음의 종교혁명과 같아야 한다. 즉, 부활의 체험과 같아야 한다. 새로운 탄생을 경험하는 인식의 변화를 가져야 한다는 것이다. 지금껏 우리는 과학에 바탕을 둔, 철저하게 현재에서 미래를 발전하는 것이다.

예측forecast은 오차를 최소화하여 미래를 추정하는 과학이다. 생산관리에서 예측의 중요한 목적은 조직의 외부환경인 고객수요의 변화, 산업수요의 변화, 그리고 생산관리 기술의 변화 등의 미래 움직임을 예측하는데 필요한 정보를 제공하는 것이다. 즉, 예측능력predictive ability을 갖도록 하는 것이다.

세기적 인기 가수 엘비스 프레슬리는 군 복무기간의 공백을 대비하여 신곡을 미리 취입하여 두고 군에 입대 한 후 순차적으로 발표토록 하여 인기 관리를 했다. 팬들의 기억에서 사라지지 않도록 철저히 노력했던 것이다. 일반적으로 우리는 남의 성공을 보면서 천부적 재능이나 우연에 의한 것으로 치부해 버리는 경향이 있다. 그러나 성공은 천재성과 우연성만의 것이 아니다. 성공 뒤에 숨겨진 피나는 노력이 있었음을 간과해서는 아니 됨을 본다.

5) 예측과 인간의 개입

바바라 터크만Barbara Tuchman(1912～1989)은 그의 저서 「실천적인 역사practicing

history」에서 경영은 비과학적인 규율이라는 면에서 역사와 연관성이 있다고 주장한다. "만일 역사가 과학이라면 우리는 역사를 터득하고 역사의 방식을 배울 수 있으며, 그 유형을 확립할 수 있고 내일 무슨 일이 일어날지 예측할 수 있다. 우리가 그렇게 하지 못하는 이유는 무엇일까? 그 질문에 대해 내가 말할 수 있는 것은 예측할 수 없는 변수—즉, 인간—때문이라는 것이다. 그리고 인간이라는 존재는 언제나, 그리고 끝까지 역사의 주체이기 때문이다.

역사는 모든 생물 중에 가장 매혹적이지만 비논리적이며 그래서 과학적인 체계화 방법에 영향을 받지 않으며, 끊임없이 많은 변수에 의해 좌우되는 인간행동의 기록인 것이다. 역사와 마찬가지로 경영은 보이지 않는 수많은 변수로 가득 찬 비과학 nonscience 그 자체이다." 라고 역설하고 있다. 새로운 변화의 추구는 새로운 시작 보다 더 어려운 요소를 갖는다. 더더욱 그 속에 인간이 존재할 때다.

인간의 행동에 대한 예측이 바로 그 행동에 영향을 미친다는 생각은 여러 가지 유형으로 존재해 왔다. 주식시장이 아주 좋은 예가 된다. 한번은 아주 존경받고 신뢰받는 주식 전문가가 주가의 폭락을 예언했다. 이 예측이 발표되자마자 「팔자」의 물결이 주식시장을 휩쓸었고 당연히 주가도 떨어졌다. 그런데 이러한 예측이 발표되지 않았으면 주식시장은 어떤 식으로 움직였을까를 실험에 의해 알 수 있는 장치를 인류는 아직 발명하지 못했다. 그는 미래를 정말로 예견한 것일까? 아니면 자신의 예측이 맞아떨어지도록 미래를 조작한 것인가? 이런 옛날이야기가 생각난다. 중세에 어떤 예언자가 있었는데 자기가 죽을 날을 예언했다. 그리고 예언의 정확성을 실증하기 위해 그는 그날 자살했다.

미래에 대한 지식이 있어 사회과학과 자연과학 예를 들어, 거시 물리학 및 화학과 같은 것들은 분명한 차이를 보여 준다. 천문학자가 역학의 법칙을 이용하여 혹성의 궤도를 계산한다고 해서 그것이 그 혹성의 궤도에 영향을 미칠 것이라고 생각하는 사람은 없다. 천문학자의 예측의 정확성은 천문학이라는 과학의 신뢰도를 측정하는 기준이 될 뿐이다. 그러나 사회학, 경제학, 그리고 이와 관련된 학문들은 이렇게 이론과 관측결과가 철저히 분리되어 있는데서 오는 혜택을 누리지 못하며 따라서 예측을 함에 있어 윤리적 부담을 항상 지게 된다.

현대는 위험과 발전이 공존하는 '혼돈의 시대Turbulent Times'이다. 게다가 미래의 불확실성이 강하게 엄습해오면서 물질적으로 풍요로운 사람도 정신적인 혼돈에 의해 균형감각을 상실하고 사회적 좌절감을 갖게 되기도 한다. 따라서 현재 2022년을 살아가고 있는 우리가 두려움을 가지고 대하기보다는 도전과 창조적 개척정신으로 해쳐나갈 수 있는 마인드를 갖추는 것이 중요하다. 자기가 개척한 좁은 길로 가야 생존한다. 사냥에 나선 독수리는 떼지어in groups 날지 않는다. 고뇌와 고독과 긴장은 사냥의 도구쯤으로 간주해야 한다.

오늘날 대부분의 관심은 지구규모가 글로벌한 것인가? 아니면 실제로 우리 생활과 밀접하게 연결되어 있는 로컬한 것인가로 비유되는 경우가 상당히 많다. 과거의 산업사회나 거기서부터 발생된 자본주의를 초월하는 것에 대해 세계는 더욱 다양화되고, 더욱 다채로운 것이 된다. 비즈니스에서는 다양한 새로운 전략이나 접근이 가능하게 되는 기회의 시대이다.

6) 예측과 목표관리

많은 사람들은 '신화mythology는 신화일 뿐이다'라고 말한다. 그러나 상상력은 현실만큼이나 중요하다. 개념이 존재하면 인간은 그것을 제품으로 만들어 낼 수 있다. 그러나 상상할 수 없는 것은 만들어 낼 수가 없다. 창조는 상상력imaginative power의 구현이다. 그리고 자연은 상상력의 원천이 된다. 자연은 신의 산 교육장이며, 21세기는 상상력의 세기이다. 과학과 기술력의 증진은 인간이 상상할 수 있는 것을 개념화할 수 있고 따라서 현실화시킬 수 있다. 다만 시간의 문제일 뿐이다. 우리가 만들 수 없는 것은 오직 상상할 수 없는 것뿐이다. 상상력은 힘이고 자산이다. 상상력은 정신의 유연성 속에서 나온다.

상상은 현실세계의 경험을 바탕으로 새로 일구어낸 조합이다. 뭔가 색다른 것을 찾아내는 사람들의 천재적 독창성의 산물이라고 말한다. 그러나 이런 경우라 해도 평범한 사람들에게 보이지 않는 기존의 요소들에 근거한 영감일 때가 많다.

현실에 관계된 문제를 깊이 고뇌하면 영감이 떠오른다. 강박적인 목표가 일 추진의 원동력이 된다. 거역할 수 없는 목표를 세워 구성원들이 애정과 관심을 가지고 거기에 도달하기 위해 스스로를 관리토록 하는 것이다. 그래서 당신의 관리가 필요하지 않도록 하는 것이다. 관리자가 조직을 이끌어 가는 것이 아니다. 목표가 조직을 이끌어 가는 것이다. 목표가 경영의 중심이 되며 머물 곳을 찾아가는 나그네의 발걸음과 같이 직원과 고객이 함께 와서 머무는 곳이다. 변화의 시대에 접근하는 최상의 유연한 관리 방법이다.

4. 수요예측의 기본이론

수요예측demand forecasting이란 제품이나 서비스상품에 대한 미래의 고객수요를 추정하는 것이다. 미래의 예측은 거의 대부분이 과거 또는 현재의 자료나 정보에 근거하여 이루어지지게 되는데, 이 경우 특히 환경변수의 정확한 분석이 요구된다.

1) 수요예측의 의의

개방시스템인 기업이 동태적으로 경쟁적 기업환경에 적응하기 위하여 과거의 자료를 바탕으로 미래의 불확실한 상황을 예측하며 목표 지향적 문제 해결을 효과적으로 실현시키기 위한 정보활동을 의미하며 그 목표는 정확한 예측을 바탕으로 계획과 실시에 대한 오차를 최소화시키는데 있다.

2) 수요예측의 중요성과 효과

수요예측은 외부환경과 생산자원 활용의 관계를 연결시켜 주면서 경영계획의 기초가 되므로 매우 중요하다. 수요예측이 정확한 경우에는 다음과 같은 효과를 얻을 수 있다.

① 고객 수요 변화에 정확히 대응할 수 있다.

② 생산능력production capacity을 효율적으로 관리할 수 있으며, 재고에 대한 투자자본도 효율적으로 관리할 수 있다.

③ 제조예산편성을 잘 세울 수 있으며, 노사관계의 개선에 도움에 도움이 된다.

(1) 예산business budget

예산은 기업의 경영계획 및 활동을 계수적으로 표현한 것으로 예산을 작성하는 것을 예산편성budgeting이라 하며, 예산통제budgetary control는 그 편성으로 시작되는데 이와 같은 예산편성(예산계획)과 예산통제를 합해서 '예산관리budgetary management라 한다.

(2) 예산통제의 목적

① 경영방침의 숫자적 명확화

② 최고경영자의 경영방침의 표명

③ 경영구성원의 책임한도의 명시

④ 각 부문활동의 상호조정

⑤ 경영비용의 절감

3) 수요예측의 방법

수요예측 방법은 정성적 예측기법과 정량적 예측기법으로 나눌 수 있는데, 정성적 예측기법qualitative forecasting method은 시장조사법, 패널조사(위원회 동의법), 그리고 델파이법 등으로 구분된다. 정성적 예측기법 중 시장 조사법market research은 소비자의 의견조사나 시장조사를 통하여 제품이나 서비스의 수요를 예측하는데 활용하는 기법이다. 패널조사panel survey(위원회 동의법)는 조사대상을 고정시키고 동일한 조사대상에 대하여 동일질문을 반복 실시하여 조사하는 방법이다. 그리고 델파이법delphi method은 전문가로 구성되는 위원회를 설치하여 각 전문가들로 하여금 미래 수요에 대한 의견을 제시하도록 하고 이를 수집 · 검토 · 평가하여 예측하는 방법이다.

정량적 예측기법quantitative forecasting method은 명시된 과거자료(판매수량, 고객의 수 등)를 바탕으로 계량적으로 또는 통계적으로 미래의 수요량을 추적하는 방법이다. 이 기법에는 크게 시계열 기법으로 평균의 계산 기간을 순차적으로 한개 항씩 이동시켜 가면서 기간별 평균을 계산하여 경항치를 구하는 방법인 이동평균법, 오래된 값보다 최근의 값에 더 많은 가중치를 주어 그 값을 예측치로 사용하는 방법인 가중이동평균법, 그리고 과거의 실제 수요량과 예측치 간의 오차에 대해 지수적 가중치를 반영해 예측하는 방법인 지수평활법 등과 인과형기법인 회귀분석regression analysis 등으로 나눌 수 있다.

5. 상권의 형성과 범위

1) 상권의 형성

상점 입지는 개별 점포 입장에서 보면 상점을 개설하기 위한 입지조건이 되지만 소비자의 입장에서 보면 상품을 구매할 수 있는 구매 시점이 된다. 이 때문에 소매업이나 외식업 또는 유흥오락 산업은 입지산업으로 불러지며 특정 지점에서의 입지선정 selection of location은 사업의 성공과 실패를 좌우하는 가장 중요한 전략적 과제가 된다.

상권 설정이란 특정 점포가 고객을 끌어들이는 지리적 범위가 어느 정도 인지를 파악하는 것을 말한다. 상권trading area의 개념에는 거래권이라는 개념과 판매권이라는 개념의 두 가지가 있다. 거래권은 주로 도매업에서 사용되는 것으로 거래 대상이 되는 고객의 거주지 범위라고 할 수 있으며, 판매권은 소매점이 판매 대상으로 삼고 있는 지역을 말한다.

상권과 비슷한 개념으로 사용되는 상세권이라는 말도 있다. 상세권이란 어느 특정

상업 집단의 상업 세력이 미치는 범위를 말한다. 상권과 상세권은 동일한 의미로 사용되기도 하지만, 구체적으로 상권은 개별 상점이 고객을 끌어들일 수 있는 지역적 범위를 말하며, 상세권은 동대문 시장이나 명동과 같은 상업 집단이 고객을 끌어들일 수 있는 지역의 범위를 말하기도 한다. 명동에 있는 백화점들이 다른 곳에 개별적으로 떨어져 있다면 각각의 실질적인 상권은 크게 줄어들 것이다. 그러나 명동 지역에 있는 백화점들은 명동의 다른 많은 상점들과 함께 하나의 거대한 상업 집단을 이룸으로서 전국적인 상권을 가지게 되는 것이다. 상권은 인위적으로 형성되는 것이 아니라 자연적인 흐름에 의하여 형성되며 다음과 같은 특징을 지닌다.

(1) 소매점 영업 범위의 거리적 한계

소매점의 상권 크기는 상품 구색이나 가격, 서비스 등 상점 자체의 요인도 중요하지만 소비자와의 거리가 대단히 중요하다. 점포와의 거리가 멀어짐에 따라 일어나는 소비자들의 점포인지도에 대한 변화가 나타난다.

상품의 품질이 동일하면서 애프터서비스를 받아야 하는 상품일 경우에 소비자들은 되도록 가까운 곳에서 상품을 구입하려는 경향이 있다는 사실을 알 수 있다. 그렇지만 오늘날에는 대부분의 가정에서 자가용을 보유하고 있어서 소비자들의 구매 이동 범위가 점점 더 넓어지고 있다는 것이 현실이다.

(2) 소매점의 영업 범위와 입지조건

동일 상품을 취급하는 상점이라 하더라도 고립 지역에 있는 상점보다는 시장이나 상점가에 있는 소매점은 상권이 넓고, 주택가에 위치한 소매점의 상권은 좁다. 또한 인근에 강이나 하천, 산, 그리고 큰 도로 등이 있으면 이들 위치에 따라서도 상권은 크게 달라진다.

한때 지방도시에 위치한 대형 제과점들은 제조한 과자를 아무런 계약 없이 판매할 수 있었다. 그러나 도로 여건이 좋아짐에 따라 냉동시설이 갖추어지지 않으면 쉽게 먹기 어렵던 아이스크림도 서울에서 만들어진 것을 산간벽지에서도 쉽게 먹을 수 있게 되었다.

(3) 소매점 상권의 상품의 종류와 범위

동일 위치의 상점이라도 취급하는 상품의 종류에 따라 상권의 범위는 달라진다. 상품에 따라 사람들의 이동 거리가 다르다는 것은 상품에 따라서 소비자들의 구매 패턴 purchasing pattern이 다르다는 것을 의미한다. 소비자들의 구매이동에 관한 분석에서 허친슨Hutchinson은 가정family을 기점으로 발생하는 구매활동은 도시구조에 따라 거주지 부근, 부도심, 그리고 도심 등으로 구분된다고 밝혔다.

2) 상권의 범위

(1) 1차 상권의 의미

1차 상권은 상점 고객의 60~70%가 거주하는 상권 범위를 말하는데 고객들이 다른 상권의 고객들보다 상점에 가장 근접해 있으며 고객 수나 고객 1인당 판매액이 가장 높은 지역이다. 1차 상권은 식료품과 같은 편의품의 경우 걸어서 500m 이내가 되며, 의류, 화장품 등 선매품의 경우는 버스나 승용차로 15분 내지 30분 걸리는 지역이 된다.

(2) 2차 상권의 의미

상점 고객의 15~25%가 거주하는 상권 범위로서 1차 상권의 외곽에 위치하며 고객의 분산도가 아주 높다. 편의품일 경우에는 2차 상권 지역에서 약간의 고객밖에 흡인吸引하지 못하지만 선매품의 경우에는 크게 보면 편의품의 2차 상권까지가 1차 상권일 수도 있다. 선매품의 2차 상권은 버스나 승용차로 30~60분 걸리는 지역이 포함된다.

(3) 3차 상권의 의미

1, 2차 상권에 포함되는 고객 이외의 나머지 고객들이 거주하는 상권 범위로 고객들의 거주 지역은 매우 분산되어 있다. 편의품을 구매하는 고객들은 거의 존재하지 않으며 선매품이나 전문품을 취급하는 점포의 고객들이 5~10% 거주한다.

이외에 호텔 내의 상점, 쇼핑센터 내의 스낵바snack bar와 같은 기생점포parasite store는 독자적인 고객 흡인력이 없기 때문에 기생상권을 갖는다. 이러한 상점들의 상권은 호텔이나 쇼핑센터의 절대적인 영향을 받는다. 그리고 업종에 따라 동일한 입지에 있는 상점이라 하더라도 고객흡인력은 달라지게 된다.

상권파악의 기초

① 상세권의 허브hub파악

② 성업thriving business 업태(종류 중 대분류 : 도매업 또는 소매업)의 존재파악

③ 허브에서 성업 업태와의 사이에 존재유무

④ 고객 접근성용이 여부

⑤ 공급자 접근성용이 여부

6. 상권의 특성과 분석

1) 상권의 특성

(1) 상권 구성과 업종

상권이란 고객들의 분포지역을 말하는 것으로 고객을 얼마나 끌어 모을 수 있는가가 중요하다. 상권은 앞에서도 언급했지만 좀 더 살펴보면 1차 상권, 2차 상권, 3차 상권, 살아있는 상권, 그리고 죽은 상권 등으로 분리할 수 있다. 고객들이 거주 및 활동지역을 거리로 따져서 가까운 것을 1차 상권, 조금 먼 곳을 2차 상권, 더욱 더 먼 곳은 3차 상권이 된다. 또한 고객이 왕래하는 숫자가 많으면 살아있는 상권, 그리고 뜸한 편에 속하면 일명 죽은 상권에 들어가는 것이다. 상권이 좋아야 좋은 상점들이 많이 모여들게 되고, 좋은 상점들이 많이 모여 있어야 좋은 상권을 유지하게 된다.

상권의 선택selection of trading area이란 개점을 하고자 하는 지역의 통행량, 주변 상점에 대한 분석, 그리고 고객접근의 용이성 등을 고려하여 결정한다.

상권을 입지별 특성으로 나눠보면 주택가, 아파트단지, 대로변 중앙상권, 대학가, 그리고 지하상가 등으로 구분할 수 있다. 따라서 입지별 특징과 점포 구하는 요령을 연계지어 살펴보면 창업입지분석에 도움을 얻게 될 것이다. 업종을 선택하고 나서 점포자리를 고르다 보면 다른 점포들이 이미 좋은 자리를 차지하고 있는 것을 알 수 있다. 중요한 것은 업종과 상권 즉, 입지 간의 관계를 살펴야 한다는 점이다. 사업을 하고자 하는 업종과 기존의 상권에 형성된 업종들과 호혜관계reciprocity relation인가, 아니면 상극관계incompatible relation인가를 정확히 파악하여 결정하면 사업실패율을 낮출 수 있다.

(2) 업종과 상권의 관계

상권의 성격과 업종(종류 중 소분류 : 커피전문점)의 연관 성격에 따라 사업이 잘 되는 업종과 그렇지 못한 업종이 있다. 때문에 사업이 잘 되는 상권이라 하더라도 낭패를 보기도 하며, 좋지 않은 상권이더라도 업종의 성격에 따라 사업이 잘 되기도 한다. 상권이 작은 동네상권에서는 일정한 고객을 놓고 치열한 경쟁을 벌이게 되므로 호혜업종도 경합업종이 되기 쉽다. 그리고 상권이 커지면서 경합업종이 호혜업종으로 변환할 수도 있다. 호혜업종은 희망하는 업종에 도움을 주는 업종으로 상호간의 연계성이나 고객창출에 도움을 주는 업종을 말한다. 즉, 학교근처나 학원상권의 경우 학생들이 필수적으로 이용하는 서점은 주변의 문구점이나 커피전문점과 같은 휴게편의 업종에 고객을 전이시켜주는 역할을 하고 있기에 호혜업종이라 할 수 있다. 경합업종은 상호 경쟁관계로 정해진 매출을 나눠 갖게 되는 업종으로 직접경합업종(치킨집-치킨집)과 간접경합업종(치킨집-호프집)으로 분류할 수 있다.

(3) 상권의 변화

상권은 변하는 성질을 갖고 있으므로 그 지위도 변한다. 즉, 현재는 권리금이나 임대료가 싸더라도 사업을 정상적으로 올리면 중심상권으로 바뀔 수 있다. 이 경우 많은 노력이 필요하고 실패 위험도 크다. 권리금이란 주로 토지 또는 건물, 특히 상점에 부수하여 그 부동산이 갖는 장소적 이유의 대가나 그 장소에서의 홍보나 기득권을 성장시키고 자리 잡힌 대가로 임차인lessee이 임대인lessor에게 또는 임차권의 양수자인 양도인에게 지급하는 금전이라고 할 수 있다. 권리금은 상점을 매입하거나 임차하려는 사람에게 붙었다 해서 언제든지 회수하가나 받을 수 있는 것은 아니다. 상권이 약화되거나 쇠퇴하는 지역에서는 권리금의 변동이 심하므로 사업성 분석 못지않게 세심한 배려가 필요하다.

도시계획에 의해 새로운 지하철 노선이 생긴다거나 건물이 생기면 주변 환경의 변화가 뒤따른다. 따라서 과거의 우세한 업종dominant business이 불리한 업종으로 바뀌기도 하며, 그 반대의 경우도 발생할 수 있다는 것을 알아야 한다.

(4) 상품에 따른 상권변화

현실적으로 입지를 생각할 경우 어떤 의미에서건 연관이 있는 상점과 상업시설들이 한 곳에 모여 시너지 효과synergy effect가 발생하는 곳 즉, 집적지cluster를 지향하는 것이 일반적이다. 특히 상업시설의 경우, 이러한 집적의 장점을 어떻게 살리는가 하는 것이 입지 전략의 생명이다. 입지 전략location strategy에 따른 상권을 검토할 때 가장 먼저 생각할 것은 상품에 따라 상권을 검토할 때 가장 먼저 생각할 것은 상품에 따라 상권의 크기가 다르다는 것이다. 다시 말해서 상권의 형태가 다르게 대응한다.

(5) 새로운 상권의 출현

최근 세계적 유통망을 가진 대규모 유통업체를 중심으로 도심의 중심부형 지구에서 떨어진 교외에 상급품을 중심으로 판매를 하고 있는 대규모 소매입지, 이른바 교외형 쇼핑몰이 활성화 또는 일반화되고 있다. 이처럼 교외입지는 기존 집적지에서 떨어져 상권의 넓이가 넓다는 사고를 바탕으로 한다. 이는 기존 직접지까지도 자기 상권에 포함시킬 수 있다는 가능성을 가지므로 상권의 넓이가 기존 집적지를 포함한 그 곳에서의 고객 흡입도 가능하다는 관점이다.

이런 입지 방식의 배경은 첫째, 도심부의 과밀화overcrowding, 둘째, 인구의 외연화externalization, 그리고 셋째, 자동차 사회로 이행되는 배경에서 소비자의 구매행동이 극단적인 도심부 구심형에서 벗어나는 것이라고 볼 수 있다.

2) 상권조사의 방법

(1) 입지선정 과정과 상권조사의 방법

충분한 자금을 준비하고 나서 시작하는 사업의 경우는 드물다. 대부분 힘에 벅찬 출자를 하여 여유자금의 운영이 힘든 입장이다. 매출액이 계속 증가하여 인건비, 이자, 점포 임대료, 세금, 그리고 적정수익 등을 올리는데 지장이 없다면 문제가 없겠지만, 처음 창업하는 사업에서는 매출액이 당해 기간의 총비용과 일치하는 손익분기점break-even point까지 진입하는 데 어려움을 겪기도 한다.

초기 창업경영에서 가장 큰 부담은 점포의 임대투자금액이 되곤 한다. 상권이 활성화되어 있는 지역에는 많은 금액의 권리금, 시설비 및 임대료가 높다. 때문에 초심자beginner의 경우에는 준비된 창업자금 한도에서 사업을 시작하려다 보면 다소 입지조건이 취약한 곳에 관심을 두기도 한다. 그러나 입지선정의 성공법에서 3L(3Location)이란 용어가 있다. 이는 첫째도 입지location요, 둘째도 입지location요, 셋째도 입지location라는 말로 상점의 성공은 입지선정에서 출발한다는 의미를 담고 있다.

창업이 안정적으로 창업하는 단계에서는 여러 가지의 사업경험을 통하여 투자금액을 점차로 증가시켜야만 한다. 때문에 초심자의 경우 무리하게 자본을 동원하여 고객의 점포를 구할 필요는 없다. 어느 정도의 사업경험을 쌓아 사업경영 안목을 높인 다음 옮겨도 충분하다. 그러므로 제일 중요한 첫 단계는 점포별 적정매출액의 크기를 잘 계산하여야 한다.

(2) 상권지도의 작성

점포주변의 광역상권metropolitan area 즉, 부산의 해운대, 자갈치시장, 서울의 동대문, 명동, 강남역 상권 등과 같이 경기도 권역은 물론 전국에 소비층을 두고 있는 상권을 알기 위해서는 '광역지도wide area map'를 작성하는 것이 좋고, 점포주변의 세부사항detailed matters 즉, 부산의 서면역, 동래역, 연산역, 부산대역 상권처럼 지역 내 소비층을 아우르는 지역의 대표 상권을 파악하기 위한 '세부지도detailed map'를 작성한다.

상권지도business district map를 자성하는 목적은 상권으로 설정된 범위의 지리적 조건을 파악하고 고객이 유입되는 지역을 파악하기 위해서이다.

① 거주인근, 세대 수

② 사무실, 종업원 수

③ 각종 기반시설

④ 각종 단체시설

⑤ 경쟁점rival firm(또는 rival house)

⑥ 점포주변의 통행량

⑦ 상권 내 소비지출의 경제력 조사가 필요 된다.

(3) 상권조사 방법 4단계

① 제1단계 : 상권내 지역정보 수집

- 공공기관의 인구 통계 자료
- 상업 통계 및 특정기관조사정보(조사업체 자료 등)
- 지역 관련 점포 조사(점포수, 위치 등)

② 제2단계 : 지역 상권 지도 작성

- 지구별 세대수 및 인구수
- 소매업종별 점포
- 교통기관별 파악(역, 정류장 등)
- 관련 유통업 파악
- 지형적인 특성
- 집객력集客力(손님을 모으는 능력)이 있는 지역시설(체육관, 금융기관, 관공서 등)

- 경쟁점 파악과 표시를 하여야 한다.

③ 제3단계 : 상권내 지역 도보 관찰
- 연령별로 구분한 차별화 가능성 파악
- 주거형태, 차량 소유 등을 통한 소득수준 파악
- 교통이용 현황을 통한 상권의 넓이 파악
- 혼잡한 점포, 인기 있는 점포 파악
- 쇼핑도로 및 접근통로 파악
- 고객들의 생활방식 및 상품의 구매행동 파악

④ 제4단계 : 그룹 방문에 의한 인터뷰 조사
- 지형특성, 편리함, 차량진입, 주차의 용이성
- 서비스, 접객태도, 영업시간, 종업원 수 파악
- 판촉활동의 영향력 파악
- 이동거리를 늘일 수 있는 방안 심층 조사
- 클레임 처리, 신용도 체크
- 사용빈도 조사
- 목표target 마케팅의 가능성 파악

3) 상권별 유망업종

(1) 상권과 업종

소자본 창업에 성공하려면 업종 선택과 더불어 입지선정에 신중한 판단을 해야 한다. 업종선택 이상으로 입지선정이 성공과 실패를 판가름한다. 소자본 창업에서는 업종보다도 점포의 입지가 좋은지를 판단하려면 먼저 상권을 제대로 이해해야 된다. 상권이란 물자 거래가 이뤄지는 상업 중심지로 아파트단지상가, 주택가, 학교주변, 사무실밀집 지역, 지하철상가, 그리고 도심번화가 등의 권역으로 나누어진다. 상권에 따라 성별 연령별 유동인구의 특징이 있고 배후지 고객의 소비성향이 다르기 때문에 어느 상권에 어떤 업종이 좋은지를 철저하게 분석해야 한다. 그래야 창업하고 난 후의 실패 가능성을 줄일 수 있다.

7. 입지선정과 고려요인

1) 입지고려 요인

기업입지는 기업이 기업 활동을 수행하기 위해 자리 잡게 될 지리적 위치로 기업의 유지, 성장을 위한 기초적인 의사결정 사항이다. 기업입지는 기업 활동의 내용은 물론 기업성패에도 큰 영향을 미치게 되므로 신중하게 선택되어야 한다. 특히 상업 활동을 주로 하는 기업의 경우 양호한 입지의 선정은 경영성과 실현에 핵심적인 요인이 되는 경우가 많다.

특히 제조기업의 경우 입지를 잘못 선택하면 매우 심각한 문제에 봉착하게 된다. 그래서 기업입지가 결정되면 그 자연적, 지리적 조건은 변경하기 어렵고 또한 공장을 이전하기도 어렵다. 공장의 입지가 어떠한가에 따라 생산원가도 크게 달라진다. 일단 입지를 잘못 선정한 경우에는 제품을 저장하거나 앞으로 기업을 확장하려는 경우 그러한 장소를 얻을 수 없거나, 근처의 원료원이 곧 고갈되어 버린다든지 혹은 예상보다 세금이 많아져서 결국 단위당 비용이 높아지는 경우도 많다. 또한 기업입지에는 영구적으로 대규모의 고정자금이 투입되므로 이를 선정할 때에는 이와 관련되는 조건들도 종합적으로 고려되어야 한다.

(1) 경영 외적 고려요인

이는 개별기업이 독자적인 입장에서 자의적으로 선정할 수 있는 요인이 아니라 정책적 내지 사회경제적 관점에서의 타의적인 선정요인들을 말한다.

① 역사적인 요인 : 이것은 그 지역에서의 역사적인 전통과 결부된 요인으로서 이를테면, 디트로이트시의 자동차공업, 피렌체의 가죽가공업, 그리고 대구의 직물공업 등이 그 좋은 본보기가 된다. 또한 역사적인 유적지나 풍치지구scenic district 즉, 도시계획구역 안에서 도시의 자연풍치를 유지하기 위해 지정한 곳에서는 어떤 기업도 그 입지를 선정할 수 없다는 것도 역사적 요인이라 할 수 있다.

② 입지정책적 요인 : 이는 지역경제 정책과 도시계획적인 성격의 요인을 말하며 공업단지나 산업기지 또는 유통단지가 정책적으로 조정되었을 경우가 그 일반적인 예가 된다. 개별기업의 입장에서는 그러한 단지 내에 입지를 선정하는 것이 입지비용이나 환경조성비용 또는 세제측면에서 여러 가지 혜택이 되는 경우가 대부분이다.

③ 사회경제적 요인 : 이는 사회경제적인 관점에서 택해지는 입지정책의 하나이다. 이를테면, 빈곤지역이나 국경과의 인근 지역에 입지를 선정하는 기업에 대해서는 세제상의 혜택이나 기타 제정지원을 보장함으로써 그 지역의 실업자 구제나 전국적 평준화와 같은 사회경제적 효과를 기하고자 하는 정책이 그 한 예이다.

(2) 경영 내적 고려요인

이것은 개별기업의 독자적인 입장에서 자의적으로 선정할 수 있는 요인이 아니라 정책적 내지 사회경제적 관점에서의 타의적인 선정요인들을 말한다.

① 생산 지향적 요인 : 원료확보의 난이도 여부가 중심이 된다.

② 판매 지향적 요인 : 제품판매의 유리성 여부가 중심이 된다.

③ 노동 지향적 요인 : 양질의 노동력을 적정한 가격으로 충분히 확보할 수 있는가의 여부가 중심이 된다.

④ 수송 지향적 요인 : 수송수단의 확보와 수송 자체의 난이도 여부가 중심이 된다.

⑤ 기업가 지형적 요인 : 기업가의 개인적, 심리적 선호가 중심이 된다.

⑥ 기타 지향적 요인 : 공업용수, 전력, 가스 등 에너지원의 확보 난이성과 기후, 토질, 주위환경과 같은 자연적 입지조건의 타당성 여부가 중심이 된다.

특히, 상업 활동을 주로 하는 경우 판매지향적인 요인이 가장 중요한 고려사항이 되며 이를 구체적으로 나타내면 다음과 같다.

첫째, 시장요인으로 현재 및 잠재고객의 크기, 소비의 빈도와 질, 소비전통 등이 중요하다.

둘째, 교통요인으로 고객의 접근비용, 접근수단의 다양성 등이 중요하다.

셋째, 경쟁요인으로 동종 또는 대체품을 판매하는 경쟁업자의 수, 경쟁강도 등이 중요하다.

넷째, 공간요인으로 공간능력, 공간비용, 공간 확대 가능성 등이 중요하다.

2) 좋은 입지 조건

상업에서는 장사의 목이 좋다는 의미의 명당이라는 곳이 있다. 일반적인 명당이라는 상권은 잠재고객potential customer이 밀집되어 있고 또 가깝고 접근하기 쉬워 많은 고객을 확보할 수 있는 상업의 중심지를 의미하다. 그러나 좋은 상권의 조건은 이런 외적 요인보다는 내적 요인이 더 크다는 사실을 명심할 필요가 있다.

좋은 상권은 일반적인 상권의 의미보다는 실제 경영하려고 하는 업종과 연관 지어 생각해야 한다. 이런 의미에서 명당이라는 상권선택의 전제 조건을 다음과 같이 정리해 볼 수 있다.

첫째, 점포 입지를 먼저 선택하고 그 입지에 맞는 업종을 선택하는 것이 현실적으로 안전한 개점의 비결이다. 물론 업종을 선택하고 거기에 맞는 점포를 선택하는 것이 일반적이지만, 그럴 경우 경제적 요인 때문에 오히려 사업 착수의 장애요인이 될 수도 있기 때문이다.

둘째, 상권 선택은 장기적인 안목이 필요하다. 사업을 시작해서 단기간 내에 승부를 내려는 생각은 위험한 발상이다. 그런 의미에서 아주 외진 곳이 아니라면 신설 상권 또는 신축 건물도 좋은 상권으로 가꾸어갈 수 있다. 우선 신축 건물이나 새롭게 형성된 상권 내의 점포는 권리금이 없기 때문에 자금을 개점기념품 준비 등 홍보비에 투자한다면 단골 고객 확보가 용이하고, 단골 고객이 늘어나면 자동적으로 좋은 상권이 형성될 수 있을 것이다.

셋째, 업종에 맞는 상권선택이 중요하다. 업종에 맞지 않는 상권은 실패하기 쉽기 때문이다.

넷째, 소매점을 개설하기 위해서는 점포 자체의 영업 능력도 중요하지만, 전체적인 시장 세력에도 관심을 가져야 한다. 동일업종이 밀집되어 있는 지역에서 장사가 잘 되는 것은 그 곳에 바로 전체적인 시장 세력이 있기 때문이다. 음식점의 경우에도 동떨어진 곳에 개점하기 보다는 같은 업종이 밀집되어 있는 곳이 적합하다. 고객의 입맛은 천차만별이기 때문에 '그 곳에 가면 누구나 입맛에 맞는 음식을 골라 먹을 수 있다.'는 인식을 심어줄 수 있기 때문이다.

다섯째, 상권에 못지않게 중요한 것은 차별화된 영업 전략이다. 고객이 가장 원하는 것은 값이 싸면서도 우수한 상품과 친절함이다.

따라서 높은 품질, 친절과 상품의 구색, 저렴한 가격, 그리고 차별화된 영업 전략이 점포 입지의 취약성을 보완해 주는 최고의 방법임을 명심할 필요가 있다.

(1) 입지조건의 구성요소

입지조건의 구성요소는 '그 곳에 입점하면 얼마 정도의 매출을 통한 수익을 올릴 수 있을까?' 혹은 '그 점포가 계획사업을 수행하는데 적합한가?' 등의 의문에 대한 답은 다음과 같은 입지조건의 구성요소에 따라 정해진다.

① 인구 즉, 남성과 여성비율, 청소년, 장년층, 그리고 노년층의 비율 등
② 교통수단으로 버스, 지하철, 그리고 도시간 열차 등
③ 업종에 맞는 상권

(2) 입지선정의 원칙

① 현재 상권 잠재력의 타당성 : 한 지역을 설정해서 자신의 점포가 취급하려는 상품의 상권내 소비지출총액과 다른 점포가 점하는 비율을 검토한다.

② 상권 접근 가능성 : 상권 내의 잠재력을 자기 점포에 어느 정도 흡인 할 수 있느냐 하는 것은 점포 주변을 통과하는 가능성에 의존하게 되는데, 그에 따라 소매업의 업태를 3가지로 나눌 수 있다.

㉮ 고객 창출형 : 광고, 상품의 독자성 평가, 판매촉진 수단에 의해서 독자적인 고객을 흡인하는 유형으로써 백화점, 대형 슈퍼마켓, 특수한 전문점 등이다.

㉯ 근린점 고객 의존형 : 가까운 점포에 의해 흡인된 고객이 주변의 점포로 구매하러 가는 점포의 유형을 말한다.

㉰ 통행량 의존형 : 쇼핑을 목적으로 하지 않는 통근자나 교통기관 이용자 등이 구매하는 경우, 대부분 소재 점포의 매출액은 이러한 3가지 성격의 고객이 혼재되어 있으므로 전체를 고려해야 한다.

③ 성장 가능성 : 인구증가와 소득 수준의 상승이 기대될 수 있는 상권이냐를 살펴봐야 한다.

④ 중간 저지성 : 주거지, 또는 근무지와 기존부터 있던 경쟁 점포, 상점가의 중간에 입지하여 고객을 중간에서 저지할 수 있는 입지인가를 살펴보아야 한다.

⑤ 누적적 흡입력 : 같은 종류의 상품을 취급하는 일정 수의 점포, 상점가의 중간에 입지하여 고객을 중간에서 저지할 수 있는 입지인가를 살펴보아야 한다.

⑥ 양립성 : 보완관계에 있는 상품을 취급하는 두 개의 점포가 근접해 있는 경우 양점포를 이용하는 고객수도 늘고 판매액도 늘어난다.

⑦ 경쟁 회피 : 경쟁점의 입지, 성격, 규모, 유형을 감안하여 입지를 선택하고 매출액을 예측한다. 또한 장래 경쟁점이 들어설 여지도 검토해 봐야 한다.

⑧ 입지의 경제성 : 입지의 비용을 임차료, 인테리어비용, 인건비, 그리고 재료비 등 생산의 여러 요소들이 투입된 양과 그것으로써 이루어진 생산물인 산출량의 비율을 나타내는 생산성과 관련해서 분석한다.

3) 입지선정 단계

입지선정은 특정 상점의 입지를 선정하기 위해 행하는 조사 작업으로 특히 유통기업의 경우 입지요인(접근성, 임차료, 건물구조 등)은 판매액에 절대적인 영향을 미치기 때문에 가장 중요한 고려요인이 된다. 입지의 중요성과 선택의 기준은 업종과 영업의 방법에 따라 다르다. 나아가 준비할 수 있는 자금과의 균형이 필요하다.

(1) 입지대안의 확인

사업을 전개할 입지를 결정하기 위해서는 우선 가능한 입지대안들을 확인해야 한다. 소매 입지의 대안을 독립입지와 군집입지의 두 가지 종류로 나누어 볼 수 있다. 전자는 다른 소매입지들과 지리적으로 격리되어 있는 장소를, 후자는 다른 소매입지들과 지리적으로 인접해 있는 장소를 의미한다. 따라서 창업희망자는 우선 이에 대한 사전조사에 따른 의사결정을 통해 점포입지 선정에 따르는 노력을 줄여야 한다.

소매업이나 요식업처럼 점포판매가 중심인 경우, '입지산업location industry'이라 불릴 만큼 사람의 능력보다 입지가 더 많은 영향을 미친다. 왜냐하면 도·소매업의 판매 방식은 소비자와의 직접적인 접촉에 의하지 않으면 상품을 팔 수 없기 때문이다.

(2) 입지대안의 평가

입지평가원칙은 크게 기본원칙과 입지매력도 평가원칙으로 나눌 수 있다.

[1] 기본원칙

이는 입지선정 시 반드시 검토되어야 하는 필수원칙들로는 다음과 같은 것들이 있다.

첫째, 이용가능성으로 이는 고려중인 장소를 실제로 임대 또는 매입할 수 있는가 하는 것이다.

둘째, 적합성으로 이는 장소 규모 또는 구조 등이 적합한가를 의미한다.

셋째, 수용가능성으로 이는 그 장소를 창업희망자가 임대 또는 매입할 만한 충분한 자원이 있는가의 문제이다.

[2] 입지매력도 평가원칙

각 입지의 상대적인 매력도 평가의 주요항목은 업종, 입지, 그리고 자금이 되며 평가원칙은 다음과 같다.

첫째, 고객차단원칙으로 이는 입지가 고객이 특정지역에서 다른 지역으로 이동할 때에 고객으로 하여금 점포를 방문하도록 하는 입지적 특성으로 사무실 밀집지역, 상업지역, 쇼핑센터 등이 이에 속한다.

둘째, 동반유인의 원칙으로 이는 유사하거나 보충적인 소매업들이 함께 군집하고 있는 경우가 독립되어 있는 경우보다 더 큰 유인잠재력을 가질 수 있다.

셋째, 보충가능성의 원칙으로 이는 두 개의 사업이 고객을 서로 교환할 수 있는 정도로 인접한 지역에 위치한 사업들 간에 보충가능성이 높으면 높을수록 점포의 매출액이 높아진다.

넷째, 점포밀집의 원칙으로 이는 지나치게 유사한 점포나 보충할 수 있는 점포들이 밀집되어 있어서 고객의 유인효과와 매출액을 감소시키는 현상을 말한다.

다섯째, 접근가능성의 원칙으로 이는 고객의 입장에서 점포를 방문할 수 있는 심리적, 물리적 특성을 의미한다. 즉, 지리적 인접성 및 교통 편리성 등의 요인들이 점포의 매출을 증대시키는 요인이 될 수 있다.

CHAPTER 10 창업기업과 인적자원관리

CHAPTER 10 창업기업과 인적자원관리

〈사기〉의 화식열전貨殖列傳에는 상즉인商卽人 인즉상人卽商이라는 고사성어가 있다. "장사란 이익을 남기기보다 사람을 남기기 위한 것이다. 사람이야말로 장사로 얻을 수 있는 최대의 이윤이며 신용은 장사로 얻을 수 있는 최대의 자산이다."라고 조선 거상 임상옥은 말한다. 사람을 남기는 장사는 믿음을 남기는 장사와 통한다. 믿음을 잃으면 사람을 잃고, 사람을 잃으면 아무리 큰돈을 남겨도 그 돈만큼 손해를 보게 된다. 사람이 먼저이고, 돈은 그 다음에 뒤따라오는 것이다. 상업이란 결국 사람에 의해 이루어지는 것이다. 성서 잠언 15장 22절의 내용에 의논discussion이 없으면 경영이 파하고, 모사謀士adviser 즉, 전체와 부분을 통달하고 연결할 줄 아는 사람이 많으면 경영이 성립한다는 내용의 말이 있다. 경영의 진정한 의미는 사람과의 관계성에 있다는 것이다.

앤드류 카네기는 그의 묘비명에 "여기 자신보다 더 능력이 나은 사람을 알아볼 줄 알았던 한 남자가 잠들어 있다."라는 말을 남겼다. 동양적 사고로는 기이할 기奇, 재화 화貨, 옳을 가可, 있을 거居의 기화가거奇貨可居다. 여불위呂不韋가 진秦나라의 공자였던 자초子楚를 보고한 말이다. 지금은 드러나지 않지만 훗날 자신에게 큰 이득을 줄만한 인재라는 것을 알아보고 그에게 투자해 놓은 일을 말한다. 진리에 있어 동서고금all ages and countries의 차이가 있을까 한다. 인간경영의 중요성이다.

1. 인적자원관리의 이해

1) 인간의 가치

「피자의 열역학」의 저자 모로위츠Harold J. Morowitz는 어느 날 닫히는 문에 손가락이 끼는 바람에 오른손 둘째손가락을 다쳐 가운뎃손가락의 피부일부를 둘째손가락의 다친 부분으로 이식했다. 그로부터 몇 주 뒤 치료비 청구서가 날아들기 시작했는데 첫날 입원비, 응급처치 및 성형수술비 등을 합쳐서 4,731.43달러였었다.

몇 년 전 한 언론사의 시사주간지에서 사람의 몸을 각 구성원소로 분해해서 값을 매겨놓은 것을 본적이 있는데 97센트라고 되어 있었다. 97센트를 주장한 기사에서는 원소element만 나열했지 분자molecule들이 유기적으로 연결되어 살아 있는 신체를 구성하는 모든 과정의 비용에 대해선 계산해 놓지 않았었다.

이런 방식을 그의 손가락에 적용하면 새로운 문제가 생긴다. 어림잡아 떨어져 나간 그의 손가락 끝 부분의 무게는 1.3g 정도이다. 이것을 원상태와 거의 비슷하게 복구하는데 4,731.43달러가 들었다면 1g당 3,639.56달러라는 계산이 나온다. 이 책을 기술하기 시작할 때 여러 가지 일로 열등의식inferiority complex에 사로잡혀 있었던 나의 체중이 73kg(키 175cm)이었으니까 3,639.56 × 73,000 = 265,687,880달러의 값이 나간다는 얘기며 필자가 우리나라 평균 키에 접근하니 정상적인 사람의 평균값은 2억 6천만 달러 정도가 된다는 것이다. 그러니까 우리 몸뚱이는 금값 정도가 아니라 금값의 250배 이상은 된다는 얘기다. 지금은 서너 살 나이가 더 들어 지식이 축적되니까 76kg이 되었다. 이것은 진실일까?

2) 인적자원의 속성

마르크스의 경제이론economic theory(노동가치설labor value theory, 자본주의 쇠퇴론)과 사상은 오늘날 그가 보지 못한 내용들에 대한 비판은 다음과 같다.

첫째, '성서에서 어린이가 가진 5병餠 2어魚로 수천 명이 먹고 남았다'는 상식으로는 생각할 수 없는 기이한 일을 현실 기록의 축약된 비유로 생각했다는 것이다. 5병餠 2魚어란 예수님이 벳새다의 들에서 5개의 떡과 2마리의 물고기로 수천 명을 먹이신 일을 말한다. 벳새다는 예수님의 수제자인 베드로, 요한, 야고보, 그리고 안드레의 고향이기도 하다.

둘째, 자본, 기술, 그리고 경영관리 능력 등 다른 생산요소의 중요성을 무시했다. 특히 인적자원human resource이란 주요개념을 인식하지 못했고, 잉여가치의 창출도 노동과 자본, 기술 및 관리의 복합적 산물로 보지 않고 오직 인간의 노동에 의해서만 발생한다고 생각하였다.

셋째, 자기의 사상을 역사와 사회에 대한 과학적 인식 위에서 '과학적 사회주의'라고 주장한 그는 인간의 창조적 적응능력을 과소평가하고 협동조합을 창시한 오웬을 '공상적 사회주의자'라고 매도하였다. 마르크스가 빠뜨린 것이 상상력, 독창성, 경영능력과 같은 것들이다. 부의 창출이란 유형有形의 투입만 가지고 되는 것이 아니다. 공상적 사회주의는 19세기 F.엥겔스가 과학적 사회주의 즉, 마르크스주의와 대비시켜 명명한 사회주의 사상이다.

넷째, 이익추구는 인간의 가장 본성적인 부분이며 인간이 자연스럽게 살아가는 모습이며 개인의 부를 부인하는 것이 인간의 본성과 배치되는 것임을 인지하지 못했다.

마르크스의 사상思想thought과 학설學說theory은 근세사에 많은 영향을 끼쳤지만 기계의 등장과 자본의 집중, 일부 자본가의 착취와 궁핍한 실직 노동자로 일시적 불균형한 상태로 있던 그의 시대(1820~1880)에만 적합한 것이었다.

따라서 시대를 막론하고 절대적 특성을 지닌 이론理論는 없다. 그래서 경영에 있어서 상황적합적 의사결정이 중요시되며 깊은 바다 속과 같이 흔들리지 않는 원리의 과학성science of principle과 시대상황에 바탕을 둔 인간적 기예human art의 양면성을 영원히 포괄해 가는 응용과학applied science의 길을 가는 이유이기도 하다.

3) 인적자본의 중요성

인적자원은 1+1=2만이 아니다. 기업경영에서 제일 중요한 자원이 인적자원임을 인식해야한다. 국가, 사회, 기업, 그리고 그 기업 속의 사람들이 세계화 되는 과정에서 구매자들의 인식은 기업내부 구성원에 대한 경영자 의식이 조직원을 한 체제의 부속품으로 위치시키는 사고방식에서 탈피해야 한다. 그리고 복합적 관계complex relationship의 시스템 속에서 자율성을 보장하도록 하여 환경변화에 대한 적응력을 갖도록 하며 산업생태학적industrial ecology 사고(자원을 활용해 제품을 생산하는 산업 활동을 마치 자연생태계의 형태처럼 유기적으로 이뤄질 수 있도록 하기 위한 개념적 사고)를 포함한 건전한 기업철학 즉, 환경적합적 기업문화를 가진 좋은 기업의 제품을 구매요소로 인식하는 경향이 나타날 것이라 하였다.

경쟁시장에서 어느 특정제품이 경쟁력의 우위성을 갖기 위해서는 그 제품생산에 관련된 해당기업 특유의 기술이 그 배경에 숨어 있으며 기술혁신technology innovation이란 기업 특유의 기술 위에 기술자 특유의 기술을 더하는 과정에서 이룩되어 진다. 일본의 간반시스템이나 미국의 어떤 우수한 경영기법(비즈니스 프로세스 리엔지니어링 등)이라 할지라도 그대로 우리 기업환경에 적합한 것은 아니다. 물질적 축적을 중심으로 한 '하드웨어hardware', 기술축적 위에 인간적 축적을 중심으로 한 '소프트웨어software', 기술축적이 이루어질 때 경쟁력 있는 기술혁신technological innovation이 달성되기 때문이다. 인간이 혁신을 추구하기 때문에 로봇과 다르며 21세기는 사람이 중심이 되는 사회라 정의되는 것이다.

좋은 기업에 대한 소비자 인식을 품질 선도권으로 활용하여야 하는 상황이 도래되어 기업특유의 기술, 기능, 직무, 기업 내 교육훈련on the job training, 그리고 기업관습 및 풍토 마련 등 프로세스 이노베이션을 통한 미래 환경적합을 위한 방안이 마련되어야 할 것이며, 직접비direct cost(직접 노무비, 직접 재료비, 직접 경비)의 절감보다는 간접비indirect cost(전기비, 수도비, 출장비, 기타 관리비 등)의 절감을 통한 경쟁력 확보방안이 강조된다.

과학적 기법은 물리적 법칙에 지배되는 대상에 적용되지만, 경영기법은 인간을 대상으로 적용되며 그 결과의 성패는 개개인의 업무 진행 정도에 달려있기 때문이다. 즉, 경영기법의 활용에 의한 성공여부는 이것을 사용하는 사람이 얼마나 사람을 잘 이해하느냐에 달려있다고 할 수 있다. 기업의 경영자는 고용인의 협조와 노력에 바탕을 두고 경영기법을 적용하여 바람직하지 못한 요인의 제거 내지는 경감을 목표로 노력하여야 한다.

물질적 축적을 중심으로 한 [하드웨어]기술축적 못지않게 주요한 다른 하나는 인간적 축적을 중심으로 한 [소프트웨어]기술축석accumulation of technology으로 볼 수 있는데 기업특유의 기술firm specific technology과 기술자 특유의 기능engineer specific skill의 융화로 변화하는 시장상황에 신속히 적응할 수 있을 만큼 조직이 비대하지 않고, 기술적으로 앞선 제품과 서비스를 생산할 수 있을 만큼 혁신적이며, 최고의 품질과 서비스를 제공하는데 헌신적인 자세를 지닌 조직을 만드는 것이 상황적합적 경영전략의 마련이라 할 수 있을 것이다.

성선설에 기초한 인간의 인식이 필요하며 경영 예외의 원칙에 따라 성악설의 인간도 인식해야한다. 에덴의 낙원에는 아담과 이브만이 있었던 것이 아니라 뱀도 함께 있었다. 인간이 어떻게 살아야 하는 것과 같이 인간이 어떻게 살고 있는가는 현저히 다른 부분이 존재하기 때문이다. 그래서 인적자원 관리에 있어서 명확한 to do(이렇게 하여)의 제시로 to be(이렇게 되어 있도록)가 되도록 하여야 한다. 약농중물藥籠中物이다. 약장 속의 귀한 약재와 같이 항상 조직이 필요로 하는 인간이 되도록 교육하여야 한다는 것이다.

위나라 혜왕과 복피가 묻고 대답했다.

"그대는 나에 대한 세간 평판을 듣고 다닐 것인데, 뭐라고들 하던가?"

"익히 듣고 다니는데 매우 자혜慈惠로우시다고들 합니다."

"그래, 어느 정도 자혜롭다고들 하던가?"

"나라를 망쳐 드실 정도로 자혜롭다고들 합니다."

"자혜는 미덕이 아닌가?" "자혜가 나라를 망쳐 먹는다니 무슨 말인가?"

"'자慈'는 다른 사람의 고통을 그냥 보지 못하는 마음, '혜惠'는 사람들에게 베풀기를 좋아하는 마음입니다.

백성이 자혜롭다면 그것은 좋은 것입니다만 백성을 다스리는 주군에게는 좋은 것이 아닙니다. 백성의 고통을 그냥 보지 못하면 백성에게 허물이 있어도 벌을 줄 수가 없을 것이고, 백성에게 주는 것을 즐기면 공이 없어도 상을 내리게 될 것이기 때문이다.

허물이 있어도 벌주지 않고, 공이 없는데도 상을 내린다면 나라가 망하는 것이야 당연하지 않겠습니까?

이러한데도 주군의 자혜가 과연 미덕일 수 있을는지요?

순자荀子가 세운 법가의 이데올로기가 생각난다. 이기주의利己主義는 인간의 천성이며, 무사無私는 후천적 교양이라는 말이 있다. 즉, 인간은 본래 선천적으로 욕망을 가지고 태어나는데, 이것을 방임하면 혼란이 오게 되는 만큼 후천적 교양과 적절한 법치를 통해 이것을 바로잡아야 한다는 주장이다. 좋은 것이 좋다고만 하는 사람은 무용지물이라 했다. 지화이화자知和而和者 무용지물야無用之物也이라는 것이다. 부드러운 황금과도 같은 마음과 다이아몬드처럼 단단하고 예리하며 투명한 정신의 융화가 있어야 한다는 것이다.

4) 인력관리 계략

(1) 인력계획

인력계획이란 현재 및 장래의 각 시점에서 기업이 필요로 하는 종류의 인원수를 사전에 예측하고 결정하며 이에 대한 대내외의 공급인력을 예측하고 계획하는 것을 뜻한다.

(2) 경영조직의 3대 기본형태(구조)

경영이라는 내용을 실행하기 위해서는 인원이 필요하며 그 인원을 효율적으로 관리하기 위해서는 조직이라는 형식이 필요 된다.

[1] 직계식 조직line organization

직계식 조직은 명령통일의 원칙unity of command principle에 의하여 조직의 모든 구성원은 누구나 한 사람의 직속상관에게만 보고하고 또 그로부터 명령을 받아야 한다는 조직의 원칙을 말한다. 따라서 명령통일命令統一의 원리原理는 계층제의 원리에 포함되는 것으로서 조직 내의 혼란을 방지하고 책임의 소재를 분명히 하고자 하는데 목적이 있다. 환언하면 하나의 조직에는 오직 한 명의 장이 있어야 함을 말하는 것이다. 이 한 명의 장에게 그 조직을 운영할 최종권한과 권위가 부여되어야 한다는 것이다.

[2] 기능식 조직function organization

기능식 조직은 관리자의 일을 세분화 또는 전문화하여 수 명의 기능적 직장function foreman으로 하여금 관리하게 하는 것으로 각 전문가는 그가 담당하는 전문영역에 대해서 모든 부하에게 지휘하고 명령을 할 권한을 가진다. 전문적 기능을 분담하는 직장의 명령을 받아 업무를 수행함으로써 그 부분의 발전에 도움이 되도록 만들어진 조직이다. 과학적 관리법의 창안자 테일러가 라인 조직의 단점을 바로잡기 위하여 제창하였다.

[3] 직계식 · 참모식 조직line & staff organization

직계 · 참모식 조직의 특징은 직계식 조직의 지휘명령의 통일성을 살리는 동시에 그의 단점을 보충하기 위해서 참모제도를 병설시킨 조직이다. 즉, 직계식 조직의 지휘와 명령의 일원화를 유지하면서 동시에 수평적 분화horizontal specialization에 따른 스태프(참모)가 조언할 수 있도록 되어 있는 조직 형태이다. 수평적 분화는 조직이 수행하는 업무를 그 특성에 따라 조직 구성원들이 수평적으로 나누어 수행하는 형태이다. 조직의 성장을 위해서는 추가적인 관리기능의 협력과 통제가 필요하기 때문에 수평적 분화가 일어난다.

[4] 직계식line 기능의 특징

기업의 고유목적을 달성하는 데 있어서 관리자와 노동자와의 관계가 직선조직으로 연결되어 있고 노동자는 직접적 직속 상사에 대해서만 업무 하달 및 책임을 지는 부문관리조직을 라인부문line department라 한다. 여기에는 첫째, 명령 내지 지휘기능, 둘째, 수식적 내시 직선적 권한, 그리고 셋째, 집행직 권한이 있다. 직계식 기능은 관리자의 지휘·명령의 일관성이 확립되어 있고 연대책임의 한계가 명확히 되어 있으므로 그 업무의 진행과정을 신속하게 처리할 수 있는 것이 특징인 반면, 부문관리자가 모든 관리 직능을 총괄하고 있기 때문에 분업에 의한 관리활동의 전문화가 부족한 것이 그 결점이 된다.

5 스태프staff 기능의 특징

조직에서는 경영활동이 원만한 업무수행을 돕고 각 부문 간의 조정을 도모하여 최고경영자를 보좌하기 위한 기능을 스태프 부문staff department이라 한다. 이는 직계식 line 기능을 보강하는 제도로서 의사 결정을 집행하는 기관을 제외하고는 지휘·명령의 권한이 부여되지 않는다. 여기에는 첫째, 전문적 서비스 제공, 둘째, 견제와 균형의 유지, 그리고 셋째, 책임일원화의 유지에 있다.

스태프 조직의 참모부문의 직원과 라인 조직의 종사원들 사이에는 업무협력이 어렵게 될 수 있고, 참모부문의 권한이 조언적 역할 이상으로 강화되는 경우에는 지휘·명령의 통일성을 유지하기가 어렵다는 단점이 있다.

(3) 인적자원의 관리 : 직무기술서와 직무명세서

성선설(theory that human nature is fundamentally good)에 기초한 인간의 인식이 필요하며 경영 예외의 원칙에 따라 성악설(theory that human nature is fundamentally evil)의 인간도 인식해야 한다는 것이다. 인간이 어떻게 살아야 하는 것과 마찬가지로 인간이 어떻게 살고 있는가는 현저히 다른 부분이 존재하기 때문이다. 그래서 인적자원 관리에 있어서 명확한 'to do(이렇게 하여)'의 제시로 'to be(이렇게 되어 있도록)'가 되도록 하여야 한다.

1 직무기술서job description(to be)

조직에 있어 직무job는 각 구성원이 분담하는 여러 업무 내지 일을 말하는 것이다. 직무기술서는 직무에 대해 직무분석job analysis을 통하여 해당직무의 성격이나 직무개요, 요구되는 자질, 직무내용, 직무방법 및 절차, 그리고 작업조건 등을 알아낸 후, 분석한 직무에 대하여 주요사항 등을 정리하고 기록한 문서를 말한다. 직무기술서의 작성은 조직에서 업무를 세분화하고 구체화하여 근로자의 능력에 따른 업무 범위를 적절히 설정하고 생산성을 높이기 위한 수단으로 사용된다. 직무기술서는 양식이 따로 정해져 있는 것은 아니므로, 활용목적에 따라 내용과 양식을 달리할 수 있다.

② 직무명세서job specification(to do)

직무분석에 따라 기술된 항목을 정리하고 분류하여 성문화한 것으로 직무를 합리적으로 수행할 수 있도록 각 직무별로 책임과 권한 등을 명확히 할 목적으로 작성되는 명세를 직무명세서라고 한다. 예를 들어, 직무내용, 노동부담, 노동환경, 위험도, 직무조건, 결과책임, 지도책임, 감독책임, 권한, 그리고 용구用具 및 재료 등을 밝혀 둔 것이다.

상황에 따라서는 직무담당자의 자격요건, 교육정도, 경력, 기능수준, 그리고 환경 등도 포함된다. 직무명세서를 작성하면 업무의 세부 사항을 파악할 수 있다는 장점이 있으며, 또 업무의 진척 사항을 파악하여 추후의 업무 계획을 조정할 수 있다는 것도 장점으로 들 수 있다.

③ 직무수행을 위한 표준작업시간의 구성

표준작업시간standard operation time는 주어진 작업을 보통의 숙련도를 가진 근로자가 표준작업방법에 의하여 정상적인 능률로서 달성할 수 있는 작업 시간을 뜻한다.

표준작업시간을 설정하는 목적은 첫째, 작업자의 작업수행도의 관리, 둘째, 인력 및 기계설비의 배치계획, 셋째, 공장관리에 있어서 기존일정이나 여력조사餘力調査(어떤 일에 주력을 다하고 아직 남아있는 물질적, 공간적, 시간적 여분에 대한 조사), 넷째, 원가관리에 있어서 공수관리, 그리고 여섯째, 원가예측 등에 이용하기 위한 것이다.

표준작업시간=순 작업시간net working hours×(1+여유율excess rate)
= 순 작업시간+여유시간float time

2. 인간행동과 기업성과

1) 인간행동의 이해

인간이 행하는 바 어떤 결과가 오직 한 가지의 원인에 반드시 귀착된다고 하는 단순한 낙관주의optimism(즉, 현 사태가 가장 최선의 사태라고 이해하는 것)에 빠져서는 안 된다. 하나의 결과가 나오는 것은 우리가 생각하는 것보다도 훨씬 더 많은 미묘한 카오스chaos에 의한 것이며, 대부분의 경우 우리가 찾아낸 원인이라는 것은, 유기적인 카오스로부터 조금 떼어온 한 조각에 지나지 않는 것이리라. 물론 그 크고 작음의 차이는 있겠지만...

화가 난 거친 태도 뒤에는 따뜻한 마음이 있으며, 친절하고 상냥한 말 뒤에 차가운 마음이 도사리고 있음에 인간행동의 이해가 쉬운 것이 아니라는 것이다. 인간은 강약의 차이는 있지만 누구나 페르조나persona(사회적 가면 즉, 내면의 가면)를 갖기 때문이다. 그래서 지성의 가면을 벗고 같이 부둥켜안고 소리 내어 울 수 있는 친구를 갖기 힘들다는 것이다.

예를 들어, 일등에게 보내는 요란한 박수는 오래 동안 지속되지 않는다. 우리들은 일등을 밉살스러워 한다. 박수 뒤에 가려 진 부러움 너머의 시기를 생각해야 한다. 시기도 일종의 성취기회 상실에서 일어나는 감정의 변화이며 세상발전의 원동력이기도 하기 때문이다. 그래서 1등 뒤에 가려서 전진하는 2등의 위치에 있을 때가 제일 안전한 위치일지도 모른다.

"우리는 겨우 2등입니다. 그래서 더 열심히 뛰고 있습니다." 라는 목소리를 고객에게 들려 줄 때 소비자들은 더 큰 서비스를 받을 수 있을 것으로 기대한다는 것이다. 기업들이 자사의 상품을 많이 판매하기보다는 오히려 고객들의 구매를 의도적으로 축소하여 제공함으로써 적절한 수요를 창출하고, 장기적으로는 수익의 극대화profit maximization를 꾀하는 마케팅전략인 디마케팅demarketing(마케팅 다이어트)이 필요 된다. 1보 전진을 위한 2보 후퇴 전략으로 때로는 독점기업이 마찰을 피하기 위해 일부러 나타내는 행동이다.

2) 인간성과

기업경영에 있어서 생산성의 향상은 기업성과의 향상을 의미한다. 이러한 기업성과는 인적 요소人的要素 즉, 특정한 사안이나 분야에 영향을 미치는 그 사람이 가진 특징, 능력, 그리고 한계와 같은 요소인 인적 요소와 물적 요소에 의하여 성립된다. 이중에서 기업성과의 향상에 대한 인적 요소의 공헌을 인간성과human performance(성과 performance = 태도behavior + 결과results)라 한다. 이와 같이 인간성과를 결정하는 것이 바로 '능력ability'과 '동기부여motivation'의 두 요소가 있다.

먼저, 작업자의 능력은 다 같이 어떠한 활동에 있어서 인간의 성과를 결정한다.

따라서 다음과 같이 요약 표시할 수 있다.

지식 × 기술 = 능력

다음, 동기부여는 특정 환경 하에서 인간의 태도에서 나타난다. 즉,

환경 × 태도 = 동기부여

그런데 동기부여와 능력은 다 같이 어떤 활동에 있어서 인간의 성과를 결정한다. 따라서 다음과 같이 요약 표시할 수 있다.

지식 × 기술 = 능력

환경 × 태도 = 동기부여

능력 × 동기부여 = 인간성과

인간성과 × 물적 요소 = 기업성과

잘된 모티베이션 즉, 동기부여에 의해 일어나는 열정은 $E=MC^2$ 이다. E(enthusiasm열정), M(mission임무), 그리고 C(congratulation격려)다.

- 아랍의 어느 왕이 「오차」라고 하는 아주 맛있는 과일이 열리는 과수를 가지고 있었다. 그래서 그는 두 사람을 고용하여 그 과일나무를 지키게 하였다. 한 사람은 키 큰 장님이었고 또 한 사람은 난쟁이 절름발이었다. 그런데 이 두 사람이 한패가 되어 흉계를 꾸며 이 과일을 따먹자고 의논하였다. 그리하여 장님이 절름발이를 어깨 위에 올려 앉히고 난쟁이 절름발이는 방향을 가리켜서 두 사람은 맛있는 과일을 실컷 훔쳐 먹었다.

왕은 몹시 노하여 두 사람을 신문하였다. 장님(시각 장애인)은 앞을 볼 수 없기 때문에 자기는 과일을 따 먹을 수 없다고 변명하였고, 난쟁이dwarf 절름발이는 저렇게 높은 곳에 자기가 어떻게 올라가 과일을 따먹을 수 있겠냐고 반문했다. 왕은 그것도 그렇겠다고 생각하였다. 어떤 일을 처리할 때 둘의 힘은 하나의 힘보다 훨씬 위대하다. —

3) 인간관계의 기저

인간관계에 있어서는 율기솔신律己率身해야 한다. '엄격한 개인 거리personal distance의 의미를 갖는 율기솔신의 정중함은 상대방에 대해서도 같은 정도의 예우를 요구하기 위해서다. 내가 이렇듯이 예의를 다하니 내게도 예의를 다해 주기 바라오.'라는 이런 메시지를 말하고 있는 것이다. 이쪽에서 개인 거리를 지켜 주지 않으면, 저쪽에서 개인 거리를 무시하고 쳐들어온다. 개인 거리를 무시하는데서 얼마나 많은 갈등이 빚어지는가?

백치白痴의 미美라는 말이 있는데 그 원조는 이러하다. 친구들로부터 바보라 불리는 한 사람이 있었는데 실은 이 사람은 바보가 아니라 그의 마음이 너무 크고 맑아 그

를 속이고자하는 사람의 마음에 투영되어 의도하는 바를 미리 알아 버리는 사람이 있었다. 이 사람은 어지간하면 속아 줘버리고 그러하지 아니한 경우에는 바보처럼 비시시 웃기만 하는 것이었다. 그래서 그의 미소를 백치의 미idiot's beauty라 불렀다. 친구들은 사람을 잘못 본 것이다. '일단 모든 사람이 나보다 나은 생각을 가지고 있을 것이다'라는, '내가 가진 확신이 틀렸을 수도 있을 것이다'라는 마음으로 인간관계를 시작해야 하는 것이 사람을 바로 보는 율기솔신의 두 번째 의미다. 이것이 인간경영에 실패하지 않는 비결이다. 기욕난량器欲難量이다. 그릇 기器, 하고자할 욕欲, 어려울 난難, 헤아릴 량量의 의미로 사람의 기량器量(사람의 재능과 도량)은 넓고 깊어 헤아리기가 어려운 부분이 있음을 알아야 한다는 뜻이다.

조선 후기의 실학자, 이덕무(1741~1793)의 「선귤당농소蟬橘堂濃笑」라는 책에 춘우윤春雨潤, 초아분草芽奮, 추상숙秋霜瀟, 그리고 목성손木聲孫이라는 글이 적혀 있다. 남을 향한 마음을 봄비처럼 지니고, 내 자신의 마음자리를 가을 서리 같이 엄숙히 지닐 수만 있다면 그 삶이 비로소 헛되지 않으리라. 이것은 율기솔신의 세 번째 의미가 된다.

율기솔신의 네 번째 의미는 인간행동의 책임은 전후좌우 관계성 속에서의 책임뿐만 아니라 간접적으로 준 상처에 대한 책임도 질줄 알아야한다는 것이다. 종교인의 이기利己, 교육자와 지도자의 위선僞善 등이 주는 간접적 상처가 그 예로 들 수 있다.

율기솔신의 다섯 번째 의미는 남의 약점을 다른 사람에게 말하지 말며, 남의 약점을 말하는 사람은 신뢰하지도 말라는 것이다. 그 이야기를 듣고 같이 웃는 웃음의 반은 다음 번 희생자가 자신이 될 수도 있다는 불안감에서 나온 웃음일 것이다. 망담피단罔談被短이다. 나의 단점을 남에게 말할 필요가 없고 남의 단점을 남에게 말할 필요도 없다는 것이다.

4) 자기인정과 자기발견

미국의 역사에서 아주 중요했던 한 사람이 있었다. 31세에 파산bankruptcy했고 그 이듬해에는 선거에서도 패했다. 34세에 다시 파산했고, 35세에는 첫사랑의 여인을 땅에 묻어야 했다. 44세와 46세에 이어 48세에도 선거에서 패했다. 누가 보아도 한심한 사람이었다. 그러나 그는 자신을 믿고 있었다. 60세에 드디어 가장 위대한 미국대통령 중의 한 사람이 되었다. 그의 이름은 미국의 제16대 대통령 에이브러햄 링컨(재임 1861~1865)이다.

폴 고갱은 23세에 증권 중개소에 취직했다. 25세에 덴마크의 한 여인과 결혼하여

10년 사이에 다섯 아이를 두었다. 그는 그 동안 증권 중개업자에서 은행원으로, 은행원에서 방수포 판매원으로 전전하다가 끝내는 남태평양으로 도망가 버렸다. 그 후 잠시 프랑스로 귀국했다가 1895년 타히티로 다시 돌아가 버렸다. 1903년 5월 무일푼으로 세상을 떠날 때까지 마지막 8년 동안 그는 100여 점에 달하는 원색의 아름다운 그림과 400여 점의 목판화, 그리고 20점의 조각과 목각을 남겼다. 그는 그리고 싶으면 그렸고, 살아지는 대로 살았다. 그는 거기서 "너무나 자연스럽게 빨강 옆에 파랑을 칠하는" 순수한 열정을 배웠고, 문명의 혜택이 없음에도 그들 나름의 문화와 풍습을 발전시키고 영위해 나가는 것을 보면서 그 가운데 숨은 인생의 진리를 배웠다. 가장 행복하고 가장 가치 있는 시간을 8년간 보내다가 갔다.

인간의 의사결정영역에는 단일의 최적 안이 존재하지 않는다. 그래서 태산 같은 자긍심自矜心과 들풀과 같은 유연성으로 세상에서 승리하는 의사결정을 해야 할 것이다. 로마인을 봐라! 그리스인보다 못한 지력智力, 켈트인보다 못한 체력, 카르타고보다 못한 경제력, 그리고 에트루리아인보다 못한 기술력으로 천년제국을 이룩하지 않았는가.

그래서 사이몬Simon은 1947년 인간행위에 대한 완전한 정보를 수집하고 학습하는데 비용과 시간의 제약으로 불가능하다는 것을 알고 만족할만한 수준 혹은 제한된 수준에서 행동하는 경제적 행위자들의 제한적 합리성의 개념을 제시하고 의사결정이론을 발표하였다.

3. 경영자의 권한

1) 인간적인 인간성을 지닌 경영자

기업이 처한 오늘의 현실이 대량산업사회의 종말기를 지나 정보화의 시대를 맞이하고 있다. 규격화 · 획일화에서 개성화되고 세분화된 '전자식 시골집electronic country house'으로 우리를 격리시켜 개인적 경쟁을 첨예화시키고 있을 뿐 아니라 따뜻한 이웃의 체온을 잊어버리게 만들고 있다. 이러한 사회구조의 재형성으로 말미암아 기능주의적인 지식산출이 우월시 되므로 인하여 이른바 입(행위)과 가슴(생각)의 분열현상을 일으키고 있을 뿐만 아니라 인간을 인간답게 하는 인간의 본질 및 본성인 인간성에 대한 갈증현상을 느끼게 하고 있다.

그래서 오늘날 경험에 바탕을 두고 환경인식을 하며 인간적인 인간성(인간다운 성격, 인격, 감정 등)을 가진 경영자를 이해관계자집단은 필요로 한다. 숨 돌릴 틈 없는 경쟁의 틈바구니 속에서도 인생을 관조觀照할 수 있는 인격을 가진 경영자를 원한다.

그러나 기업의 경영자는 '시詩을 좋아하되 시인이 되어서는 안 된다.' 왜냐하면 시인이 인생을 관조(고요한 마음으로 사물이나 현상을 관찰하는 것)한 듯한 폭 넓은 가슴을 묘사할 줄 안다는 것은 그것을 감지하고 묘사할 수 있는 섬세함을 가졌으되 폭넓은 가슴을 소유하고 있지 못하기 때문에 즉, 현실적 부족의 질병을 앓고 있는 상태에서 예술성을 발휘할 수 있게 되기 때문이다. 시적詩的으로 되는 것은 홀로 있는 한 그루 나무 같은 것이다.

베토벤은 침상 뒤에 작은 창을 만들어 파출부가 먹다 남음 음식을 훔쳐가는 것을 감시했으며 사내다움의 화신으로 불리는 [노인과 바다]의 작가 헤밍웨이가 두려움의 공포에서 벗어나지 못하여 불을 환히 밝혀두어야만 잠들 수 있는 연약한 내면을 갖고 있었음을 그의 친구 루이스 카스티요는 밝히고 있다. 예술은 영혼의 연약함과 고독 속에서 창조되지만, 기업의 경영은 인간적 관계성personal relationship 속에서 성공한다.

2) 무상을 발견한 넉넉한 마음의 경영자

우리는 무상함이라는 진리 이면에 깔린 광대한 뜻을 반복해서 발하는 섬광을 만나야 한다. 어느 것도 실재하지 않고 어느 것도 지속되지 않는다는 두려움 때문에 우리는 가장 훌륭한 친구와 마주치게 되는 것이다. 왜냐하면 이런 두려움 때문에 우리는 이렇게 자신에게 되묻게 되기 때문이다. 모든 것이 소멸되고 변한다면 참된 것은 도대체 무엇인가? 현상 뒤에는 무엇이 있는가? 이런 의문들에 절박하게 매달려 깊이 심사숙고深思熟考하게 되며, 우리의 세상을 보는 안목이 바뀌게 되고 자아가 넉넉하게 변하게 된다.

복연선경福緣善慶이다. 복 복福, 가선 연緣, 착할 선善, 경사 경慶이다. 복福이라는 인연은 선을 베푼 결과인 경사로 나타나는 것이다. 복잡계complex systems 즉, 구성요소간의 다양하고 유기적인 협동현상cooperative phenomenon에서 비롯되는 복잡한 현상들의 집합체에 긍정적 영향으로서의 인연이다. 그러므로 이익의 창출은 복의 근원이 되며 경사라는 결과로 나타난다. 당대가 아니면 후대라도 좋은 일이 일어난다는 동양적 사고다.

그것은 우리가 일생동안 비행기를 타고 먹구름dark clouds과 난기류turbulent air 속을 끊임없이 헤매다가 갑자기 맑고 무한하게 펼쳐진 파란 하늘을 만나는 것과 같다. 자유라는 새로운 차원의 출현에 고취되고 생기가 돋구어져, 우리는 자신을 경이로 가득 채우는 깊이 있는 평가, 기쁨, 그리고 자기 자신에 대한 확신을 발견하게 되는 것이다. 그리하여 감사와 기쁜 마음으로 변화를 넘어선 진리와 죽음을 넘어선 진리, 그리고 마음속의 한량없는limitless 본성을 발견하게 되는 아름다운 마음의 경영자가 된다.

3) 시련에서의 리더십

인간이 존경하는 지도자 상의 우선되는 변수가 역경에서 시련을 극복한 능력의 검증이다. 이것이 평화와 번영을 함께 누리게 만드는 능력을 가진 지도자보다 더 사랑을 받게 하는 변수다. 한때 리더의 스타일로 자신들의 오너나 관리자들을 빗대어 평가하기도 했었다.

영리하면서 부지런한 '영부', 영리하면서 게으른 '영게', 멍청하면서 부지런한 '멍부', 그리고 멍청하면서 게으른 '멍게'가 있다. 이중에서 바람직한 리더십이 '영게'다. 영리하면서 본인은 약간 게으른 듯한 모습을 부하에게 보이면서 힌트만 줄뿐 지시나 명령조로 하달하지 않는다. 부하는 자기의 아이디어인양 신이 나서 추진한다. 성공의 확률은 높아진다. 이것이 경영학에서의 바텀 업bottom up시스템이다. 즉, 세부적인 것부터 하나씩 실행하면서 전체를 만드는 방식이며, 한 걸음 더 진보하면 미들 업다운 middle up-down시스템 즉, 중간관리자가 중심이 되어 최고경영진과 조직 구성원 사이를 흐르는 업무에 대한 정보와 지식을 주도적으로 연결하고 관리함으로써 효율적인 지식창출을 가능하게 하는 경영관리 방식이 된다.

복사기 제조회사의 텔레비전 광고를 한번 보자.

한 젊은 수도승이 열심히 기도서와 문서들을 일일이 손으로 베끼고copy out 있다. 사제가 다가와서 두꺼운 두루마리 책을 한 권 주면서 옮겨 적으라고 한다. 수도승은 근심에 싸인다. 그때 문득 한 구석에서 복사기를 발견하고는 하늘을 우러러보며 기적이라고 외친다. 자, 이 획기적 복사기의 발명으로 인한 피해자가 없을 손가? 수많은 필사담당 수도승들은 실직될 판이다. 잘 조직된 수도승 위원회가 복사기를 부숴 버릴 것을 주장하면서 도심을 향해 시위행진을 벌이는 것을 상상을 해 보라. 어떤 리더십이 필요 될까를...

1890년 만 24세의 중추원 의관 이승만은 고종을 협박, 이강에게 양위시키고 일본에 망명 중이던 개화파 박영효를 맞아들여 혁신내각을 수립한다는 일종의 쿠데타 계획을 관계했다가 체포되이 사형에 처해질 위기까지 갔다. 그는 미국인 선교사들의 구명운동 덕분에 종신형으로 감형되었다. 그 뒤 약 6년간 한성감옥에서 생활한다. 이 옥중이야말로 그 뒤의 이승만을 만들어낸 극기의 교육장이었으며 리더십을 인정받는 시험장이 되었다.

4) 경영자의 경영의지와 권한

지식사회는 투명성의 사회이지 나누어 가지는 민주주의가 아님을 알아야 생존한다. 경영의 과정을 의사결정이라고도 부르는 것은 그 과정상에 결단력과 창의력 등 문무의 기예가 종합적으로 필요 되어 지기 때문이다. 우리나라가 아직도 선진국이 되지 못한 이유 중 하나가 민주주의적 경영의 요구다. 이는 강한 근로자의 목소리가 개별 사업장에서 나오면 자유시장경제체제가 될 수 없다. 사업을 크게 하든지 또는 작게 하든지 아니면 하지 말아야 하는지는 사업주가 신속하게 결정 할 수 있어야 한다. 국가가 그 목소리를 듣는 시스템이 되어야 하며 시장원리에 의해 진퇴가 결정되어져야 한다. 이것이 21세기적 생존 대처방안인 유동성이다. 생존의 비밀이 여기에 있다. 위기에서 급하면 도마뱀은 꼬리를 버릴 수 있는 권한을 운영자가 가지고 있어야 한다. 인간이 생존의 욕망을 갖는 한 완전한 자유와 평등은 환상이다.

삶의 단기적 과정에서는 사계절이 존재하며 장기적 변화로 생로병사의 길을 간다. 기업의 경영과정도 이와 같다. 경영이 어려울 때 겨울이 오기 전 가을을 준비할 수 있는 즉, 낙엽을 떨굴 수 있는 자유로움이 경영자에게 주어져야 한다. 이것이 유동성(상황에 따라 이리저리 변동될 수 있는 재량)이라 했으며 신진대사metabolism다.

오래된 것은 차례로 없어지고 새것이 이에 대신한다는 것은 바로 생물이 살아 있다는 실증적 증거이다. 인체 내의 적혈구는 평균 120일을 생존하는데 한 사람의 체내에서 매일 약 2,000억 개에 달하는 적혈구가 죽고 새로운 적혈구가 끊임없이 탄생한다.

국가 시스템은 민주주의가 이상형일지도 모른다. 그러나 기업 시스템에서는 아니다. 세포의 속성과 구성체의 속성이 같으면 세포의 속성이 존재하지 않는다는 논리와 같다. 기업경영에는 강력한 리더십이 요구되는 선에 기초한 독단도 필요한 시스템이다.

히말라야 눈 덮인 산을 등정하는 팀의 리더는 위기의 한계상황이 닥쳤을 때 생명줄을 자를 수 있는 권한을 갖는다. 생명줄을 제거할 권한이 주어지지 않고 민주주의 표결 방식을 논하면 몰살한다는 이야기다. 버티칼 리미트vertical limit라는 영화에 나오는 이야기다.

생각의 포인트 수직 한계점

'사람은 평생을 후회할 결정을 내려야 할 때가 있다.' 영화 버티칼 리미트vertical limit(2000), 세계 최고의 산악인 로이스는 어느 날 그의 아들 피터와 딸 애니, 그리고 자신이 아끼는 산악대원들과 함께 암벽 등반을 즐긴다. 깎아지른 절벽에서 노래를 부르며 암벽등반을 즐기고 있던 주인공 피터는 갑자기 배낭 하나가 하늘에서 떨어지는 것을 발견한다. 이어 동시다발적으로 위에서 등반 중이던 클라이머climber(대원) 두 명이 추락하면서 피터 일행을 덮친다. 그 충격으로 피터와 로이스는 가장 아래쪽에 있던 애니의 자일(등산용 밧줄)에 매달리게 된다. 결국 다른 대원들은 끝이 보이지 않는 절벽 아래로 떨어지고 마지막으로 피터와 로이스는 애니의 자일 하나에 몸을 지탱하게 된다.
자일 하나로는 세 명이 지탱할 수 없다는 사실을 알고 있던 아버지 로이스는 침착한 어조로 아들 피터에게 자신에게 묶인 자일을 자르라고 강요한다. 삶과 죽음을 결정짓는 찰나의 순간이다. 애니의 만류하는 비명 속에 피터는 떨리는 손으로 칼을 든다.

부도덕한 기업이 잘 되는 경우도 간혹 있지만, 큰 흐름 속에서는 정직한 기업이 잘 된다는 논리가 시장경제이론market economy theory이다. 그래서 기업의 경영자에게 자산이나 채권을 손실 없이 현금화할 수 있는 '유동성'을 관리할 권한이 주어져야 한다. 메가첼린지 시대Megachallenge Era에 메가트랜드Megatrends(The new directions transforming our lives)로 나타나는 첫 번째 현상인 투명성은 부도덕성에 관한 문제뿐만 아니라 시장흐름의 투명성transparent이다. 이익을 남기지 못하는 기업은 자연도태 된다는 원리다. 부실 대기업에 의해 전체사회에 미치는 영향을 고려하여 부실대출로 부실해진 은행에 공적자금으로 수혈하는 등의 조치는 시장경제의 투명성을 흐리는 행위이며 관치경제의 인정이다. 시장경제는 살아 있는 물의 흐름과 같아야 한다는 태일생수太一生水다.

4. 인간관계와 기업경영

1) 기예와 관조

경영학을 실천과학practical science인 동시에 경험과학empirical science이라 부르는 이유는 경영에 있어서 경험적 실천 'art' 없이는 합리적 인식 'science'도 없다는 사고를 바탕으로 하고 있기 때문이다. 따라서 경영학business science = 과학science + 기예art다.

성공적 경영은 이성적 판단을 주관하는 좌 뇌의 역할과 직관적이고 본능적으로 판단하는 우 뇌의 조화로 이룩되어진다. 오랜 경험을 가진 어부는 배에 앉아서 물소리만 들어도 물밑에 어떤 고기 떼가 놀고 있는가를 알 수 있으며, 경험이 많은 사냥꾼은 밤에 산짐승의 눈에서 반사되는 빛을 보고도 호랑이인가 여우인가를 판단해 낸다. 이들의 이런 재능은 하늘에서 떨어지거나 뱃속에서 가지고 나온 것이 아니라 바로 경험과 실천에서 얻은 것이다.

그래서 가능하다면 직종을 바꾸지 않는 것이 좋다. 물을 찾는 가장 좋은 방법이 무엇인가? 1피트 깊이로 백 개의 샘을 팔 것인가? 아니면 물이 솟을 때까지 하나의 샘만 팔 것인가. 기예는 경험의 축적에서 나온다. 일을 중도에 그만두며 아무 쓸모가 없어진다는 단기지개斷機之戒와 같다. 이는 맹모단기孟母斷機에서 유래되었다.

맹자는 좋은 스승을 찾아 타향에 가서 공부를 했다. 시간이 흐르고 흘러 조금 나이가 들었다. 그래서 오랜만에 집에 한번 다녀올 생각을 했다. 맹자가 집에 도착했을 때, 어머니는 베틀에 앉아 베를 짜고 있었다.

"네가 웬일이냐?"

어머니는 베틀에서 일어나지도 않은 채 물었다.

"어머니가 너무 보고 싶고, 집도 많이 그리워서요."

"그럼 그동안 글은 얼마나 배웠느냐?"

"별로 많이 못 배웠습니다."

그러자, 어머니는 가위로 베틀의 날실을 싹둑 잘라 버렸다. 그리고는 엄하게 꾸짖었다.

"군자君子란 모름지기 학문을 배워 이름을 날리고, 모르는 것은 물어서 앎을 넓혀야 하느니라. 네가 공부하다 말고 돌아온 것은 이렇게 짜고 있던 날실을 끊어버리는 것과 무엇이 다르겠느냐!"

그제서야 맹자는 자기가 어떤 실수를 저질렀고 그것이 어머니를 얼마나 실망시켰는지 깨달았다. 그는 그 길로 곧장 스승한테 되돌아가 전보다 더욱 열심히 공부하여 스승에 버금가는 선비가 되었다.

삼국사기를 보면 한민족을 만든 민족사 제1인물이 김유신임을 알게 된다. 병권兵權을 쥔 제2인자로서 수십 년 간 태종무열왕과 문무왕을 모시고 통일대업에 정진할 수 있었던 비결은 무엇이었을까? 1인자인 왕과 병권을 쥔 2인자가 오랫동안 공존共存한 예는 세계사적 어느 나라에서도 발견하기 힘들다. 1인자가 군대를 장악한 2인자를 의심疑心하는 순간 2인자의 운명은 형장이거나 쿠데타에 의한 역습이었다.

김유신은 지성至聖으로 1인자를, 왕들은 존경尊敬으로 그를 대했다. 부리는 왕과 부림을 받는 김유신 사이의 이런 신뢰관계가 과연 어떻게 형성된 것인가. 김유신은 꾀를 부려 누이 문희를 김춘추에게 시집보냈고 김춘추와 그 누이한테서 난 딸을 아내로 맞았다. 당시는 근친결혼의 풍습이 있었다. 문무왕은 김유신의 여동생의 아들 즉, 생질이기도 했다. 신라에게 정복당한 가야왕실의 후손인 김유신은 이런 혈연관계를 통해서 신라왕족과 두 왕의 안심을 산 뒤 자신의 야망—삼국통일의 대업을 일궈낸 것이다.

권모술수權謀術數와 전략전술을 겸비한 김유신이야말로 정치군인의 한 전형이었다. '전쟁은 군인에게 맡기기엔 너무 큰일이다'라는 말이 있듯이 김유신이 순수한 군인이었다면 삼국통일은 불가능했을 것이다. 김유신은 권모술수에 통달하되 그것을 개인의 영달이나 집권이 아닌 민족통일국가 건설이란 보다 큰 차원의 명제로 승화시킨 인물이다.

권모술수를 좋은 말로 표현하면 유연성의 전략전술 중 하나다. 절대적으로 남성이거나 절대적으로 여성인 사람은 재미가 없다. 진정한 인간은 이 두 부분이 뒤섞여 있는 하나의 전체이다. 좌 뇌와 우 뇌, 이성으로 판단하는 부분과 직감적이고 본능적으로 받아들이는 부분의 조화가 필요하다. 사람들은 이 두 가지 특징을 전형적인 남성성과 여성성으로 여기는 경향이 있지만... 전체를 포괄하는 홀리스틱holistic이다...

경영에 있어서 과학성은 무武의 의미를 갖는 기술이고, 문文은 기예다. 문무의 겸비가 기술과 기예의 조화를 의미한다. 무武의 뜻을 지닌 기술이 없으면 그 경영은 허구로 끝난다. 그래서 우리는 경영학을 과학과 기술을 포함하는 실천학문이라 부른다.

2) 관조 그 기예技藝의 세계 : 기술자 특유의 기능

현철賢哲 「장자」의 어록에 이런 이야기가 있다.

제나라의 환공이 방에서 책을 읽고 있자니까, 뜰에서 수레바퀴를 깎고 있던 편씨 노인이 망치와 끌을 놓고서 뜰 위로 올라와 환공에게 공손하게 물었다.

"방해해서 죄송합니다만 지금 읽고 계신 책이 어떤 책인지요?"

"성인聖人의 말씀이라네."

"살아 계신 성인의 말씀이신지요?"

"아니, 이미 이 세상을 떠나셨다네."

"하면 성인이 뱉어놓은 찌꺼기를 읽고 계시는군요?"

"네 이놈, 그게 무슨 말버릇이냐?

어째서 내가 읽고 있는 것이 성인이 뱉어놓은 찌꺼기라는 말이냐?

그렇게 말한 까닭을 설명해 보아라.

제대로 설명해 내지 못하면 목숨을 부지하기 못할 것이다."

"제가 잘할 수 있는 일은 수레바퀴 깎는 일 밖에 없으니까 이 일로써 설명을 하겠습니다.

수레바퀴 깎는 일 중에서 가장 어려운 일이 바퀴의 굴대 구멍을 깎는 일입니다.

왜 어려운고 하니, 너무 넓게 깎아놓으면 굴대를 끼우기는 쉬워도 헐렁해서 바퀴가 심하게 요동하고, 너무 좁게 깎아 놓으면 굴대가 빡빡해서 못 쓰기 때문이지요.

그런데도 저는 마음먹은 일을 손으로 잘할 수 있어서 크지도 작지도 않게 굴대 구멍을 깎을 수 있습니다.

깎을 수는 있어도 이것을 언어로 설명할 수는 없습니다.

그래서 제 아들에게 가르쳐주고 싶어도 가르쳐줄 수 없고, 제 아들은 배우고 싶어도 제가 설명할 수 없으니까 배울 수 없습니다.

제가 일흔 살이 넘도록 이렇게 수레바퀴를 깎고 있는 것은 바로 이 때문입니다.

제가 제 기술을 아들에게 전하지 못하듯이, 공께서 읽으시는 그 성인도 정말 전하고 싶어 하던 것은 전하지 못하듯이, 공께서 읽으시는 그 성인도 정말 전하고 싶어 하던 것은 전하지도 못하고 세상을 떠났을 것이니, 그 책에 씌어 있는 것은 고작 그 성인이 깨달은 바의 찌꺼기 같은 것이 아닐는지요?"

그래서 제 환공은 마음의 눈으로 바라보는 실상實相의 세계를 의미하는 관조觀照의 세계 — 기술자 특유의 기능engineer specific skill이 있다는 것을 깨달았다는 것이다.

아닐 불不, 설 립立, 글월 문文, 글자 자字의 불립문자不立文字다. 깨달음은 말로서 이루어지는 것만이 아니라 마음과 마음의 교통에서 이루어지는 부분이 많다는 뜻이다.

이것이 언어와 문장으로 표현할 수 있는 형식지식과 다른 표현을 통하여 객관화할 수 없는 절대적 암묵지식이다. 즉, 숙련된 노하우인 절대적 암묵지식을 공유할 수 있게 하기 위해서는 인간존중의 경영과 지식공유의 장 및 그것을 수용할 수 있는 조직문화가 필요하게 된다.

3) 소프트웨어의 상승효과

인간의 능력발휘는 즉, 소프트웨어의 상승효과synergy effect of software는 기업 특유의 기술firm specific technology위에 기술자 특유의 기능engineer specific skill이 더하여 질 때 나타난다. 기술자 특유의 기능은 적당한 동기부여가 주어지면 상승효과는 배가된다.

매슬로우는 "인간이라는 동물은 순간을 제외하고는 만족할 줄을 모른다. 일단 한 가지에 만족하면 또 다른 욕구를 위해 움직인다."라고 말했다. 베블린은 "고잉 콘선going concern" 즉, 기업 본래의 목적을 달성하기 위해 계속적인 재투자 과정 속에서 구매 · 생산 · 영업 등 기본활동을 수행해 나가는 기업이라고 했고, 필자는 영원한 도망자라고 표현한다. 이는 기대상승 신드롬escalating expectation syndromes이 존재하기 때문이다.

[표 10-1] 욕구와 관련된 가치관의 이론

	매슬로우	허즈버그	말더퍼	맥클리맨드
상	자아실현의 욕구	동기유발요인	성장의 욕구	성취욕구
	자존의 욕구			
↑	소속의 욕구		대인관계욕구	권력욕구
	안전의 욕구			
하	생리의 욕구	위생요인	생존의 욕구	친화욕구

예를 들면, 고객만족도는 그것을 '측정'하는 것이 중요한 것은 아니다. 그 만족도를 향상시키기 위한 '노력'이 중요하다. 현재진행형present progressive으로 미래의 역사를 만들어 가야 생존한다. 현 상태를 불만스럽게 생각하는 사람들의 성향이 다시 현 상태를 개선시키는 추진력이 되고, 뒤 짚어 생각해보면 사람들의 이러한 성향이 곧 고객의 성향이 된다. 그래서 사고의 유연성을 강조하는 것이다. 그래야 고객에 앞서 고객의 마음을 읽게 된다.

4) 노동과 임금

임금이란 근로기준법 제18조에서 규정한 바와 같이 사용자가 근로자의 보상으로 근로자에게 임금, 봉급 기타 어떠한 명칭으로든지 지급하는 일체의 금품을 말한다.

① 노동대가로서의 임금
② 노동력 수급가격으로서의 임금
③ 노사의 교섭가격으로서의 임금

노사 당사자의 교섭가격으로 임금을 결정하는 주요 요인으로는 다음 3가지 즉, 생계비cost of living, 기업지불능력corporate solvency, 그리고 생산성을 들 수 있다.

법률적으로 임금은 노동의 대상으로 지급되는 일체의 금품으로 정의되지만 임금개념의 범위는 기본급에서부터 노무비 혹은 인건비에 이르기까지 다양한 범위로 해석되고 있다.

협의의 임금은 경제적 임금으로서 기본급, 기준임금, 통상임금, 월정임금, 정액급여, 총액임금 및 평균임금 등 수많은 용어의 개념으로 정의하고 있다.

한편, 유럽이나 아메리카의 경우 이러한 경제적 임금개념economic wage concept보다 더 넓은 범위의 임금개념으로서 보상이라는 용어를 사용하고 있다. 우리나라 기업에서는 현재 근무라는 종업원들에 대해서 기본급basic pay, 수당, 상여금, 그리고 복리후생welfare benefits 외에 회사를 퇴사하는 사람에게 퇴직금을 지급하고 있다.

퇴직금은 종업원의 퇴직으로 고용관계가 소멸된 경우에, 노동계약이 정해진 규정 등에 따라 사업주 또는 퇴직 관리기관으로부터 해당 종업원에게 지급하는 급부로서 퇴직 시에 지불하는 퇴직일시금과 퇴직 후 계속적으로 일정기간 지불하는 퇴직연금을 총칭한다.

퇴직금의 성격에 대해서 지금까지 논의되고 있는 주요한 견해로는 임금후불설, 공로보상설, 그리고 생활보장설 3가지를 들 수 있다.

5) 21세기의 노사관계 : 지배 없는 발전

분쟁 없는 노사관계를 유지하기 위한 경영자의 기본 마인드가 생이불유生而不有가 되어야 한다. 살아 있으되 존재하지 않는 겸양의 의미와 함께 소유가 없는 생산의 의미로도 해석될 수 있다. 인간존재의 최대비극은 바로 자기가 생生하는 모든 것을 자기가 소유하려는데 있다. 자식을 낳아도 '내 자식'이라 하여 소유하려 하고, 내가 깨우쳐 얻은 지식은 '내 지식'이라 하여 나만 소유하려고 애쓴다. 그리고 내가 애써 만든 회사를 '내 덕분에 이루어진 회사 즉, 내 회사'라 하여 내가 좌지우지하려 하고 그 속에서 왕노릇하려고 애쓴다.

인간의 모든 형태가 이러한 독점 소유의 패턴 속에 있기 때문에 소유쟁탈이 일어나게 된다. 그러나 자연의 마음을 배워보라! 풀 한 포기에서 우리는 많은 것을 배울 수 있다. 새로 솟아나는 싹을 기존의 헌 싹이 소유하려고 하지 않는다. 새싹은 헌 싹에 의하여 소유되지 않기 때문에 또 다시 새싹을 낳을 수 있는 것이다. 헌 싹이 새싹을 소유하면 그 새싹은 끊임없이 생성할 수 있는 길을 차단당하게 되고 곧 시들어버리고 마는 것이다.

지배하려하지 않는 장이부재長而不宰development without domination의 마음을 가져야 한다. 생生하되 生한 결과를 내가 독점하여 소유하지 않을 때, 당연히 지배나 권위나 고착적固着的 가치가 성립하지 않을 것이다. 즉, 생은 끊임없이 생성의 과정이며 한 시점의 창조가 아니라 영속되는 시점의 창조인 것이다. 그러므로 생이불유生而不有의 生은 영원한 과정일 수밖에 없다. 그래서 인간이 생生하게 한 기업경영에 있어서도 과정이 중요시된다.

진정한 생이불유는 득어망전得魚忘筌할 줄 알 때 이루어진다. 득어망전의 첫째 의미는 베풂을 받는 인간은 그 사실을 쉽게 잊어버린다는 뜻이며, 둘째 의미는 한 가지 소기의 만족이 있으면 목적 달성에 기울인 공을 잊어버려야 한다는 것이다. 그래야 소유하지 않는 섭섭함이 남지 않는다는 것이다. 강을 건넌 후 뗏목은 버려야한다.

다시 정리해 보자. 생이불유生而不有 위이불시爲而不恃 장이부재長而不宰 시위현덕是謂玄德이라. 즉, 만물을 낳고 기르지만 소유하지 않으며, 만물을 이루었지만 자기 공을 자랑하지도 않고, 그리고 만물을 길러주되 지배하지 않는다. 이를 가리켜 지극한 덕이라 한다. 이러한 덕을 지닌 사람들은 소박하게 행동하면서도 내재된 마음은 사물의 이치나 지식, 그리고 기술 등에 잘 알거나 아주 능수능란하고 조용하게 일을 처리한다.

CHAPTER 11 창업기업의 회계처리

CHAPTER 11 창업기업의 회계처리

그리스어에 로고스라는 단어가 있다. 기본적으로는 '말'이라는 의미를 갖는데 법칙 기술記述이라는 뜻도 포함하고 있다. 성서 요한복음에 "태초에 말씀이 계시니라"에서 보는 바와 같이 신학적인 의미로 하나님의 '말씀'이라는 뜻도 갖는다.

절대자의 말씀이란 법칙 즉, 이법으로 이해한다. 표현을 바꾸면 '우주는 말에 의해 생겨난 것이다. 우주는 말하고 있다. 여기서 우주가 말하고 있다는 것은 무엇인가? 패턴이다. 창업은 우주의 마음에 순응하는 것이다. 그 시대를 살아 숨쉬고 있는 생명들이 공감하고 있는 '패턴'이다. 패턴을 읽는 것이 고객의 마음을 읽는 것이다.

한 번은 순간이고, 두 번은 우연이다. 그러나 세 번째부터는 패턴이다. 계속해서 막히고 안 될 때는 관점을 바꿔라. 만물은 유전流轉한다. 무상無常이다. 통찰력을 갖고 있다면 불규칙하게 보이는 변화 속에서도 패턴을 찾을 수 있다. 패턴을 안다는 것은 변화에 주의 한다는 것이다. 변화의 패턴을 자세히 들여다보면 약한 연결고리weak link를 발견 할 수 있다. 약한 연결고리의 발견과 이에 대한 대안마련을 한다는 것이 기업 경쟁력을 갖는다는 의미다. 절대 강점만을 가진 강자만이 생존하지 않는 것이 세상사다. 대기업은 대기업이 갖는 장점이 있고 약점이 있다. 중소기업은 중소기업이 갖는 강점과 약점이 존재한다. 불황기는 불황기 나름대로 틈새가 있다. 이의 적응전략이 기업전략이다.

외부적 패턴은 찾아야 하고 내부적 패턴은 만들어 가야한다. 외부적 패턴은 기회의 포착이고 내부적 패턴은 관행을 만들어 가는 것이다. 좋은 관행의 패턴은 비전과 혁신에 대한 수용도를 높이고 새로운 것을 갈망하는 존재가 되도록 만드는 것이다.

1. 창업기업의 회계처리

1) 원가관리

원가관리cost accounting management는 외부보고용 재무제표financial statements(기업의

경영 성적 및 재정 상태를 외부에 공개할 때)를 작성하고, 내부관리용 경영계획을 수립하고 통제하며, 특수한 의사결정을 내리고 경영자의 성과를 평가하는데 필요한 각종 정보를 수집, 분류, 요약, 그리고 분석하여 보고하는 경영관리 활동 중 하나이다. 즉, 원가관리는 대차대조표상의 재고자산 가액을 결정하고 손익계산서상의 매출원가를 결정하는데 필요한 정보를 제공하며, 예산 설정, 경영활동의 통제, 가격결정, 그리고 경영성과 등과 같은 관리적 의사결정을 수행하는데 필요한 각종 정보를 제공하는 중요한 회계분야이다.

2) 원가통제cost control

원가의 실제발생비용 및 금액이 원래 계획된 내용이나 수준에서 벗어나지 않도록 관리하고, 만일 이를 벗어나는 경우 그 원인을 분석하고 필요한 수정조치를 수행하는 활동을 가리키며 실제 발생원가와 예산을 비교하는 것이다.

이때 상위경영자는 실제발생액이 예산과 크게 차이나는 부분에만 관심을 집중함으로써 시간적 효율을 높여야만 하는데, 이것이 예외例外에 의한 관리management by exception 개념을 적용한 것이라 할 수 있다.

[그림 11-1] 제조원가흐름

3) 제품원가계산

제품원가계산product costing은 기업이 생산하는 재화나 용역의 원가를 측정하는 과정으로서, 원가자료를 확인 · 집계 · 분류하여 특정원가단위(제품)와 연관시키는 것을 말한다. 기본적인 원가범주는 보통 직접재료원가, 직접노무원가, 그리고 제조간접원가의 세 가지로 구분된다.

직접재료원가direct materials cost는 제품 1단위 생산에 직접 투입되는 재료로서 제품의 일부로 존재한다. 제품 단위 수가 늘어나면 직접재료비는 비례적으로 늘어나게 된다.

직접노무원가direct labor cost는 제품 1단위 생산에 직접 투입되는 생산직 근로자의 인건비가 된다. 제품 단위 수가 늘어나면 직접노무비도 비례적으로 늘어나게 된다.

그리고 제조간접원가manufacturing overhead cost는 간접재료비, 간접노무비, 그리고 경비로 구성된다. 간접재료비indirect material cost는 제품 생산에 필요한 재료이지만 제품의 일부로서는 존재하지 않는 재료로서 윤활유, 세척제 등이 있다. 간접노무비indirect labor cost는 제품 1단위에 직접 투입되지는 않지만 제품 제조 과정에 필요한 인건비로서 공장장, 경비원, 청소부 등의 인건비가 여기에 해당된다. 경비expenses는 공장부지세, 보험료, 운송비, 감가상각비, 그리고 공익사업비용 등이다.

제품원가계산을 위해서는 직접재료원가, 직접노무원가. 그리고 제조간접원가를 집계하고 이들 원가를 특정제품과 관련시키는 배부과정이 필요하다. 그러므로 제조기업의 회계시스템에서는 재료가 완성품으로 전환하는 과정을 나타내는 계정인 재공품계정work-in-process account이 매우 중요한 계정으로 다루어진다. 즉, 생산 공정에 아직 투입하지 않는 직접재료direct materials, 생산 공정에 투입하였지만 완성되지 않고 가공 중에 있는 재공품work-in process 등이다.

당기재료투입액과 당기가공원가 즉, 직접노무원가와 제조간접원가를 합한 가액을 당기제조원가라 하고 이 중 완성된 제품의 원가를 당기제품제조원가라 한다.

4) 부기원리의 이해를 위한 정리

(1) 자산資産

기업이 소유하고 있는 각종의 재화나 채권을 통틀어 자산資産asset이라고 한다.

[예] ┌ 재화 형태의 자산 : 현금, 상품, 비품, 건물 등
└ 채권 형태의 자산 : 예금, 외상 매출금, 대여금 등

자산은 그것을 소유하는 목적 내지는 기간에 따라 유동 자산과 고정 자산으로 나눌 수 있다. 유동 자산流動資産liquid assets은 현금 및 비교적 단기간 내(보통 1년 이내)에 현금으로 바꾸어지는 자산이고, 고정 자산固定資産fixed assets은 원래 현금으로 바꾸는 것을 목적으

로 하지 않고 비교적 장기간(보통 1년 이상)에 걸쳐 같은 유형으로 사용되는 자산이다.

(2) 부채負債

기업이 앞으로 현금 또는 상품 등의 자산으로 갚아야 할 채무를 부채負債liabilities 라고 한다.

[예]
- 현금으로 지급할 부채 : 외상 매입금, 차입금 등
- 상품으로 상환할 부채 : 선수금, 상품권 등

부채도 그 지급기한에 따라 유동 부채와 고정 부채로 나눌 수 있다. 유동 부채 current liability란 비교적 단기기간 내(보통 1년 이내)에 지급되어야 할 부채이고, 고정 부채fixed liabilities(long-term liabilities)란 비교적 장기간 동안(보통 1년 이상) 지급하지 않아도 좋은 부채를 말한다.

[예]
- 유동 부채 : 외상매입금, 지급 어름, 미지급금 등
- 상기 부채 : 상기 자입금, 사재 등

(3) 자본資本

자산 총액에서 부채총액을 공제한 것, 즉 순재산액을 자본資本capital이라고 한다. 이러한 관계를 표시한 등식은 '자산총액 - 부채총액 = 자본' 이것을 자본등식이라 한다.

(4) 대차대조표貸借對照表

자본 등식으로부터

자산총액 = 부채총액 + 자본의 등식이 유도될 수 있는데, 이것을 대차대조표등식이라고 한다.

대차대조표등식에 의하여, 일정 시점에 있어서의 기업의 재정 상태를 표시하는 일람표schedules를 작성할 수 있는데, 이것을 대차대조표balance sheet(B/S)라고 한다.

대차대조표

<table>
<tr><td rowspan="2">자산 (₩ 3,000,000)</td><td>부채 (₩ 1,000,000)</td></tr>
<tr><td>자본 (₩ 2,000,000)</td></tr>
</table>

(5) 순손익과 손익계산서

순손익은 자본의 순증감분이므로 자본의 총 증가분인 수익 총액과 자본의 총감소분 즉, 비용 총액을 비교함으로써 계산할 수 있다. 손익계산서 등식에 의하여 일정기간 given period에 있어서 기업의 경영실적business result을 표시하는 일람표를 작성할 수 있는데, 이것을 손익계산서profit and loss statement(P/L)라고 한다.

손익계산서

<table>
<tr><td>비용
(₩ 1,500,000)</td><td rowspan="2">수익
(₩ 1,800,000)</td></tr>
<tr><td>당기순이익
(₩ 2,000,000)</td></tr>
</table>

손익계산서

<table>
<tr><td rowspan="2">비용
(₩ 1,800,000)</td><td>수익
(₩ 1,500,000)</td></tr>
<tr><td>당기순손실
(₩ 2,000,000)</td></tr>
</table>

[주]

1. 순손익을 손익 계산서에 표시할 때는 "당기순손익"으로 하여, 붉은색 글씨(이하, 고딕으로 표시한다)로 기입하는 것이 보통이다.

2. 손익 계산서와 대차대조표의 순손익의 금액은 일치하며, 위치는 서로 반대이다.

[그림 11-2] 세전 순이익 및 당기순이익 산출과정

매출액
- <u>매출원가</u>

매출 총이익
- <u>판매비와 일반관리비</u>

영업이익
+ 영업외 수익
- <u>영업외 비용</u>

경상이익
+ 특별이익
- <u>특별손실</u>

세전 순이익
- <u>법인세 등</u>

당기순이익

(6) 계정 기입 법칙

거래는 반드시 거래 요소의 결합관계도의 왼쪽과 오른쪽으로 분해分解되어, 차변(왼쪽)의 요소는 관계되는 계정의 왼쪽(차변)에, 대변(오른쪽)의 요소는 관계되는 계정의 오른쪽(대변)에 기입된다. 이러한 관계를 계정기입법칙이라고 한다.

① 자산의 계정……증가를 차변에, 감소를 대변에,

② 부채의 계정……증가를 대변에, 감소를 차변에,

③ 자본의 계정……증가를 대변에, 감소를 차변에,

④ 수익의 계정……발생을 대변에, 소멸을 차변에,

그리고 ⑤ 비용의 계정……발생을 차변에, 소멸을 대변에 기입한다.

[주] 계정 계좌에 차변과 대변은 언제나 증가와 감소라고 하는 반대의 성질을 가지고 있다. 따라서 계정 기입에서는 빼낼 금액이 증가 쪽의 반대편에 기입된다. 각 계정의 잔액殘額은, 차변·대변 양쪽의 합계를 우선 계산하고 양자兩者를 비교함으로써 산출된다.

[그림 11-3] 계정기입 법칙도

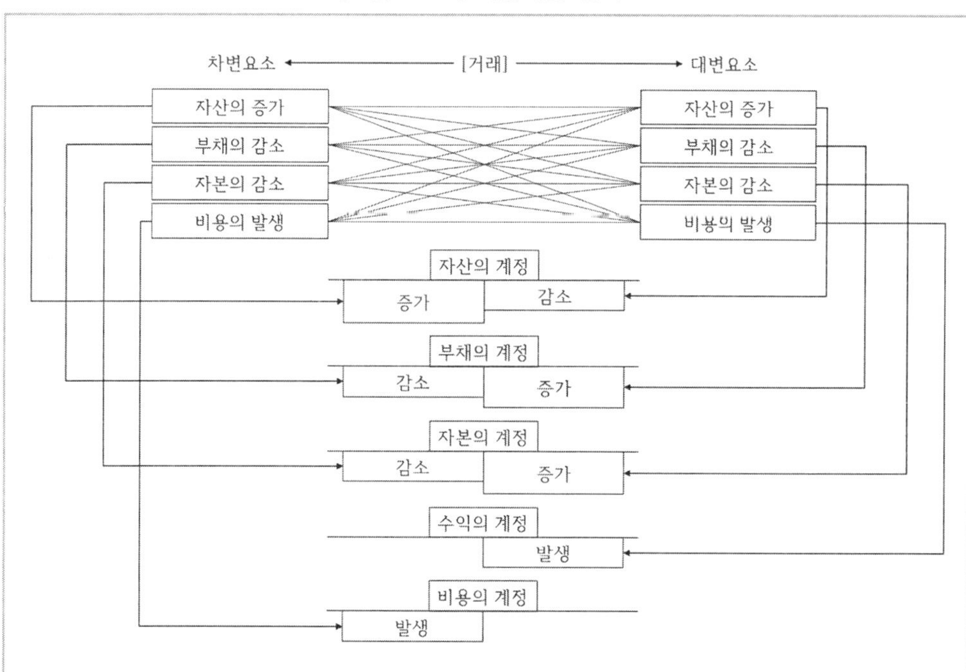

5) 이윤동기와 비용관리의 기원

사업을 하여 이익을 남기기 위해 경영활동을 일으키게 하는 원인이나 기회인 이윤동기profit motive의 힘은 고대의 여러 격언에도 나타나 있다.

모든 사람은 자신의 이익을 따지는 데는 전문가로서, 까다로운 입맛을 보인다.

- 플라우투스, 「표독스런 남자」

그리스 · 로마 희극의 인용문들에서 보면 이윤 방정식의 비용항목들이 주목받고 있음을 알 수 있다. 사람은 부를 증대시킴으로써, 그리고 지출을 줄임으로써 좀 더 부유해진다.

- 아리스토텔레스, 「수사학」

또 다른 글 역시 손익계산 측면에 초점을 맞추고 있지만 그 전에 투자가 있어야 함을 인식하고 있다. 돈을 얻으려는 사람이라면 누구든 비용을 들어야 한다.

- 플라우투스, 「포에눌루스(작은 카르타고인)」

지자智者는 이익과 손실 양면에서 사물을 생각한다. 즉, 이익을 생각할 때에는 손실도 고려한다. 그렇게 하면 모든 일은 순조롭게 진행된다. 반대로, 손실을 생각할 때에는 그것 때문에 발생하는 이익도 고려한다. 그렇게 하면 쓸데없는 걱정을 하지 않아도 된다. 지자는 무위無爲어늘 우인愚人은 자박自縛이로다. 즉, 지혜로운 이는 '좋다' 또는 '나쁘다' 분별하지 않아 따로 할 일이 없으나 어리석은 사람은 스스로를 얽어맨다.

지자지려知者之慮, 필잡어이해必雜於利害.... 지혜로운 자가 바르게 판단하는 것은 이해利害(이익과 손해)를 동시에 생각하기 때문이다.

- 손자 「구변편」

2. 부가가치세의 의의

1) 부가가치세 과세기간

부가가치세value added tax의 과세기간은 1년을 2개의 과세기간으로 나누어 매 6개월을 하나의 과세기간으로 하고 있다. 1월 1일부터 6월 30일까지를 제1기로하고, 7월 1일부터 12월 31일까지를 제2기로 하여 각 과세기간의 사업실적business performance(조사 기준에 해당하는 1년 동안 영업 활동으로 벌어들인 총수입액 및 소요 비용)에 대하여 그 과세기관이 끝나는 달의 다음달 25일(7/25, 1/25)까지 사업장 소재지 관할세무서에 부가가치세를 확정신고서를 제출하고 그 세액을 납부해야 한다.

또한 각 과세기간taxation period 중 앞 분기 3개월 동안을 예정신고 기간으로 하여 그 기간 동안의 사업실적에 대하여 그 분기가 끝나는 달의 다음달 25일(4/25, 10/25)까지 부가가치세를 신고, 납부하여야 한다.

다만 개인사업자는 원칙적으로 예정 신고할 필요 없이 관할세무서에서 예정 고지된 세액을 납부하면 되고 세액이 없는 경우나 당해 과세기간에 신규로 개업한 사업가는 부가가치세 예정신고 납부를 하여야 한다. 부가가치세를 신고, 납부할 때는 소정의 [부가가치세 신고서] 외에 [매출매입처별 세금계산서 합계표]와 [기타관련 서류]도 함께 관할세무서에 제출하여야 한다.

2) 부가가치세 계산

사업자가 재화용역을 공급받는 경우 그 공급가액의 10%만큼이 부가가치세로 과세된다. 따라서 매출의 경우 재화용역을 공급하는 사업자는 공급가액의 10%를 부가가치세 매출세액output tax으로 하여 거래 상대방으로부터 징수하고, 반대로 매입분에 대해서는 매입금액의 10%만큼을 부가가치세 매입세액input tax으로 징수 당하게 되는데 부가가치세 신고 시 납부할 세액은 매출세액에서 매입세액을 공제(차감)한 금액으로 계산하게 되다.

3) 부가가치세 면세사업자

부가가치세 면세사업자는 부가가치세 납세의무자가 아니므로 자기 매출분에 대하여 부가세를 거래 징수할 의무가 없으며 세금계산서도 발행하지 않는다.

따라서 면세업자는 소득세법상의 [계산서]를 발행해야 한다. 또한 면세사업자는 직전 년도의 사업수입명세금액 등을 기재한 [사업장 현황 보고서]를 매년 1월 31일까지 관할 세무서에 제출해야 한다.

3. 창업기업의 소득세와 법인세

1) 소득세 및 법인세 신고 납부

사업자는 1년 동안 벌어들인 소득에 대하여 소득세income tax를 신고 납부하여야 한다. 이때 개인사업자가 납부하는 세금은 종합소득세(납세자의 각종 소득을 합계한 총소득에 대하여 매기는 소득세)라고 하며, 법인사업자가 법인소득에 대해서 납부하는 세금은 법인세(국세의 하나로 법인의 소득 등에 부과하는 세금)라고 한다.

종합소득은 직전 년도(1.1 ~ 12.31)의 소득에 대하여 원칙적으로 사업운영으로 인하여 그 해에 벌어들인 사업소득은 물론 부동산 임대소득 및 이자소득, 기타소득 등을 모두 합산하여 매년 5월 31일까지 신고 납부해야하며, 법인세는 법인이 벌어드린 모든 소득에 대하여 정관상 정해진 사업 년도 종료일 후 3개월 내에 신고 납부해야 한다. 개인사업자의 종합소득세는 주소지 관할세무서이며, 법인의 경우는 본점 소재지 관할세무서이다.

2) 소득세 및 법인세의 계산방법

(1) 소득세

개인이 얻은 소득에 대하여 부과하는 조세인 소득세income tax는 다음 순서로 계산한다.

① 소득금액=총수입금액-필요경비
  - 무기장 사업자일 경우는 소득금액=총수입금액×표준소득률

② 산출세액=(소득금액-소득공제)×세율

③ 결정세액=산출세액-(세액공제+감면세액)

④ 자진 납부할 세액=결정세액-이미 납부한 세액

(2) 법인세

국세의 하나로 법인法人의 소득을 과세대상으로 하여 법인에게 부과하는 조세인 법인세corporate tax는 다음 순서로 계산한다.

① 각 사업 연도 소득=익금총액-손금총액

② 과세표준=각 사업 연도 소득-(이월결손금+비과세 소득+소득공제)

③ 산출세액=과세표준×세율

④ 결정세액=산출세액-(세액공제+감면세액)

⑤ 자진 납부할 세액=결정세액-이미 납부한 세액

3) 소득공제

소득공제deduction from one's income란 소득이 발생하기 위해서는 비용이 들어가는 것을 인정하여 세금 부과 대상이 되는 소득을 줄여주는 것을 말한다. 대표적으로 근로소득공제, 인적공제, 그리고 신용카드공제 등이 여기에 속하며, 소득에서 이러한 항목들을 조항에 맞추어 계산하여 뺀 값이 과세표준이 된다. 그리고 세액공제란 계산된 세액에서 또 한번 빼주는 항목을 말한다. 대표적으로는 자녀세액공제와 월세세액공제 등이 있다. 이러한 공제는 최저 생활 유지maintaining the minimum living하게 하는데 그 목적이 있다.

(1) 기본공제

연말정산에서 과세표준을 계산하기 위해 나이와 소득금액 요건을 충족하는 경우 기본적으로 가족 수 1인당 연 150만원을 소득공제해 주는 제도다. 기본공제 대상자는 본인, 배우자, 그리고 생계를 같이하는 부양가족이다.

본인은 조건 없이 가능하다.

배우자는 소득이 없거나, 연간소득금액합계액이 100만원 이하 혹은 근로소득만 있는 경우 연 500만원 이하여야 기본공제를 받을 수 있다.

그리고 생계를 같이하는 부양가족도 배우자처럼 연간소득금액합계액 100만원 이하 혹은 근로소득만 있는 경우 연 500만원 이하여야 기본공제가 가능하다.

(2) 추가공제

여기서 중요한 점은 기본공제 대상자가 되어야 추가공제도 받을 수 있다는 사실이다.

추가공제는 경로우대자공제, 부녀자공제, 한부모공제, 그리고 장애인공제가 있다.

경로우대자공제는 만 70세 이상인 경우 추가로 1명당 100만원을 공제받을 수 있다. 예를 들어, 만 74세인 부모님이 연소득이 100만원 이하여서 기본공제대상자이면 경로우대자공제도 받아서 총 250만원을 공제받는다.

부녀자공제는 종합소득 3천만원이하인 여성근로자에게 50만원을 추가공제 한다. 종합소득 3천만원 조건은 공통으로 만족하면서 i) 배우자가 없고, 기본공제대상부양가족이 있는 세대주이거나 ii) 배우자가 있는 여성근로자이면 대상이 된다.

한부모공제는 배우자가 없는 근로자로 기본공제대상인 직계비속 또는 입양자가 있는 경우 100만원을 추가공제 한다.

장애인공제는 1명당 200만원을 추가로 공제한다. 이때 중요하게 짚고 넘어갈 점이 있다. 예를 들어, 만 30세인 자녀가 있다고 가정했을 때, 만 20세 이하가 아니라서 기본공제대상자가 아니다. 그러나 이 자녀가 장애인인 경우 나이조건을 만족하지 않더라도 기본공제(150만원)+장애인추가공제(200만원)을 받아 총 350만원의 공제를 받는다. 추가공제인 장애인공제를 받기 위해서는 장애인증명서를 제출하면 된다.

(3) 표준공제

납세자가 과세 소득을 계산할 때 허용되는 소득의 최저 공제를 말하는 것으로, 근로소득이 있지만 공제신청을 하지 않은 경우나 근로소득 외의 종합소득만이 있는 거주자에 대해서는 특별공제를 하지 않고 획일적으로 연 60만원을 공제하여 종합소득과세표준을 계산한다. 공제할 항목이 별로 없는 경우에 이용한다. 이를 표준공제라고 한다.

4) 소득세 및 법인세 세율과 절세

개인사업자의 경우 사업규모가 커지면 법인으로 전환하는 것이 유리할 수 있다. 개인기업의 사업규모가 일정규모 이상이 되면 대외 신용도를 제고하기 위하여 또는 자금조달의 원활화를 기하기 위하여 법인전환 여부를 고려하게 된다. 세금부담 면에서 볼 때도 과세표준이 4천만원을 넘을 것으로 예상되는 경우에는 미리 법인으로 전환해 주는 것이 절세 상 유리할 수 있다.

사업소득세(종합소득세)율 체계가 9%~36%까지 4단계 초과 누진세율로 되어 있는 반면, 법인세율체계는 과세표준 1억을 기준으로 15%, 27%로 2단계 초과 누진세율로 되어 있을 뿐만 아니라 최고세율도 개인이 법인보다 훨씬 높기 때문이다. 여기서 과세소득이란 총 매출액에서 경비, 일반관리비 등을 차감한 순소득을 말한다.

종업원에게 지급하는 급여 및 상여금에 대해서는 갑종소득세를 원천징수해야 한다.

징수된 갑근세는 급여 등을 지급한 달의 다음달 10일까지 은행 등에 납부하고 [원천징수이행상황신고서]를 사업장 관할 세무서에 제출하여야 한다. 또한 갑근세 원천징수 시에는 지방세법에 의한 소득할 주민세로 갑근세의 10%를 함께 징수하여야 한다.

매월 지급하는 급여 등에 대한 갑근세액은 [간이세액표]에 의거하여 징수하면 된다. 이렇게 징수된 갑근세액은 다음 해 1월 급여 지급 시 직전 1년간의 총 근로소득에 대하여 종합소득 계산방식에 준하여 연말정산해야 한다.

한편, 상시고용인원 10인 이하의 사업자의 경우에는 관할 세무서장의 승인을 받아서 원천징수한 세액을 반기별(6개월 단위)로 신고 납부할 수 있다.

4. 소득세의 원천징수

종업원에게 지급하는 급여 및 상여금에 대해서는 갑종근로소득세를 원천징수해야 한다.

징수된 갑근세는 급여 등을 지급한 달의 다음달 10일까지 은행 등에 납부하고 [원천징수이행상황신고서]를 사업장 관할 세무서에 제출하여야 한다. 또한 갑근세 원천징수 시에는 지방세법에 의한 소득할 주민세로 갑근세의 10%를 함께 징수하여야 한다.

매월 지급하는 급여 등에 대한 갑근세액은 [간이 세액표]에 의거하여 징수하면 된다. 이렇게 징수된 갑근세액은 다음 해 1월 급여 지금 시 직전 1년간의 청 근로소득에 대하여 종합소득 계산방식에 준하여 연말정산해야 한다.

한편, 상시고용인원 10인 이하의 사업장의 경우에는 관할 세무서장의 승인을 받아서 원천징수한 세액을 반기별(6개월 단위)로 신고 납부할 수 있다.

5. 회계장부의 작성과 비치

1) 복식장부

사업자는 원칙적으로 매일매일 발생하는 거래에 대하여 증빙서류(법령에 의하여 작성되어 그 내용이 증거가 되는 서류)을 갖추고 복식 부기원리에 따라 모든 거래 사실이 객관적으로 파악될 수 있도록 장부에 기록 관리하여야 하며 소득세, 법인세 신고 시에는 소득세, 법인세 신고서와 함께 기장에 의하여 작성된 대차대조표, 손익계산서, 합계잔액시산표 및 조정계산서와 기타 세법이 요구하는 명세서를 첨부하여 관할세무서에 제출하여야 한다.

2) 간편 장부

직전 년도 수입금액이 일정금액 미만인 개인사업자는 복식부기에 의한 기장을 하지 않더라도 국세청장이 정하는 [간편 장부]에 의하여 거래사실을 기록하고 관련 증빙을 보관하는 경우에는 기장의무를 이행한 것으로 보게 된다.

간편 장부easy ledger(수입·지출내용을 쉽게 작성할 수 있도록 만든 장부)란 복식부기에 의한 기장능력이 취약한 중소개인사업자가 장부를 쉽고 간편하게 작성할 수 있도록 국세청장이 고시한 약식장부를 말한다.

간편 장부에 의한 기장방법은 거래일자, 거래내용, 거래처, 수입(매출)란, 경비經費(사업을 운영하는 데 필요한 비용)란, 그리고 고정자산 매입란 등 6가지로 구분하여 매일 매일의 거래내용을 날짜순으로 기록, 관리하고 관련증빙을 보관하면 된다.

6. 거래증빙의 종류

거래증빙proof of transaction을 보관하고 있으면 동 금액은 세법이 허용하는 범위 내에서 경비로 인정받음으로서 세금을 절세할 수 있다. 복식부기bookkeeping by double entry(모든 거래를 대변과 차변으로 나누어 기입한 다음에 각 계좌마다 집계하는 조직적 기장법)에 의한 기장의무를 이행하면 당해 연도에 비록 결손이 나더라도 지난해 낸 소득세에서 결손 금액에 해당되는 세액만큼을 환급 받을 수 있을 뿐만 아니라(중소기업 사업소득 결손금 소급공제), 다음 사업 년도 이후 5년간 발생하는 소득에서 결손금액deficit을 차감하여 과세소득을 계산하게 되므로(결손금 이월공제) 그만큼 세금을 절약할 수 있다.

그래서 개인이나 법인의 소득을 계산하는 가장 기본적인 요소는 매출액과 매출원가 및 기타 경비로서 소득은 매출액에서 매출원가 및 일반관리비 등 경비를 차감하여 계산하는 것이다. 따라서 소득을 정확하게 계산하기 위해서는 거래증빙을 확실하게 갖추어 놓아야 한다.

1) 거래증빙의 종류

① 세금계산서

② 계산서

③ 신용카드 매출전표

④ 영수증

2) 법정 영수증

복식부기의무자인 개인사업자와 법인이 경비로 인정받기 위하여 지출증빙을 수취할 때는 원칙적으로 세금계산서 또는 계산서, 신용카드매출전표를 교부받아야 한다. 거래증빙으로 일반 영수증을 교부받게 되면 경비로 인정되기는 하나 영수증 금액의 10%

만큼의 증빙불비가산세로 부과되어 그만큼 세금을 더 내는 불이익이 있다.

다만 거래 건당 금액이 10만원 미만인 경우나 기타 세법이 정하는 경우에는 예외적으로 일반 영수증 수취가 인정된다. 경비 지출 시 세법상 불이익을 받지 않기 위해서는 가능한 일반 영수증이 아닌 세금계산서와 계산서 또는 신용카드매출전표를 받는 것이 절세에 도움이 된다.

접대비 건당 지출금액이 5만원 이상의 경우에는 지출증빙으로 신용카드 전표나 세금계산서,계산서 등을 교부받아야 한다. 접대비는 기초금액 연간 1,200만원(중소기업은 1,800만원)에 수입 금액의 일정율을 합산하여 계산한 금액의 한도 내에서 경비손금으로 인정된다.

CHAPTER 12 창업정신과 사회적 책임

CHAPTER

12 창업정신과 사회적 책임

우리가 성공하기 위해서는 항상 순간에 살아 있어야 한다. 현실 적응의 순발력이기도 하다. 젊을 때는 젊으니까 잘 살아야 하고 나이가 들면 들었으니까 잘 살아야 한다. 그래서 달리기의 결승점에 이르는 그 순간까지 '열심히 달렸다', '최선을 다했다'고 스스로 말할 수 있을 때, 비로소 '잘 살았다' 할 수 있다. 지나간 과거나 불확실한 미래 때문에 순간을 소홀히 스쳐 보내는 것이 아니라, 항상 순간은 있는 그대로 맞을 수 있을 때 성공의 길로 접어들 수 있는 것이다. 또한 세상에 태어나 삶이 주어지는 가장 큰 목적은 삶을 풍요롭게 하는데 있다. 삶을 풍요롭게 하는 것은 현실에 충실했을 때 가능하다. 과거에 사로잡히면 과거의 어둠에 갇히게 되고, 미래에 사로잡히면 미래의 수많은 상념(마음속에 품고 있는 여러 가지 생각)들이 우리를 짓누른다. 그래서 과거와 미래로부터 자유롭게 오늘을 사는 사람이 적극적인 삶을 살 수 있으며 행복의 콧노래를 흥얼거릴 수 있다.

우리의 생각을 예로 들어보자. 생각은 떠올랐다 잠시 머물고 곧 사라진다. 과거는 이미 지나갔고, 미래는 아직 오지 않았다. 또한 우리가 지금 겪고 있는 현재의 생각은 금세 과거가 된다. 우리가 실제로 지닐 수 있는 유일한 것은 바로 이 순간뿐이다. 결과에 관심을 집중시키면 과정에 기울이는 힘은 약해진다. 체계는 무너지고 변명과 비난이 난무하는 가운데 에너지가 상실된다. 또한 내일 하겠다는 자선charity은 선이 아니다.

길을 가나가 비를 만난다. 햇볕이 비칠 날을 기다린다. 오늘은 일곱 빛깔 무지개와 함께 맑게 갠 하늘을 만났다. 내일의 날씨는 내일이 걱정해줄 일로 미루고 오늘은 기쁜 감사의 노래를 부른다. 삶의 진정한 의미는 그 과정에 있다. 연속되는 현재에 자신의 선택을 즐길 줄 아는 능력, 그것이 진정한 자유다. 우리는 지금 이 순간을 산다.

1. 창업가와 창업정신

21세기를 경제활동에 참여하는 모두가 느끼게 되는 불확실성의 시대 즉, 새로운 도전new challenge의 시대라 부른다. 자세히 들여다보면 하나의 거대한 변화의 흐름이 존재함을 알 수 있다. 아울러 변화의 적응을 위한 고뇌와 갈등이 발전의 자양분이 되고 있음을 감지 할 수 있다. 달의 중력lunar gravity에 의해 일어나는 간만현상 즉, 간조low tide(바다에서 조수가 빠져나가 해수면이 가장 낮아진 상태)와 만조high tide(밀물이 가장 높은 해면까지 꽉 차게 들어오는 상태) 현상에 의해 찰랑거리는 파도의 표면이라는 불확실성을 일으키지만 정체되어 썩지 아니 하는 심연深淵을 만들어 가는 것과 같다.

선박의 예를 들어보자. 시대의 변화에 따라 배를 만드는 소재와 그것을 움직이는 동력의 종류까지도 바뀌다. 그러나 배의 방향을 결정하는 조타 기능을 수행하는 키key의 존재 목적은 변하지 않는다는 것이다. 이와 같은 부분이 경영에도 있다.

신神이 창조한 피조물의 인간은 신을 닮아 있다고 한다. 그래서 인간이 창조한 기업 또한 인간을 닮아 있을 것 같은 생각이다. 경영은 인간 드라마를 펼치는 건곤乾坤의 무대 활동이며 비즈니스는 인간적인 관계성 속의 적자생존을 위한 고뇌이기 때문이다.

삶의 과정에서도 마찬가지의 간만현상이 존재한다. 인간은 신神이 선물로 부여해준 자유의지에 의해 보다 나은 무엇을 추구하며 고뇌하는 의사결정의 연속적인 과정 속에 수월성을 획득하기도 하며 이의 비교를 통하여 행·불행을 가름하기도 한다. 이러한 과정에서 인간은 자기현존의 불완전성을 느끼게 되며 보다 완전에 가까운 불완전을 성취하기 위해 투쟁한다. 과부족more or less의 환경 제약조건들constraints을 최대로 극복하고 평형equilibrium의 상태를 확보하기 위해 노력하며, 이의 달성이 성취되는 순간 또 다시 드높은 목표달성을 위해 과부족이라는 부등호inequality sign의 상태를 느끼게 된다.

그래서 인간은 인간 스스로 만든 수월성 추구의 욕망에 의해 영원히 쫓기는 도망자 신세가 되어 버렸다. 이것을 부동호의 삶이라 하며 이러한 과정을 창조적 파괴를 통한 도망escape이라 부른다. 삶은 지구와 달 그리고 태양 간의 인력에 의하여 발생하는 해수면이 주기적으로 오르내리는 것과 같은 조석현상tide phenomenon이라 할 수 있겠다. 그래서 삶의 진정한 의미는 선善에 바탕을 둔 투쟁의 연속선상에서 찾을 수 있다.

수천년 전 노자는 '가장 좋은 마음의 덕목은 물과 같은 것이다'라고 하여 상선약수上善若水 즉, '지극히 착한 것은 마치 물과 같다'라고 하여 자연의 모습을 유지하기 위한 꾸밈이 없는 무위無爲의 마음을 갖도록 노력하여야 한다고 주장하였다. 빔의 뜻을 가진 여기서의 '무위無爲'는 노력과 행위를 수반한 위무위爲無爲를 뜻하는데 이는 오늘날 경영학에서 이야기하고 있는 환경제약 요인들을 최대로 극복하고 평형의 상태를 확보한 상황을 은유하고 있는 것이나. 행위가 현실과 질묘한 조화를 이루기 때문에 괴리가 없는 것이다. 선악미추善惡美醜 장단고저長短高低를 거울에 비추어 보듯 꾸밈이 없는 자기인정의 상태이며 행복의 순간이다.

평형equilibrium 즉, 빔은 무위적 질서(작위하지 않고 자연 그대의 질서)의 상징으로 출발을 준비하고 있는 허虛로써, 중앙의 무규정성unconditioned을 의미하는 것이요, 무한한 가능태를 의미하며 조석현상의 경계점이다. 아리스토텔레스는 사물이 가능적 존재인 가능태可能態에서 현실적 존재인 현실태現實態로 발전한다고 주장한다. 사물의 생성을 설명하면서 사용한 개념으로 가능태는 현실태의 상대 개념이 된다. 그리고 잠태로써의 허는 인간 본연의 욕망에 의해 끝없는 유혹을 받기 때문에 고뇌와 갈등이 없이 유지되지 않는 잠재성potentiality이기도 하다. 함이 없음無爲은 아무 것도 하지 않음이 아니다. 빔을 유지하려는 함이며, 자연스러움wait is so of itself의 평형유지를 위한 긴장이며 투쟁이다.

허虛로서의 공空은 달성할 수 없는 무능력을 감추는 자조가 아니다. 이것은 모든 것을 던져 버려서 아무 것도 없는 텅 비어 있는 상태의 느낌보다는 오히려 더욱 풍부한 열림의 세계로 뛰어들게 되는 경험이다. 그러기에 공은 배제하기보다는 포용한다. 부정하기보다는 긍정한다. 이것은 실제로부터 움츠러드는 도피가 아니라 툭 트인 광활함의 상태로 마음이 열리는 것이다. 허虛의 공空함은 청정함의 어떤 의미를 갖기도 한다. 우리는 지혜로운 수동성이라고 표현하는데, 그것은 마치 뛰어오를 준비를 하는 호랑이, 혹은 잘 훈련되어 있고 작전준비를 끝내고 공격명령을 기다리는 군대처럼, 사려 깊고, 생기충만하며, 그리고 완전히 깨어 있는 상태이다. 깨어 있다는 것은 긴장과 스트레스의 상태이다. 그래서 감내 할만한 스트레스는 삶의 활력소라 부르기도 한다(stress is the spice of life).

또한 그는 우주의 근원을 살아 있는 물이라고 보며 태일생수太一生水라 하였다. 물은 흐르지 않으면 썩는다. 물은 위아래의 차이가 있을 때는 흐르지 않는 법이 없다. 그러나 평균에 이르게 되면 스스로 멈춘다. 이것이 물의 외로움이며 형평작용equilibrium function이다. 기업경영에 있어서는 만족의 해satisficing solution이고 적응성accommodation이다. 물은 자기 스스로 아래로 흘러간다. 이것이 물의 겸양이며 미덕이다. 낮춤이야말로 도道가 깃드는 곳이다. 수평이야말로 모든 형량의 으뜸이며 물의 무색이야말로 모든 색깔의 바탕이다.

그러나 물은 자신을 낮추지만 사실 아니 올라가는 곳이 없으며 위기의 변화에 극적으로 순응한다. 급강하는 상황을 만나면 폭포의 웅혼한 목소리를 내기도 한다. 모세

관작용을 통해, 또한 기화작용을 통하여, 훨훨 타오르는 불구멍에 이르기까지 없는 곳이 없다. 자신을 항상 낮추면서도 무소부재omnipresence의 능력을 온전하게 잘 지켜 지탱해 나가는 것이다. 이것이 21세기 승리하는 경영자의 물의 지혜water wisdom를 의미한다. 자본주의에서 최고의 미덕으로 간주되어온 효율 극대화efficiency maximization가 갖는 불안정성 즉, 비극을 보완시켜 주는 것이 허虛의 도道다. 즉, 유연성flexibility의 여유이기도하다. 군자표변君子豹變이라고 한다. 변화를 수용해야할 상황에서는 과감한 변화를 도모할 줄 알아야 한다는 것이다. 그래서 손자는 병형상수兵形象水라는 단어를 자주 사용했다.

유약자생지도柔弱者生之徒라는 한자의 뜻을 살펴보자. 사람은 부드럽고 연약하게 태어나서 죽으면 뻣뻣하게 굳는다는 것이다. 굳으면 죽음이 가까이 오고 있음을 감지해야 한다. 그래서 물의 마음을 배워야 한다. 한국대학교의 입시 커트라인이 460점이라고 하자. 그런데 우리는 내 자식이 460점으로 합격했을 때 환호성을 지르며 최고의 선택이었다고 말할 것이다. 그러나 이것은 비극이다. '460-460=0의 허虛'이기 때문에 학업을 제대로 성취할 수 없게 된다. 그 과정은 괴로움의 연속이 되며 무간지옥無間地獄이 된다. 유동성의 상실이다. 경영은 순간 최대 능력을 발휘하는 역도의 용상들기가 아니다. 항상 여력이 남아 있어야 언제 어느 방향에서 불어올지 모르는 변화의 바람을 견딜 수 있게 된다.

기업들은 경쟁력 확보를 통한 생존을 위해 새로운 관리방안들과 혁신기법들의 개발을 통해 수월성excellence을 추구하며 끝없이 달려가게 되며 경쟁사의 추월을 염려하는 영원한 도망자가 된다. 변하지 않는 것이 없다는 뜻의 모든 제諸, 갈 행行, 없을 무無, 항상 상常의 제행무상諸行無常이다. 과거 성공경험의 포로가 되어 안주하면 도태된다는 의미다.

긍정적 사고에 의한 발전을 위한 현실부정denialism을 우리는 창조적 파괴creative destruction라 부르며 이를 위해 끝없는 고뇌를 하게 되는데 이것을 경영학적 용어로 고잉 컨썬going concern이라 부른다. 여기서 말하는 '컨썬concern'이 주는 염려와 고뇌의 의미는 '워리wary'라는 단어가 가지고 있는 염려와 고뇌의 뜻과는 다르다. 워리wary는 잘못된 것에 대한 염려의 의미가 강하며, 컨썬concern은 잘하고 있으나 보다 더 나은 방향으로의 발전을 회구하는 깊은 애정이 포함된 염려 즉, 관심을 의미한다.

공자의 학즉불고學則不固다. 사고수정을 위한 새로운 지식의 습득은 아집과 집착으로 고착화된 마음을 여는 것이라 했다. 즉, 마음의 유연성 확보다. 베블런T. B. Veblen의 고잉 컨썬과 같은 내용이다. 베블런은 근대의 경영학자이며 공자는 수천년 전의 사상가이며 정치가다. 진리에 있어 시간과 공간의 차이가 없음을 본다.

2. 창업경영과 갈등이론

창조적 파괴 과정에서 사람들(또는 기업들) 사이의 이해관계로 인한 갈등이 발생할 수 있다. 이는 기업 갈등corporate conflict 또는 기업 대립corporate confrontation이라고 번역되는데, 그것은 일정한 목적을 달성하기 위해 대체안 수단의 합리적인 선택을 행하는 의사결정의 표준적 메커니즘이 저해되어 의사결정에 도달할 수 없는 사태의 순간을 말한다. 이와 같은 갈등에는 개인적 갈등personal conflict, 조직적 갈등organizational conflict(조직 내의 갈등), 그리고 조직간 갈등interorganizational conflict의 3종류가 있다. 갈등은 양면성을 포용하지 못하는 것에 대한 심려를 뜻한다. 갈등은 존재의 여백이요. 포용의 여지다. 그리고 갈등은 남김이다. 갈등은 평형에서의 운명적이며 부득이한 새로운 출발이다.

갈등의 발생은 반드시 역기능적인 것만 아니고, 그것은 "진보나 혁신을 낳게 하는 모체의 역할을 하기도 한다. 그러나 조직내의 투쟁이나 파벌조성으로 악용되거나 최악의 경우에는 조직의 협동체계가 허물어지는 결과를 가져올 수도 있다. 따라서 갈등은 건설적으로 해결되어야 한다. 그러나 그것이 쉽지 않기 때문에 기업을 경영한다는 어려운 일이다.

2022년 8월, 미국의 경제 전문지 포브스 기준 세계 부자 순위 5위에 들어가는 빌게이츠는 「빌게이츠@생각의 속도」라는 그의 저서에서 기업체를 생명체 또는 인체의 신경계에 견주어 고찰하고 있다. 기업의 디지털 신경망이 어떻게 구축되어 활용되고 있느냐에 따라 기업의 우열이 결정된다고 보는 것이다. 이것은 새로운 21세기의 문명체계가 생명사상을 바탕에 깔고 있음을 말해주는 것이다. 우주의 체계와 생명의 체계, 나아가서 인간의 신체조직의 체계가 별것이 아니고, 기업경영 또한 이러한 체계와 동떨어질 수 없다는 이야기다.

생물체는 자기조직화에 의해서 영위되며, 인간이 간섭하지 않는 한 훌륭하고 효율적으로 균형을 잡아간다. 글로벌 경제를 포함한 모든 시스템은 자기조직화에 의해서 기능을 발휘하고 있다. 그리고 자기조직화가 허용되면 될수록 생존이나 진보의 기회도 증가하는 것이다. 시장경제의 원리이다. 시장경제의 원리는 가격과 이윤은 중요한 경제적 유인기제(보상체계, incentive mechanism)로 자유로운 경쟁이 있어야 발전도 있으며, 수요가 있는 곳에는 공급도 있다. 그러나 경제적 성공과 실패는 내 몫이 된다.

생명체가 갖는 하나의 특질은 정보 환류(feed-back : 어떤 흐름이 진행되다가 다시 원 상태로 되돌아와 흐르는 현상)의 고리를 사용함으로써 자기수정이나 자기조절이 이루어진다는 점이다. 이것은 유기체 모두에서 나타나는 생물의 기본적인 특징이다. 인간의 체온조절은 잘 알려진 예이다. 신체는 춥거나 더운 환경에서 환류된 정보에 반응하고 이것을 기초로 해서 근육의 움직임이나 땀의 양을 조절한다. 이 경과의 관계에서도 그 고리는 중요하다. 그리고 회전의 세계에서 환류는 상당히 엄밀하기 때문에 살아남기 위해서는 자기수정을 가해야 한다. 그렇지 않고 그 생명체가 환류를 무시하거나 충분한 자기수정을 거부할 경우 도태된다. 살아 있다는 것은 정보의 능동적인 유지와 교환이라고 표현할 수 있을 것이다.

글로벌 경제의 예에 있어서도 마찬가지다. 글로벌 경제가 기계와 같은 구조가 아닌 것은 분명하나. 경세를 움직이고, 정확한 경제예측을 가능하게 하는 기계적이고 결정론적인 법칙은 전혀 존재하지 않는다. 우리가 벤처기업의 정신과 인적요소를 크게 강조함으로써 명확히 하고자하는 것은 경제가 살아 움직이는 거대한 생물체라는 것이다. 이는 경제가 어떠한 생물체 혹은 생물사회에서 나타나는 원칙에 의해서 작동되기 때문이다.

물리학의 모델이나 예는 기계론적인 세계관을 위주로 한 산업시대에는 적절하게 잘 사용되어 왔다. 상징적인 예를 들면 에너지 집약적, 직선적, 거시적, 결정론적, 그리고 확대지향적이라는 용어들이다. 이들 개념은 경제이론이나 모델에서도 크게 활용되어 있다. 주로 거시적인 경제의 견해를 바탕으로 직선적이고 결정론적인 경제예측이 이루어졌다.

그러나 지식산업의 시대에 대한 특징으로서 직선적이고 결정론적인 것이 사라진 것은 분명하며, 거시경제학자의 '안목' 갖고서는 지금부터 일어나는 경제발전의 원천적 동력을 이해하는 것은 불가능하다. 그래서 미래는 분명 과학science과 예술art의 영역을 포괄하는 실천적 학문인 경영학business management의 시대라 할 수 있다.

자연이나 생물학을 중시하며 기업을 생명체로 표현하며 이 책을 기술하는 것은 그 속에서 배울 것이 많다고 생각하기 때문이다. 자연이나 생명체는 혼돈스럽거나 복잡하게 보일지도 모르지만, 전체적으로 보면 아름다운 조화를 유지하고 있다. 자연은 패러독스paradox와 잘 공생하고 있으며, 모순을 일으키기는 하지만 그 속에 중요한 진리가 함축하고 있는 패러독스 위에서 번영하고 있다고 말해도 좋다. 혼돈 속의 조화나 조화 속의 혼돈과 같은 것은 가능할 뿐만 아니라, 오히려 건강한 생물체마다 나타나는 자연적인 상태인 것이다.

— 달의 인력에 의한 간만현상과 소금성분에 의해 바닷물은 썩지 않는다. 인간에 있어서는 군자불기君子不器다. 남다른 자는 모양이 고정된 그릇처럼 국한되지 않는다는 것이다. 전문적인 한 분야에 종사하는 사람이 아니라, 학식과 덕망을 두루 갖추고 세상을 다스리며 미래에 대한 중요한 방향을 제시하고 보다 크고 넓은 적응성을 가진 자를 일컫는다. —

3. 창업경영과 리더십

1) 경영활동과 조타의 기능

기업을 선박이라고 하면 경영활동을 조타steerage의 기능이라 할 수 있다. 경영에 있어 경제지표 등 분편적 이론fragmentary theory들은 목표설정을 위한 참고자료이지 경영활동의 지표가 되어서는 아니 될 것이다. 경영학은 경영에 관한 인식론theory of knowledge이다. 경영지식이 주는 유용성의 폭에 대한 인지에서 어려운 영역이 존재하며 어느 한 대학교에서 대학의 여러 기능들을 둘러 본 후 대학교는 어디에 있느냐고 묻는 범주오류category mistake를 범할 영역이 존재하는 학문이기도 하다. 그래서 경영의사결정은 행동시스템에 기반한 학제적 접근interdisciplinary approach을 해야 할 것이다. 감성적이 아닌 이성적 접근을 통한 경영관리를 추구해야 하지만 감성훈련도 충분히 되어 있어야 한다.

삶도 마찬가지다. 시간성으로 보면 뜬구름 한 점 모였다 흩어짐과 같다. 허무라는 범주오류를 범하는 것이다. 그러나 역사성으로 보면 새로운 역사의 한 페이지를 만들어 가는 발걸음이며 보람이다. 그래서 경영학에서의 능력배양 훈련은 향기가 옷에 배어드는 듯한 훈습habitual tendency의 역사와 같은 의미를 지닌다. 향기로운 사람fragrant person은 유용한 경영인이 될 수 있다는 것이다. 훈습燻濕은 우리가 행하는 선과 악이 없어지지 아니하고 반드시 어떤 인상이나 힘을 통하여 마음속에 남김을 이르는 말이다.

높이뛰기를 할 때 맨손으로 뛰어오르면 몇 메타를 뛰어 오르지 못한다. 그러나 긴장대 하나를 손에 쥐어 주면 몇 배의 높이를 뛸 수 있게 된다. 이것이 경영이다. 본서를 통하여 기업의 유지 및 성장과 경쟁의 역동적 원리를 이해하여 경쟁력을 갖기 위해서는 찰랑거리는 파도의 표면이 아니라 흔들리지 않으면서 정체되어 썩지 아니하고 생명력을 영존시켜 가는 깊은 바다의 안목 즉, 원리에 깊은 뿌리를 두고 변화를 추구하는 기업경영의 기본원리를 이해하게 되기를 바란다. 비 오는 날에도 가려진 뒤편에 태양은 있다. 그것은 늘 거기에 존재한다.

생각의 포인트 리더의 덕목

고대 그리스 · 로마 시대의 리더십을 정리해 본다.

하나의 조직을 이끄는 리더라면... 영악하고 혈기왕성하며 신중하고, 사나우면서도 눈치도 빨라야 한다. 온화하면서도 잔인하고, 직설적인 동시에 계산적이고, 파수꾼(한눈팔지 아니하고 성실하게 일하는 사람)이면서 도둑의 심보를 가지며 후하면서도 탐욕스럽고, 아낌없이 주면서도 챙길 줄 알고, 방어적인 동시에 공격적이어야 한다.

표면적으로는 민주주의지이나 사실상 일인지배의 독재one-man dictatorship를 추구하는 자이다. 그밖에도 많은 자질들이, 타고났든 아니면 공부하고 연구해서 얻든 간에 훌륭한 리더가 되려는 사람이 지녀야 할 것들이다.

훌륭한 리더들의 공통점 – 박학다식, 관용의 성격, 진보적 성향, 강한 자신감, 굳은 의지, 창의적 사고, 날카로운 통찰력, 정책결정 능력, 협력 의지, 조직 능력, 그리고 일에 대한 열정 등을 들 수가 있다.

현명한 관리란 독단적으로 판단하지 않고 민주적으로 다수의 의견에 전적으로 의지하지 않으면서 때로 홀로 행하는 것이다. 민주적 관리는 만병통치약이 아니다. 그것이 유일한 리더십이 아니다. 때로는 투표할 시간조차 없는 상황도 많다. 그래서 경영에 있어서는 선善에 바탕을 둔 덕망 있는 독재자가 필요하다. 경영이 어려울 때 '지금 이 정상의 자리에는 저 혼자입니다'를 외칠 수 있는 경영자가 되어야 한다.

2) 혁신과 추진력

고려 제31대 공민왕은 100년 간 존속한 쌍성총관부를 쳐서 폐지하는 등 빼앗긴 영토를 회복하고 신돈을 등용하여 정치개혁의 성과를 올린 영민성(매우 영특하고 민첩)을 가지고 있었으며 그럼에도 뛰어난 고려의 대표적 화가 중의 한 사람이었다. 그러나 수

구파의 주장에 밀려 신돈을 역모죄로 처형한 후 정치개혁의 의지를 잃고 만다. 홍륜은 공민왕 1372년에 설치된 자제위(젊고 외모가 잘생긴 청년을 뽑아 이곳에 두고 시중들게 한 기관)에 소속되어 왕을 보필하는 한편, 공민왕은 늦게까지 아들이 없자 후사를 얻기 위하여 자제위에 소속 청년들로 하여금 여러 비빈들과 사통시켜 아들을 낳게 하고, 그 아들을 후사로 삼기를 원하였다. 홍륜이 익비(공민왕의 셋째 부인)와 관계하여 임신하게 되자 왕은 매우 기뻐하였다. 그러나 공민왕은 이 사실을 아는 자 모두 죽이기로 하자 이를 듣고 두려워한 홍륜이 최만생과 모의하여 왕을 시해하게 된다. 궁지에 몰린 쥐에게 물려죽은 꼴이 되었다.

개혁의 준비는 답답하다고 느껴질 정도로 치밀하게, 그 시행은 노도(무섭게 밀려오는 큰 파도)와 같이, 독수리가 먹이를 챌 때의 나래 짓 같아야 성공한다. 조선조의 건국과 함께 기득권층이었던 고려의 권문세족權門勢族(무신 정변 이후 원나라를 배경으로 하여 지배층으로 등장한 세력)들은 가지고 있던 모든 것을 잃었다. 목숨도 역시 잃고 말았다. 그렇다면 그들은 무엇을 위해 개혁을 반대했던가? 특권을 가지고 있는 사람들은 사회와 조직에 대해 의무 역시 가지고 있다. 그들은 자신이 밟고 서 있는 사람들의 삶을 돌보지 않았다. 그들이 죽으면 자신들도 죽는다는 사실을 알지 못했다. 기득권자들은 언제나 불리한 개혁에 찬성하지 않는다. 아직 견딜 수 있으리라 생각하여 버틸 수 있을 때까지 개혁에 저항한다. 그들이 포기할 때는 이미 늦는다. 모든 것을 잃은 다음이기 때문이다. 그래서 변화가 새로운 시작보다 어렵다는 것이다. 지도자의 결단력과 지도력 및 덕망이 중요시됨을 한번 더 강조하게 된다.

「선원들이 키의 방향을 두고 싸우고 있네.

그들은 훌륭한 선장이란 모름지기 계절의 진행과 운행하는 별, 바람의 현상과 같은 항해에 필요한 지식을 갖추어야 한다는 점을 이해하지 못하네.

그 모든 것이 선장에게 꼭 필요한 기술이지.

선장은 학습에 의해서든 경험에 의해서든 키의 조종기술을 익혀야 하며, 선원들 중에 반대하는 사람이 혹 있더라도 목표를 향해 'management by objective' 키를 조종해야 하네.

만일 그런 선장이 있다면 항해도중 별을 관측하는 전문가를 따로 고용할 필요가 없지 않는가?」

- 플라톤 -

성공적 계획을 위한 방안의 하나로 기득권층의 이득은 그대로 두고 새로운 개선의 방안을 제시한 후 스스로 과거를 버리고 새로운 시스템 속으로 들어오게 만드는 방법이 제언 된다. 파괴를 통한 개혁reform through destruction은 실패할 확률이 높다.

변화를 당하는 입장에서 새로운 시스템에 적응해 간다는 것은 생존 즉, 살아남게 된다는 것이다. 기득의 권리나 이득vested right or interest을 포기한다는 의미를 갖는다. 이것은 빔을 위한 갈등에서의 승리며 공즉공입성空卽空入性이며 무위無爲다.

빔을 볼 줄 안다는 것은 개인이나 조직은 존경을 받는 다는 것이며, 빔을 실행할 줄 안다는 것은 성聖의 영역에 다다랐다는 것으로 테레사수녀의 예로 할 수 있을 것이다. 빔을 위해 희생한다는 것은 신성神聖의 영역에 다다랐다는 것으로 신의 아들 예수 그리스도가 죄로 말미암아 죽을 수밖에 없는 인간의 대속代贖을 위해 살 찢고 피 흘리며 십자가에 못 박혀 아버지의 공의公儀를 준행하여 인간을 구속救贖시키는 예로 볼 수 있을 것이다. 빔은 자연自然(to be nature)이 되는 것이다. 산이 산 되지 않고 물이 물 되지 않을 때 고통이 된다(When a mountain does not become a mountain and water does not become water, it becomes a pain). 즉, 재앙이 된나.

3) 창업 경영의 결과 : 탐구의 즐거움

「우리는 누구인가 Who are we? 우리는 어디서 왔는가 Where do we come from? 그리고 우리는 어디로 가는가 Where are we going?」를 자문해보지 않은 경영자는 실패할 쪽으로의 불확실성이 상대적으로 높다. 이는 경영의 주요한 축이 인간으로 구성되어지기 때문이다. 존재라는 것, 존재한다는 사실은 여전히 뛰어넘을 수 없는 장벽으로 버티고 있다. 그러나 우리는 모든 진실이 우리 앞에 언젠가 적나라하게 드러날 것이라고 가정해서도 안 된다. 영원히 알 수 없는 영역이 존재하고 있다는 사실도 기꺼이 받아들여야 하는 우리 앞에는 오직 주위에 대한 이해를 더욱 명확하게 하려는 겸허한 시도만이 있을 뿐임을 알아야 한다. 이렇게 불완전한 우리의 지식에 대한 보상으로, 탐구의 즐거움이 우리를 기다리고 있다. 즉, 드높은 곳으로의 탐구는 그 나름의 보상을 가져다준다. 그 과정에서의 스트레스는 진정한 삶의 양념쯤으로 생각해야 한다. 감내할 만한 시련은 신이 우리에게 부여한 축복중의 하나다.

폭풍이 그로 하여금 부드러운 미풍을 염원하게 하고 구름이 태양을 염원하게 하며 메마른 대기가 비를 염원하게 할 때, 그의 마음은 신을 갈구하는 법을 배우게 된다. 우리는 환난 중에서도 즐거워하나니, 이는 환난患難(근심과 재난)은 인내忍耐를, 인내는 연단鍊鍛(몸과 마음을 굳세게 함)을, 연단은 소망을 이루는 줄 앎이노라.

스트레스 즉, 긴장이란 삶의 양념(Stress is the spice of life)이며 원하고도 불가결한 요소이다. 사실 그와 같은 조석현상(천체의 인력작용으로 해면이 주기적으로 오르내리는 현상)이 없었다 해도 우리는 존재할 수 있었을지 모른다. 하지만 만일 그랬다면, 우리는 결코 우리 자신이라는 존재에 대해 아무 것도 알지 못한 채 그대로 끝나고 말았을지도 모른다.

4) 과거지향인 경영활동의 무의미

깊어 가는 가을 거리에 떨어진 낙엽을 밟으며 대학의 한 도서관을 찾았다. 그곳에서 그레고리 베이트슨과 그의 딸 메리 캐서린 베이트슨Mary Catherine Bateson의 책 「마음과 물질의 대화 : Angles Fear」를 읽었다. 정신과 물질의 일원론적 사유에 바탕을 둔 인식론인데 나에게는 조금 난해한 부분들이 있는 글이었다. 책 내용에서의 감명보다 아버지와 딸의 대화를 통하여 정리해가는 대 인식론epistemology을 보면서 나의 모습을 보았다.

필자의 조부께서 우리 조국이 가난했던 시절 한국을 떠나 만주에서 자수성가making one's own fortune하여 해방 전에 귀국했다. 각박했던 시절을 살아가면서 손에 잡히는 물질이 삶의 전부며 정신적 여유는 불행의 사자쯤으로 치부해 버린 정형화된 사고의 세계를 보면서 항상 답답해했던 대화의 벽을 아들에서 아들에게로... 나 자신도 나를 사랑하는 사람들에게 넉넉한 모습으로 보여주지 못하고 있지 아니한가를 자성해보는 시간을 갖게 만들었다.

루이스C. S. Lewis(1898-1903)의 '스크류테이프 편지Screwtape Letters'는 그 속에 등장하는 상좌 마귀가 인간들을 타락하게 하는 방법을 조카에게 알려주는 편지다. 그는 조카 마귀에게 인간들이 과거와 미래만을 생각하도록 만들라고 당부한다. 절대로 현재에 살지 못하게 하라는 거야. 과거와 미래는 시간 속에 있지만 현재는 시간에 묶이지 않고(무집착無執着) 영원하다는 거야. 과거의 기억은 상처, 애착, 원망, 그리고 회한 그 모든 것이며 그것은 미래에 투사된다는 것이다. 현재가 없는 미래는 내일이라는 덫이다. 내일의 덫에 걸리면 진정한 행복은 없는 거다. 어린아이가 어머니의 품에 전적으로 자신을 맡길 수 있는 그 어떤 기반을 발견하기 위해서는 심리적 시간의 종식이 필요하다는 것이다. 영원한 현재 속 즉, 집착이 없는 시간 속에 진정한 자유와 행복이 있다는 거다. 진리와 함께한다는 것이다. 즉, 진리가 우리를 자유롭게 한다. 쾌락은 시간이 지난 후 허탈이 오며 진리의 길이 아니다. 그러나 진리는 순간순간의 충일充溢한 감정으로 연결되어 느껴지는 것이며 자유다.

4. 창업가의 철학

1) 창업자의 창업마인드

우리나라에는 해마다 수 만개 이상의 중소기업이 새로 설립되는 것으로 추정된다. 일정한 규모와 체계를 갖춘 주식회사 형태에서부터 종업원 5명이내의 소규모 개인기업 형태인 소상공인, 심지어는 사장 1인이 모든 업무를 총괄해서 운영하는 소매점들도 많이 창업되고 있다. 또한 기회와 여건만 주어지면 언젠가 한번쯤 자기 회사를 차려 사장이 되고 싶어 하는 예비창업자와 기업의 환경변화에 따라 창업을 하게 되는 창업자도 많다.

창업을 성공적으로 이끌기 위해서는 창업자가 가져야할 바람직한 자세가 필요하다. 창업 자세는 어떻게 해야 하는지 먼저 생각해 봐야 할 필요가 있다.

① 창업에는 신념(굳게 믿는 마음)과 비전(내다보이는 장래의 상황)의 확립이 필요하다.

② 적성에 맞는 업종(가구, 의류, 신발, 화장품 등 사업의 종류)을 선택하는 것이 중요하다.

③ 그리고 전략과 기본에 충실한 경영이 필요하다. 먼저 보고, 제대로 보고, 그리고 자세히 들여다본다. 즉 선견先見, 정견正見, 그리고 명견明見이 요구된다.

2) 소자본 창업은 종합예술

평생직장lifetime workplace 개념이 깨지면서 샐러리맨 층이 대거 창업대열에 합류하고 있다. 그런 만큼 창업자의 수준 또한 전반적으로 높아졌다. 그렇지만 학력이 높다고, 경력이 화려하다고 해서 창업에 반드시 성공하는 것은 아니다.

창업의 성공과 실패 요인은 헤아릴 수 없을 만큼 많고 다양하다. 흔히들 기업경영을 종합예술에 비유하는데 소자본 창업 역시 종합예술이다. 더욱이 소점포 운영은 대기업과는 달리 혼자서 창업 준비, 자금마련, 가게 운영을 해야 하고 책임도 혼자서 모두 걸머지고 있다.

어느 악기 하나라도 불협화음dissonance을 내면 오케스트라의 음악 전체가 망가지듯이, 창업과 경영에서 하나의 요인이라도 어긋나면 전체 사업이 실패로 끝날 수도 있다.

더구나 창업인구가 많아지면서 창업자를 위협하는 요인은 갈수록 많아지고 있지 않는가.

경기변화(호황, 침체, 불황 등), 다양한 대체재(아파트와 빌라, 쌀과 밀가루, 볼펜과 연필, 버터와 마가린 등)와 경쟁자의 출현, 엉뚱하게 터지는 불리한 사회적 이슈들 등 이런 외적인 요인은 변화무쌍하고 날로 치열해져 가는 경쟁사회에서는 불가피한 요인들이다. 이런 불투명한 장애물들을 극복할 수 있는 역량을 키우는 것이 사업성공의 핵심이다.

이를 위해 창업자는 우선 스스로를 신뢰해야 한다. 나폴레옹의 말처럼 '굳은 결심은 가장 유용한 지식Firm resolution is the most useful knowledge'이다.

둘째, 소자본 창업이라도 경영인만큼 기본적인 경영원칙에 충실해야 한다. 실무에 대한 기본적인 지식 없이 성공을 기대하는 것은 복권이 당첨되기를 기대하는 것과 같다.

셋째, 단기적인 시각이 아니라 생애설계lifetime design 차원에서 업종을 선택해야 한다. 특히 퇴직 후 처음 정하는 업종은 대학의 전공을 택하는 것과 같다. 몇 십년이 지나도 처음 정한 업종의 범위를 벗어나기 힘들다.

넷째, 욕심 대신 정열을 가져야 한다. 필요하다면 성격도 바꾸어야 한다. 창업과 점포운영에 적합하지 않는 성격은 아예 처음부터 창업을 하지 않는 것이 좋을 것이다. 일단 창업했다면 그에 걸맞게 적극적인 성격으로 바꾸어야 한다. 욕심이 아닌 열망과 정열은 사람을 내 편으로 만드는 데 필요한 힘이 된다. 고객을 자기편으로 만드는 힘, 그것이 바로 성공경영이다. 그리고 성공의 요체는 고객(사람)과의 관계성relationship이다.

3) 창업정신

창업에는 결심하기까지의 고뇌에서부터 사업아이템의 선정, 창업자금 조달, 동력자同役者의 물색, 입지 선정, 사업장건설, 관계기관과의 접촉, 그리고 판매처와 공급처의 확보를 위한 일련의 인고의 과정이 요구된다. 기업경영의 활동을 계획·조직·충원·지휘·통제함으로써 기업의 모든 결과를 최종적으로 책임지는 위험부담기능을 수행하게 된다. 그래서 창업자의 사업성공에 대한 확고한 신념과 의지 없이 사업에 도전하면 실패확률이 높아진다.

인고를 기업경영의 기저基底 또는 성공을 위한 자양분nutritious element으로 수용하는 창업자만이 성공경영인이 될 수 있다. 성공한 창업자들은 하나같이 철저한 계획을 통하여 행동으로 옮기는 것을 중요하게 생각하여 그 방향으로 나아가려는 그런 행동지향적action-oriented이었고 또한 실천 지향적practice-oriented이었음을 볼 수 있다.

따라서 창업자는 새로운 사업을 창업하여 온갖 모험과 도전을 극복하고 성장해 가는 과정에서 많은 어려움에 직면할 때마다 남다른 지도력과 투철한 신념을 가지고 각고의 노력을 기울여야 한다. 성공적인 기업가 정신의 특성으로 살펴보면 다음과 같다.

(1) 개인적 속성

① 높은 성취욕구

② 독립성의 희구希求 : 기대, 요구, 욕구, 희망

③ 미래 지향적 자신감

(2) 행동적 특성

1 기술적 능력

특정 분야에 있어서의 구체적인 방법론이나 절차, 기법, 그리고 지식(또는 정보) 등을 적용할 수 있는 능력을 의미하는 것으로 이러한 기술적 능력technical skills은 그 수준이 명확히 드러나고 비교적 쉽게 습득할 수 있는 특성을 가지고 있다.

2 대인관계 능력

타인과 함께 일할 수 있는 능력, 리더십, 동기부여능력, 그리고 갈등관리 등을 포함하는 것으로, 조직의 핵심이 사람인 까닭에 대인관계능력interpersonal skills은 특정 분야를 불문하고 모든 창업자들이 반드시 갖추어야 할 가장 기본적인 능력이라 할 수 있다.

3 개념적 능력

개념적 능력conceptual skills이란 조직 및 그 환경을 전체적으로 파악하고 자신의 기획력(논리력+창의력+정보력+분석력)이나 사고력을 발휘하여 조직이 안고 있는 문제점을 해결할 수 있는 능력을 의미한다. 이는 사고방식의 문제이기 때문에 가장 습득하기가 어려운 능력으로 보아야 한다. 이와 같은 능력은 모든 창업자에게 요구되는 것이지만 특히 전체의 방향을 설정해야 하는 창업자에 있어서 중요한 의미를 가진다.

4 의사결정 능력

다른 사람들과 각종 정보나 생각, 감정, 그리고 태도 등을 주고받을 수 있는 능력을 의사소통능력communication skills이라고 하는데 이것 역시 모든 창업자들이 갖추어야 할 기본적인 능력으로 보아야 한다.

이상과 같은 네 범주의 능력 중 상대적으로 어느 것이 더 중요한가 하는 것은 창업자가 창업하고 있는 분야(또는 하고자 하는 분야)나 기능에 따라 다르다. 예를 들어 관리만 하는 창업자는 그렇게 높은 수준의 기술적 능력이 요구되지 않는 반면 현장에서 직접 일(업무)을 처리해야 하는 창업자에게는 매우 중요한 비중을 차지한다.

(3) 성공하는 사람의 성향

① 정통파로서 동료와 가족들 간에 평판이 좋은 사람

② 종업원 관리능력management competency이 우수한 사람(리더십)

③ 고객에 대한 서비스정신이 있는 사람

④ 신용도credit rating가 높은 사람

⑤ 신속성rapidity과 사무처리 능력이 있는 사람

⑥ 자세가 진취적progressive이고 과거에 집착하지 않는 사람

반면, 실패한 창업자의 일반적 성향을 정리하면 아래와 같다.

(4) 실패한 사람의 성향

① 과시하고, 자기욕구self desire가 강한 사람

② 무리한 차입자금계획borrowing plan으로 시작한 사람

③ 이론이 앞서고, 극단적extreme으로 앞서가는 사람

④ 행동이 따르지 않고, 불만만 하는 사람

⑤ 결단력(결정적인 판단을 하거나 단정을 내릴 수 있는 능력), 판단력(논리나 기준에 따라 판정하는 능력)에 결함이 있는 사람

⑥ 의타심(남에게 의지하려는 마음)이 있어서 자주성independence(스스로 일을 처리할 수 있는 능력)이 없는 사람

⑦ 타인에게 지시를 내리지 못하고 명령만 받는 습성이 있는 사람

생각의 포인트 리더의 덕목

앤더슨이 미국 서부 철도회사 사장으로 부임하여 현장을 순시하는 중에 다음과 같은 일이 있었다.
많은 직원들이 새로 부임한 사장을 환영하였습니다. 환영객 중에 수염이 덥수룩한 한 노인이 새로 부임한 사장의 손을 덥석 잡고 말했습니다.
"자네 앤더슨 아닌가. 날세! 나야. 날 알아보겠는가? 자네와 나는 20년 전 텍사스에서 하루 5달러의 임금을 받기 위해 같이 일하였었지. 정말 반갑네."
이 말을 듣고 앤더슨 사장도 그를 알아보고는 정말 반가와 하며 포옹했습니다.
그리고는 "정말 오랜만이군. 그간 어떻게 지냈는가? 그런데 말이야 20년 전 자네는 5달러의 임금을 벌기 위해 일했는지는 모르지만. 나는 온전히 철도를 위해 일을 했었다네"라고 말했다.
앤더슨 사장의 이 한 마디 속에 어떻게 막 노동을 하던 그가 미국 서부 철도회사라는 거대한 회사의 사장이 되었는가를 잘 설명하고 있다.

5. 창업가의 기질과 직업적성

성공적인 창업은 주어지는 것이 아니라 계기를 만드는 것이며 계기와 만나도록 노력하는 것이다. 많은 전문가들은 창업의 성공여부는 개인의 기질과 밀접한 관계가 있다고 한다. 그렇다면 '나에게 창업가의 기질temperament of an entrepreneur이 있는가?' 사람은 누구나 스스로 내리는 결정에 따라 성장해 나간다고 본다. 기질을 만들려고 노력하면 만들어 지는 것이다. 바로 그 결정이 자기 곁에 있는 '기회'를 잡는 것이기도 하고 지나쳐 버리는 것이기도 하다. 자기의 잠재력을 최대한 발휘해 나감으로써 성공경영인의 길을 다져 나갈 수 있을 것이다. 그러기 위해서는 우선 자신의 창업자질과 소양을 체크하여 적성에 맞는 아이템을 선택하여 성공적인 창업을 이루도록 노력하는 하는 것이 중요하다.

1) 창업자가 갖춰야 하는 자질과 소양

창업에 있어 갖춰야 하는 자질과 소양은 다양하지만, 특히 성공한 스타트업 창업자들에게 공통된 특징이 있다. 아래 언급되는 특징들은 비주얼캠프 박재승 대표가 블로그에 포스팅한 글을 중심으로 요약 한다. ① 새로운 아이디어에 대한 열정, ② 인간관계에 있어서 폭이 넓고 깊은 사람, ③ 상황 변화에 대한 융통성과 유연성, ④ 포기하지 않는 근성과 낙관적인 태도, ⑤ 위기관리 능력과 근면성, ⑥ 기술적, 재무적, 인적자원을 축적하려는 성향, 그리고 ⑦ 변화하는 고객 요구를 포착하는 능력이 그것이다.

이밖에도 선배 창업가들이나 투자자들이 공통적으로 얘기하는 소양들에는 실행력과 문제해결 능력 및 정직함 등 다양한 덕목들이 있다.

이 수많은 소양과 덕목들이 다음 키워드로 압축될 수 있다고 생각한다. 바로 꿈dream, 열정passion, 유연성flexibility, 모험심adventure, 그리고 네트워크network다.

첫째, 창업자는 '꿈dream'이 없으면 안 된다는 말을 많이 한다. 너무도 당연한 말이다. 시장에 과연 어떤 비효율과 문제점들이 혁파(낡은 기구, 제도, 법령을 제거)를 기다리고 있는지를 발견하고, 혁신적 해결책을 적용해야 한다. 간절함과 확고한 목표의식 없이 '돈을 벌겠다'는 막연한 생각만 가진 창업자들의 경우, 매 순간 나타나는 돌발 상황과 선택의 순간에서 길을 잃고 헤매기 쉽다. 내가 가고자 하는 확고한 나침반이 있어야 길을 잃지 않는다.

둘째, 스타트업 창업자에게 가장 중요한 자질 중 하나는 버티는 능력, 즉 '열정passion'과 깡이다. 실제 창업과 스타트업의 경영은 영화나 드라마처럼 화려하지 않다. 지루한 마라톤과도 같은 것이다. 열정과 끈기가 없다면 그 지루하고도 힘든 레이스race를 계속 이어 가기가 어렵다. 사실 성공한 창업자들은 실패가 일상적이었다. 그들의 몇몇 아이디어가 성공한 것일 뿐 그들은 항상 실패했고, 또다시 도전했으면 오늘에 이르고 있다. 중국 알리바바의 창업자 마윈 회장도 여덟 번의 실패 끝에 성공했으며, 세계 최대 전자상거래업체인 아마존도 지난 22년간 70여 개의 사업을 시작했지만 이 중 18개 사업에서 실패했다.

셋째, 사업을 하다 보면 원래 생각과는 다르게 전개되는 상황들이 셀 수 없이 발생한다. 중요한 건, 창업자가 그때그때 유연하게 변화할 수 있어야 한다는 점이다('유연성flexibility'). 그러기 위해서는 새로운 문제에 부딪혔을 때 문제를 해결하며 배우는 학습능력learning ability과 고집을 부리지 않고 다른 방식으로 접근하고 맵시 있는 열린 사고open thinking가 있어야 한다. 창업자는 항상 내가 틀릴지도 모른다는 것을 염두에 둬야 한다. 그리고 대중과 시장의 목소리에 재빠르게 피드백 할 수 있어야 한다.

넷째, 창업은 불확실한 세계에 뛰어드는 '모험adventure'일 것이다. 그 때문에 창업자는 기본적으로 모험을 즐기는 성향을 갖고 있어야 한다. 성공한 창업자 중에는 편안하고 보장된 직장을 박차고 어려운 가시밭길thorny path을 택한 경우가 많다. 모험에 뛰어들기를 주저하지 않았기에 창업의 여정에서 발생하는 고통과 고난을 즐길 준비가 되어 있는 것이다. 일찍이 공자도 이렇게 얘기하지 않았던가. "노력하는(또는 아는) 자는 좋아하는 자를 이길 수 없고, 그리고 좋아하는 자는 즐기는 자를 이길 수 없다"고 말이다.

다섯째, 창업은 일단 실행에 옮기고 나면 그 후의 절반은 '네트워크network'에 의해 크게 좌우된다. 좋은 팀원들을 모으는 팀 구축단계부터 초기 거래처를 확보하는 부분, 사업에 있어 조언이 필요할 때 등 수 많은 상황에서 창업자가 가진 네트워크는 큰 빛을 발한다. 특히 중장년 창업자는 십수 년간 축적해 온 인적 네트워크가 가장 큰 강점이자 자산일 것이다. 직장생활 때 쌓은 폭넓은 인맥(사람들과의 유대 관계)과 네트워크를 활용하면 창업 시 문제해결problem solving의 실마리를 보다 쉽게 풀어 갈 수 있음은 분명하다.

2) 직업선택 요인과 성격유형

(1) 개인적 요인

자신에게 맞는 하나의 직업을 선택하는데 있어 개인적 요인이 중요한 영향 요인 중 하나다. 이런 개인적 요인은 내적 요인과 외적 요인으로 나누어 살펴볼 수 있다.

내적 요인internal factors에는 직업선택에 영향을 줄 수 있는 유전적 소질genetic predisposition, 신체적 조건physical condition, 그리고 외적 환경요소나 대상을 수용하여 인간의 내적인 요소와 상호작용을 통해 발달해 가는 정신능력을 총칭하는 인간행동의 한 측면인 인지적 특성cognitive character 등이 포함될 수 있다. 구체적인 내용은 다음과 같다.

첫째, 직업 선택 이론에 의하면, 가장 중요한 직업 결정요인으로 연령을 들 수 있다.

둘째, 성별의 차이가 영향을 줄 수 있다. 직업선택이나 직업에 대한 관심에서 성별의 차이를 보인다. 남성의 경우에는 전문직, 행정직, 기술직, 생산직, 서비스직 등 다양한 영역을 선택하는 경향이 있다. 그러나 이러한 차이는 점점 감소되는 추세를 보이고 있다.

셋째, 지식과 적성을 들 수 있다. 특정 영역에서의 전문적인 기술을 필요로 하는 직업일수록 지식과 높은 관계를 보이고 있다. 또한 특정 영역에서의 개인의 능력과 성공 가능성의 지표가 되는 적성이 직업선택에 중요한 영향 요인이 되기도 한다. 일반적으로 적성과 생산성과의 높은 상관관계correlation가 있는 것으로 알려져 있다.

넷째, 성격의 성향 요인을 들 수 있다. 자신의 성격에 적합한 직업을 선택할수록 생산성과 직무만족도job satisfaction는 높다.

다섯째, 학력 요인도 직업선택에 영향을 준다. 학력 수준에 따라 사회적으로 요구되는 직업선택이 다르게 된다.

여섯째, 신체적 조건을 들 수 있다. 일반적으로 직업에서 요구하는 최소한의 신체적 능력뿐만 아니라, 특정 직업에서 특별하게 요구되는 신체적 능력이 있을 수 있기 때문에 신체적 능력은 직업선택의 중요 요인이 되기도 한다.

한편, 외적 요인external factors으로는 태어나고 성장했던 가정환경, 사회·경제적 지위, 종교적 특성, 그리고 직업 가치관occupational values 등이 있다.

(2) 사회적 요인

직업결정 시에 고려할 사회적 요인으로는 사회구조의 변화요인, 산업기술의 혁신요인, 인구증가 요인, 그리고 사회적인 직업 가치관의 요인을 들 수 있다. 이상과 같은 요인과 직업세계의 현황을 잘 고려하여 자신에게 적합하고 유망한 직종을 선택할 수 있어야 한다. 상황적합적 의사결정이 요구된다.

3) 인성이론

홀랜드J. L. Holland(1985)는 개인의 성격 유형이 직업선택에 영향을 주며, 모든 인간은 6가지 기본성격 유형으로 분류할 수 있다고 하였다. 개인의 성격적 유형과 직업이 요구하는 특성이 일치할수록 개인은 만족된 직업 생활을 경험하게 된다고 하였다.

(1) 기본성격유형

① 현실적 유형

사람과의 관계성보다는 사물을 더 좋아하며, 과거나 미래보다는 현재에 초점을 맞추고 관습적 태도를 가지고 있는 사람이다. 이 유형의 사람들은 기계적이고 기술적인 능력을 필요로 하는 기술직 등이 적합하다.

② 탐구적 유형

분석적으로 호기심이 많으며, 창의성이 높은 반면에, 관습적 태도나 대인관계 기술이 부족한 사람이다. 이 유형의 사람은 추상적이고 논리적이며 과학적인 직업에 효과적이다.

③ 예술적 유형

풍부한 감정과 표현력, 창의성, 심미적인 특성을 보여 규범적 기술에는 능력이 부족한 사람으로, 예술적 유능함과 성취도를 고무시킬 수 있는 직업이 효과적이다.

④ 사회적 유형

인간관계를 중시하여 타인의 요구에 민감하지만, 도구나 기계를 조작하는 능력은 부족한 사람으로써, 지적이고 타인을 보호할 수 있는 교육, 사회 복지와 같은 직종이 효과적이다.

⑤ 진취적 유형

타인을 통제하는 것을 선호하는 사람으로서, 공격적이고 자기만족적이고 권력이나 지위를 매우 중요시하는 사람이 해당된다. 이런 유형의 사람은 체계적인 활동을 싫어하며 과학적 능력도 부족하다.

⑥ 관습적 유형

실제적이고 구조화된 상황을 선호하는 사람으로서, 제계적으로 자료를 정리하고 기록하는 직업을 선호하며 매우 의존적인 특성을 보인다.

6. 창업과 사회적 책임

1) 경영평가의 날

예전에 기업은 망해도 기업가는 망하지 않는다는 말이 있었다. 그러나 정보사회에서는 맞지 않는 얘기다. 정보사회가 갖는 개념이 공간적으로는 세계화를, 내용적으로는 정보의 공유로 말미암아 투명성을 의미하고 있기 때문에 경영의 성과와 경영자는 그 운명을 같이하여야 하는 상황의 도래로 볼 수 있기 때문이다.

Man, who is born of women, Is short-lived and full of turmoil.
여인에게서 난 사람은 사는 날이 적고 괴로움이 가득하며
Like a flower he comes forth and withers.
그 발생함이 꽃과 같아서 쇠하여지고
He also flees like a shadow and does not remain.
그 그림자같이 신속하여 머물지 아니하거늘
Thou also dost open thine eyes on him, And bring him into judgement with Thyself.
이와 같은 자를 눈에 들어 살피시나이까 나를 당신 앞으로 이끌어서 심문하시나이까
Who can make the clean out of the unclean? No one!
누가 깨끗한 것을 더러운 것 가운데서 낼 수 있으리까? 하나도 없나이다.
Since his days are determined, The number of his month is with Thee,
그 날을 정하셨고 그 달의 수도 당신께 있으므로
And his limits Thou hast set so that he can not pass.
그 제한을 정하여 넘어가지 못하게 하셨사온즉
Turn thy gaze from him that he may rest,
그에게서 눈을 돌이켜 그로 쉬게 하사
Until he fulfills his day like a hired man.
품꾼같이 그 날을 미치게 하옵소서.

- 필자가 좋아하는 시詩 -

경영에 대한 품꾼hired man인 경영자에게 경영평가의 날이 틀림없이 온다. 품꾼은 품꾼의 날을 마칠 때 일의 성과에 따라 상급upper grade 또는 약속된 보상을 받게 된다. 이것은 삶이라는 바닷가에서 모래성을 쌓고 놀든 아이들이 저녁이 되어 집으로 돌아갔을 때 숙제를 마치지 않고 놀다가 온 아이들은 어머니로부터 야단을 맞는다는 것이다. 누구나 한번은 맞이하는 고난과 죽음이라는 필연이 있다. 결산의 날settlement day이 삶의 전 과정을 마감하는 사건이다. 그래서 삶 속에서의 일 추진에 있어 씨를 뿌릴 때가 있으며 곳간에 드릴 때가 있음을 알아야 한다. 결산의 그 날을 엄숙하게 준비해야 한다는 것이다. 신의 공의公義(선과 악을 정확하게 구분)에 의한 인간통제가 있음을 알아야 한다는 것이다.

2) 관리자의 사이클로서의 통제

계획이라는 기준과 실제 활동의 결과를 비교하며 편차deviation를 수정하는 데에 통제원리의 관리기능적인 의의가 있게 된다. 다시 말해서 계획 없이 실적과의 비교·평가가 행해질 수 없듯이, 통제 없이는 그 어떤 의미 있는 계획도 바랄 수는 없을 것이다.

계획과 통제라는 활동의 전과 후를 일관하는 상호의존적interdependent인 관계없이는 오늘날과 같은 급변하는 환경 속에서의 기업경영을 위한 이론이나 이치에 합당하게 하는 합리화rationalization란 결코 이룩될 수 없는 것이다.

(1) 경영통제의 프로세스

경영통제의 의의가 한마디로 표현해서 '설정된 기준에 따라서 경영활용이 집행되고 있는가 아닌가를 검토·평가하고, 기준과의 편차를 시정하는 기능'에 있는 이상, 어떠한 종류의 통제활동이건 기본적으로는 대략 ① 표준의 설정, ② 실질적의 측정, 그리고 ③ 편차의 수정이라는 세 가지 프로세스를 거치게 마련이라고 할 수 있다.

[그림 12-1] 통제프로세스의 피드백 고리

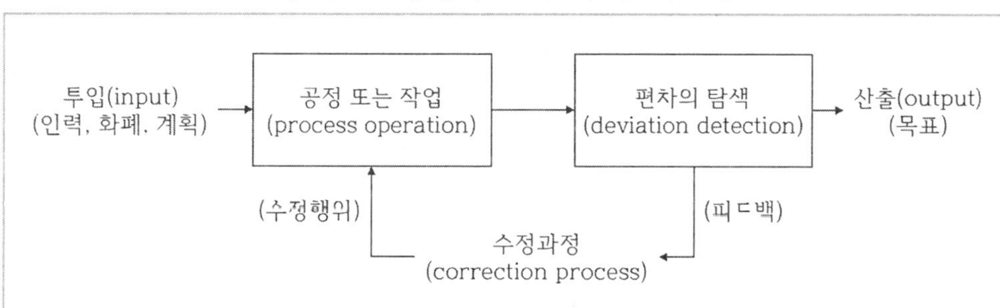

(2) 경영통제를 위한 제 방법

1 예산통제제도에 의한 방법

경영통제managerial control는 예산통제와 연상될 만큼 밀접하게 연관성을 갖고 있다. 예산통제budgetary control는 일정한 기간의 예산과 실적을 서로 비교하고 분석하여 경영 활동을 합리적이고 종합적으로 통제하는 예산통제제도budgetary control system라 할 수 있다. 이때 예산budget이란 금액을 중심으로 해서 정량적으로 편성된 경영계획이라 정의되며, 예산통제는 이러한 예산에 따른 경영통제라 정의할 수 있다.

예산통제는 예산편성과 집행의 과정을 거쳐 예산차이분석analysis of budget variance을 통하여 예산평가를 하게 되는데 예산차이분석이란 예산과 실적을 분석함으로써 산출된 차이를 과학적인 방법으로 분석해서, 그러한 차이가 발생하게 된 장소, 발생원인, 그리고 차이에 대한 책임의 소재 등을 밝히는 예산통제상의 핵심적인 활동을 의미한다.

2 기타방법에 의한 전통적 통제방법

㉠ 회계자료의 통제적 분석에 의한 방법
㉡ 특수한 보고서와 그 분석에 의한 방법
㉢ 손익분기분석cost-volume-profit analysis(CVP)에 의한 방법
㉣ 내부감사internal audit에 의한 방법
㉤ 개인적 관찰에 의한 방법 등이 있다.

(3) 경영통제와 원가관리

원가관리cost management은 원가인하계획과 원가통제를 혼합한 개념으로서, 오늘날 원가관리 면에서의 경영통제를 위한 필수요건이 되고 있다. 그것은 경영통제의 목적이 기업성장에 있으며, 또 기업성장은 올바른 이익계획을 설정하고, 이의 달성을 위해 시행하는 종합적 경영관리인 이익관리profit management를 통해 이룩될 수 있다면 바로 그 기반은 올바른 원가 관리에서 비롯되기 때문이다. 따라서 원가라는 기본 수치에 의한 경영통제가 운운될(이러쿵저러쿵) 경우, 어떠한 유형으로든 원가관리가 반드시 앞세워지기 마련이다.

원가 통제를 위한 원가관리는 대략 다음과 같은 특색을 가지고 있다고 할 수 있다.

① 원가관리는 이익관리의 일환으로서 실시된다.

② 원가관리는 기업의 안정적 발전을 목적으로 한다.

③ 원가관리는 원가인하의 목표를 명확하게 함과 동시에 그 실시를 위한 계획을 설정한다.

④ 원가관리는 원가계획의 실현을 도모한다.

⑤ 원가관리는 원가계획의 실현을 도모하고자 하는 일체의 관리활동을 한다. 말하자면 원가관리는 이른바 종합적 원가관리total cost management의 특질을 지니고 있다고 할 수 있다.

3) 단일채널의 대기행렬

인간 누구나 단일채널 단일단계모형의 레테의 강(Lethe : 그리스 신화에 나오는 망각의 강 또는 망각의 여신)을 넘어야할 대기행렬 속의 한 사람이라 생각해 본다. 사유한다는 모든 것은 마감의 시간을 갖는다(Everything that thinks has a deadline). 그것이 바로 삶이 존재하는 방식이다. 그 시간을 준비하고 수행을 닦은 사람에게 마감의 순간은 패배가 아니라 승리, 삶의 가장 영광스러운 성취의 순간이다. 시작과 끝은 둘로 나눌 수 없는 하나이며 끝이란 삶의 또 다른 시작이다. 마감의 시간은 삶의 온전한 의미가 반영된 거울이다.

태양은 농경지나 풀밭과 숲 등 자연 속에 존재하는 것은 차별하지 않고 동일하게 비춘다는 사실을 우리는 자주 잊어버린다. 이들은 모두 햇빛을 똑같이 흡수하고 반사하지만 인간이 경작하는 농경지는 태양이 매일 내려다보는 대지의 극히 일부에 불과하다.

인간이 만든 기업, 인간을 닮아 생명을 갖고 있으며 기업이 만든 제품 또한 그 기업을 닮아 생명주기life cycle를 갖는다. 매출액의 증가에 비례하여 변동비가 급상승하게 되어 최적조업도를 지난 생산량의 증가는 오히려 손실의 영역으로 치닫게 되는 원리와 같이 달도 차면 기운다는 월만즉휴月滿則虧 즉, 세상의 모든 것이 한 번 번성하면 다시 줄어든다는 것이 세상의 이치다. 그래서 성숙기에 새로운 도약을 고뇌해야 하는 영원한 도망자(추적자들이 따라오지 못하게 늘 앞서가는 리더)가 기업이며 불확실성 속에서의 의사결정론이 경영학이다. 문명사적으로 본 국가경제의 발전도 이와 같다. 발전에 발전을 거듭하는 경제가 가속력에 의해 지속적으로 발전할 것 같지만 어느 수준에 이르면 쇠퇴의 길을 간다.

한 번 성공한 창조적 소수가 그 성공으로 인하여 교만해지고, 추종자들에게 복종만 요구하며, 인人의 장막에 둘러싸여 지적 · 도덕적 균형을 상실하게 되어 쇠퇴의 길을 가기도 한다. 이런 현상을 토인비는 이브리스hibris('신에 대한 모욕'으로 해석되지만 넓은 뜻으로는 '자연의 법칙을 거스른다'는 뜻으로도 해석)라고 불렀다. 이브리스는 분명히 경영의사결정권을 가진 창조적 소수가 극복해야 할 업보業報의 하나이다. 창조적 소수가 이 업보로부터 얼마나 벗어날 수 있을까가 역사 속의 흥망을 결정하는 하나의 변수가 되리라.

경영의 과정에 있어서 불확실함이 지속됨으로서 모든 것이 암담하고 거의 희망 없는 것처럼 보일 때도 있다. 그러나 좀 더 깊이 바라본다면, 바로 그 불확실함 때문에 어떤 틈새가 만들어 지는 것을 볼 수 있으리라. 만일 제대로 파악해 포착하기만 한다면, 변화를 위한 뜻깊은 기회가 지속적으로 샘솟는 공간이 만들어 질 수 있다. 우리의 생체

리듬에 있어서도 마찬가지다. 마음이 번차례番次例(번갈아가며 돌아오는 차례)로 우월감과 열등감으로 교차함을 본다. 마음의 초보적인 외부환경과 생물체내의 변화에 대응하여 체내 환경을 일정하게 유지하려는 현상 즉, 호메오스타시스homeostasis를 획득하는 데서부터 경영의 출발을 강조하고 싶다. 이것은 일종의 신념과도 같은 것이며 고뇌가운데서 성장의 기쁨을 볼 수 있는 원초적 마음이라고 할 수 있다. 본서 초두에 삶의 진정한 의미는 투쟁의 연속선상에서 찾을 수 있다라고 표현한 바 있다. 이는 절대 부정으로 절대 긍정에 이르기 위한 방편에서다. 쫓기는 삶은 이 세상이 "싸우는 곳이나 자유라는 이름의 이불을 덮으면 '노니는 곳'이 된다."

우리 인생은 천지자연에 대한 하나의 손님인 것이다. 건곤乾坤(하늘과 땅)의 무대에 던져진 하나의 손님인 것이다. 손님은 손님답게, 품위 있게 왔다 가야하는 것이다. 손님이 주인인척 모든 것을 주관하면 엉망이 되어버린다. 허허롭게(텅 빈 느낌) 가야하는 것이다. 살아 있는 것은 시간의 흐름 속에서 낡아간다. 어차피 우주의 엔트로피는 시간의 추이에 따라 증가하게 되어 있는 것이기 때문이다. 이것을 알아야 빔의 마음을 갖게 된다.

죽음 없이 삶도 없다. 즉, 'There is life after death.' 그리고 죽음 또한 산 사람들의 문제이다. 죽은 사람에게 죽음은 아무 의미가 없다. 육체로부터 자유로운 어둠이 오기 전에 그늘의 의미를 알고 있는 빛이어야 한다. 그늘은 휴식이다. 그러므로 쉬는 것이다. 그래서 오늘이 중요하다. 품꾼hired man같이 그 날을 맞이하기 위해서...

우리의 삶의 상황 또한 이와 다르지 않다. 우리는 삶과 죽음사이에 매달려 있다. 시간이라는 검은 쥐와 흰 쥐는 덩굴을 갉아먹고 있고 덩굴은 점점 더 줄어들고 있다. 이것이 우리의 삶이다. 우리는 매순간의 선물로 감사로 대처할 수 있겠는가? 우리는 그 순간에 딸기를 먹고 「아 정말 맛있다!」라고 감사의 노래를 부를 수 있겠는가.

4) 경영목표 : 충일한 감정의 퇴적

행복한 삶을 살았단 것은 진리와 함께 한 삶이다. 진리란 무엇인가? 또 어떻게 진리라는 것을 알 수 있는가. 현재의 끝에서 미래가 시작되지 않았을 때 느끼는 충일充溢한(가득 차서 넘치는) 기쁨이 함께 하면 행복한 삶으로서 진리와 함께 한 삶이다. 기업의 길도 마찬가지라. 우리는 행복이란 또는 성공이란 욕망을 만족시키는데 있다고 믿게끔 길들여져 왔다. 그러나 그것이 아니라 충일한 감정의 퇴적이다.

그래서 우리는 틈틈이 나는 지금 무얼 하고 있는가? 지금 나는 어디에 있는가를 물어야 한다. 그 물음의 대답은 존재론적인 대답이 아니라 지금 진행되고 있는 것에 대한 인격적이고 열정적인 현존에 대한 대답이어야 한다.

공곡전성空谷轉聲이다. 계곡이 비어 있으면 메아리를 전할 수 있는 것과 같이 마음이 맑으면 삶의 깊은 의미를 볼 수 있게 된다는 것이다.

5) CEO의 사회적 책임의식

기업환경이 투명화의 지식경영사회로 변함에 따른 은행의 여신심사기준의 변화 내용을 보면 CEO가 주중에 골프를 친다든지 등의 이완된 행위를 하면 재무 및 손익지표가 양호하게 나타나는 기업일지라도 여신심사에서 불량으로 평가되는 상황이 도래했다.

· 사장이 주력제품anchor product의 원가를 모르는 경우
· 재무라인이나 구매라인을 사장의 친인척이 차지하고 있는 경우
· 회장 또는 사장실에 권력자와 찍은 사진과 각종 상패 감사패 등을 진열한 경우
· 다짜고짜 술부터 권하는 사장, 중요한 판단을 술기운으로 하라는 경우
· 사장실에 보지도 않는 웹스터사전webster's dictionary 등 영문서적 등을 진열한 경우
· 안내데스크information desk나 경비원이 불친절한 경우
· 화장실 식당 자재창고 등이 더럽고 정리가 안 된 경우
· 골프를 못치는 CEO, 종전에는 반대였으나 골프는 경영과 같다는 인식의 전환

CHAPTER 13 미래의 산업과 지식재산

CHAPTER 13 미래의 산업과 지식재산

아프리카 초원의 영양들은 시속 100km를 지속력 있게 주파한다. 그렇게 하지 않으면 치타의 먹이기가 되기 십상이기 때문이다. 치타는 비록 오래 달리지는 못해도 순간속도 시속 110km에 이른다. 오랜 진화의 역사history of evolution를 거치며 치타는 치타대로 나날이 빨라지는 영양을 따라잡기 위해 점점 더 빨리 달리도록 진화했고, 영양은 영양대로 치타에게 잡히지 않으려고 점점 더 빨리 달리게 된 것이다.

자연계의 생물들은 어느 누구도 홀로 진화할 수 없다. 모두 다른 생명체들과 관계를 맺으며 진화한다. 즉, 공진화co-evolution를 하는 것이다. 그런데 일단 공진화의 쳇바퀴에 올라타면 임의로 내릴 수가 없다. 영양이 허구한 날 시속 100km로 달리기가 지겹다고 멈추면 치타의 밥이 될 뿐이다. 달아나는 영양을 따라가기 귀찮다고 주저앉는 치타는 굶어 죽는다. 치타보다 속력이 늦은 영양이 모두 치타에게 잡아먹혀 멸종치 않는 이유는 지속력 있게 달릴 수 있는데 있고 치타에게 순발력은 있지만 지속력이 없기 때문이다. 생명체가 생존을 지속하고 있는 현상을 들여다보면 누구에게나 자기만의 강점과 단점이 있다.

자기가 잘할 수 있는 영역을 발견하고 집중해야 성공할 확률이 높다. 나폴레옹은 수필가에서 실패했고, 셰익스피어는 양모사업가을 하다가 실패했으며, 그랜트는 제혁업자로 실패한 사람이다. 하지만 그들 중에 어느 누구도 포기하지 않았다. 그들은 다른 분야로 옮겨가 자신에게 맞는 일을 찾아 노력했으며 결과는 그 분야에서 성공했다.

1. 21세기 산업과 직업의 세계

1) 직업의 의미와 바람직한 작업관

우리는 일상생활 속에서 수많은 선택을 하면서 살아간다. 일생을 함께할 배우자를 선택하는 문제와 친구, 주거지역, 제품, 집, 그리고 직업 등을 선택하게 되며, 지혜로운 선택의 결과는 행복감과 자아실현의 기쁨을 얻을 수 있다. 이와 같은 많은 선택들 중에 직업의 선택은 가장 중요한 핵심이 되는 것이다. 왜냐하면 그것은 인생전체 활동의 대부분을 차지할 뿐만 아니라, 매일매일 그 사람의 사회적 활동을 결정하고, 원만한 직장생활과 자아실현의 가장 중요한 수단이기 때문이다. 이러한 직업을 바르게 선택하고 직업생활을 성공적으로 이끌기 위해서는 직업에 대한 바른 인식과 태도를 가져야 한다. 직업관occupational view은 사람에 따라서 다양하나 크게 보수의 획득이 목적인 "보수지향적compensation-oriented 직업관", 행위의 목적이 타인을 위한 선에 우선순위를 두는 이타주의에 기초한 "기여지향적contribution-oriented 직업관", 그리고 자신의 능력발휘와 가치관의 실현이 목적인 "자아실현 지향적self-actualization-oriented 직업관" 등으로 크게 구분할 수 있다.

현대 사회는 기술의 발전과 사회구조의 변화 등으로 인하여 직업이 전문화specialization, 세분화segmentation되고 있다. 자신의 소질과 적성, 가치관과 소망에 따라 선택할 수 있는 직업의 종류도 점점 더 많아지고 있다. 특히 오늘날의 직업은 전문성expertise과 창의성creativity을 실현할 수 있는 수단이며, 자아발전과 성취욕구의 터전이 되고 있다. 따라서 어떠한 직업이 자신의 자아를 충족시켜 주는가를 잘 이해하고 탐색하며 준비해야 할 것이다. 한번 선택한 직업은 일생을 좌우하게 되므로 신중하게 선택해야 하며 이를 위해 스스로의 능력과 적성, 개성들을 고려하여 직업을 선정하는 태도가 필요하다.

2) 변화하는 직업의 세계

우리 사회는 지금 세계화, 정보화informatization라는 대전환 속에서 산업구조의 급속한 변화와 함께 국가간, 기업간, 그리고 개인간 무한경쟁 상태에 직면해 있다. 이와 관련하여 과학기술의 발전은 노동시장의 변화를 가속시키고, 직업의 전문화 · 세분화를 더욱 촉진시키고 있다. 이러한 측면은 직업을 처음 구하는 사람이나 이직change jobs과 전직change of employment을 생각하는 사람들의 직업선택에 혼란을 가중시킨다. 따라서 변화하는 직업의 세계와 그 주변에 대한 이해는 올바른 직업선택을 돕는 기본지식이 될 것이다.

① 직업은 계속 분화하여 다양화되고 있다.

② 지식 · 정보화의 진전은 새로운 기업환경이나 산업구조를 만들고 있다.

③ 사이버 공간을 통한 기업 활동이 증대하고 있다.

④ 삶의 질을 높이는 산업비중이 증가한다.

⑤ 지식기반산업과 첨단산업high-tech industry이 증가한다.

⑥ 새로운 상품과 서비스의 개발로 새로운 직업이 탄생하기도 하고 소멸하기도 한다.

⑦ 평생직장은 사라지고 평생직업으로 남는다.

⑧ 기계화와 자동화의 진전은 여러 복잡한 직무내용을 단순화시키고, 이에 따라 직업도 자동화가 불가능하거나 사람이 기계보다 효율성이 높은 일에 집중될 것이다.

3) 향후 10년간의 직업전망

한국고용정보원은 우리나라 대표적인 직업 196개에 대한 향후 10년 간(2018년~2027년)의 일자리 전망을 수록한 「2019 한국직업전망」을 발간했다. 이 「2019 한국직업전망」이라는 보고서는 직업별 향후 10년간 연평균 고용증감을 '감소', '다소 감소', '현 상태 유지', '다소 증가', '증가' 5개 구간으로 나눠 제시했다. 2027년까지 취업자 수가 증가할 것으로 전망되는 직업은 19개로, 보건·의료·생명과학, 법률, 사회복지, 산업안전, 항공, 그리고 컴퓨터네트워크·보안 관련 분야에서 인재 수요가 늘어나는 것으로 조사되었다.

특히 보건·의료·생명과학 분야 취업자 수가 늘어나는 구체적인 직업은 간호사, 간호조무사, 간병인, 물리치료사 및 작업치료사, 생명과학연구원, 수의사, 의사, 치과의사, 그리고 한의사 등이다. 법률 분야에서는 변리사와 변호사 수요가 증가하며, 사회복지 분야는 사회복지사, 산업안전 분야는 산업안전 및 위험관리원의 취업자가 많아질 것으로 보인다. 항공 분야는 항공기조종사와 항공기객실승무원, 컴퓨터네트워크·보안 분야에서는 네트워크시스템개발자와 컴퓨터보안전문가의 취업자가 많아질 것으로 예상된다. 그리고 이외 분야에서는 전통 기법으로 한옥, 궁궐 등의 건축물을 신축하거나 보수하는 한식목공이 건물 보수 예산 및 한옥 신축 증가 등의 요인에 혜택을 볼 것으로 전망되며, 신재생에너지를 연구하고 개발하여 에너지 효율을 높이는 시스템과 관련된 업무를 수행하는 에너지공학기술자는 환경에 대한 관심이 상승하여, 신재생에너지 강화 정책 등에 따라 취업자 수가 늘어날 것으로 예측된다. 아래 [표13-1]는 196개 직업별 일자리 전망 결과를 나타낸다.

[표 13-1] 「2019 한국직업전망」의 직업별 일자리 전망 결과

전망	직업명				
증가 (19)	간병인	간호사	간호조무사	네트워크시스템개발자	물리 및 작업치료사
	변리사	변호사	사회복지사	생명과학연구원	산업안전 및 위험관리원
	수의사	에너지공학기술자	의사	치과의사	컴퓨터보안 전문가
	한식목공	한의사	항공기객실승무원	항공기조종사	
다소 증가 (68)	감독 및 연출자	경찰관	경호원	관제사	광고 및 홍보전문가
	기자	냉난방관련 설비조작원	노무사	대중가수 및 성악가	데이터베이스 개발자
	도시 및 교통 설계전문가	만화가 및 애니메이터	미용사	방사선사	방송 및 통신장비 설치 수리원
	배우 및 모델	법률관련 사무원	보육교사	보험 및 금융상품개발자	사서 및 기록물관리사
	사회과학연구원	사회단체 활동가	상담전문가 및 청소년지도사	상품기획전문가	석유화학물가공장치 조작원
	세무사	소방관	손해사정사	스포츠 및 레크리에이션 강사	시스템소프트웨어개발사
	식품공학기술자 및 연구원	안경사	안내 및 접수사무원	애완동물미용사	약사 및 한약사
	여행서비스관련종사자	연예인 및 스포츠매니저	영양사	웹 및 멀티미디어 기획자	웹 및 멀티미디어 디자이너
	응급구조사	응용소프트웨어개발자	의무기록사	인문과학연구원	임상병리사
	임상심리사	자동차 및 자동차부분품조립원	작가	전기 및 전자설비조작원	전기공학기술자
	전자공학기술자	정보시스템운영자	제조공정부품 조립원	지리정보전문가	직업상담사 및 취업알선원
	치과기공사	치과위생사	컴퓨터시스템설계 및 분석가	컴퓨터하드웨어 기술자 및 연구원	큐레이터 및 문화재보존원
	택배원	판사 및 검사	피부미용사 및 체형관리사	행사기획자	화학공학기술자
	환경공학기술자	환경관련장치조작원	회계사		
유지 (81)	기업고위임원(CEO)	간판제작 및 설치원	감정평가전문가	건설기계운전원	건축가(건축사)
	건축공학기술자	경기감독 및 코치	경비원	경영 및 진단전문가 (경영컨설턴트)	공예원
	관세사	국악인 및 전통예능인	금속가공장치 조작원	금융 및 보험관련사무원	금형 및 공작기계조작원
	기계공학기술자	기계장비설치 및 정비원	농림어업기술자	대학교수	도배공 및 유리부착원

전망	직업명				
	메이크업아티스트 및 분장사	무용가 및 안무가	물품이동장비조작원(크레인및지게차운전원)	미술가	미장공 및 방수공
	배관공	버스운전원	번역가	법무사	보험관련영업원
	부동산중개인(부동산중개사)	비금속광물가공장치조작원	비서	상품중개인 및 경매사	상품판매원
	생산관련사무원	소년보호관 및 교도관	시각디자이너	식품가공관련기능종사자	식품제조기계조작원
	아나운서 및 리포터	영업원	영화·연극및방송제작장비기사	용접원	운동선수
	운송장비정비원	유치원교사	음악가	인테리어 디자이너	임업관련종사자
	자동차정비원	자산운용가	작물재배종사자	장례지도사	재료공학기술자
	전공	전기 및 전자기기 설치수리원	제과제빵사	제품디자이너	조경기술자
	주방장 및 조리사	중등학교교사	철골공	철도 및 전동차기관사	청소원 및 가사도우미
	청원경찰	초등학교교사	출판물전문가	캐드원	토목공학기술자
	통신공학기술자 및 연구원	통신장비 및 방송송출장비 기사	통역사	투자 및 신용분석가	특수학교교사
	패션디자이너	학원강사 및 학습지교사	항해사	홍보도우미 및 판촉원	화물차 및 특수차운전원
	회계 및 경리 사무원				
다소 감소 (31)	조사전문가	건축목공	결혼상담원 및 웨딩플래너	경영지원사무원	계산원 및 매표원
	귀금속 및 보석세공원	낙농 및 사육관련 종사자	단순노무종사자	단열공	단조원
	도장원 및 도금원	무역사무원	바텐더	비파괴검사원	사진가
	섬유공학기술자	세탁원 및 다림질원	악기제조원 및 조율사	어업관련종사자	운송사무원
	의복제조원 및 수선원	이용사	조적공 및 석공	주조원	증권 및 외환딜러
	철근공	철도 및 전동차 기관사	측량가	콘크리트공	텔레마케터
	판금원 및 제관원				
감소 (1)	인쇄 및 사진 현상관련조작원				

2. 창조와 경영학적 사고

수년 전에 친한 사람들끼리 모인 칵테일파티에 참석한 적이 있다. 그런데 아주 친절해 보이는 여종업원이 마티니martini 즉, 드라이진에 드라이 베르무트를 섞은 후 올리브로 장식한 칵테일 잔들이 놓인 쟁반을 받쳐 들고 다가왔다. 그 여종업원이 권하는 마티니를 거절하는 것은 결례일 것 같아 한 잔을 받아들었다. 잔을 눈높이로 들어 속에 든 액체를 물끄러미 바라보며 마티니와 관련해서 인간이 성취한 기술적 승리에 대해 생각해 보았다.

미생물의 작용에 의해 유기물이 분해되는 현상인 발효醱酵는 아마 문명만큼이나 긴 역사를 갖고 있을 것이다. 인류학자들은 이제까지 발견한 모든 문명은 어떤 유형으로든 술을 개발했다. 4,200년 전의 메소포타미아 토기에는 양조과정이 새겨져있었다. 구약은 포도주에 대해 186번이나 언급하고 있다. 칵테일파티에서의 교양인에게 이런 것이 아주 유용한 지식useful sense이 될 것이다. 서기 800년경의 유럽의 수사修士(남자 수도승)들은 포도주를 만드는데 있어 상당한 수준의 기술과 생산능력을 갖고 있었다.

손에 든 잔 밑바닥에는 큰 녹색의 올리브 열매 하나가 조용히 가라앉아 있었다. 사실 인간이 어떤 경로를 거쳐 올리브 열매를 먹게 되었는가를 오랫동안 궁금해 했었다. 오늘날 올리브 처리 기술이 문제를 드러내 보여 준다. 생 열매는 글리코사이드glycoside라는 아주 쓴 성분을 함유하고 있어서 그대로 먹을 수가 없다. 그래서 올리브는 수확하자마자 묽은 잿물에 푹 담근다. 그 후 알칼리 용액 속에 들어있는 하이드록사이드hydroxide는 몇 번의 세척을 거쳐 제거하고 올리브는 다시 진한 소금물에 절인다. 몇 주 뒤에 발효를 지속시키기 위해 설탕이 들어간다. 그리고 6개월 후 올리브는 병이나 깡통에 포장되는 것이다.

생각에 잠겨 있는 동안 어떤 사람이 눈인사를 하며 말을 걸려고 다가오고 있었다. 그에게 이렇게 말했다. “오늘날 마티니가 있기까지의 기술적 발전에 대해 생각해 본 일이 있으신지요?”

우리 사회가 미래충격future shock을 받은 것은 처음이 아니다.

2백년 전 산업혁명이 영국에서 시작되었을 때, 사람들은 상품에 가치와 같은 것이 있을 수 없다고 말했다. 당시 실재로 존속하고 있는 유일하고 절대적인 가치는 자연자원, 토지, 그리고 건물이라고 생각했다. 이러한 것들은 장기적으로 존재하고 못쓰게 되는 제품에 참된 가치가 있다는 것을 생각지도 못했던 것이다. 그렇지만 머지않아 시간적 차이를 극복하고서 새로운 상황에 적합한 사고방식이 나타났다. 즉, 산업사회에 적합한 경제적 이론economic theory이 발전하고, 사회주의와 자본주의라는 두 개의 상반된 이론이 경합을 벌이게 되었다.

그러나 오늘의 정보사회에서 현재 사람들은 다시 다음과 같은 의문을 품고 있다. 언젠가는 사라져버리는 컴퓨터 스크린상의 순간적인 데이터에 불과한 정보에 도대체 어떻게 어떤 가치를 부여할 것인가를 고뇌하게 되었다. 지금은 정보에 가치가 있다는 견해가 널리 받아들여지게 되었지만 지식, 정보, 그리고 창조성과 같은 무형의 재산intangible asset을 정확히 계량화 할 수 있는 경제모델은 아직 없을 뿐 아니라 과거를 바탕으로 미래를 예측하는데 주안점을 둔 경제모델로는 정보의 가치를 표준화시킬 수 없을 것이다.

글로벌한 경제가 보여주고 있는 수백만 개의 변수를 생각해 보자. 수백 개의 변수를 사용하여 컴퓨터 모형을 만드는 등 현재까지의 자료를 바탕으로 미래의 경제예측을 정확하게 하려는 시도는 어떤 방법이나 모형을 도입하여 사용하든지 우스꽝스러운 시도다. 그래서 과학science과 상황적합적 의사결정의 영역 즉, 기예art의 영역을 포괄하고 있는 경영학적 접근방식인 가치경영Value Based Management(VBM)의 연구가 필요하게 된다. 이러한 가치경영은 가치를 기업경영의 궁극적인 목표로 설정하고 기업의 모든 경영활동과 의사결정과정이 가치와 연계될 수 있도록 하는 것이다. 가치경영은 가치창출value creation, 가치관리value preservation, 그리고 가치실현value realization이라는 3단계를 통해 완성될 수 있다.

이와 같이 정녕 미래는 경영학적 사고가 필요 되는 시대다. 물리학이나 경제학 같은 기초 학문과는 달리 경영학에는 통일된 이론이 존재하지 않는다. 경영학은 그 시대 기업들이 당면한 문제를 해결하기 위해 노력하면서 발전해온 응용학문applied science이다. 기업 활동에 몸담고 있는 사람이라면 전공에 상관없이 기업 활동을 이해하고 참여할 수 있어야 한다. 부서별로 세분화된 업무를 진행하지만 실제 의사결정 시에는 여러 부서를 아우르는 통합된 경영지식integrated management knowledge과 경영학적 사고management thought가 필요하다. 4차 산업혁명 도래와 함께 현대 기업에 처한 환경은 끊임없이 변하고 있다. 이런 시기에는 기업과 조직 구성원들의 시장에 대한 유기적인 대응이 절실할 것이다. 서울대 김병도 교수도 “당면한 상황에서 문제의 핵심을 꿰뚫고 해법을 찾아가는 '경영학적 사고'야말로 지금 우리가 가져야 할 능력”이라고 강조한다.

3. 국제환경변화의 인식

1970년대 이전까지는 다른 나라의 상품을 모방imitation하여 자국의 소비자에게 공급하거나 해외시장에 출품하는 수준으로 만족하였으나 세계경제가 블록화blocking되고, 선진각국이 자국 내로 유입되는 상품이나 기술에 대해 자국수준의 규격을 요구하게 됨으로써 국제표준화international standard에 대한 높은 관심을 갖게 된 것이다.

1970년대 소비자의 상품선택 기준이 '새로운 것으로서 기능이나 효과가 뛰어나면 좋은 상품'으로 평가되어 기능성functionality을 추구한 상품이 주류를 이루었고, 1980년대 부가가치 상품지향이 되어 고객만족의 질적 변화가 나타나기 시작하였으며, 1990년대에서는 미적 요소esthetic elements로 하이터치한 요소를 담은 문화성이 높은 산업이 경제의 견인차로 등장하면서 자원과 환경 등 인류의 생존권에 관한 문제가 부각됨과 동시에 사회성 평가가 중요시되고 있다. 고도화된 기술을 뜻하는 하이테크high tech와는 달리, 하이터치high touch는 인간성을 내포한 감성적 작용을 말한다. 미국의 학자 존 네이스비츠John Naisbitt의 저서 「메가트랜드」에서 처음 등장한 이 단어는, 무용, 미술, 음악, 그리고 시문학 등의 예술 분야와 가족과 같은 공동체적 개념을 통하여 인간적인 면을 강조한다. 이러한 하이터치는 기계적이고 인공적인 하이테크에 반하여 미적 가치의 강화로 각광받고 있다.

따라서 모든 나라의 공업규격을 표준화, 규격화하기 위해 설립된 국제기구인 국제표준화기구International Organization for Standardization(ISO)에 의한 표준화 규격의 마련도 기능성 평가위주의 품질규격에서 환경과의 친화성 정도를 평가하는 환경규격을 마련한데 이어 인간과 그들이 사용하는 물건과의 상호작용을 다루는 학문인 인간공학ergonomics에 대한 국제표준화 작업이 진행되어 있다. 소비자로서의 인간뿐 아니라 생산요소로서의 인간보호를 주목적으로 한 인간공학에 대한 국제표준화 작업이 진행되고 있는 것이다.

국제환경협약과 개별국가의 환경규제 형태가 다양하므로, 이에 따른 영향은 우리 경제의 발전단계와 산업구조, 환경용량 등과 밀접한 관계가 있는데 단기적으로는 환경규제 강화에 따른 원가부담의 증대, 환경오염자 부담원칙Polluter Pays Principle(PPP)에 따른 환경비용의 내부화, 원료조달의 애로, 대외무역의 차질, 그리고 인증 과정에서의 기업정보의 대외유출 등 단기적으로는 부정적인 영향이 있으나 장기적으로는 환경규제의 강화가 기업의 신임도 증가, 산업재해의 감소, 환경기술의 개발은 새로운 사업영역 창출의 기회가 되어 경제발전을 촉진시킬 긍정적인 효과도 기대되므로 이를 위한 비용 부담을 비용의 개념에서 탈피하여 새로운 투자라는 개념을 갖고 새로운 환경에 적응해 가야할 필요성이 대두된다.

기업이 체계적인 환경관리를 위해 환경 관련 조직의 방침을 정하고, 그 실행을 위한 요건을 갖춘 환경경영체제environmental management system를 구축할 경우 기업의 자율적 의사에 의한 관리로 환경관리 성과가 개선되어 법적 규제의 필요성이 감소되고, 효율적 경영체제구축에 의해 생산비용의 감소와 경쟁력을 제고할 수 있으며, 제3자 인증 third-party endorsement에 의한 기업의 투명한 환경이미지를 구축하여 무역시장 확대가 가능하며, 세계적인 관리를 통해 자원, 에너지 절약 및 자연환경보호에 기여할 수 있고, 환경관리 기술의 개선을 촉진하고 종업원의 환경도덕성 회복도 기할 수 있게 될 것이다.

환경오염방지 산업은 국내외적으로 환경오염규제가 본격적으로 강화되는 현실로 볼 때 그 성장 잠재력이 막대할 것으로 예상된다. 따라서 이제는 제품기획 단계에서부터 환경요인을 충분히 반영하며 환경비용이 부대경비가 아니라 생산필수경비라는 인식하에 미래지향적 기업존립을 위한 품질경영차원에서 환경문제에 접근해야 할 것이다.

4. 분업시스템의 효율성

분업시스템의 효율에서 나타나는 필연의 결과인 임금의 차별화 현상differentiation phenomenon이 자본주의 시스템의 원동력이자 동시에 다양한 임금의 문제점으로 제기되기도 한다. 애덤 스미스는 왜 분업division of labor이라는 시스템의 원조가 생산성 증대에 크나큰 기여를 할 수 있는지 그 이유에 대해서 일목요연하게 밝히고 있다.

첫째, 노동자들은 맡은 일을 더 숙달할 수 있다.

둘째, 노동자들의 작업 전환 시 소요되는 시간을 없앨 수 있다. 특히, 작업 전환이 작업복, 공구 등의 교체나 위치 전환을 요할 경우 분업의 우열성은 확연해진다.

셋째, 전문화된 노동자들이 매일 같은 작업을 되풀이하다 보면 작업능률을 엄청나게 향상 시킬 수 있는 공구나 기계를 고안해 낼 가능성이 높다.

애덤 스미스는 공학자들보다는 오히려 노동자들이 작업개선과 신발명을 해낼 수 있는 가능성이 높다고 믿었다. 분업은 확실히 능률적이긴 하나 직종간의 임금격차 발생의 주원인이 될 수 있다고 덧붙였다. 임금수준에 관한 스미스의 난해한 가설에는 사실 스미스의 명쾌한 맛이 난다. 스미스는 직종 간의 임금 격차가 발생하는 이유를 다음과 같이 설명한다.

① 어떤 직종은 불유쾌하거나 위험한 작업환경을 전제로 한다. 따라서 임금을 높게 책정하고 그 열악한 작업환경에 대한 보상을 해 주지 않으면 아무도 그 직업에 종사하려 들지 않을 것이다. 예를 들어, 엘시티매니지먼트(부산 해운대) 100층 꼭대기의 유리창 청소부는 길거리 청소부보다 시간당 임금(위험수당)을 훨씬 더 많이 받는다.

② 특수한 교육을 요하는 직종은 임금수준이 높다. 특수 장비를 다루는 기사는 일반 버스나 택시를 운전하는 기사보다 임금이 높다.

③ 불규칙이거나 불안정한 직종은 임금수준이 높다. 선박의 일꾼이 다른 비슷한 교육수준의 노무자들 보다 돈을 더 받는다. 그 이유는 기후, 날씨, 그리고 환경 등의 영향을 받아 조업일이 적어질 수 있기 때문이다.

④ 높은 신용 수준이 요구될 때 임금은 올라간다. 많은 사람들은 다이아몬드를 도매상에서 사지 않고 좀 비싸더라도 믿을만한 티파니(tiffany & co. : 1837년부터 세계 최고의 주얼리 브랜드로 미국의 대표적인 디자인 하우스) 같은 고급보석상에서 산다.

⑤ 성공률이 낮은 일일수록 성공했을 때 그 보상은 커진다. 변호사는 민사변론을 조건부로 수락하는 경우가 많다. 즉, 승소할 경우에만 수임료를 받겠다는 것이다. 물론 승소할 경우 받게 되는 수임료는 엄청나다.

이것이 21세기 연봉제에서 다시 부활되고 있는 능률급제merit system이다. 진리에는 동서고금의 차이가 없다. 국가의 주권이 국민에게 있고 국민을 위하여 정치를 행하는 제도인 민주주의democracy가 이유 없이 나누어 갖는 평등주의egalitarianism가 아님을 알게 하는 대목이다. 차별discrimination은 생산성의 원동력이며 민주주의의 성장엔진이다.

5. 조직구성원의 의식변화

우리나라는 1960년 이래 급격한 산업화industrialization 과정을 겪으면서 전통 사회적 가치관이 붕괴되고 이를 대체할 사회 구조나 질서 또는 제도와 관련된 윤리 문제에 대한 도덕적 규범인 사회윤리social ethics가 형성되지 않은 가운데 사회적 부의 축적이라는 국가목표가 모든 수단을 정당화하게 되었다. 이러한 사회윤리의 부재 속에서 기업이 이윤 추구 과정에서 지켜야 할 기업윤리business ethics가 올바로 정착될 수 없었던 것이다. 경영자는 기업의 의사결정에 있어서 경제적 성과economic performance 위주로 능력개발이 되어 왔기 때문에, 기업의 사회적 성과social performance 즉, 생산과 분배, 고용수준, 그리고 지역발전 등 윤리성에 대한 이해와 대안이 빈약할 수밖에 없었다.

이제 우리나라의 기업은 국제화 시대에 있어 이러한 윤리문제를 시급히 해결하지 않으면 안 될 단계에 놓였다. 이러한 윤리문제는 비교적 고정적인 기업의 구성원인 경영자와 근로자들이 공유하는 가치관, 규범, 전통, 그리고 지식과 기술 등을 모두 포함하는 종합적인 기업문화corporate culture와 관련되어 있어 단기간 내에 해결될 성질의 것은 아니며 올바른 기업윤리의 정착을 위해서는 장기적이고도 전사적인 노력이 필요하다.

경제적으로 성공한 국가의 사회 윤리적·사상적 성공요인을 살펴보면, 그 시대를 이끌어갈 보편사상이 존재했기 때문임을 알 수 있다. 비판과 다양성을 창조적 원동력의 구성인자로 흡수해버릴 수 있는 데모크라시즘democrism에 기초한 고객 사랑의 미국 청교도 정신puritan spirits 즉, 1620년부터 19세기 초까지 뉴잉글랜드 교회를 중심으로 발전된 극단적인 칼뱅주의의 종교와 여기에서 발생한 도덕적 규범, 그리고 관료를 무역활동의 경비집사警備執事로 인식한 사까이Sakai 상인정신과 조직 응집력을 유지할 수 있는 사무라이 정신의 결합으로 이룩된 일본의 화和의 정신들이 미 · 일을 세계 최강국으로 만들었다면 원로정치의 바탕이 되고 있는 중국의 경로사상敬老思想이 정치적 안정과 안정적 경제발전에 긍정적 영향을 미쳐 중국을 경제 강국으로 만드는 성장촉진제 역할을 할 것이다.

경로사상에 바탕한 중화사상中華思想에 나타나고 있는 기업윤리를 보면, 군자애재君子愛財(군자와 같이 학식과 덕행이 뛰어난 사람도 재물을 좋아 한다 → 경제인의 논리), 취지유도取之有道(그것을 취하는데도 도가 있다 → 기업윤리의 강조), 그리고 경업낙군敬業樂群(자기업을 공경하고 무리를 즐겁게 하라 → 행동시스템적 고객만족)으로 정리된다.

우리나라는 중국의 공자가 주장한 가르침, 인仁을 근본으로 하며 사서삼경四書三經을 경전經典으로 하는 유교사상에 기초한 가족공동체 정신을 이 시대의 사회윤리social ethics로 강조함이 어떨까한다. 이는 우리나라의 산업민주화 과정에서의 노사갈등기를 원만히 해결한 기업들의 결정적 성공사례에서 보면, 기업조직을 가족공동체family community로 인식한 데서 그 파고를 원만히 극복해 왔음을 볼 수 있기 때문이다.

기업철학, 경영이념, 그리고 사원정신 및 행동지침 등 사회윤리에 바탕을 둔 기업윤리가 제시되어야 급변하는 환경 속에서도 기업구성원들의 전략수행과정에 하나의 확고한 윤리적 행동기준이 나타날 것이다. 이러한 인식을 바탕으로 조직전체 구성원을 대상으로 새로운 사업구조 및 조직형성을 위한 리스트럭처링, 업무절차의 혁신을 위한 리엔지니어링의 실시가 필요하며 직접경비의 절감효과보다는 품질개선 및 조직원의 의식변화alteration of consciousness와 내부고객의 개념인식 등 간접효익을 도모할 때 기업내부 환경의 강점을 바탕으로 기업외부환경 변화에 적절히 대처할 수 있게 되므로 환경적합적 기업이 될 수 있을 것이다. 영업소기營業所基라 한다. 영업의 번성은 기본의 충실에서 기인된다는 것이다.

[표 13-2] 근대경제에 기여한 사회 윤리적·사상적 성공요인

국가	성공요인으로 작용한 보편사상
미국	청교도 정신의 데모크라시즘democrism에 기초한 고객사랑
일본	싱인징신과 무사도 정신의 결합으로 이룩된 화和의 정신
중국	경로사상에 기초한 중화사상中華思想의 행동시스템적 고객만족
한국	유교사상confucianism에 기초한 가족공동체정신

국가문화에 바탕을 둔 기업문화의 창조가 있어야 하며 기업문화에 바탕을 둔 자아실현의 성취가 있도록 조직문화의 관리가 필요 되어 진다. 단일조직 내에서도 규모, 과업의 분화, 지리적 분산, 그리고 다각화 등으로 하위문화가 존재한다. 따라서 조직문화를 관리해 나갈 때 역설적 관점paradox view에서 다양한 하위문화를 관리해 나가는 것이 바람직하다 하겠다. 급격한 환경변화 하에서는 특수성에 따라 형성되는 하위문화를 이해하는 관리가 이루어져야 한다. 조직의 핵심적인 정체성identity을 형성하는 사고의 프로세서 품질 일원화를 위한, 일련의 기업문화 창조를 위해 조직구성원의 관리 과정이 필요하다.

아놀드 사샤Arunoday Sahas는 「일본의 제품 뒤에 있는 인간적 요인에 관한 연구」라는 논문에서 세계 속에서 일본제품의 명성을 인정받고 있는 요인을 기업 특유의 기술 위에 각 계층 조직원의 능력과 기능을 합리적으로 조화하여 창조적 기업문화를 도출하기 위해 과도할 정도의 인적자원 개발훈련을 실시한 데서 기인되고 있다고 하였다. 최고경영자로부터 하위조직에 이르기까지 각 직급별로 이종異種부서의 교차훈련cross training 즉, 어느 직원이 하나의 업무에서 동일한 수준의 비슷한 기술 요건을 가진 다른 업무로 주기적으로 이동하며 받는 훈련을 통하여 조직전체의 관리 안목을 갖게 만들었으며, 특히 최고경영층에서 대차대조표와 손익계산서 등에 대한 관심보다도 행동시스템에 관한 관심을 갖는 훈련을 통하여 경쟁력 제고에 기여토록 하였다. 국가문화korean culture에 바탕을 둔 기업문화corporate culture와 기업문화에 바탕을 둔 종업원 각자의 작업형태가 가치확장value enlargement이라는 한 단어로 응집시키기 위해 조직 내 가치확장훈련value enlargement training에 주력하였다. 조직목표달성을 "수용 가능한 품질수준"이 아니라 "무결점을 향한 정신적 가치"의 확보로 평가하였다. 즉, 제품불량의 수준을 도덕성 결여의 수준으로 조직원을 평가하므로 구성원 전체가 제품가치 나아가 기업가치 속에서 존재의미를 부여받을 수 있다는 개념을 심었으며 인간중심의 가치경영으로 오늘의 일본 경영학의 명성을 얻게 되었다는 것이다.

[표 13-3] 한국 · 미국 · 일본기업문화의 비교

	한국	미국	일본
기업문화	- 기업주, 경영주 중심의 집권적 경향과 일방적 의사소통 - 연공 위주의 인사 행정 - 연장자와 상급지위에 대한 복종심 - 인화지향적 리더십 행동	- 행동지향적 - 고객최우선 서비스 - 방임과 통제의 양면성 - 실력이나 능력중시 - 자율성과 사업개발 행동 - 인간에 대한 생산성 향상	- 하위자의 충성심과 - 상위자의 온정 - 인화와 집단주의 - 개방성과 공동의식
경영철학	- 영웅적 역할 수행 - 비합리주의 - 정신주의 - 파벌주의(집단주의)	- 이윤의 극대화 - 합리주의 - 물질주의 - 개인주의	- 조직의 성장 - 개작주의 - 도덕성 중시 - 집단주의
경영개발	- 조직의 확산	- 조직의 효율성	- 조직의 개발
기업목표	- 단기목표 (생존을 위해서)	- 단기경영목표 (승리를 위해서)	- 장기경영목표 (존립 지속을 위해)
경영전략	- 원가절감과 품질 향상 중시 - 판매부문 강화 - 기업 간의 제휴 등 그룹 간 촉진	- 투하자본 수익률이나 주주 이익 중시 - 첨단 분야 중시 - 인간에 의한 생산성 향상 - 마케팅 중점	- 성장지향(신제품) 중시 - 생산기술 중시 - 급격한 변화에 대한 씨뿌리기 인적자원에의 관심 - 간접금융 중시의 재무전략
조직구조	- 기업주 중심의 집권적 경향 - 구조화된 직무체계 - 권위적 권한	- 분권적 경향 - task force project team - 간소한 조직	- 본사 집권적 조직 - task force - project team - 소집단활동

인사정책	- 장기계약고용 - 급속한 평가 - 비체계화 - 지역 및 지연적	- 단기계약 고용 - 급속한 평가-승진 - 전문경력 계획제도 - 개인능력 중시	- 종신계약고용 - 완만한 평가-승진 - 비전문적 일반경력 계획제도 - 연공서열주의
의사결정	- 위에서 아래로 신속 - 합의적 (핵심인물중심)	- 위에서 아래로 신속 - 개인적 (개인의사결정)	- 밑에서 위로 지연 - 합의적(공동의사 결정)
책임	- 개인책임	- 개인책임	- 집단책임
인간관계	- 감정적, 공격적	- 기능적, 적극적	- 온정적
기본가치	- 창의, 창조, 인화, 성실, 근면	- 능률, 경쟁합리성	- 안정, 협조, 온정적 분위기

[표 13-4] 세계 우수기업의 기업 행동

GE	진보에 의한 우리 회사의 최고제품
Dupont	보다 나은 생활을 위한 보다 나은 제품
Catapillar	세계 어디든지 24시간 내 부품제공
레오파넷광고 대리점	훌륭한 광고를 만든다.
AT&T	보편적 서비스
Sears, Roebusk	좋은 상품을 염가cheap price로
Continental은행	우리는 방법을 찾아낸다.
Dana Corp	사람이 높이는 생산성
Price Waterhouse & Co	(회계기술) 기술적 완성의 극치를 지향
P & G	소비자우선주의 : 고객요망에의 대응
Toyota	연구와 창조에 전념하고 항상 시류에서 앞서라
Honda	모방하지 않는 경영
松下(송하)	소비자 지향에 철저한 商人(상인)을 관철한다.
日立(일립)	和(화)와 誠(성)과 개척자 정신
NEC	Computer & Communication
TDK	창조에 의해 세계의 문화 사업에 공헌한다.

일본에서 종종 볼 수 있는 벽걸이 무사도로 그려져 있는 인물이 일본의 검성劍聖(검술의 달인을 가리키는 칭호), 미야모토 무사시宮本武蔵(1582~1645)이다. 무사시는 젊어서 마음의 검법을 익히기 위해 전국을 유랑하며 실전을 수없이 경험하며 무술의 경지를 높이게 된다. 눈밭 속에서의 대결, 칼 위에 쌓이는 눈, 그리고 미동도 않으면서 느끼는 칼날 위에 떨어지는 눈발의 작은 소리까지 감지하는 본능적 반응 훈련을 통해 일본 제일의 무사를 꿈꾼다. 무사시와는 반대로 기술의 검법을 익히는 사사키 코지로佐々木 小次郎

(1585?~1612)는 고향 마을 개천가에서 두 눈을 가리고 날아가는 제비를 순식간에 가르는 버들검법을 익히고 장검을 사용하는 무사다. 어느 날 이 두 사람이 조그마한 섬에서 일본 제일을 가리는 대결을 하는데 평소 이 두 사람은 서로를 많이 알고 두려워하고 있었다. 먼저 도착한 사사키 코지로가 무릎까지 차 오른 물에서 올라오는 있는 무사시를 맞아 대적하게 된다. 이 때 무사시가 들고 있는 검이 평소에 사용하는 진검眞劍(쇠칼)이 아니고 목검木劍(나무칼)이었다.

기합과 동시에 일격의 대결을 마치는 순간 사사키 코지로는 칼 끝에 감지되는 촉감으로 상대를 베었다는 느낌을 받으며 웃는다. 그러나 그것은 미야모토 무사시의 머리에 매고 있던 머리띠였다. 빛의 골절로 물에 꺾인 미야모토 무사시의 목검의 길이를 정확히 읽지 못한 사사키 코지로가 쓰러진다. 한 치의 차이로 사사키 코지로가 패하고 미야모토 무사시는 일본 제일의 검성이 되어 오늘날까지 사무라이의 상징이 된다. 태양의 위치를 싸움에 이용하는 미야모토 무사시 특유의 동물적인 싸움 감각을 본다. 여기서 일본인들의 상황적합적contingency 의사결정의 가치관을 느낀다. 생각의 여운을 남기는 이야기다.

6. 경쟁력과 지식재산권

1) 기술변화의 방향과 특색

세계는 지금 제3의 밀레니엄을 맞이한지도 22년이 흐르고 있다. 그러나 시작점에서 밀레니엄을 둘러싸고 있는 여건과 전망이 그다지 밝지만은 않다. 3년차 접어들고 있는 코로나바이러스감염증-19 팬데믹, 끝이 보이지 않는 러시아와 우크라이나 전쟁, 중국과 대만의 대립, 세계 곳곳에서 일어나는 국지적인 테러나 분쟁, 그리고 여러 가지 국제적 환경 문제 등 어느 것 하나 쉽게 해결될 수 있는 문제가 아니며 그것들은 짙은 안개처럼 사람들의 시야를 가로막고 있다. 그러나 시간을 되돌릴 수 없는 한 밝은 미래를 믿고 노력하는 것이 바람직한 방법이며, 실제로도 결코 나쁘지 않은 미래가 펼쳐질 것이다. 중요한 것은 어떻게 현재를 정확하게 파악하고 문제에 대한 현명한 해결방법을 모색하느냐 하는 것이다.

새로운 시대를 맞이함에 있어서도 불확실성uncertainty(미래 일어날 수 있는 사건에 관해서 인간이 가진 정보의 정확성에 대해 확신하지 못하는 것)을 회피하려 하지 말고 다가올 미래를 적극적으로 즐길 수 있어야 한다. 마치 파도타기 선수가 파도를 무서워하지 않고 그 리듬에 몸을 맡기고 균형을 잡는 것을 즐기는 것처럼 말이다. 그 차이는 파도의 크기가 다만 지구 규모라는 것뿐이다. 그런 의미에서 이러한 도전challenge은 전 세계를 무대로 한 메가챌린지mega - challenge인 것이다. 그러나 자세히 들여다보면 거기에도 분명 메가트랜드mega-trend가 존재함을 인지할 수 있다.

· 메가챌린지mega-challenges : technology fusion : 기술융합
information network : 정보통신망
P · C generation

· 메가트랜드mega-trend : transparent : 투명화
paradox : 위험과 기회의 공존
dualism : 이원주의
auto-poiesis : 개성적 자기조직화

쉽게 외재화externalization, 객관화objectification시킬 수 없는 암묵적인 지식을 공유하고 승화시켜 형식화formalization하고 이를 통해 새롭게 창조된 형식적이며 외재화된 지식을 다시 암묵적인 지식으로 순환시킴으로써 조직적 경쟁력을 확보하는 그룹웨어groupware의 시대다. 그룹웨어는 조직구성원들이 컴퓨터로 연결된 사무실에서 서로 협력하여 업무를 수행할 수 있도록 지원하는 비즈니스 솔루션으로 부문(개인)이 가진 정보와 지식을 다양한 상호교류와 제공을 통하여 분편적이며 암묵적이고 애매한 지식을 과학적으로 체계화하여 일정한 원리에 따라 낱낱의 부분이 짜임새 있게 조직되어 통일된 전체가 되도록 하고 분류하여 명료한 지식으로 전환하도록 하는 것이다. 선행기술의 명확화를 도모하여 자사의 지적 활동으로 인하여 발생하는 모든 지식재산intellectual property의 산업상 이용성, 신규성, 그리고 진보창의성 등을 기술description 가능하게 하여 지식이 가치를 가지게 하는 것으로써 지식가치인정시스템을 포괄하는 조직구조며 문화라고 할 수 있다.

2) 산업재산권과 지적재산권의 내용

(1) 산업재산권과 지적재산권의 개념

산업재산권industrial property이라 함은 인간의 정신적 창작물에 대하여 보호되는 권리 중 산업과 관련된 권리를 지칭하는 것으로 이해되고 있다. 산업재산권 권리 중에 무체재산권intangible property right이라는 것은 지적 창조물을 독점적으로 이용하는 권리를 말한다.

지적재산권intellectual property은 산업재산권보다 넓은 개념으로 저작권copyright, 전통적인 지식재산권(특허, 실용신안, 디자인, 상표, 그리고 저작권외 새로운 형태의 지적창작물)에 대한 재산적 권리를 총칭하는 개념으로써 이에 신지식재산권newly emerging IPRs(intellectual property rights)을 추가하고 있다.

3) 존속기간

특허권patent right : 설정등록이 있는 날로부터 20년이 되는 날까지 의약품, 농약 또는 원제의 발명은 5년 이내에서 존속기간 연장이 가능

의장권design right : 의장권의 등록설정이 있는 날부터 15년

실용신안권utility model right : 출원일 후 10년이 되는 날까지

- 지적재산권
  - 산업재산권(특허권, 실용신안권, 의장권, 상표권)
    - 실용신안 : 소발명정도인 실용적인 창작
    - 의장 : 시각을 통하여 마감을 일으키는 것(디자인)
    - 상표 : 상품의 타인 식별성
  - 저작권(저작권, 저작인접권)
  - 신지식재산권(영업비밀, 컴퓨터 프로그램, 데이터베이스 등)

4) 침해에 대한 구제

민형사상 구제(형사상 : 5년 이상의 징역 또는 5,000만원 이하의 벌금)

친고죄(상표권은 비 친고죄)

5) 기술개발 및 산업재산권의 정보검색

① 특허청 특허도서관(library.kipo.go.kr) : (042)481-5130, 5124

② 서울사무소(seoul.kipo.go.kr) : 대표전화 : 1544-8080

③ 특허청홈페이지(www.kipo.go.kr)

④ 한국발명진흥회(www.kipa.org) : (02)553-9546

⑤ 특허정보검색서비스(www.kipris.or.kr) : 특허고객상담센터 : 1544-8080
검색, 시스템 헬프데스크 042-483-4710

⑥ 미국특허청(www.uspto.gov)

6) 특허권과 벤처기업의 정의

특허권, 실용신안권 또는 의장권을 주된 부분으로 하여 사업화 하거나, 특허출원, 실용신안 등록출원 중인 기술로 심사청구 및 출원 공개된 기술과 의장등록출원 중인 기술 중 출원 공개된 기술로서 특허청장이 우수하다고 인정하는 기술을 주된 부분으로 하여 사업화하는 중소기업 및 예비창업자를 말한다. 여기서 출원出願application이란 특허를 받을 권리를 가진 자나 그 승계인이 특허를 받기 위해 소정의 원서願書(특허출원서)를 작성하여 특허청장에게 제출하는 것을 말한다.

해당권리를 이용한 제품의 매출액이 당해 기업의 직전 사업 년도 총매출액의 50% 이상이거나, 수출액의 25%이상임이 증명 가능해야 한다.

7. 가치경영 시대의 특징

1) 가치경영

기업 활동에 있어서의 가치valuc란 의사결정 각 개체의 주관적 판단에 의한 가치보다도 관계성 속에서의 객관적 가치의 의미를 강하게 갖는다. 가치경영value management이란 제품을 구성하는 병렬시스템의 용장성redundancy 향상과 직렬시스템의 단순성을 추구하는 가치분석에서부터 조직구성원 사고의 프로세스 질까지도 소비자 인지가치 consumer perceived value에 영향을 미쳐 생존부등식 형성에 영향이 된다는 개념 아래 이의 전 과정을 관리하는 것을 의미한다. 가치 확장을 통해 경영혁신을 이룩하는 가치경영의 특성이 전통적 품질경영과 다른 것은 문화적, 환경적, 그리고 윤리적 영향요인의 강조에 있으며 제품가치의 개념이다. 용장성의 사전적 의미는 규정된 기능을 수행하기 위한 요소 또는 수단을 부가하여 그 일부가 고장이 나도 그 제품 또는 시스템의 전체로서는 고장이 나지 않도록 하는 성질을 말한다.

$$\text{가치} = \frac{\text{기능}\left[\begin{array}{l}\text{시방서 및 표준과 합치된} \\ \text{제품특성 또는 사용적합성}\end{array}\right]}{\text{원가[재료비, 노무비, 경비]}}$$

여기에 생존부등식이라는 개념은 한양대학교 윤석철 교수의 저서 「프린시피아 매네지멘타Principia Managementa」에서 이렇게 설명하고 있다. 기업이 지속적으로 생존하기 위해서는 다음과 같은 생존부등식을 성립시켜야 한다고 주장한다.

가치(V) > 가격(P) > 원가(C)

이것을 풀어보면 '소비자가 느끼는 제품의 가치value가 가격price보다 크고, 또 가격은 생산자가 부담하는 원가cost보다 커야 한다'는 논리다. 소비자 입장에서는 제품의 가치가 가격보다 커야 이익이 생기고, 기업의 입장에서는 제품 가격이 원가보다 커야 이익이 생기므로 앞과 같은 공식이 성립하는 것이다. 생존부등식survival inequality이 성립하면, 공급자는 좌측 부등호가 만들어 내는 차이(V-P)인 소비자 혜택만큼의 순 가치를 소비자에게 주고, 우측 부등호가 만들어 내는 차이(P-C)인 생산자 혜택만큼의 순 가치를 받아 공급자와 소비자 모두가 상생을 이뤄 낸다는 것이다.

$$\text{가치}\begin{bmatrix}\text{제품특성에 대한 고객의}\\ \text{진술된 요구, 지각된 요구,}\\ \text{문화적 요구, 환경적 요구,}\\ \text{의도되지 않은 사용을 고려한}\\ \text{요구가 수용된 가치}\end{bmatrix} = \frac{\text{기능}\begin{bmatrix}\text{시방서 및 표준과 합치된}\\ \text{사용적합성, 윤리적 건전성}\\ \text{환경 좀(부)영향 극소화 기능}\end{bmatrix}}{\text{원가[재료비, 노무비, 경비, 환경영향 비용]}} + \text{속도}$$

시방서specification 및 표준과 합치된 제품특성인 기능에 환경 부좀영향 극소화기능과 윤리적 건전성ethical soundness의 포함이 요구되며 4가지 고객요구의 원천에 환경적 요구environmental needs와 윤리적 욕구proper ethics가 포함되며 또한 원가의 구성항목에 환경영향비율이 포함되어 생존부등식生存不等式의 형태는 동일하나 그 내용적으로는 경영에 부과되는 과제의 증대를 의미하고 있다.

기업의 모든 활동은 환경 및 윤리적 경영방침과 연계되어져야 하고 최종 결정사항은 방침에 반영되어져야 한다. 특히 국제경쟁력 강화를 위해서는 해외 수요자의 욕구추세와 환경 및 윤리강화 정책의 추세를 경영에 반영하고 이의 달성을 위한 경영전략을 수립하여야 한다.

지금까지 우리는 생존부등식 형성을 위해 품질경영에 대하여 많은 연구를 기울여 왔으나 미래에는 소비자 인지가치 확장을 위한 가치경영value management에 관심을 기울여야 할 것이다. 품질경영이 소비자 인식을 중심으로 한 경영을 강조한다면 가치경영은 소비자적 입장에서의 '역소비자적 평가'를 통하여 가치 확장의 방안을 창조해 가는 유연경영시스템flexible management system이다. 이는 가치의 개념이 절대적인 것이 아니라 상황적합적 인식에 바탕 되어 척도된 가치의 개념이기 때문에 '소비자적 평가'가 잘못되고 있다고 인식될 때 '역소비자적 평가'를 통하여 인지가치를 확장하여야 한다는 개념이다. 가치에 대한 소비자 인식이 역동적으로 변화하기 때문에 상황적합적 대처방안의 마련이 요구된다.

최근 들어 급격한 경제성장과 더불어 소비자 의식이 점증되어 경쟁력 있는 우수한 기업의 상품에서, 종업원 정신건강에서 미래 환경에 미치는 영향까지를 고려한 제품을 생산하는 좋은 기업good company의 상품을 선호하는 방향으로 변화되어 단순히 소비자 기대부응도live up to expectations를 만족시키는 품질의 수준이 아니라 공해와 환경영향이 고려된 사회 기대부응도에 적합한 품질을 지닌 제품의 생산을 요구하고 있다. 소비자의 욕구가 분화하여 기능성 평가는 물론 만족감을 충족시키는 감성 평가가 추가되었으며, 또한 자원, 환경, 그리고 에너지 등 인류의 생존권에 관한 문제와 윤리적 문제가 부각되면서 사회성 평가와 도덕성 평가가 부각되는 등 상품평가의 기준이 다양해지고 있다.

제품 평가기준의 발전과정에서의 내용과 같이 기능성 평가에서 감성평가까지를 품질경영의 단계로 보고 사회성 평가에서부터는 가치경영(VM)의 단계로 분류함이 인지가치customer perceived value를 중심으로 평가되고 있는 기업환경에 대한 이해가 빠를 뿐만 아니라 품질경영에 대한 개념 정립도 오히려 명확히 될 것이다.

[그림 13-1] 제품 평가기준의 발전

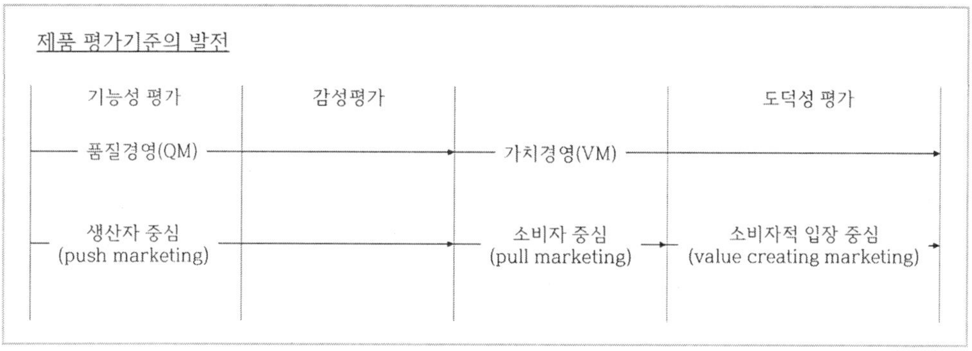

세계화되는 과정에서의 구매자들의 인식이 기업내부 구성원에 대한 경영자 의식이 조직원을 한 체제의 부속품으로 위치시키는 사고방식에서 탈피해 복합적 관계의 시스템 속에서 자율성을 보장하도록 하여 환경변화에 대한 적응력을 갖도록 하며, 산업생태학적 사고industrial ecological thinking를 포함한 건전한 기업철학 즉, 환경적합적 기업문화를 가진 좋은 기업의 제품을 구매요소로 인식하는 경향이 나타날 것이라 하였다.

소비자로서의 인간뿐 아니라 생산요소로서의 인간보호를 주목적으로 한 인간공학과 기업윤리에 대한 국제표준화 작업이 진행되고 있으며 OECD회원국은 '97년 12월 국제 뇌물방지 협정에 서명하고 2천년 대 초까지 국제공통 기업윤리강령을 채택할 것으로 보인다.

그래서 기업 경쟁력 향상 요인을 무형적 영역에서 발견하여야 할 것이다. 경제적으로 성공과 동시에 우리와 경쟁적 관계에 있는 국가의 사회 윤리적·사상적 성공요인을 살펴본 후 우리의 기업들이 정신적 지표로 삼을 수 있는 보편사상을 정리하고 국가문화의 성공적 보편사상에 바탕을 둔 기업 문화 창조의 필요성을 제시하였다. 기업철학, 경영이념, 그리고 업무수행지침 등에 사회윤리에 바탕을 둔 기업윤리가 제시되어야 급변하는 환경 속에서 기업구성원들의 조직목표수행 과정에 확고한 윤리적 행동기준이 나타나게 될 것이며 창조적 파괴를 위한 의식변화로 간접효익을 도모할 수 있을 것이다.

2) 환경적합을 위한 가치경영

기업이 국제적 경쟁 환경 변화에 대처하기 위해서는 국제표준화기구가 요구하는 품질보증과 제품이 미치는 물리적 환경영향뿐 아니라 기업이 사회세포로써 사회 환경에 미치는 무형적 영향요인인 기업윤리까지를 포괄한 총체적인 경영기법으로 단순히 제도나 기법을 도입하고 적용하는 방식이 아니라 전 조직구성원의 가치와 신념의 변화를 전제로 하고 이를 통하여 업무를 수행하는 행동을 변화시켜 나가는 기업문화의 새로운 창설이 필요하다.

이는 국제적 경쟁 환경의 변화가 90년대 중반 제품의 '[품질]'이 좋으면 팔리는 시대(우루과이 라운드 : UR, ISO 9000)에서 '[제품 + 환경]'을 팔아야 하는 시대(그린라운드 : GR, ISO 14000)를 거쳐 이제 '[제품 + 환경 + 윤리]'를 팔아야 하는 시대(부패라운드, 윤리라운드 : ER)를 맞이하고 있기 때문이다.

사회 문화적 특성을 고려한 기업문화의 창달과 전 조직구성원의 정신적 역량의 최적화를 도모하기 위한 새로운 기업경영철학, 기본원칙, 그리고 기본방침의 마련을 통한 환경적합적 기업경영을 의미한다. 이는 단순히 제도나 기법을 도입하고 적용하는 것이 아니라 기업구성원의 의식개혁을 통해 기업사명에 대한 인식을 바꾸고 모든 경영활동을 미래지향적으로 전개해 나가는 기업문화를 형성해 가는 행동이라 할 수 있다.

가치 확장을 통한 경쟁우위의 확보에 중점을 두고 고객만족, 인간성 존중, 사회에의 공헌을 중시하며 최고경영자의 리더십 아래 전 종업원이 총체적 수단을 활용하여 끊임없는 개선과 혁신에 참여하는 기업문화의 창달과 기술개발을 통해 기업의 경쟁력을 키워감으로써 기업의 장기적 성장을 추구하는 경영체제이기 때문이다.

3) 가치경영 시대의 특징

가치경영에서의 특성은 철저한 고객만족경영, 인간성 존중, 구성원의 행동의식개혁, 품질문화의 확립, 정보기술의 교차기능적 활용, 혁신과 지속적인 개선, ISO 표준의 적용, 벤치마킹, 국제화 시대의 새로운 경쟁요인으로 인식되는 기업윤리의 수월성을 확보한 초우량기업으로 정리할 수 있으며 좋은 기업으로 변화를 요구하는 시대라 할 수 있겠다.

좋은 기업good company의 경영에서 보이는 특질은 인간 존중의 경영, 환경에 대한 새로운 인식, 기본에 충실한 기업이념의 실천, 그리고 고객만족을 위한 지속적 거듭나기 경영이다.

종업원의 삶의 질quality of working life을 향상시킬 수 있도록 노력하여 기업생존의 터전 즉, 환경에 대한 인식은 기업 시민적corporate citizenship 사고로 기업의 성장은 기업을 둘러싸고 있는 지역사회local community 등과는 동전의 양면과 같은 불가분의 인식에 기초하여 기업 가치를 높이기 위한 부단한 노력을 해야 하며 기업 가치향상 영역이 제품의 생산과정 뿐 아니라 생산과 관련이 없는 비 제조부문까지 확대되어야 한다는 것이다.

이를 위해 기본에 충실한 기업이념의 실천이 필요하다. 문화가 다르고 기업운용의 기본철학과 종업원의 가치관이 다를 때 기업운영의 방식이 달라져야만 성공할 수 있다. 지난 '70년 이후 미국의 기업들이 2차 세계대전에서의 패전으로 인한 절망과 굴욕을 극복하고 세계시장의 맹주로 등장한 일본기업의 눈부신 성장을 모델로 한 일본식 경영방식을 도입한 후 어려움을 당한 사례들에서 교훈을 얻어야 한다. 문화적 진실은 무리가 갖는 직감일 수도 있다.

동시에 환경변화에 따른 기업의 변신은 상황에 따라 회사의 경영이념조차 과감하고 신속하게 그 내용을 변화시켜 조직구성원에게 새로운 방향을 제시하고 살아있는 가치hands on value로서의 역할도 수행해야 한다.

끝까지 필독해 주신 분께 감사드린다. 아울러 본서를 통하여 성산위덕成山爲德 월정지심月井之心 즉, 이룸은 덕으로 하며 달을 조용히 포용하는 우물의 마음을 갖게 되길 바라면서... 년년유여年年有餘 여송지성如松之盛하시길 빈다.

참고문헌

Ames, Roger. T., 1993, Sun-tzu: The art of warfare, Ballantine Books, 151-164
k-startup(www.k-startup.go.kr)
구글 지식검색창
김경도, 2020, 소자본창업장좌, 경일대학교 평생교육원
김규태, 2020, 창업과 기업가 정신, 양성원(강철원)
김득순, 1993, "이야기 속의 철학", 새날
김병도, 2016, 경영학 두뇌, 해냄
김용옥, 2000, "노자와 21세기", 통나무
김은홍 외 2인 공저, 1999, "사용자 중심의 경영정보시스템", 다산출판사
김정수, 2018, 창업 경영론, 피앤씨미디어
김정우 역, 1991, "파라독스 이솝 우화", 정신세계사
김종호, 윤재홍, 2016, 기술창업경영론, 이프레스
김철교, 2018, 벤처창업과 경영, 삼영사
김홍길, 2014, 기업가정신과 창업경영론, 탑북스
김희철, 2016, 실전 창업경영론, 두남
김희철, 2021, 창업경영론, 두남
네이버 지식검색창(지식백과)
미국특허청(www.uspto.gov)
박한수, 2018, 창업론, 청람
성태경, 2020, 벤처창업경영론, 정독
소상공인시장진흥공단(www.sbiz.or.kr)
소호월드(www.sohoworld.co.kr)
송경수 외 4인, 2019, 창업론, 피엔씨미디어
신태화, 2020, 베이커리 카페 창업경영론, 백산출판사
오은숙 역, 2002, "그리스 로마 인간경영학", 생각의 나무
오진탁 역, 1999, "티베트의 지혜", 믿음사
이우창 외 2인, 2013, 소자본 창업경영론, 민영사
이창희 역, 1992, "피자의 열역학", 고려원미디어
전기석, 2020, 최신 창업경영론, 명경사
정갑영, 2002년, "열보다 더 큰 아홉", 매일경제신문사

정덕화, 2019, 소자본 창업 경영론, 현우사
정상모 외, 2019, 창업경영과 실무, 형설출판사
조경동 외 5인, 2015, 창업론, 형설출판사
창업e닷컴(www.chaangupe.com)
창업진흥원(www.kised.or.kr)
특허정보검색서비스(www.kipris.or.kr)
특허청 서울사무소(seoul.kipo.go.kr)
특허청 특허도서관(library.kipo.go.kr)
특허청홈페이지(www.kipo.go.kr)
프랜차이즈 프리(www.franchiseplaza.co.kr)
한국발명진흥회(www.kipa.org)
한국일보, 2020.2.4.
한국창업개발연구원(http://www.kid.re.kr)
한국프랜차이즈산업협회(www.ikfa.or.kr)
홍동선 역, 1993, "마음과 물질의 대화", 고려원미디어
창업일보(http://www.news33.net)

색 인

[ㄴ]

[ㄷ]

[ㄹ]

[ㅁ]

[ㅅ]

[ㅇ]

[ㅈ]

[ㅊ]

[ㅋ]

[ㅌ]

[ㅍ]

[ㅎ]

[기타]

저자 약력

남 상 완 교수 (경영정보학 박사)

영남대학교 경영학부에서 경영정보시스템(MIS)을 세부전공으로 하여 학문연구를 시작하였다. MIS와 Database를 기초학문으로 Data Warehousing, Data mining, On-line analytical processing(OLAP), 그리고 Business Intelligence 등 데이터 분석 관련 연구에 전념하여 「A study on the data warehousing characteristic factors affecting end-users' satisfaction」로 박사학위를 받았다.
현재 동서대학교에서 경영학원론, 경제학원론, e-비즈니스, 생산운영관리, 데이터베이스, 경영과학, 창업경영론, 경영정보시스템, 웹경영, 경영통계학, 그리고 ERP시스템 등 주요과목을 맡아 수업하면서 창업관련 연구에 많은 관심을 두고 있다.
기업에서 경영기술연구소장과 경영자문위원으로 활동하면서 현장 실무경험도 쌓았다.
저서로는 2014년도 의료분야 도서 병원정보시스템(도서출판 고려의학)을 시작으로 2017년도에는 개정판을 출간하였다. 2020년 가을에는 전공 학생들을 위한 생산운영관리론(으뜸출판사)을 출간하였으며 현재 '경영학적 사고의 원리' 집필 중에 있다.

경영학적 사고의 원리
- 창업경영 중심으로 -

초판 발행 2022년 12월 31일

지은이 남상완
펴낸이 박노일

총괄기획 최준규
편 집 이상민

펴낸곳 pnc publishing and culture 피앤씨미디어
경기도 고양시 일산동구 강송로 153 310-1501
등록 제396-2012-000203호
전 화 070)7550-3758 팩 스 02)718-8554
홈페이지 www.pncmedia.co.kr 이메일 pnc@pncmedia.co.kr
ISBN 979-11-5730-856-9 93320

정 가 23,000원